さらに身近で信頼される司法をめざして

2003（平成15）年度
法友会政策要綱

東京弁護士会法友会

現代人文社

さらに身近で信頼される司法をめざして
【2003(平成15)年度法友会政策要綱】

はじめに

　今，明治維新以来最大といわれる司法の大改革がなされようとしている。明治維新によって，わが国は封建社会から脱し，近代的法制度を整備したが，主権は国民になく，天皇の任命した官僚の主導するキャッチアップ型（先進国に追いつき追い越せ型）の社会経済体制であった。

　終戦後，日本国憲法が施行されたが，司法官僚制を含む強大な官僚制が温存・強化され，国民生活のいたるところにまで官主導の影響が浸透していった。そのため，国民の統治客体意識が容易に払拭できない状態が続いており，わが国が世界第2位のＧＮＰを誇る経済大国になり，また，東西冷戦が終結して久しいが，今日のわが国は，社会経済のあらゆる面において停滞と迷走と混乱がみられ，今や，官僚主導の規制社会は社会経済の発展を阻害するものであることが誰の目にも明らかとなった。

　この停滞を打ち破り，再び活力ある豊かな社会を築くには，統治主体意識を持った国民による，国民中心の事後規制社会に変わる必要がある。そして，事後規制社会が成り立つためには，国民が参加した，国民のための，強く大きな司法が不可欠である。これは，法友会がこれまでに主張してきたことであり，司法制度改革審議会の最終意見の根底に流れる考えと軌を一にするものである。

　ところで，政府は，司法制度改革審議会の最終意見を受けて，2002（平成14）年3月に司法制度改革推進計画を閣議決定し，司法制度改革推進本部を設置し，現在11の検討会が設けられている。法友会としては，国民のための司法改革を具体化するとともに，改革に逆行する制度の構築にはこれを阻止するため，適時に的確な政策提言をする責務がある。

　本年度の政策要綱は，昨年度の内容に変更を加える必要がない項目はそのまま踏襲し，若干手直しすべき項目は手直しし，新たに必要となる項目については全面的に書き加え，不要となった項目については削除した。

　この政策要綱が，法友会会員のみならず，多くの弁護士の方々や広く国民の皆様に読んでいただき，望ましい司法改革の一助になれば望外の幸せである。

　最後に，本政策要綱は，多忙の中，快く執筆を引き受けて下さった50人以上の執筆者の方々及び2日間の政策合宿に参加され，貴重なご意見をいただいた多数の法友会会員の方々によって出来上がったものであり，なかでも，本政策要綱作成の要として尽力された安井規雄政策要綱策定部会長，中島信一郎，澁谷寛，深澤岳久の各政策委員会副委員長，高須順一，流矢大士の各政策担当副幹事長，谷原誠，菅谷公彦，小田島章の各政策担当事務次長に対し，深く感謝申し上げる。

2002（平成14）年12月
法友会政策委員会委員長

飯野紀夫

【目次】

第1部　司法と弁護士改革

第1　司法制度の改革 —————————— 3

1　司法制度改革の必要性　3

1）司法制度改革の歴史———————— 3
- (1) 戦後司法改革の成果と限界　3
- (2) 裁判所の官僚的再編の歴史　4
- (3) 弁護士会の司法改革への取組みの歴史　5

2）今日的司法制度改革のあり方———————— 6
- (1) 司法制度改革審議会の設置　6
- (2) 司法制度改革審議会意見書とその評価　8
- (3) 司法制度改革実現に向けての取組み　13

2　司法の人的基盤の拡充　16

1）司法を支える法曹の養成———————— 16
- (1) 法曹養成制度の改革　16
- (2) 司法試験丙案廃止問題　17
- (3) 法科大学院の設置　18

2）裁判官制度の改革（官僚司法の打破）———————— 19
- (1) 法曹一元制度の追求　19
- (2) 裁判官制度の改善　21
- (3) 弁護士会の弁護士任官への取組み　35

3　司法規模容量の拡大　39

1）司法予算の拡大———————— 39
- (1) 審議会意見書と今後の方向　39
- (2) 今後の目標　40

2）法曹人口の増員———————— 40
- (1) 法曹人口問題に対する弁護士会の従来の対応　40
- (2) 司法制度改革審議会意見書とその後の動向　42
- (3) 増員の具体像　44

3）司法の物的拡充と利用しやすい司法諸施設 ―― 45
(1) 裁判所の施設 45
(2) 少額事件手続と身近な裁判所 45
(3) 利用者の声を反映した裁判所施設を 45
(4) 利用しやすい裁判所（運営） 46
(5) 検察庁の施設と利用しやすい運営のあり方 46
(6) 速記官問題 46

4 国民の司法参加 48
(1) 刑事訴訟手続における裁判員制度 48
(2) 民事訴訟手続への国民参加 48
(3) その他の分野における参加制度の拡充 48
(4) 初等中等教育における司法教育 51
(5) 弁護士制度の教育 52
(6) 司法に関する情報公開の推進 54

第2　司法改革と弁護士制度の改革 ―― 55

1 司法制度改革と弁護士自治 55
1）綱紀・懲戒制度改革 ―― 55
2）わが国における弁護士自治の歴史的性格 ―― 56
3）司法制度改革と弁護士自治 ―― 57
4）強制加入制の維持 ―― 57
5）弁護士倫理改正問題 ―― 58
(1) 日弁連弁護士倫理委員会設置の経過 58
(2) 弁護士倫理委員会の構成，審議日程 58
(3) 審議の概要 59
(4) 検討課題 59
(5) まとめ 61
6）弁護士会運営の透明化 ―― 61
(1) 審議会意見書の趣旨 61
(2) 弁護士自治との関係 62
(3) 弁護士以外の者の具体的参加形態 62
(4) 具体的制度の概要 63
(5) 情報公開について 63

2　弁護士制度改革の目標と課題　64
1）現行弁護士制度の概要と問題点────64
2）弁護士制度改革へ向けての日弁連の取組み────65
　(1) 司法改革ビジョン，司法改革に向けての基本的提言　65
　(2) 日弁連の「弁護士のあり方」についてと題するプレゼンテーション・その1　66
　(3) 日弁連の「弁護士のあり方」についてと題するプレゼンテーション・その2　67
　(4) 日弁連の「弁護士のあり方」（補充書）　68
3）審議会意見書────69
4）弁護士制度改革の視点────69
5）弁護士制度改革実現における課題────70
　(1) 法曹人口問題　70
　(2) ロースクール問題　71
　(3) 弁護士の公益活動（プロボノ活動）の促進　71
　(4) 弁護士の活動領域の拡大　73
　(5) 弁護士へのアクセス拡充　73
　(6) 弁護士の執務態勢の強化・専門性の強化　74
　(7) 弁護士の国際化／外国法事務弁護士等との提携・協働　74
　(8) 弁護士会のあり方　74
　(9) 隣接法律専門職種の活用等　75
　(10) 簡易裁判所判事・検察庁特任検事・副検事問題　76
6）弁護士研修制度の充実────77
　(1) 不断の研鑽が不可欠　77
　(2) 倫理研修　77
　(3) 新規登録会員研修　77
　(4) 一般研修　78
　(5) 専門研修　78
　(6) 「継続的研修」について　78

3　弁護士と法律事務の独占　79
1）司法制度改革審議会意見書────79
2）隣接法律専門職種の権限拡大について──上記1）の①────80
　(1) 司法書士　80
　(2) 弁理士　81
　(3) 税理士　81

3）ADR等における隣接専門職種の活用について──上記1）の② ──── 81

4）弁護士法72条の規制内容の明確化について──上記1）の③ ──── 82

 (1) 隣接専門職種の業務内容との関係　82
 (2) 企業法務との関係　83

5）上記課題についての弁護士会の対応について ──── 83

6）サービサー問題 ──── 84
 (1) サービサー法の成立，施行　84
 (2) 弁護士法72条，73条の趣旨の徹底　84
 (3) サービサー法の改正　85
 (4) 今後の課題　85

4　法律事務所の法人化　85

1）弁護士法人制度と司法改革 ──── 85
2）弁護士法改正の概要 ──── 86
3）東京弁護士会の現況 ──── 86

5　国際化と弁護士制度　86

1）国際化に関する現代的問題点 ──── 86
 (1) はじめに　87
 (2) 国際化の弁護士制度・業務への影響　87

2）外国弁護士の国内業務問題 ──── 91
 (1) 外国弁護士の扱いに関する経緯　91
 (2) 2001（平成13）年までの動向　92
 (3) 2001（平成13）年からの動き　93

3）国際仲裁制度の活性化 ──── 94
 (1) 外国弁護士による国際仲裁代理　94
 (2) 国際仲裁研究会の提言と今後の動向　95

4）国際司法支援 ──── 95
 (1) はじめに　96
 (2) 日弁連および弁護士のこれまでの法整備支援の取組み事例　96
 (3) 日弁連による支援体制整備　98

5）国際機関への参画 ―― 98
6）国際化への基本的な対応 ―― 99
　(1) 弁護士会全体の課題として危機意識を持つ必要性　99
　(2) 総合的な対策を急ぐ必要性　99
　(3) 国際貢献の推進　100
7）マネー・ローンダリングとゲートキーパー問題 ―― 100
　(1) マネー・ローンダリング（資金洗浄）とＦＡＴＦの設立　100
　(2) ＦＡＴＦの勧告とわが国の対応　101
　(3) ＦＡＴＦの新勧告等の制定作業とゲートキーパー問題　101

第3　司法改革と弁護士業務 ―― 102

1　弁護士業務改革の今日的課題　102
1）司法改革推進上の業務改革の意義 ―― 102
2）社会の法的需要に対する供給 ―― 104
3）弁護士とのアクセスの拡充 ―― 105
4）司法制度改革推進本部の検討会 ―― 105

2　弁護士業務の改革　106
1）弁護士の兼職・業務等の制限 ―― 106
　(1) 今までの弁護士法30条の解釈と運用　106
　(2) 弁護士の業務制限の保護法益とそのあり方　107
2）法律事務所の多様化と隣接業種との協働 ―― 110
　(1) 総合的法律・経済関係事務所　110
　(2) 法律事務所の複数化　111
3）弁護士専門家認定制度 ―― 112
　(1) その必要性と今日的課題　112
　(2) 外国の実情　112
　(3) 医師における専門性　113
　(4) 弁護士会での議論の現段階　113
4）弁護士業務が認められない分野への進出 ―― 114
　(1) プロ野球選手の代理人問題　114
　(2) 出入国管理行政に関する代理人拒否問題　117
5）その他の領域への進出 ―― 122

(1) 外部監査人制度への進出　122
　　　(2) 商法上の社外取締役等への進出　124
　6） 弁護士業務のＩＴ化―――― 126
　　　(1) 弁護士業務におけるパソコンの必要性　126
　　　(2) 弁護士業務でのパソコンの有用性　127
　　　(3) あるべきパソコン利用による弁護士業務　127
　　　(4) パソコン利用の業務上の問題点　131
　　　(5) パソコン利用に対する弁護士会の取組み　134
　7） 弁護士業務妨害とその対策―――― 136
　　　(1) 弁護士業務妨害をめぐる最近の情勢　136
　　　(2) 弁護士業務妨害対策センターの活動状況　136
　　　(3) 業務妨害根絶に向けて　138
　8） パラリーガル制度―――― 138
　　　(1) パラリーガル制度の必要性　138
　　　(2) パラリーガル制度の現状　139
　　　(3) 今後のパラリーガル問題のあり方　140

3　弁護士へのアクセス拡充　141

　1） 弁護士へのアクセス保障の必要性と現状―――― 141
　　　(1) 弁護士過疎，偏在の現状と原因　141
　　　(2) 弁護士へのアクセス保障のための方策　142
　2） 公設事務所の設置―――― 142
　　　(1) 公設事務所の必要性　142
　　　(2) 公設事務所の現状　143
　　　(3) これからの問題　143
　3） 法律相談センターの拡充―――― 144
　　　(1) 法律相談センターの重要性　144
　　　(2) 過疎地対策としての法律相談センター　144
　　　(3) 東京での法律相談センターの現状と課題　145
　4） 弁護士広告の自由化―――― 147
　　　(1) 自由化の意味　147
　　　(2) 解禁後の実態　148
　　　(3) これからの問題　148
　5） 弁護士情報提供制度―――― 149
　　　(1) 弁護士会の広報としての役割　149

(2) 個々の弁護士にとっての位置づけ　150
　　　(3) 今後の課題　150
　6）弁護士報酬―――――― 151
　　　(1) 報酬規定廃止後の方策　151
　　　(2) タイムチャージ制　152
　7）権利保護保険―――――― 154
　　　(1) 権利保護保険の内容と必要性　155
　　　(2) 外国及び国内の状況　155
　　　(3) 日弁連の動き　156
　　　(4) この制度の問題点と育成　156
　8）法律扶助制度の抜本的改革―――――― 158
　　　(1) 法律扶助制度の必要性　158
　　　(2) わが国の現状　158
　　　(3) 民事法律扶助法の成果　159
　　　(4) 今後の課題　160

第4　弁護士会の組織等の改革　164

1　政策実現のための機構と運営　164

　1）司法改革の推進と弁護士改革実現のための弁護士会―――――― 164
　　　(1) 司法改革の取組みと弁護士会のあり方　164
　　　(2) 中・長期的展望をもった総合的司法政策の形成　165
　　　(3) 政策実現のためのプログラムの必要性　167
　　　(4) 組織の充実と強化　167
　　　(5) 適切な会内合意のあり方の検討　168
　　　(6) 市民との連携と世論の形成　169
　　　(7) 立法，行政機関等への働きかけ　170
　2）日弁連の機構改革と運営改善―――――― 171
　　　(1) 会長選挙のあり方の検討　171
　　　(2) 総会，理事会等のあり方と執行体制の整備　172
　　　(3) 各ブロックからの日弁連副会長選出のあり方　172
　3）関東弁護士会連合会の現状と課題―――――― 172
　　　(1) 関弁連の現状　173
　　　(2) 関弁連の課題　173
　4）日弁連法務研究財団―――――― 175
　　　(1) 財団設立の目的・経過　175

- (2) 財団の組織 175
- (3) 2002（平成14）年度における財団の活動（一部予定を含む。） 175
- (4) 今後の弁護士会と財団のかかわりについて 178

2 東京弁護士会の会運営上の諸問題 179

1） 役員問題 ─── 179
- (1) 役員の有給制 179
- (2) 副会長の人数論 180

2） 委員会活動の充実強化 ─── 181

3） 事務局体制 ─── 182
- (1) 事務局体制の現状とコンピュータ化 182
- (2) 書類の電子データ化 183
- (3) 今後の課題 184

4） 会財政の現状と課題 ─── 186
- (1) 一般会計 186
- (2) 特別会計 188
- (3) 日弁連財政 188

5） 会員への情報提供 ─── 188
- (1) 情報提供の重要性 188
- (2) 情報提供の現状（会報，ホームページ，メーリングリスト等） 188
- (3) 情報提供の方策（電子メール，ホームページの利用） 189

6） 福利厚生 ─── 190
- (1) 現状の福利厚生内容 190
- (2) 各種保険，協同組合の充実 191
- (3) 国民健康保険組合 191
- (4) 健康診断の実施 191

7） 選挙会規の改正と現状 ─── 191
- (1) 東弁選挙会規の改正 192
- (2) 改正の内容 192
- (3) 現状 192

3 合同図書館 193
- (1) 東弁，二弁の合同図書館の現状 193
- (2) 合同図書館の今後 193

4　東京の三弁護士会合併問題 194

- (1)　三会合併問題に対する東弁の従来の取組みと現状 194
- (2)　三会合併問題に関する他会の現状 195
- (3)　東弁の進むべき方向 196

5　多摩支部問題 196

- 1）多摩支部の運営と活動──── 196
- 2）会館の取得──── 196
- 3）国選弁護事件の運営体制の整備──── 197
- 4）これからの課題──── 197
  - (1)　法律相談活動の充実 197
  - (2)　広報活動の推進 197
  - (3)　委員会活動 197
  - (4)　多摩地域司法計画検討部会の設置
    ──地裁八王子支部の本庁化をめざして 197

第2部　各法制の改革

第1　法曹養成制度の改革 ─── 201

1　法科大学院 201

1）制度の概要 ─── 201
　(1) スケジュール　201
　(2) 設置基準と設置認可　202
　(3) 第三者評価機関　202
　(4) 入学者選抜　202

2）教育内容・方法 ─── 202

3）経済的負担軽減の方策 ─── 203

4）弁護士会の取組み ─── 203

5）課題 ─── 203

2　新司法試験・予備試験 205

3　新実務修習 205

第2　民事訴訟制度等の改革 ─── 207

1　民事裁判手続の改革 207

1）民事裁判の充実 ─── 207
　(1) 民事裁判の充実・迅速化と弁護士の役割　207
　(2) 新民事訴訟法の施行後の現状　208

2）専門的知見を要する事件への対応 ─── 210
　(1) 長時間を要する審理　210
　(2) 弁護士の研鑽と情報ネットワーク　210
　(3) 専門委員制度の導入と鑑定制度の改善　211

3）公文書と文書提出命令 ─── 212
　(1) 新法の改正過程　212
　(2) 改正法の内容　213
　(3) 改正案の問題点と今後の対応　213

4）敗訴者負担制度など ─── 213

(1) 新民事訴訟法の制定と司法制度改革審議会　214
(2) 審議会意見書の問題とわれわれの対応　215

2　民事法制の見直しと民事裁判実務の課題　216

1）民事法制改正にあたっての方策の改革―――― 216
(1) 基本法の改正のあり方の問題点　216
(2) 基本法改正のあり方と今後の課題　217

2）担保執行法制の改革―――― 218
(1) はじめに　218
(2) 主として担保法制に関する事項　218
(3) 主として執行法制に関する事項　220

3）懲罰的損害賠償の具体的検討―――― 223
(1) 米国における懲罰的損害賠償の概要と最近の動き　223
(2) 司法制度改革審議会での論議　224
(3) 導入の必要性　224

4）倒産法制の改革―――― 225
(1) 再生法運用の現状　225
(2) 倒産法全般の見直し問題　226

5）商法制度の改革―――― 227
(1) 最近の商法改正の動き　227
(2) コーポレートガバナンス，コンプライアンスの確立と弁護士の参画　227
(3) 将来性のある起業の支援　228

6）独占禁止法制の改革―――― 228
(1) 現代社会と独占禁止法の充実，不公正取引の是正　228
(2) 私人の差止請求　229
(3) 今後の課題　230

7）知的財産権紛争解決制度の改善―――― 230
(1) 迅速化の要請　231
(2) 改善措置　231
(3) 日弁連知的財産政策推進本部　232

8）人事訴訟等の家庭裁判所への移管―――― 233
(1) はじめに　233
(2) 要綱中間試案とその問題点　233
(3) その他関連する問題点　236

9）成年後見制度の改革―――― 236

- (1) 成年後見制度の概要　236
- (2) 成年後見事件の概況　237
- (3) 今後の課題　237

10）国際民事訴訟────238
- (1) 訴訟と仲裁　238
- (2) ハーグ国際私法会議における条約案作成作業　239
- (3) 仲裁法の改正動向　239

3　裁判外紛争解決機関（ＡＤＲ）　240
- (1) ＡＤＲの必要性　240
- (2) 現行ＡＤＲに対する評価　241
- (3) 弁護士法72条問題，弁護士自治問題　241
- (4) ＡＤＲの創設と条件整備　242

第3　刑事法制の改革　243

1　刑事司法改革の立脚点　243
1）刑事司法改革の視点────243
2）出発点としての死刑再審無罪4事件────244
3）改革の方向────244
4）司法制度改革審議会意見書について────244

2　裁判員制度の導入　245
1）日弁連の基本方針について────245
2）裁判員制度の基本的構造────246
- (1) 裁判官と裁判員の役割分担のあり方について　246
- (2) 裁判体の構成・評決の方法について　247
- (3) 裁判員の選任方法　248
- (4) 裁判員の出頭義務等　249
- (5) 対象となる事件　250
- (6) 公判手続のあり方　250
- (7) 上訴のあり方　253
- (8) いわゆる選択制の問題について　253

3　被疑者国公選弁護制度の導入　253

1) 当番弁護士活動の成果としての国費による被疑者弁護制度 —— 254
2) 司法制度改革審議会意見書とその評価 —— 254
3) 推進計画の閣議決定 —— 255
4) 日弁連の動向 —— 255
5) 制度構想の具体化 —— 256
　(1) 具体化の視点　256
　(2) 具体化の前提条件　256
　(3) 弁護士会の役割　256
　(4) 対象事件と対応能力　257
　(5) 運営主体の政府からの独立性　258
　(6) 財政的基盤の確保　260
　(7) 公設弁護人事務所の設置主体をどうするか　260

4　刑事司法改革の問題点　261

1) 接見交通権の確立 —— 261
2) 違法捜査の撲滅 —— 263
　(1) 自白中心主義の克服　263
　(2) 人質司法の打破　264
　(3) 捜査の可視化　266
3) 当番弁護士制度 —— 267
　(1) 当番弁護士制度の必要性　267
　(2) 当番弁護士の運用状況　268
　(3) 当番弁護士制度の問題点　268
4) 国選弁護制度 —— 270
　(1) 国選弁護の現状　271
　(2) 国選弁護報酬の増額問題　271
　(3) 弁護人の質の向上について　272
5) 日弁連処遇法案の実現 —— 272
　(1) 拘禁二法案反対運動　272
　(2) 日弁連刑事処遇法案の実現をめざして　272
6) 記録謄写問題 —— 273
　(1) 記録の謄写権　273
　(2) 被告人の記録謄写費用負担の是非　273
　(3) 今後の課題　274

- 7）証拠開示問題 —— 274
  - (1) 証拠開示の必要性　274
  - (2) 証拠開示に伴う弁護人の義務　275
  - (3) 今後の課題　276

5　少年司法制度　276

- 1）少年司法制度の目的 —— 276
- 2）少年法改正の問題 —— 277
  - (1) 改正の背景　277
  - (2) 改正の内容　278
  - (3) 今後の課題　278

第4　行政に対する司法制度 —— 280

1　行政に対する司法制度の基本　280

- 1）行政手続の民主化 —— 280
  - (1) 行政の透明化と市民参加　280
  - (2) 行政手続法の施行状況　281
  - (3) 政策評価制度等の実施状況　283
  - (4) 司法制度改革推進本部における議論等　284
  - (5) 提言　285

2　公務員制度の適正化　285

- 1）実態と問題点 —— 285
- 2）提言 —— 286

3　行政訴訟改革　287

- 1）行政訴訟改革の必要性 —— 288
- 2）改革の具体的方策 —— 289
  - (1) 行政事件訴訟法の改革　289
  - (2) 法曹の資質・容量の改善　289

4　情報公開法　290

- 1）情報公開法の成立 —— 290
- 2）関係法令の整備 —— 291

- (1) 行政機関の保有する情報の公開に関する法律の施行に伴う関係法律の整備等に関する法律 **291**
- (2) 行政機関の保有する情報の公開に関する法律施行令 **291**
- (3) 2000（平成12）年2月25日付各省庁事務連絡会議申合せ「行政文書の管理方策に関するガイドラインについて」 **292**

3）特殊法人等の情報公開について ── **292**

4）情報公開の実施状況 ── **293**
- (1) インターネットでのアクセスの可否 **293**
- (2) 開示請求の受付状況 **293**
- (3) 開示請求の処理状況 **294**
- (4) 開示決定等の状況 **294**
- (5) 不服申立ての受付・処理状況 **294**
- (6) 情報公開に関連する訴訟の状況 **295**

5）情報公開法と弁護士会 ── **295**

5　個人情報保護法（自己情報コントロール権の確立） **295**

1）自己の情報コントロール権とは ── **295**

2）住民基本台帳ネットワークシステム（住基ネット）の問題点 ── **296**

3）個人情報保護法案の問題点 ── **297**

4）行政機関個人情報保護法案の問題点 ── **297**

5）住基ネットの施行 ── **297**

6）自己情報コントロール権の確立に向けて ── **298**

6　市民オンブズマン活動の展開 **299**

1）全国市民オンブズマン連絡会議 ── **299**

2）官官接待・カラ出張の追及 ── **299**

3）活動の成果 ── **300**

4）大企業への監視 ── **300**

5）その他の活動 ── **300**

6）今後の方針 ── **300**

第5　労働法制に対する改革 302

1　労働法制の改革 302

1）基本的視点——— 302

2）労働基準法の改正問題——— 303
- (1) 労働契約期間の上限の延長　303
- (2) 変形労働時間制　303
- (3) 裁量労働制　303
- (4) 時間外労働　304
- (5) 深夜労働　305

3）労働者派遣法の改正問題——— 305

4）労働問題に対する相談体制の整備——— 306

5）審議会意見書の問題点——— 306

6）女性の労働権——— 307
- (1) 基本的視点　307
- (2) 男女雇用機会均等法等の改正　308
- (3) パートタイム労働法の問題　309
- (4) 男女共同参画社会への法制度等の整備充実　311
- (5) 法曹界における性差別　312

第3部　人権保障のための制度改革

第1　各種権利保護の改革　317

1　犯罪被害者の保護　317
- (1) 犯罪被害者に対する基本保護法制の必要性　317
- (2) 犯罪被害者に関する法制度　317
- (3) 弁護士会の対応　318

2　犯罪被害者保護と被疑者・被告人の権利保障　319
- (1) 2000（平成12）年の改正における被疑者・被告人の権利の保護　319
- (2) 被害者の意見陳述の問題点　319
- (3) ビデオリンク方式による証人尋問の問題点　320

3　外国人の人権　320
1）入管行政の問題　320
- (1) 上陸を拒否された外国人をめぐる問題　320
- (2) 収容手続及び被収容者の取扱い　322
- (3) 難民問題　324
- (4) 弁護士会の取組み　327

2）外国人の刑事手続上の問題　328
- (1) はじめに　328
- (2) 身体拘束をめぐる問題点　329
- (3) 通訳人をめぐる問題点　330
- (4) 取調過程の可視化の必要性　331
- (5) 今後の方針　332

4　死刑の存廃問題　332
1）死刑をめぐる内外の状況　332
2）弁護士会の対応　335
3）今後の取組み　337
4）おわりに　338

5　その他の犯罪関連問題　339
1）オウム真理教関連事件をめぐって　339

(1)　当番弁護士と微罪逮捕，別件逮捕の問題　**339**
　　　(2)　弁護活動をめぐる問題　**339**
　　　(3)　弁護士会の活動　**340**
　　　(4)　近時の動向　**340**
　　2）犯罪報道と人権────**341**
　　　(1)　犯罪報道上の問題点　**341**
　　　(2)　犯罪報道被害の現状　**342**
　　　(3)　マスメディアの自主的努力の必要性　**342**
　　　(4)　弁護士・弁護士会の取組み　**343**
　　3）警察活動と人権────**343**
　　　(1)　拡大する警察活動について　**343**
　　　(2)　警察活動に必要な監視是正　**344**

6　消費者の人権　**344**

　　1）消費者の権利の重要性────**345**
　　2）消費者問題の現状────**345**
　　3）消費者保護のための諸立法────**347**
　　　(1)　消費者契約法　**347**
　　　(2)　金融商品販売法　**347**
　　　(3)　特定商取引法・割賦販売法　**347**
　　　(4)　消費者保護基本法改正の動き　**348**
　　4）消費者被害救済の方策────**348**
　　　(1)　行政による救済　**348**
　　　(2)　情報公開の制度の確立　**348**
　　　(3)　消費者教育の実施，充実　**349**
　　　(4)　集団訴訟手続の法制化　**349**
　　　(5)　被害情報管理センター等のネットワーク作り　**349**

7　民事介入暴力の拒絶と被害者の救済　**349**

　　1）民事介入暴力対策の意義────**350**
　　2）民事介入暴力の現状────**350**
　　3）民事介入暴力対策の整備────**350**
　　4）今後の問題────**351**

8　患者の人権（医療と人権） 351

- 1）患者中心の医療の確立──── 351
- 2）患者の権利法制定に向けて──── 352
  - (1) インフォームド・コンセント　352
  - (2) 診療記録開示請求権　352
  - (3) 患者の権利法制定に向けて　353
- 3）医療事故の防止と医療被害救済のために──── 353
  - (1) 医療事故防止対策と医療被害救済の現状　353
  - (2) 医療被害防止・被害救済制度の確立　353
- 4）医療過誤訴訟改革──── 354
  - (1) 医療過誤訴訟改革の現状　354
  - (2) 当事者主義の徹底　355
  - (3) 公正中立な鑑定のために　355
  - (4) 専門委員制度について　356
- 5）弁護士・弁護士会としての取組み──── 356
  - (1) 専門弁護士の要請　356
  - (2) 医療部会の委員会化　356
- 6）その他の問題──── 356
  - (1) 脳死・臓器移植　356
  - (2) 人工生殖と法律問題　357
  - (3) 性同一性障害者の人権　358
  - (4) 医療保険・年金制度の改革　359

9　子どもの人権 359

- 1）子どもの人権保障の重要性──── 360
- 2）子どもの人権保障の現状と現代──── 360
  - (1) 「改正」少年法など少年司法をめぐる問題　360
  - (2) いじめ，体罰などの学校における問題　362
  - (3) 児童虐待　363
  - (4) 児童福祉施設　364
- 3）子どもの権利条約──── 365
- 4）子どもの権利に関する自治体の取組みと条例の制定──── 366

10　高齢者の人権 366

- 1）高齢者の視点での権利の見直しの必要性――― 367
  - (1) 高齢者問題の現状 367
  - (2) 高齢者基本法の必要性 368
- 2）介護保険制度の改革――― 368
  - (1) 介護保険制度の内容と現状 368
  - (2) 介護保険制度の改善 369
- 3）高齢者の権利擁護に関する弁護士会の取組み――― 370
  - (1) 日弁連の取組み 370
  - (2) 東京弁護士会の「オアシス」 370

11　障害者の人権 372
- 1）障害者の視点での用語問題――― 372
- 2）障害者差別禁止法の制定――― 372
- 3）障害者福祉法の制定――― 372
- 4）欠格条項の撤廃――― 372
- 5）介護保険制度・支援費制度と障害者――― 374
- 6）権利擁護システムの確立――― 374
- 7）オンブズマン制度・コンプライアンスルールの確立――― 375
- 8）低所得者に対する支援――― 375

12　両性の平等 376
- 1）基本的視点――― 376
- 2）婚姻制度等の改正――― 376
  - (1) 選択的夫婦別姓 377
  - (2) 養育費の確保 377
  - (3) ドメスティック・バイオレンス（ＤＶ） 378
- 3）その他の問題――― 379

13　自然災害被害者の権利保障と法制 379

14　憲法と平和 380
- 1）憲法調査会について――― 380
  - (1) 憲法調査会の活動について 381

(2)　憲法調査会の活動に関する対応　381
　　　(3)　衆議院憲法調査会中間報告　382
　　　(4)　今後の対応　382
　2）諸立法の問題点について──── 383
　　　(1)　周辺事態法等新ガイドライン関連法について　383
　　　(2)　テロ対策特別措置法等について　384
　　　(3)　有事法制3法案について　386
　　　(4)　国旗・国家法について　387
　3）その他の問題点について──── 388
　　　(1)　首相の靖国神社参拝について　388
　　　(2)　各種憲法改正試案について　388
　　　(3)　核兵器廃絶に向けて　388
　4）憲法に対する理解を広めるために──── 389

15　戦争被害者の補償　389

　1）日本の戦後処理問題としての補償問題──── 389
　2）国際的な戦争被害者の補償問題とその組織──── 391
　　　(1)　日本国の設置する調査機関　391
　　　(2)　国際機構　392

第2　人権保障制度の提言　393

1　独立人権機関の設置　393

　1）法務省人権擁護推進審議会の答申の公表から人権擁護法案の
　　　上程へ──── 393
　2）人権擁護法案の問題点──── 394
　　　(1)　人権機関の行政からの独立性　394
　　　(2)　人権機関の基本的機能　395
　　　(3)　人権機関の組織体制　395
　　　(4)　公権力による人権侵害の救済対象の制限　396
　　　(5)　既存の救済制度と人権機関との位置づけ　396
　　　(6)　人権侵害の態様の限定　396
　　　(7)　調査手続き・権限の整備について　396
　　　(8)　人権機関と人権調整委員の機能分担　397
　3）実体法制定の必要──── 397

4）日弁連としての今後の課題————— 397

2　国際人権条約の活用と個人申立制度の実現に向けて 399
　1）国際人権条約を積極的に活用することの意義————— 399
　2）活用の方法————— 400
　　(1)　国内法的効力　400
　　(2)　問題となる場面　400
　　(3)　法廷以外の場面での活用　401
　3）第一選択議定書の批准————— 401
　　(1)　第一選択議定書の意義　401
　　(2)　各国及び日本の批准状況　401
　4）弁護士・弁護士会の取組み————— 402

弁護士の営業等自由化のあり方について　405

意見書／簡易裁判所判事・副検事経験者への資格付与問題について　407

21世紀の弁護士像の構築のための宣言　414

公益活動の義務化に関する決議　416

2002（平成14）年度法友会執行部・政策関係　419

2002（平成14）年度法友会政策要綱執筆・見直し担当者　420

2002（平成14）年度法友会政策委員会内部会員名簿　422

2002（平成14）年度法友会政策委員会委員　424

2003（平成15）度版法友会政策要綱策定過程　425

編集後記　427

第1部　司法と弁護士改革

第1節　司法と弁護士改革

第1　司法制度の改革

1　司法制度改革の必要性

1）司法制度改革の歴史

> 　わが国の司法は，司法権の独立と民主的司法制度の確立をめざした戦後改革にもかかわらず，司法の官僚化と裁判の行政化が進み機能低下が著しい。
> 　日弁連は，1990年代以降，弁護士自らの主体的改革努力に重点を移し，広く国民の支持と共感を得て，司法の抜本的な改革運動を推進してきた。
> 　日弁連のこれまでの運動，特に1990年の司法改革宣言以降の地道な司法改革運動と法曹人口増加等に関する日弁連の決議が，司法制度改革審議会の審議の方向性を決めるうえで大きな力となった。

(1)　戦後司法改革の成果と限界

①　天皇主権から国民主権へ

　1946（昭和21）年日本国憲法が公布され，国家統治の根本原理が天皇主権から国民主権に移行したことに伴い，わが国の司法には大きな民主的改革がなされた。

　この改革の概要は，司法権を裁判所に専属させ・裁判所に違憲立法審査権を与えたこと，司法権の独立を強化したこと，国民審査・裁判官弾劾・検察審査会など民主的コントロール制を一部実現したこと，裁判官会議を司法行政の主体としたこと，法曹一元の理念に基づく司法修習制度を実現したこと，当事者主義・公開主義の採用など国民の裁判に対する監視と批判を可能にしたこと及び弁護士に自治権を認めたことなどである。

②　国民的基盤の脆弱性

　戦後司法改革により，英米法の理念を継受した民主的改革はなされたが，英米法の理念の基幹をなす法曹一元制と陪審制は継受されなかった。そのため，これまでの職業裁判官制度が温存され，また，先進諸国の中でも最も国民の司法参加の途が制約された制度のままとなった。

　このように，戦後司法改革は，司法の官僚化の途を開く制度を採り，また司法の官僚化を防ぐ国民的基盤は極めて脆弱であった。

(2) 裁判所の官僚的再編の歴史
① 司法の危機

　戦後司法改革の後，最高裁事務総局の意向により，特例判事補制度の発足，1948（昭和23）年，総括裁判官の指名権を裁判官会議から剥奪，1955（昭和30）年，裁判官勤務評定開始（同年），総括裁判官以上の裁判官に対する管理職手当の支給，1958（昭和33）年等，戦後司法改革に逆行する裁判官の階層化政策が進められた。しかし，1960（昭和35）年代中頃までは，保守・革新の厳しい政治対立を背景とした騒然とした社会状況の中にあっても，1966（昭和41）年の全遞中郵事件の最高裁破棄差戻判決，1967（昭和42）年5月の東京都公安条例違反事件の東京地裁無罪判決等に見られるように，最高裁ではリベラルな意見も展開され，下級審では違憲判決も出された。

　しかし，官公労の刑事罰に関する最高裁のリベラルな判決を契機として，保守陣営から「偏向裁判」などの批判が出され，また，内部でも平賀書簡問題などが起こり，「司法の危機」といわれるような事態が次々と起こった。

② 司法の官僚化の推進

　正当な裁判権の行使に対して，国家権力あるいは私的な支配力から攻撃を受けたとき，裁判所は国民の権利を守るために，これらの権力や支配力と敢然と闘うことが期待されている。そのために司法権の独立が憲法で保障されているのである。

　しかし，最高裁は，「司法の危機」に対して，裁判官の「裁判の独立」を守るための闘いをすることなく，司法の官僚化を推し進め，裁判内容を政治・行政寄りに統制することにより，この攻撃を回避しようとしてきた。そして，裁判官の管理・人事権を，最高裁事務総局に集中することにより官僚的再編成を促進し，青法協会員裁判官脱退工作，1970（昭和45）年，新任・再任拒否，1971（昭和46）年などに見られる裁判官に対する思想や行動の統制を行ってきた。

③ 司法機能の低下（二割司法）

　1980（昭和55）年代には，最高裁の政策に反対する裁判官に対する昇格差別，転任差別などの冷遇策をとるなど，最高裁事務総局は，人的物的両面からの管理を強め，最高裁事務総局を頂点とする裁判官に対する官僚的統制は戦前にも増してきめ細かく強固なものとなった。その結果，裁判官の独立はおびやかされ，裁判の画一処理化現象，行政追随，治安維持優先の姿勢が顕著になってきている。そして，大阪空港公害訴訟判決，1981（昭和56）年，堀木訴訟判決，1982（昭和57）年，大東水害訴訟判決，1984（昭和59）年，自衛官合祀訴訟判決，1988（昭和63）年に見られるように，最高裁の行政寄りの逆転判決が次々と出され，下級審でも最高裁に追随する判決が出されるようになっている。

裁判による基本的人権の実質的な保証は実質上困難となっている。今や，司法に対する国民の信頼は失われ，国民の裁判離れは進み，二割司法と揶揄されるほどに機能低下が深刻化している。

(3) 弁護士会の司法改革への取組みの歴史

日弁連は，1949（昭和24）年9月1日，弁護士法の施行とともに設立されて以来，司法の民主化のため活動してきた。しかし，1990年代までとその後では，司法改革に対する理念と運動において，大きなへだたりがある。

① 戦後司法改革から1990（平成2）年代まで

臨時司法制度調査会（以下，臨司と略す）は，1964（昭和39）年8月に意見書を発表したが，法曹一元の棚上げと司法の官僚化を推進するものであったため，日弁連は，この実施に対して激しい反対運動を展開した。また，1960（昭和35）年代から70（昭和45）年代にかけての裁判官新任，再任拒否や司法行政による裁判干渉（平賀書簡問題）等，裁判官の思想統制に対する反対運動で，国民的規模の運動を展開した。

しかし，1970（昭和45）年代後半以降は，弁護人抜き裁判や少年法「改正」問題で一定の国民的運動を展開できたが，「法曹三者協議会」での協議に見られるように，日弁連は，司法改革のための主張や運動の主力を裁判所，検察庁を相手とする「官との協議」においたため，司法政策に絶大な権限をもち司法の官僚化を推し進めていた最高裁の厚い壁を破ることができず，目ぼしい改革を達成することはできなかった。

② 1990（平成2）年代以降

1990（平成2）年代に入り，日弁連の活動は1つの転換期を迎える。

日弁連は，機能不全に陥っている司法の現状に対する深刻な危機感から，この状況を打開するため，1990（平成2）年，91（平成3）年，94（平成6）年と3度にわたり「司法改革宣言」を発し，これまで不足していた市民との結びつきを強め，弁護士と弁護士会の自己改革に主体的に取り組み，「市民のための，市民とともに歩む」司法の抜本的改革を提唱するに至った。

日弁連は，1990（平成2）年には当番弁護士を，1991（平成3）年には弁護士任官制度を発足させ，1992（平成4）年には法律相談センターの全国展開を開始し，また，司法改革運動を推進するための「司法改革推進本部」を設置した。この運動の特徴は，全国での当番弁護士活動や法律相談活動などの実践活動を通して，市民の権利擁護活動に積極的に取り組み，こうした活動で培われた市民の理解と支援を基に市民とともに制度改革の契機を創り出そうとするものであった。また，同様の取組みは，裁判傍聴運動や模擬陪審など国民の司法参加の実現に向けた運動，弁護士任官活動の取組み，司法予算拡大運動，法曹

一元の実現に向けた運動，消費者の権利を初めとする各種人権活動でも実践された。

日弁連はこれらの経験や実績を基に，1998（平成10）年には「司法改革ビジョン」や「司法改革実現に向けた基本的提言」を発表し，1999（平成11）年には司法改革の中心課題は法曹一元と陪・参審の実現であることを宣言した。そして，2000（平成12）年11月の日弁連臨時総会では，一部に根強い反対意見があったが，法曹人口について，国民が必要とする数を，質を維持しながら確保するように努める，との決議を圧倒的多数で可決した。

法曹人口の増加なくして司法改革の実現は不可能である。日弁連が自らの痛みを乗越え，法曹人口の増加を決議したことはマスコミにも大きく取り上げられ，弁護士の司法改革に取り組む積極的姿勢を表すものとして高く評価された。そして，この法曹人口問題を克服した後，日弁連の「国民のための司法」を実現するための運動は推進力を拡大していった。

日弁連のこれまでの運動，特に1990（平成2）年の司法改革宣言以降の地道な運動と法曹人口の増加等に関する日弁連の決議が司法制度改革審議会の設置と審議の方向性を決めるうえで大きな力となった。

２）今日的司法制度改革のあり方

> 司法制度改革審議会最終意見書は，司法制度改革の基本理念を説いた「今般の司法制度改革の基本理念と方向」と，この基本理念を具体化した「国民の期待に応える司法制度」・「司法制度を支える法曹のあり方」・「国民的基盤の確立」等で構成され，その各々について広範な提言をしている。我々は，この意見書を国民主権の理念を司法の場で積極的に推進する改革提言として積極的に評価すべきである。
>
> 我々は，司法制度改革審議会の意見書の趣旨を立法に結実させるため，検討会への取り組みに全力をあげるとともに，それに並行して，顧問会議メンバーへの要請，各政党・国会議員・関係官庁などへの働きかけ，力強い国民運動を展開しなければならない。

(1) 司法制度改革審議会の設置

① 審議会設置に至る経緯

日本経済は，戦後バブル経済崩壊まではほぼ順調に成長してきた。そして，経済界は，経済成長が続いていた時には司法問題には無関心で，司法のことは「法曹三者」で決めるべきであるという姿勢をとってきた。

しかし，バブル崩壊後，経済界のこの姿勢は一変した。経済界は，バブルが崩壊した1990（平成2）年代以後，経済の停滞を打開するために，これまでの行政指導を中心とし

た経済運営と決別し，規制緩和政策により経済再生を図ることにした。そして，規制緩和によって生起する社会の諸矛盾を解決する機能を司法に期待した。このような背景の下に，経済界は，1994（平成6）年から1999（平成11）年までの間に，経済同友会による「現代日本社会の病理と処方」や経済戦略会議による「日本経済再生への戦略」等，法曹人口の大幅増加や裁判の迅速化などを内容とする企業側からの数多くの司法改革に関する意見を発表した。

一方，政権与党である自民党は，この経済界の動きを受けて，1997（平成9）年6月党内に司法制度特別調査会を設置し，1998（平成10）年6月に規制緩和社会への転換と司法の機能強化を内容とする「21世紀の司法の確かな一歩」を発表し，内閣のもとに司法制度改革に関する審議会を設置することを提案した。

また，日弁連は，経済界や自民党が進める規制緩和に対して，その評価については賛否両論があったが，肥大化した行政による過度の規制を緩和し，機能不全に陥っている司法の現状を抜本的に改革し，司法基盤を整備するという方向では一致できること等から，審議会の設置に賛同した。そして，審議会の審議に適切に対応していくため，1999（平成11）年4月日弁連会長を本部長，日弁連副会長を副本部長とする日弁連司法改革実現本部を発足させ，また司法制度改革審議会事務局に丸島俊介，早野貴文両弁護士を送った。

以上のとおり，審議会設置に至る各界の思惑には相違があり，また，その設置につき大きな役割を果たしたのは経済界と自民党であることは事実である。しかし，経済界の規制緩和論による主張がなされるより以前から，機能不全に陥っている司法の現状を改革しなければならないという点での認識は，国民をはじめ各界共通であった。衆参両院で審議会の設置が全会一致で可決された背景には，このような事情があったのである。

② 審議会の発足

1999（平成11）年2月，自民党の審議会設置の提案に基づき，政府は司法制度改革審議会の設置法案を閣議決定し国会に提出した。そして，司法制度改革審議会設置法案は衆参両院で全会一致で可決成立し，1999（平成11）年6月9日公布された。

審議会設置の目的は，「21世紀の我が国社会において司法が果たすべき役割を明らかにし，司法制度の改革と基盤の整備に関し必要な基本的施策について調査・審議することである」とされたが，審議の過程で，「国民がより利用しやすい司法制度の実現，国民の司法制度への関与，法曹の在り方とその機能の充実・強化」という具体的審議項目を明示する修正がなされ，また「法曹一元，法曹の質及び量の拡充，国民の司法参加，人権と刑事司法との関係など，司法制度をめぐり議論されている重要な問題点について充分論議すること」等の付帯決議もなされた。このような一部修正や付帯決議の内容が，審議会の審議

第1 司法制度の改革

を「市民のための司法」改革実現の方向に向かわせるうえで大きな影響を及ぼした。

なお，審議会の委員は13名であったが，法律実務家はそのうち3名だけで，ユーザー中心の構成となっており，このことが臨司の時のような法曹三者の論争に終始することなく，国民のための司法改革を方向づけることができた要因の一つであるといえよう。

③　審議の経過

審議会は，1999（平成11）年7月27日開催の第1回会議から，2001（平成13）年6月12日開催の最後の会議まで63回開かれた。この間，公聴会は大阪・福岡・札幌・東京の4ヶ所で開かれ，また，米・英・独・仏の司法制度に関する調査も行われた。

そして，1999（平成11）年12月21日（第4回）会議では「論点整理」が決定され，2000（平成12）年11月20日（第38回）会議では「中間報告」がなされた。そして2001（平成13）年6月12日には「最終意見」が委員全員一致で確定され，内閣に提出された。

④　審議の特徴

第1に，審議の実質的な公開が実現し審議の内容が国民に対して明らかにされたため，各委員は国民に対して恥ずかしくない発言をしなければならないという意識をもたせた。このことが，現行制度を憲法の理念に基づき大幅に改革するか，現行制度の手直しに止めるかとの論争において，審議の方向を前者に決定するうえで大きな力となった。

第2は，全会一致を目指したことにより，国民注視の下で，民主的意見を多数決によって否決することは困難であるため，意見が分かれた裁判官のあり方や国民の司法参加をめぐる議論の際，結論を民主的方向に導く大きな力となった。

第3は，外国の司法制度を幅広く調査したことにより，我が国司法制度の問題点が浮き彫りにされ，また公聴会や地方視察等の実施により，委員が司法参加を求める国民の強い意思を直接感じ取ることができた。

(2)　司法制度改革審議会意見書とその評価

審議会意見書（以下，意見書と略す）は，司法制度改革の基本理念を説いた「今般の司法制度改革の基本理念と方向」と，この基本理念を具体化した「国民の期待に応える司法制度」・「司法制度を支える法曹のあり方」・「国民的基盤の確立」等で構成されている。

以下，主要な構成部分について，ⓐで概要を紹介し，ⓑでその評価を述べる。

①　司法制度改革の基本理念

ⓐ　意見書は，司法制度改革の基本理念を，日本国憲法のよって立つ，個人の尊重と国民主権を真の意味において実現するために必要なことは，「法の支配」の理念をこの国の血肉と化すことであるとし，そのためには，現在進められている政治改革，行政改革等の諸改革とともに司法の抜本的な改革が必要であるとした。

第1部　司法と弁護士改革

そして，この基本理念を実現する改革の3本の柱として，前述のとおり，「国民の期待に応える司法制度」（制度的基盤の整備），「司法制度を支える法曹のあり方」（人的基盤の拡充），「国民的基盤の確立」（国民の司法参加）を示し，その各々の柱について，広範な提言を行っている。

　ⓑ　意見書は，戦後50年にして始めての国民的視野に立った骨太の改革案である。このことは言葉を変えて言えば，国民は戦後50年間司法の場から遠ざけられていたということである。意見書は，この国民疎外の状況を変えるため，国民主権に基づく「国民による国民のための」司法を実現すべきことを，憲法の理念に基づいて説いている。

　このように，意見書が総論において，司法改革の目的を，憲法の基本理念に基づく高い理念的方向を力強く示したことにより，各論における「国民のための」改革提言に対する説得力のある土台をつくったものといえよう。

　また，日弁連は，1990（平成2）年の第1次司法改革宣言以来，個人の尊重と人権保障を確立するため，「官僚的で小さな司法」から，「市民が参加する大きな司法」への変革を目指して運動してきたが，日弁連の，「市民のための司法」を実現するための運動は意見書の理念と同一の機軸にあるものである。

②　国民の期待に応える司法制度

ア　民事司法制度の改革

　ⓐ　「意見書」は，民事司法制度の改革として，(ⅰ)「民事裁判の充実・迅速化」（計画審理の推進，証拠収集手続の拡充等），(ⅱ)「専門的知見を要する事件への対応強化」（専門委員制度の導入，鑑定制度の改善等），(ⅲ)「知的財産権関係事件への総合的な対応強化」，(ⅳ)「労働関係事件への総合的な対応強化」，(ⅴ)「家庭裁判所・簡易裁判所の機能の充実」（人事訴訟等の家庭裁判所への一本化，調停委員・司法委員・参与員への多様な人材の確保等，簡易裁判所の管轄拡大・少額訴訟手続の上限の大幅引き上げ），(ⅵ)「民事執行制度の強化――権利実現の実効性確保」，(ⅶ)「裁判所へのアクセスの拡充（利用者の費用負担の軽減，民事法律扶助の拡充等），裁判外の紛争解決手段（ADR）の拡充・活性化」，(ⅷ)「司法の行政に対するチェック機能の強化」等の提言をしている。

　ⓑ　意見書の改革案は，概ね評価できるものであるが，次の問題点も指摘しておかなければならない。

　民事訴訟を国民に利用しやすいものにするためには，まず，民事裁判の「充実・迅速化」が実現されなければならず，「審理期間の半減」という目標は評価できるが，一方，適正な裁判・当事者の納得する裁判という裁判の理想も軽視されてはならない。

　専門委員制度の導入については，裁判の中立，公平性を損なうことがないよう注意しな

ければならない。

　東京と大阪の地方裁判所の特許権及び実用新案権などを審理している専門部を特許裁判所として専属管轄化することは，「利用しやすい司法」の理念に反することがないよう充分配慮する必要がある。

　労働事件については，不当労働行為救済のあり方など，今後早急に検討を開始すべき問題が多い。

　弁護士報酬の敗訴者負担は，特に環境・公害事件，消費者事件，労働事件等の事件において，訴訟の利用を萎縮させることになるので，敗訴者負担の導入はすべきではない。むしろ，市民が訴訟を利用しやすくする方策としては権利保護保険の充実策を検討すべきである。

　民事法律扶助については，一層充実すべきであるとしている点は評価できるが，事業費・管理運営費の充実，原則給付制の実現等の重要課題について，具体的方策は示されていない。

　行政事件については，これまで原告適格，処分性，訴えの利益，出訴期間等多くの問題が指摘されてきたが，その具体的改革の方向は示されていない。義務付訴訟，予防的不作為訴訟等新たな訴訟類型や参審制等を検討していく必要がある。

　イ　刑事司法制度の改革

　ⓐ　意見書は，刑事司法制度の改革として，（ⅰ）「刑事裁判の充実・迅速化」（新たな準備手続の創設，連日開廷の確保，直接主義・口頭主義の実質化（公判の活性化）等），（ⅱ）被疑者・被告人の公的弁護制度の整備（被疑者・被告人の公的弁護制度，少年の公的付添人制度），（ⅲ）「公訴提起のあり方」，（ⅳ）「新たな時代に対応しうる捜査・公判手続のあり方」，（ⅴ）「被疑者・被告人の身柄拘束に関連する問題」，（ⅵ）「犯罪者の改善更生，被疑者等の保護」等を提言している。

　ⓑ　「迅速な裁判」は，時として「適正な裁判」の趣旨に反する結果を招くおそれもあるので，この点は充分考慮する必要がある。証拠開示の範囲や時期についての法制化と「調書裁判」の改善の方向性を示した点，取調過程の録音・録画については将来の課題としつつも，取調過程の記録化という可視化に一歩踏み出した点では評価できる。

　また，長年の懸案であった被疑者段階を通じた公的弁護制度の新設を提唱していることは大きな前進であり評価できるが，これから運営主体とその運営について，自主性・独立性を確保する仕組みを構築する必要がある。

　ただ，刑事裁判においては，人権保障という観点から公判手続と同様に捜査手続も極めて重要であるが，意見書は，公判手続の改革の比重が重く，「人質司法」からの脱却や代

用監獄の廃止，矯正処遇の改善など捜査手続段階の改革については見るべき改革は示されていない。

また，裁判員制度を導入した場合，この制度の下において真に国民の司法参加の名に恥じない充実した審理を実現するためには，直接主義，口頭主義の実質化や取調過程の可視化等，現行制度の運用及び制度自体を多くの点で改革する必要がある。

③ 司法を支える法曹のあり方

ア　法曹人口の拡大

ⓐ　「意見書」は，法曹人口を大幅に増加し，裁判官，検察官，弁護士などの司法を支える人的基盤の充実を提案している。具体的には2004（平成16）年から現行司法試験合格者を1500名に増員し，新たな法曹養成制度の整備状況等を見定めながら，2010（平成22）年頃には新司法試験の合格者数を年間3000名として，2018（平成30）年には法曹人口を5万人規模にする方向を打ち出した。これに伴い裁判官，検察官を大幅に増員すべきであるとしている。

ⓑ　法曹人口の増加なくして司法改革の実現は不可能である。日弁連が主張する「大きな司法」を実現し，司法全体の構造を利用者である市民の立場に立って利用しやすいように充実・強化するためには，法曹人口の増加は必須の条件であり，法曹人口を大幅に増員すべきであるとした点は評価すべきであり，また，増員目標を具体的に示してはいないが，司法改革を推進するうえで，裁判官及び検察官も「大幅に増員することは不可欠である」と提言している点は特に評価すべきである。

イ　法曹養成制度の改革

ⓐ　意見書は，現行の司法試験・司法研修所では，21世紀の司法を支えるにふさわしい質と量の法曹を養成することはできないとし，法学教育，司法試験，司法修習を有機的に連携させた法曹養成制度を新たに整備し，法曹養成のみを目的とした法科大学院を設置すべきであるとした。そして，法科大学院制度（ロースクール）は2004（平成16）年4月に開校することとして，その制度のあり方（「目的，理念」，「法科大学院制度の要点」，「公平性，開放性，多様性の確保」等）及び法科大学院設立後の司法試験，司法修習等について提言している。

ⓑ　意見書が指摘しているように，これまでの「官」による法曹養成では，21世紀のあるべき法曹を養成するうえで，質的にも量的にも限界があった。法科大学院は，大学の自己改革を促し，民間を含めた法曹養成制度に転換することを目指したもので，「国民のための司法」を実現するための人的基盤を基礎づけるものとして積極的に評価すべきである。

しかし，法科大学院は2004（平成16）年に開校するとしているものの，意見書には骨格

の提案のみで具体化は今後に残されていることから，設立基準，第三者評価機関の構成・基準等について多くの課題を残しており，日弁連と各単位弁護士会は法科大学院の理念の実現に向けて，総力をあげて取り組まなければならない。

ウ　弁護士制度の改革

ⓐ　意見書は，弁護士制度の改革として，（ⅰ）「弁護士の社会的責任（公益性）の実践」，（ⅱ）「弁護士の活動領域の拡大」，（ⅲ）「弁護士へのアクセスの拡充（法律相談活動等の充実，弁護士報酬の透明化・合理化，弁護士情報の公開）」，（ⅳ）「弁護士の執務態勢の強化・専門性の強化」，（ⅴ）「弁護士のあり方」（弁護士会運営の透明化，弁護士倫理などに関する弁護士会の体制の整備），（ⅵ）「隣接法律専門職種の活用」（ⅶ）「企業法務等の位置づけ」等について提言している。

ⓑ　意見書は，弁護士が司法の基本的な担い手であることを明らかにし，法曹の圧倒的多数を占める弁護士の改革が司法改革全体の基盤になるとの認識のもとに，諸種の具体的方策を提言している。

弁護士及び弁護士会は，これらの提言を真摯に受け止め，その実現に努力すべきである。

エ　裁判官制度の改革

ⓐ　意見書は，裁判官制度の改革として，（ⅰ）「給源の多様化・多元化（判事補制度の改革，弁護士任官の推進，裁判所調査官制度の拡充）」，（ⅱ）「裁判官の任命手続の見直し」，（ⅲ）「裁判官の人事制度の見直し（透明性・客観性の確保）」，（ⅳ）「裁判所運営への国民参加」，（ⅴ）「最高裁判所裁判官の選任等のあり方」等について提言している。

ⓑ　意見書が提言する，弁護士任官を推進すること，判事補が相当の期間その身分を離れて弁護士などの法律専門職を経験する制度を導入すること，特例判事補を段階的に解消していくこと，裁判官の任用についての国民が参加する推薦機関を設置すること，裁判官人事に透明性・客観性を確保する方策を導入すること等が実現されるならば，戦後50年，官僚制を強化し，司法から市民を遠ざけてきた，これまでの司法政策の根幹を変革することになる。

この制度が軌道に乗るならば，法曹一元制度実現に向けた重要な一歩を開くものであり，高く評価すべきである。

オ　国民的基盤の確立（国民の司法参加）

ⓐ　「意見書」は，国民の司法参加を実現するため，裁判員制度の導入を提唱し，その基本的構造・裁判員の選任方法・裁判員の義務など，対象となる刑事事件，公判手続・上訴等について提言している。

ⓑ　国の発展を支える基盤は，統治主体である我々国民1人ひとりの活力と責任感をお

いて他にはないが，国民はこれまでの国家への過度の依存体質から脱却し公共的事柄に対する能動的姿勢を強く求められており，統治構造の一翼を担う司法の分野でも，国民が積極的に参加することが求められているとして，司法における「国民的基盤の確立」を司法改革の3本柱の1つに据えた。

我が国の司法は，先進諸外国に例を見ないほど司法における国民的基盤（民主的正当性）は脆弱であったが，裁判員制度は，一定の刑事事件に，国民が裁判官とともに主体的，実質的に裁判の審理と判決に参加するとするもので，これは，陪審制度につながる制度として重要かつ積極的な意味を持つ制度であり，高く評価すべきである。

また，裁判員制度を導入することにより，直接主義，口頭主義の実質化が不可欠となること，調書裁判の継続は困難となり証拠開示・取調過程の可視化の途も開くものであること等の点からも，積極的に評価すべきものである。

(3) 司法制度改革実現に向けての取組み
① 政府の推進体制
ⅰ）司法制度改革推進法の制定

政府は，審議会の意見書が提出された後，意見書が提言する改革の実現を閣議決定し，2001（平成13）年11月に「司法制度改革推進法」を制定し，翌12月には小泉首相を本部長とする「司法制度改革推進本部」を設置した。

推進法は「目的」として，司法制度の改革について基本的な理念及び方針，国の責務その他基本となる事項等を定め，意見書の改革の3つの柱を司法制度改革の「基本理念」と定めた。そして，「国の責務」に続き「日本弁護士連合会の責務」を定め，「日本弁護士連合会」は「司法制度改革の実現のために必要な取り組みを行うよう努めるものとする」と日弁連を司法制度改革の主体的な担い手として規定している。続いて，司法改革の3本柱に対応した「基本方針」「司法制度改革推進計画」を定めること等が規定されている。

ⅱ）顧問会議及び検討会の設置

推進本部には，「顧問会議」が置かれた。顧問会議は，司法制度改革審議会会長を務めた佐藤幸治座長他7名の有識者で構成されている。その任務は，意見書に添った具体化作業が行われるように監視し，国民の視点から見守り，意見を述べ後押しすることである。

意見書を法案として具体化するためには，各課題ごとに具体的な制度設計を行わねばならないが，その具体的制度設計の検討を行うため，推進本部事務局の諮問機関的役割を担う組織として，学者，実業家，有識者等11名で構成される11の「検討会」が設置された（弁護士委員は各検討会1，2名である）。設置された検討会は，「労働」，「司法アクセス」，「ＡＤＲ」，「仲裁」，「行政訴訟」，「裁判員制度・刑事」，「公的弁護制度」，「国際化」，「法

曹養成」,「法曹制度」,「知的財産訴訟」である。各検討会において2002（平成14）年1月より具体的な検討作業が開始されている。

ⅲ）推進計画

第2回顧問会議で，推進本部の作成した政府の司法制度改革推進計画（骨子）（案），最高裁の司法制度改革推進計画要綱（骨子）（案），日弁連の司法制度改革推進計画（骨子）（案）の各説明が行われ，三者はいずれもこの骨子に基づく推進計画の本体案を作成し，第3回顧問会議に提出した。そして，2002（平成14）年3月には，「司法制度改革推進計画」が閣議決定され，個々のテーマごとに法案提出時期が明示された。

推進本部の作成した推進計画は，今後3年の間に司法制度改革の各課題について政府が講ずべき措置の内容，法案提出の時期等を明らかにしたものである。なお，最高裁の推進計画はその所管事項について，政府の推進計画に協力するとともに最高裁が行うべき措置の内容，時期を示したものであり，日弁連の推進計画は，司法制度改革の各課題につき日弁連の取り組みを明らかにするとともに，政府や最高裁の所管事項について提言を行ったものである。

② 推進体制の評価と問題点

ⅰ）推進法案策定当初は顧問会議や検討会の設置は想定されておらず，推進本部には各省庁の出向者で構成される事務局を作ることと3人の顧問をおくことだけが予定され，文字通り官僚主導の従来通りの法案づくりが予定されていた。しかし，日弁連による各方面への働きかけにより，8名の顧問による顧問会議が立法作業をチェックする役割を担うこととなり，また，推進本部事務局の諮問機関的役割を担う検討会も設置されることとなった。

顧問会議の8名の顧問の出身分野においても，経済界，労働界，言論界を含め幅広く人材を集めたこと，また，検討会においても8名の学者・国民各層の代表者が参加し，言論界，労働団体，消費者団体など市民レベルの要求にも一定の考慮を払ったものとなっていることは評価ができる。

ⅱ）事務局の構成は，法務省と最高裁を主体として各省庁の出向者で固められ，官僚主導の組織となっている。官庁外では，日弁連からの3人を除くと民間出身者は1人もいない。

ⅲ）審議会以来の討議の公開の流れが国会審議に反映され，衆・参両院で，推進体制は国民の意見を反映できる機関とすること，改革作業の透明性を確保し審議をできるだけ公開すること等とされたことから，立法作業の透明化の方向が決定された。推進本部・顧問会議・検討会の議事録の作成，公開，ホームページ掲載や顧問会議・検討会のマスコミ公

開など，従来の立法関係諸過程に比べると公開性は相当に進んだといえる。

しかし，顧問会議と比べ，各検討会は，議事録顕名をめぐって消極意見が多いこと，従来型の政府諮問機関，審議会のやり方を踏襲しようとする傾向が見られる。

③　弁護士会による改革運動の推進

司法制度改革は内閣の推進本部における立法作業を中心とする第2段階に入った。この立法段階では，国会議員や隣接士業の利害を背景にした様々な動きがあり，司法に対する様々な要求がせめぎ合う場となっている。

これらの厳しいせめぎ合いの中で，意見書の枠組みの積極面を伸ばし，後退を許さないよう，我々は，全力をあげて運動を継続していかなければならない。

ア　検討会の取り組みの重要性

検討会を重視しここでの取り組みに全力を尽くすべきである。

現在，司法改革の諸課題は，推進本部事務局が検討会での検討結果をふまえ，顧問会議にはかりながら，法案化作業を進めており，顧問会議と検討会が改革の中身を実質的に決定する大きな影響力を有しているからである。

イ　同時進行で多面的な運動を

極めて限られた時間的制約がある中で，多くの改革課題に一度に取り組まなければならない。

このような状況下で改革を実現するためには，上述のように，検討会の場でのプレゼンテーション等に全力をあげると同時に，それと同時並行的に，検討委員との個別意見交換，顧問会議メンバーへの要請，各政党・国会議員・関係官庁などへの働きかけ，2002（平成14）年6月24日に行われた約1650人が参加した司法改革東京ミーティングパートⅡ「裁判が変わる日本が変わる」のような運動，地域司法計画をふまえた活動，司法改革国民会議や消費者団体・労働団体など諸団体との意見交換や共同行動などを精力的に進めることが極めて重要である。

ウ　総力をあげての取り組み

法曹三者の枠組みの中での論理で国民に理解を求めるということではなく，歴史の大きな流れや国民の声を鋭敏にくみとる幅広い洞察力とこれにもとづく運動を基に，弁護士任官や弁護士のあり方の改革などわれわれが果たさなければならない大きな責任を果敢に実行し，抵抗する官僚勢力などに対して世論を背景に力強い運動を展開しなければならない。また，情勢の変化が早く，会員への情報の伝達と会員の意思の集約が極めて困難な状況にあるが，会内の意思統一，活動への参加のあり方を真剣に考え，会内での情報を共有し，全会員の総力を結集して立ち向わなければならない。

2　司法の人的基盤の拡充

1）司法を支える法曹の養成

> 　法科大学院制度を中心とし，法学教育・司法試験・司法修習を有機的に連携させた，いわゆる点から線への法曹養成制度の実現は，21世紀のわが国の司法制度そのものに大きな影響を与える問題であることを肝銘し，適切かつ妥当な法曹養成制度確立のため尽力すべきである。とりわけ，現在，急ピッチで制度設計が行われている法科大学院については，未だ数多くの解決しなければならない諸課題が存在しており，課題解決のため弁護士会としても精力的に取り組むべきである。

(1)　法曹養成制度の改革

　適正かつ妥当な法曹養成制度の確立は，一国の司法を支える人的基盤の継続的な確保，供給に不可欠である。わが国においては，1949（昭和24）年に現行司法試験法が施行されて以来，法務大臣所管下の司法試験管理委員会によって司法試験が実施され，この司法試験に合格した者に対する司法修習の実施により，法曹を養成するという制度が法曹養成制度の根幹をなしてきた。

　しかし，この司法試験による合格者選抜という制度は，司法試験にさえ受かれば良いとの風潮を生み，また，司法試験受験予備校の充実等に伴い，多くの司法試験受験希望者が受験勉強にのみ特化した勉強を行い，法曹として必要なその余の多くの資質を育む機会を失するという弊害が指摘されてきた。また，今後，国民生活の様々な場面における法曹需要の拡大に伴い，法曹人口の大幅な増加の必要性が叫ばれるようになり，現行の司法試験及び司法修習制度による法曹養成制度の限界が言及されるようになっていた。

　そのような状況を踏まえ，司法制度改革審議会意見書においても，「質的側面については，21世紀の司法を担う法曹に必要な資質として，豊かな人間性や感受性，幅広い教養と専門的知識，柔軟な思考力，説得・交渉の能力等の基本的資質に加えて，社会や人間関係に対する洞察力，人権感覚，先端的法分野や外国法の知見，国際的視野と語学力等が一層求められるものと思われる。他方，量的側面については，我が国の法曹人口は，先進諸国との比較において，その総数においても，また司法試験，司法修習を経て誕生する新たな算入者数においても，極めて少なく，我が国社会の法的需要に現に十分対応できていない状況にあり，今後の法的需要の増大をも考え併せると，法曹人口の大幅な増加が急務であることは明らかである」との意見が示されるに至った。

そして，いわゆる法科大学院の制度を中心とし，法学教育・司法試験・司法修習を有機的に連携させた点から線への法曹養成制度（プロセスとしての法曹養成制度）の実現が目指されることとなったのである。これに併せて司法試験制度の改革，司法修習制度の大幅な変更が行われることとなる。

　このように法曹養成制度は大きく改革され，今後，21世紀のわが国の司法制度そのものに大きな影響を与えることとなる。法科大学院の組織面や新司法試験の概要あるいは新司法修習の内容等の基本的枠組みは，現時点においてある程度，決定されている。しかし，法科大学院における教育内容の充実や質の高い実務家教員の確保などの，いわば，改革される法曹養成制度のソフト的側面は未だ十分な準備がなされているとは言い難い状況にある。したがって，この改革の内容，方向性について，われわれも無関心であることは許されず，適正かつ妥当な法曹養成制度確立のために応分の責任を全うしなければならない。

(2) 司法試験丙案廃止問題

① 丙案とは

　1989（平成元）年11月20日の法曹三者協議において，法務省から当時の検察官不足を解消するために提案された甲，乙及び丙案のうちのひとつであり，それを基本として，1990（平成2）年秋に法曹三者基本合意がなされた。

　その内容は，「論文式試験の合否判定において，合格者の上位7分の5を受験回数にかかわらず決定し，下位7分の2の合格者を受験開始から3年以内の受験者から決定する」というものであった。

② 丙案の1996（平成8）年度からの実施

　基本合意後，合格者が500名程度から700名程度へ増加したこともあり，合格者に占める若年合格者，短期合格者の割合は増加し，他方，検察官志望者も急増するなど，相当の状況の変化が見られた。

　丙案は，提案当初から，試験の平等性を害するとして厳しく批判されており，日弁連もその実施を回避するよう強く求めてきた。しかし，司法試験管理委員会は，1995（平成7）年12月，日弁連の反対を押し切って，1996（平成8）年度試験からの丙案実施を決定した。

③ 2003（平成15）年度試験を最後に丙案廃止

　丙案実施後も，日弁連は，丙案の早期廃止を求める会長声明を毎年発表するなど，丙案廃止を求め続けてきた。

　法曹三者の基本合意には，2000（平成12）年度試験終了後，丙案の実施を継続するか否か見直すとの条項があり，1998（平成10）年10月に開始された法曹三者の「法曹選抜及び養成の在り方に関する検討会」で検討がなされていたが，ここでも日弁連の反対を押し切

って，2001（平成13）年度以降の試験での丙案実施継続が決定された。

2001（平成13）年6月，改革審議会意見書が「平成15年度試験を最後に丙案廃止」を答申したことから，司法試験管理委員会は，2001（平成13）年11月に，2004（平成16）年度試験から丙案を実施しないことを決定した。

同時に，2002（平成14）年度から司法試験合格者が1200名程度になることから，丙案枠合格者を従前の程度に止めるために，丙案枠を合格者1000名程度の際の9分の2から11分の2に変更することも決定している。

④ 振り返って

丙案は，成績が下位の者がより上位の者を飛び越して合格するという他に例を見ない制度であった。そのため，1989（平成元）年の法務省の提案当初から厳しい批判があった。

日弁連は，基本合意後も，それを既成事実化させることなく，その実施回避あるいは早期廃止を求め続けてきた。

今般の丙案廃止は，そのような長期にわたる粘り強い運動が反映されたものとして評価される。

(3) 法科大学院の設置

法科大学院は2004（平成16）年4月の開校が予定されており，そのための司法試験法，学校教育法，裁判所法等の改正，立法作業等を含め，必要な準備が急ピッチで進められている。選任教員の中で実務家教員が2割程度必要とされることや，1授業の学生数を50人程度とするなどの従来の大学の法学部教育には見られなかった実務家教育を意識した制度設計となっている。

そして，法科大学院入学者について法学部以外の学部あるいは社会人出身者の入学を一定割合確保すべきこととされ，また，入学者選抜試験についても，アメリカのLSATのような論理性を重視する全国統一の適正試験の実施が予定されている。法学部出身者に限られない多様性ある人材の確保が制度的に構築されることとなる。

さらに，この法科大学院の質を確保するため，設立後も継続的に第三者評価機関による評価を受けることになる。第三者評価機関の在り方あるいは評価基準等についても，その骨子が固まっているが，主務大臣が認証した複数の評価機関が，独自の基準を定め第三者評価を行いうることとなっており，現在，日弁連法務研究財団が第三者評価機関としての役割を担うことが構想されている。

このように現在，急ピッチで制度設計が行われている法科大学院であるが，現行司法試験受験組との移行期についての対応，現行司法試験廃止後に新たに実施される予備試験（いわゆるバイパス試験）の在り方，実践的な教材の開発，実務家教員の養成など今後，

解決しなければならない数多くの問題を抱えている。これらの問題に関する取り組みが不可欠である（法科大学院の設置に関する，より具体的な内容は第2部，第1の1に記載されているので，そちらも参照されたい）。

2）裁判官制度の改革（官僚司法の打破）

(1) 法曹一元制度の追求

　弁護士・弁護士会は，キャリアシステムを打破して，裁判官の独立を確保し，国民の納得する質の高い裁判を実現するために，裁判官制度の改革，すなわち判事補が身分を離れて他の法律専門職経験を積む制度，裁判官任命手続・人事制度の透明化・客観化等の具体化並びに弁護士任官の推進に真剣に取り組み，法曹一元制度の実現を目指さなければならない（以下，②～③に関しては(2)裁判官制度の改善で，④に関しては(3)弁護士会の弁護士任官への取り組みで詳論する）。

① 法曹一元制度の意義・根拠

　法曹一元制度の定義に関しては議論があるが，ここでは，「弁護士を中心とする職務経験豊かな法律家から裁判官（判事）を選任する」裁判官任用制度として論じる。

　法曹一元制度を採用すべき根拠は，キャリアシステムの弊害（純粋培養され統制されている，事件処理に追われた結果の効率重視の裁判，「有罪推定」の刑事裁判，「門前払い」の行政訴訟，違憲立法審査権の行使に消極的等）を打破し，裁判官の独立を確保し，国民の納得する質の高い裁判を実現するためには，人権感覚を身につけ，司法の救済を求める人々とともに裁かれる立場から幅広い経験を積んできた弁護士等から裁判官を採用する必要があること及び司法の民主化などである。

② 司法制度改革審議会最終意見に対する評価

　司法制度改革審議会（以下「審議会」という）の最終意見は，法曹一元制度を直ちに実現するとの提言までには至らなかったが，法曹一元の理念に沿った改革策を打ち出した。すなわち，裁判官の給源を多様化・多元化し，裁判官任命手続や人事制度の透明性・客観性を確保するように求めた。また，審議会は，改革の目的として，法律家として多様で豊かな知識，経験等を備えた判事の確保をあげている。かように，審議会が示した裁判官たりうる資質は，弁護士・弁護士会が提示してきた裁判官像ともおおむね合致する。

　そこで我々は，審議会が示した裁判官制度の改革について，法曹一元制度の実現へ向けて確実な一歩を踏み出したものと積極的に評価するとともに，その提言が後退することなく法曹一元制度の実現へと着実につながるよう，以下に述べるように弁護士任官の推進，多数の判事補の弁護士事務所への受け入れ等について真摯に取り組んでいかなけれならな

い。

③　判事補が他の法律専門職を経験する制度の導入並びに特例判事補制度の段階的解消

審議会は，全ての判事補が裁判官の身分を離れて弁護士その他の法律専門職経験を積む制度の導入を提言した。判事補が，弁護士を中心とした他の法律専門職を経験することにより，市民感覚，人権感覚を身に着け，司法の利用者の心情を理解しようとする姿勢を持つようになれば，上記①のような弊害の打破につながると考えられる。これはまさに，法曹一元制度の理念に連なるものである。

問題はその期間であるが，この制度をキャリアシステムの弊害を打破する実効性のある手段たらしめるためには，相当程度の長期間（5年程度）となるようにしなければならない。

弁護士会としては，多数の判事補が弁護士としての実質的な経験を積むことができるように，弁護士会側の受け入れ体制（例えば，後記(3)②ⓒの任官推進・支援事務所が判事補の受け入れ先事務所としての役割も兼ねる等）を早急に確立しなければならない。

また，特例判事補制度は，未特例判事補→特例判事補→判事へと続く階層的制度並びに判事の給源の固定化の根源となってきたものである。したがって，審議会の提言にかかる特例判事補制度の段階的解消は，かような階層的制度の解消，給源の多様化に直結するものである。

④　弁護士任官の強力な推進

弁護士任官の希望者は従前あまり多くはなく（1992〔平成4〕年以降2002〔平成14〕年まで51人にとどまる），また制度が，キャリアシステムに弁護士任官者を組み込む「落下傘降下型」であり，法曹一元制度の実現にはつながらないとの見方もあった。

しかし，審議会が判事の給源の多様化・多元化を柱とする改革の方向性を明確に打ち出したことにより，弁護士任官の推進は法曹一元制度実現のための鍵を握っていると評価しうる。すなわち，上記の裁判官制度の改革が法曹一元制度へと進んで行くかどうかは，弁護士を経験した裁判官が，国民の納得する質の高い裁判を実現するとともに，弱者に対する優しい心と権力にたじろがない勇気を持った新しい裁判官像を確立できるか否か，にかかっている。

弁護士任官は，法曹一元制度の実現に向けて決定的な役割を果たすものであるから，その積極的かつ強力な推進は，弁護士・弁護士会全体の責務である。かかる責務を日弁連会則に盛り込むとともに，弁護士会はその総力をあげて，❶多様な任官形態──裁判官と弁護士とを兼職し，裁判官としての執務形態が非常勤である「非常勤裁判官」の制度や5年程度の短期任官の制度──の創設，❷弁護士任官支援基金の設立による任官候補者の経済

的不安感の解消，❸任官推進・支援事務所の設立・運営による，任官の際の事務所閉鎖に伴う受任事件等の引継ぎ・事務職員の失職等の諸問題，退官の際の弁護士への復帰に係る諸問題への対応，❹弁護士任官推薦手続の整備，推薦協議会の設置等に，積極的に取り組まなければならない。

(2) 裁判官制度の改善

　審議会意見は，裁判官の国民志向性とその地位の民主的な正統性，そして，その職権行使の独立性を確立すべく，裁判官制度を全面的に見直し，これを改革することとした。これらの改革理念は，何れも弁護士会がかねてより主張してきたものである。

　裁判官制度の改善のために，司法制度改革審議会意見が提起した「給源の多様化，多元化」，「裁判官の任命手続の見直し」，「裁判官の人事制度の見直し（透明性・客観性の確保）」，「裁判所運営への国民参加」，「最高裁判所裁判官の選任等の在り方について（の改革）」，「法曹等の相互交流の在り方（の改革）」の6つの柱を踏まえ，それぞれの改革提案を法曹一元の理念にそって充実化・具体化させて実施に移すとともに，これらと並行して，非常勤裁判官制度の導入，裁判官の市民的自由確立などの諸課題に取り組まなければならない。

　なお，最高裁判所は，2002（平成14）年3月20日，「司法制度改革推進計画要綱――着実な改革推進のためのプログラム――（以下，「要綱」という）」を公表した。そして，裁判官制度の改革については，要綱において，「複雑多様化，高度化が進展する21世紀の我が国社会において，裁判所が国民から負託された機能を十全に果たしていくためには，裁判官の能力及び資質を一層向上させるための制度の整備等を図る必要がある。」とし，「このような観点から，今後の我が国の社会における司法を担う高い質の裁判官を安定的に確保していくことを目指し，改革審議会の意見の趣旨にのっとって，関係機関と連携，協力を図りつつ，判事補制度の改革や弁護士任官の推進等給源の多様化・多元化のための措置等を行」い，また，「国民の意思を反映しうる機関が下級裁判所の裁判官の指名過程に関与する制度の整備や人事評価について透明性・客観性を確保するための仕組みの整備等を行う。」とする。そして，「推進本部等との適切な連携を図りつつ，推進本部の設置期限までに，所要の措置を講ずるとする」（所要の措置の内容については，以下，各該当箇所において適宜述べる）。

① 制度改革の観点

　法曹一元を実現するためには単に一片の法律を変えるだけでは足りない。法曹一元は，司法の質の転換を，それゆえに，法曹養成制度を含む法曹制度，裁判手続のあり方をも含む司法制度全般の変革によってはじめてそのあるべき姿を現す。法曹一元を実現する道程は，裁判官制度，弁護士制度，法曹養成制度，裁判手続など多くの制度の改革の流れが並

行し，合流して大河となる壮大な営みである。裁判官制度に限っても，以下に掲げるように，重要な改革課題が数多く存在している。それらは弁護士・弁護士会の主体的な努力や工夫いかんによってその内容あるいは程度が大きく左右されるものである。

　制度改革の観点として弁護士会に求められているのは，第1に，法曹一元は，司法の質的な転換を必要とし，かかる転換を通じてそのあるべき姿が実現されるものであるとの認識に立つこと，第2に，視野を司法制度の全領域にとり，裁判官制度の改革を，諸々の制度の有機的・相乗的・包括的な改革戦略と戦術の中に位置付けること，第3に，制度改革は，弁護士会が主導性をもって提案し先行的に実施に移すことを通じて，実現・具体化するものであることを認識し，開拓者精神をもって臨むことである。

　② 弁護士任官制度

　司法制度改革審議会意見は，「弁護士任官等を推進するため，最高裁判所と日本弁護士連合会とが，一致協力して，恒常的な体制を整備して協議・連携を進めることにより，継続的に実効性のある措置を講じていくべきである」として，弁護士任官の積極的な推進を提起している。そして，弁護士制度改革に関して，「今後，弁護士からの裁判官への任官を強力に推進する必要があることを考えると，弁護士会は，適格者たる会員弁護士が進んで数多く裁判官に任官することを確保するために従来に増して大きな力を傾注しなければならない。弁護士会は，最高裁判所と協力・協働しながら，弁護士任官を推進するために必要な態勢等を早急に整備すべきである」と提言している。

　そして，このような協議・連携の一環として，最高裁判所と日弁連とは，2001（平成13）年12月7日，「弁護士任官等に関する協議の取りまとめ」として，a日弁連の任官推薦基準及び推薦手続，b最高裁判所の採用手続，c日弁連が行う弁護士任官推進のための環境整備方策（各弁護士会又は弁護士会連合会における「弁護士任官適格者選考委員会」の設置，任官希望者名簿の整備，弁護士任官希望者の推薦手続を行う体制の整備，法律事務所の法人化及び共同化の推進，弁護士任官希望者や弁護士任官の退官者で特に必要のある者が在籍することができる事務所の設置・運営の促進等），d最高裁判所が行う弁護士任官推進のための環境整備方策（短期間の任官への積極的な取組み，専門的分野への任官の積極的な取組み，弁護士任官者の配置の在り方等の工夫・改善とO.J.T.の充実，弁護士任官者に対する研修のより一層の充実，民事調停事件及び家事調停事件の分野についての非常勤裁判官制度導入の具体的検討の開始，その他の非訟事件についての非常勤裁判官制度導入の研究等），e判事補が裁判官の身分を離れて弁護士の職務経験を積む制度を実効あらしめるための方策，f弁護士任官の推進，判事補に弁護士の職務経験を積ませる制度及び恒常的協力体制の整備等についての今後の継続的協議をすることを内容とする協議をと

りまとめた（なお，「取りまとめ」の内容については，(3)①も参照）。

　これからの弁護士任官は，これを法曹一元を実現する方策の一つとして位置づけるべきであり，その観点から制度自体の改善を図りつつ，他の改革課題との連関性を強化していく必要がある。

　弁護士任官を推進するための取組みの眼目の一つは，最高裁判所の下級裁判所裁判官の指名名簿作成権限（憲法第80条第1項）の不透明・不明瞭な行使を排して，適格者が公正・明瞭な過程で指名される慣行を形成することである。そのためには下級裁判所裁判官の指名名簿作成過程を国民の実質的な監視の下に置く必要がある。後述の下級裁判所裁判官指名推薦委員会の制度がこの面で重要な役割を果たすことになるが，同制度を機能させることを含め，かかる慣行や国民の実質的な監視の成否は，弁護士会の創意工夫ある取組みに依るところが圧倒的に大きいといえよう。

　他方，弁護士会には，弁護士任官を会員の個人的な発意に委ねるのではなく，その責務意識・使命感を醸成しながら，積極的に「国民のための司法」を担うにふさわしいすぐれた人格と識見を備えた適格者を信頼性・正統性の高い方法で発掘することが求められる。発掘方法の信頼性・正統性の高さは働き掛けを受ける会員に感銘を与え，任官への動機づけとなるであろう。

　さらに，弁護士会として任官希望者を支援する制度を整備する必要がある。潜在的には任官への意欲がありながら，現に開設している法律事務所の継承・閉鎖，退官後弁護士に復帰した際の事務所再開に伴う諸問題や不安などがあるために任官に踏み切れない弁護士も数多くいる。弁護士会全体で克服すべき課題としてこれを捉え，そのために総力を挙げて対処することが求められる。

　近時，東京弁護士会では任官者支援事務所（仕事及び職員の引継，復帰時の場所の提供等）で任官希望者の名簿を作成したり，自薦のみならず他薦による任官適任者登録推薦制度を実施しているが，引き続き任官希望者支援の具体的方策を継続的に検討・実施しなければならない。

　なお，日弁連は，2002（平成14）年11月15日，裁判官制度改革に向けた実践――弁護士任官と判事補の他の法律専門職経験を中心に――をテーマとして第19回司法シンポジウムを開催した。このシンポジウムにおいては，まず，弁護士支援・促進諸制度整備の状況，任官候補者32人推薦の経過，弁護士任官者の状況把握と連絡窓口の準備状況，判事補の弁護士経験受入れ体制の確立状況について，それぞれ報告がなされた。次に，これからのわが国の弁護士任官の推進，法曹一元に向けた改革にとって非常に参考になる，外部法律家（弁護士，大学教員，公務員等）からの任官が70％以上であるオランダの裁判官制度につ

いて，アムステルダム高等裁判所長官N．A．M．シッパー氏の講演及び質疑がなされた。その後，消費者団体，経済界，大学，新聞社，最高裁事務総局，日弁連からの参加者，弁護士任官の裁判官らによるパネル・ディスカッションが行われ，各界からの弁護士任官に対する熱意ある発言がなされた。特に，最高裁からの日弁連のシンポジウムへの参加は近年なかったことであり，2001（平成13）年12月7日に最高裁と日弁連が「弁護士任官等に関する協議の取りまとめ」を取りまとめたこと等に続き，最高裁と日弁連の弁護士任官に向けて協議・連携を進めていく意欲が感じられた。

　③　判事補制度の改革（その1）――判事補の弁護士登録等就職制度

　審議会意見は，「多様で豊かな知識，経験等を備えた判事を確保するため，原則としてすべての判事補に裁判官の職務以外の多様な法律専門家としての経験を積ませることを制度的に担保する仕組みを整備すべきである」として，判事補が弁護士事務所等に就職し弁護士等として裁判官以外の法律専門家としての経験を積む制度を提言した。

　そして，要綱は，「原則としてすべての判事補に裁判官の職務以外の多様な法律専門家としての経験を積ませることを制度的に担保する仕組みを整備することとし，平成15年末までに所要の措置を講ずる」としている。

　この「裁判官の職務以外の多様な法律専門家としての経験」にいう「経験」とは，主として弁護士としての実質的な職務経験（判事補の身分を離れて，弁護士登録の上，弁護士事務所に所属し，一弁護士として「相当程度長期の期間」，刑事・民事の弁護実務を行うこと）を想定している。判事補に，事件当事者や訴訟当事者，被疑者・被告人の代理人あるいは弁護人などとして国民の立場での活動経験を積ませ，裁判官の質的な国民志向性を確保しようとするものである。判事補の身分を離れ弁護士登録等をして実務を行うことになるので，これを判事補の弁護士登録等就職制度と呼ぶことができる。

　法曹一元の趣旨に基づき，弁護士会は，この制度を，"より早く・より長く・より充実した弁護士経験"を積ませるものとして設計・運営する必要がある。

　この制度とともに，日弁連が，1997（平成9）年10月，臨時総会において提言した，司法修習修了後に一定期間弁護士実務を経験することを弁護士登録および裁判官・検察官任官の要件とする，いわゆる「研修弁護士制度」も導入すべきである。「研修弁護士制度」も司法の担い手となる者に少しでも多くの社会的経験と当事者の立場での実務経験を積ませ，国民志向の質を持った法曹を育成しようとするものであり，これと判事補の弁護士登録等就職制度とが相乗することにより，法曹一元の趣旨を少なからず具体化することができよう。

　④　判事補制度の改革（その2）――特例判事補制度の廃止

審議会意見は、「特例判事補制度については、計画的かつ段階的に解消すべきである。このためにも判事を増員するとともに、それに対応できるよう、弁護士等からの任官を推進すべきである」と提言している。
　そして、要綱は、「特例判事補制度の計画的かつ段階的な解消に向けて、判事の増員、弁護士等からの任官の推進等の諸条件の整備の状況等を踏まえつつ、所要の措置を講ずる」としている。
　特例判事補制度は、「判事補の職権の特例等に関する法律」（昭和23年法146号）によって創設されたもので、「判事補で……年数を通算して5年以上になる者のうち、最高裁判所の指名する者は、当分の間、判事補としての職権の制限を受けない」（同法第1条第1項）とするものである。要は、「5年以上」判事補の職にあった者は、最高裁判所の判断で、「一人で裁判」できるようにするという制度である。
　これは判事でない者（判事補）に判事と同様の権限を与えるものであり、裁判所法第42条第1項（判事の任命資格に10年以上の実務経験を要求している）とは明らかに矛盾する。法律の文言にも「当分の間」とされているように、同制度は、立法当時の「裁判官不足の悩みを解消する」ために、「当面の措置」として「現在活用しうる人材を最も有効に活用」する「方策」の一つとされた（岡咲恕一政府委員の参議院司法委員会における「提案理由」の説明）「まつたく当分の間のやむを得ない必要を充たす便宜的な措置に過ぎない」（岡咲恕一政府委員の衆議院司法委員会における答弁）制度であった。そのため、すでに臨時司法制度調査会意見書（1964年）は特例判事補制度を縮小する方向性を打ち出していた。
　実質的にも、外形的にも、裁判に対する信頼を確立する観点から、「当面の間」の暫定的な制度であった特例判事補制度を廃止し、判事補を判事の職務活動の補佐の職務に専念させるべきである。
　⑤　判事補制度の改革（その3）──判事補の権限の見直し、調査官制度の整備
　高い質の裁判官を獲得し、これに独立性をもって司法権を行使させるために、判事補制度を、判事が独立して質の高い裁判を行うことを保障する制度として発展させるべきである。
　判事補制度の改革は、裁判所の人的基盤の拡充策の中でも枢要な柱である。広く社会から多様で、かつ、質の高い人材を得て、これを判事として迎え入れようという憲法・裁判所法の趣旨に鑑みると、これまでのように判事補を、判事の代用として使ったり（たとえば特例判事補制度）、判事の見習いとしてこれを位置づけることはできない。判事補には判事の補佐としての役割を与えるべきである。判事補は判事を補佐して、調査その他、判事がその職権を行使するに必要な所要の事務（司法行政事務を除く）を執り行うこととす

第1　司法制度の改革

る。

　その反面，判事補は判決以外の裁判も1人ですることができないものとし，また，合議体に加わることもできないものとすべきである。判事補制度は，今後実施される判事の増員や国民の期待する裁判官像などを踏まえ，新しい司法・裁判所のあるべき姿に適合したものとすべく，職務権限を含め，その基本構造に立ち返ってこれを改める必要があるからである。

　また，審議会意見がいうように，「足腰の強い裁判所を作るとともに，裁判所外の者に裁判所内の経験を積ませるための一方策ともなりうるとの視点から，法曹有資格者や学識経験者等の人材を，判事を補佐して当該判事の担当する事件全般にわたって審理や裁判を助ける，いわば判事付きの調査官として任用する可能性を含め，調査官制度拡充の方策」を考案し実施すべきである。ことに弁護士からの採用を進めるべきである。

⑥　非常勤裁判官制度

　非常勤裁判官とは，弁護士がその身分のまま裁判官の資格も取得し，月に数回あるいは年に数週間という非常勤の形態で裁判官の執務を行う制度である。イギリスにおいて広く実施されている。

　非常勤裁判官制度を導入するにあたっては，憲法が裁判官につき10年の任期を定めている（80条第1項）こととの整合性や兼職禁止との関係，現行裁判官制度との軋轢など検討すべき点があるが，むしろ本質的には，国民一般の理解と信頼が得られるかどうかという点が重要であろう。まず導入しやすい分野から非常勤裁判官制度を導入し，実績をあげることによって国民の信頼を作っていくことが重要である。

　この点，最高裁判所と日弁連とは，前記「弁護士任官等に関する協議の取りまとめ」に基づき，2002（平成14）年8月23日の協議「いわゆる非常勤裁判官制度の創設について（弁護士任官等に関する協議会の協議の取りまとめ）」において，弁護士から非常勤裁判官への任官（いわゆる弁護士任官）を促進するための環境を整備するとともに，併せて調停手続をより一層充実・活性化することを目的として，当面，簡易裁判所・地方裁判所の民事調停事件及び家庭裁判所の家事調停事件（一般調停事件及び乙類調停事件）の分野に，弁護士が非常勤の形態で調停主任又は家事審判官たる裁判官と同等の立場で調停手続を主宰する制度（いわゆる非常勤裁判官制度）の創設に向けた協議をとりまとめた（なお，内容については(3)①も参照）。

　具体的には，調停手続を主宰するほか，民事調停法17条所定の決定，家事審判法23条及び24条所定の審判も担当することが出来る制度とするとされる。また，身分関係については，基本的には，裁判所に属する者として，裁判所職員臨時措置法により準用される国家

公務員法の規定が適用されることになるが，調停手続の主宰者としての職務内容を踏まえ，職権行使の独立性等について法令上独自の規定を設けるとされる。そして，協議の結果を踏まえ，平成15年通常国会への法律案の提出を目指して，司法制度改革推進本部に協力しつつ，制度化に向けた準備を進めるとされている。

調停という限られた領域であり，また，身分関係も完全に裁判官と同様とは言えない等問題点は残るが，非常勤裁判官制度に向けた第一歩として評価できる。

なお，1997（平成9）年6月，日弁連司法改革推進センターは「少額訴訟手続に非常勤裁判官制度を導入する意見書」を発表し，少額訴訟手続への非常勤裁判官制度の導入を提言している。一般に弁護士は，日常の法律相談でかかる案件に多数接し，市民と直接対話する機会も多い。したがって弁護士は，これらの事件を担当する裁判官にふさわしいといえよう。

そこで，次には，少額訴訟手続への非常勤裁判官制度の導入を実現し，さらにこれを拡大していく必要がある。

⑦　下級裁判所裁判官指名推薦委員会

審議会意見は，「最高裁判所が下級裁判所の裁判官として任命されるべき者を指名する過程に国民の意思を反映させるため，最高裁判所に，その諮問を受け，指名されるべき適任者を選考し，その結果を意見として述べる機関を設置すべきである」「同機関が，十分かつ正確な資料・情報に基づき，実質的に適任者の選考に関する判断を行いうるよう，例えば，下部組織を地域ブロックごとに設置することなど，適切な仕組みを整備すべきである」と提言している。

判事に任命されるべき者の指名過程に国民の意思を反映させ，候補者の審査・選考を充実させるためには，全国各地に組織と活動の基盤を持ち，かつ国民から選出された者を相当割合で含む合議制の機関を設置するとともに，審査・選考基準の明確化およびこれに関連する諸手続を整備し，同機関に，候補者の適格性の審査・選考およびこれに関連する職務を厳正かつ独立して取り扱わせることとすべきである。

この制度を，下級裁判所裁判官指名推薦委員会（以下，委員会という）と呼ぶこととする。この制度は，国民の裁判官に対する信頼を高める観点から，裁判官の任用制度（候補者の適格性の審査・選考）につき，透明性・客観性を確保するとともに，独立性と説明責任・国民的基盤の確立の要請に応えるべく，裁判官として必要な高い質（資質・能力）を有すると思われる者を適切かつ確実に選び出すにふさわしい制度として構築しようとするものである。裁判官の質的な国民志向性を国民の目で審査・統御するとともに（国民志向性と accountability の要請），裁判官の地位に民主的な正統性を付与し，あわせてその独立

性を強化することを目的としている。

この制度の具体化は以下の点を踏まえて行われなければならない。

○審査・選考の主体は，合議制の機関とする。委員会はその職権行使の独立性が確保されなければならない。

○委員会は，募集（応募受付）業務および候補者の適格性に関する調査とこれに基づく適格性の審査を自ら行う。

○広く人材を集め，調査・審査および国民参加を実質化・実効化するために，委員会は全国各地にその組織と活動の基盤を持つ必要があり，そのために，全国の組織と活動を統括・調整する機能を持つ中央組織と，たとえば，ブロック毎に置かれる地方組織との双方が設けられなければならない。

以上の点についての審議会意見は，次の通りである。「裁判官の指名を受けようとする者に，同機関による選考の過程へのアクセスの機会を十分に保障するため，選考の基準，手続，スケジュールなどを明示することを含め，その過程の透明性を確保するための仕組みを整備するものとする。また，裁判官への任官希望者のすべてが，同機関の判断を経た上で，指名されるか否かを最高裁判所によって最終的に決定されるものとすべきである」とし，また，「この機関が，十分かつ正確な資料・情報に基づき実質的に適任者の選考に関する判断を行うことが可能となるよう，例えば，この機関に対して任官希望者に係る人事情報の収集，提供等を行う下部組織を地域ブロックごとに設置することなど，適切な仕組みを整備すべきである。なお，……『裁判官の人事制度の見直し（透明性・客観性の確保）』に掲げた仕組みによる選考対象裁判官に係る評価については，同機関による選考のための判断資料としても活用されるものとする」。

○委員会の委員は任期制とする。

委員には，法曹たる委員とともに，国民の参加の促進および説明責任・国民的基盤の確立の観点から，相当な方法で国民の中から選出された者（非法曹委員）を相当数（たとえば，過半数）含むものとする。

非法曹委員の選出方法は，たとえば，以下の方法が考えられる。有権者名簿から無作為抽出で選ばれた者の集団から，一定のスクリーニング（地域の代表性・多様性その他）を経て相当数の対象者を抽出する。そして抽出された者を委員候補者とし，本人から委員への就任の同意を得て，委員として任命する。

○法曹委員の選出方法は裁判所，検察庁，弁護士会に委ねる。

この点についての審議会意見は，次の通りである。

「設置の趣旨に照らし，同機関を公正で権威のある機関とするため，委員の構成及び選

任方法については，中立性・公正性が確保されるよう十分な工夫を凝らすものとする」。
○候補者の審査・選考を充実化させるために，審査・選考基準の明確化およびこれに関連する諸手続を整備する。
　この点についての審議会意見は，次の通りである。
「同機関による選考に関しては，個々の裁判の内容を審査の対象とはしないなど，裁判官の独立を侵すおそれのないよう十分に配慮されなければならない」。
○同委員会の選考にかかる者を表示した名簿は，最高裁判所（最高裁判所裁判官会議）に対して法的な拘束力を有さない。
　この点についての審議会意見は，次の通りである。
「司法権の独立の保持の観点から最高裁判所に裁判官としての適任者を指名させるものとした憲法の趣旨にかんがみ，同機関による選考の結果に係る意見が同裁判所を法的に拘束するものとはなしえないが，説明責任を果たすという観点から，同裁判所は，同機関による選考の結果，適任とされた者を指名しない場合にその者から請求を受けたときは，指名しない理由を本人に対して開示するものとする。また，同機関による選考の結果，適任とされなかった者に対して説明責任を果たすための適切な措置についても検討する必要がある」。

　特に留意しておかなければならないのは，この委員会はまったく新しい制度であり，これを適切に制度構築し，運営していく上において弁護士会が果たすべき役割が極めて大きいという点である。弁護士会の先行した取組み，そして，弁護士会による制度の下支えがない限り，この制度が実質的に機能することは極めて困難である。地域司法計画など弁護士会の地域活動との接合が必要である。

　下級裁判所裁判官の指名過程の見直しに関して，要綱は，「最高裁判所に，その諮問を受け，下級裁判所の裁判官として指名されるべき適任者を選考し，その結果を意見として述べる機関を設置するとともに，同機関が十分かつ正確な資料・情報に基づき実質的に適任者の選考に関する判断を行いうるよう，適切な仕組みを整備することとし，所要の措置を講ずる」としている。そして，最高裁判所は，2002（平成14）年6月12日，下級裁判所の裁判官の指名過程に関与する諮問機関の設置について，一般規則制定諮問委員会に諮問をし，同年7月31日を第1回として，ａこの機関の設置を最高裁判所規則で定めることの当否，ｂこの機関の基本的な所掌事務，ｃこの機関の構成，ｄ下部組織の設置の要否，設置した場合の基本的な所掌事務，ｅ下部組織の構成等の基本的論点についての検討が規則制定諮問委員会で開始された。

　弁護士会としては，判事に任命されるべき者の指名過程に国民の意思を反映させ，候補

者の審査・選考を充実させるために，全国各地に組織と活動の基盤を持ち，かつ国民から選出された者を相当割合で含む合議制の委員会を設置するとともに，審査・選考基準の明確化およびこれに関連する諸手続を整備し，委員会に，候補者の適格性の審査・選考およびこれに関連する職務を厳正かつ独立して取り扱わせることとすべきであるとの前述の意見を，規則制定諮問委員会に反映させ，かつ，実現に向けての努力をしていくべきである。

⑧　裁判官の任用・人事のあり方

審議会意見は，「裁判官の人事評価について，評価権者及び評価基準を明確化・透明化し，評価のための判断資料を充実・明確化し，評価内容の本人開示と本人に不服がある場合の適切な手続を設けるなど，可能な限り透明性・客観性を確保するための仕組みを整備すべきである」，「裁判官の報酬の進級制（昇給制）について，現在の報酬の段階の簡素化を含め，その在り方について検討すべきである。」と提言している。

そして，要綱は，「裁判官の人事評価について，可能な限り透明性・客観性を確保するための仕組みを整備することとし，平成15年末を目途に所要の措置を講ずる」とし，「裁判官の報酬の進級制（昇給制）について，報酬の段階の簡素化を含め，推進本部における検討を踏まえ，必要な検討を行う」としている。

法曹一元は官僚制的なものを峻拒する。さらに法曹一元は，これを人事制度の面から考察すれば，裁判官を弁護士型すなわち独立の自営業者のそれに等しい地位に置くものといえる。業務遂行上，上下の統制関係はなく，昇任・昇給もない。また転勤制度もない。このように法曹一元は官僚制的な人事制度の彼岸にあるのである。

そもそも官僚制的な人事制度は，制度として機能しているだけで裁判官の独立に対する脅威となり，同時に，裁判官の独立性に対する国民の信頼を傷つけることにもなる。そして現行の裁判官報酬制度は，官，職，号に応じて細分化されているとともに，任地に応じて支給される調整手当等の各種手当の支給により著しく複雑化されている。その結果，裁判官は任地・報酬により支配されているといわれるほどであり，裁判官の最大の関心事も任地であると指摘されている。

この点について司法制度改革審議会意見は，「人事評価については透明性・客観性において必ずしも十分ではないとの指摘もある」，「昇進の有無，遅速がその職権行使の独立性に影響を及ぼさないようにする必要がある……また，裁判官の職務の複雑，困難及び責任の度は，その職務の性質上判然と分類し難いものである」と指摘している。

かくして裁判官の独立性と説明責任・国民的基盤の確立の要請を充たしつつ，裁判官として任用された者が，任用後にその高い能力をいかんなく発揮できるようにするために，人事制度における「透明性・客観性」を高め，裁量的要素を可及的に払拭することとすべ

きである。

　裁判官についての改革としては，人事評価のあり方を見直し，評価基準の明確化と評価内容の本人開示，不服申立手続の整備等を実施し，裁量的要素を払拭すべきである。この点について，審議会意見は，「最終的な評価は，最高裁判所の裁判官会議によりなされることを前提として，第一次的な評価権者を明確化すべきである」，「評価基準については，例えば，事件処理能力，法律知識，指導能力，倫理性，柔軟性など，具体的かつ客観的な評価項目を明確に定めるとともに，これを公表すべきである」，「評価に当たっては，例えば自己評価書を作成させるなど，本人の意向を汲み取る適切な方法，更に，裁判所内部のみではなく裁判所外部の見方に配慮しうるような適切な方法を検討すべきである」，「評価の内容及び理由等については，評価対象者本人の請求に応じ，評価対象者本人に対して開示すべきである」，「評価内容等に関して評価対象者本人に不服がある場合について，適切な手続を設けるべきである」などを提言する。この方向性をもって，より徹底した改革を実施すべきである。

　この点について，2001（平成13）年7月に最高裁判所事務総局に設置された人事評価の在り方に関する研究会は，20回の審議を経て，2002（平成14）年7月16日に，「裁判官の人事評価の在り方に関する研究会報告書」を取りまとめたが，この報告書は，一定の前進点はあるものの，a地方裁判所所長・家庭裁判所所長，高等裁判所長官等を評価者としている，b裁判を受けた弁護士，検察官や当事者による外部評価を導入することに否定的である，c不服申立に関する第三者評価機関の設置にも否定的である等，基本的に現状追認の部分が多く，審議会意見の趣旨に反する部分や裁判官に対する萎縮効果をまねきかねない部分も多々あると批判されている。

　前述のとおり，審議会意見の提言する人事評価についての可能な限りの透明性・客観性を確保するため，より徹底した改革を実現すべきであり，そのための仕組みの整備が必要であり，弁護士会は，この点をより強く主張し，その実現を求めなければならない。

　次に，補職・配置等における応募制の導入，報酬の多段階制の解消などの改革を行うべきである。この点について，司法制度改革審議会意見は，「裁判官の報酬の進級制（昇給制）について，従来から指摘されていることにかんがみ，現在の報酬の段階の簡素化を含め，その在り方について検討すべきである」と提言する。この点でも，この方向性をもって，より徹底した改革を実施すべきである。

　以上の改革と並行して，弁護士任官者については，さらに徹底した非官僚制的な人事制度を適用すべきである。

　⑨　最高裁判所裁判官の任命等に関する改革

第1　司法制度の改革

審議会意見は，「最高裁判所裁判官の地位の重要性に配慮しつつ，その選任過程について，透明性・客観性を確保するための適切な措置を検討すべきである」とし，また，「最高裁判所裁判官の国民審査制度について，国民による実質的な判断が可能となるよう審査対象裁判官に係る情報開示の充実に努めるなど，制度の実効化を図るための措置を検討すべきである」と提言した。

　また，要綱は，「最高裁判所裁判官の国民審査制度に関し，最高裁判所裁判官のプロフィールを紹介するなど最高裁判所裁判官に係る情報開示の充実を図るための措置について検討を行う」としている。

　最高裁判所の司法上および司法行政上の諸種の判断や権限行使は，司法部内においてはもとより，国政全般において，強い影響力を与えうるものである。「法の支配」の理念の下においては，最高裁判所がその強大な権限を適切に行使することは，国民の基本的人権の擁護・伸張，民主主義的政治制度の健全な運営，質の高い国家・社会の構築などのための必須の条件ないし基盤というべきである。最高裁判所裁判官にその重責にふさわしい適切な人物を得ることの重要性はいかに強調しても強調しすぎることはない。裁判所法第41条第1項は，「最高裁判所の裁判官は，識見の高い，法律の素養のある年齢四十年以上の者」との要件を定めているが，最高裁判所裁判官が備えるべき資質・能力を表すものとしては，いささか不十分である。最高裁判所裁判官が備えるべき資質・能力とは何かについてより踏み込んだ，そして国民的な検討が必要である。

　そこで，最高裁判所裁判官に任命されるべき者の審査・選考に国民の意思を反映させ，かつ審査・選考を適格者を得るにふさわしい信頼性・客観性の高い充実した手続にするために，国民の中から選出された者を相当割合で含む合議制の機関（仮称「最高裁判所裁判官任命推薦委員会」）を設置するとともに，審査・選考基準の明確化およびこれに関連する諸手続の整備などを実施し，同機関に，適格性の審査・選考およびこれに関連する募集・調査その他の事務を厳正・適切かつ独立して取り扱わせることとすべきである。また，これに伴い，最高裁判所裁判官国民審査法も改正し，国民審査の実効化を図るべきである。

　この点につき，審議会意見は，「内閣による指名及び任命に係る過程は必ずしも透明ではなく，同裁判所裁判官の出身分野別の人数比率の固定化などの問題点が指摘されている」とし，「こうした現状を見直し，同裁判所裁判官に対する国民の信頼を高める観点から，その地位の重要性に配慮しつつ，その選任過程について透明性・客観性を確保するための適切な措置を検討すべきである（昭和22年当時，裁判所法の規定に基づき設けられていた裁判官任命諮問委員会の制度も参考となる）」としている。この方向性を基本として，より徹底した改革を実施すべきである。

弁護士から選出される最高裁判所裁判官については，従来から日弁連がその候補者を推薦することとなっているが，その推薦手続が不透明であるとの指摘がある。弁護士選出の最高裁判所裁判官の候補者を日弁連が推薦する以上，その推薦手続が一般国民にもわかりやすく納得できるような，透明かつ民主的なものとするため，❶日弁連レベルでの公聴会制度の導入，❷推薦委員会による推薦理由の公開，❸推薦者の信任投票制度の導入などの改革を実施し，一層民主的で開かれた推薦手続にする必要がある。

　また，国民審査制度については，実効性のある国民審査を行うことによって，最高裁判所裁判官の任命およびその地位に民主的な正統性が与えられ，また，不適格者が国民によって排除されることになる。最高裁判所の国民的基盤を確立し，最高裁判所裁判官の質を確保する制度にすべく，国民審査制について所要の改革を行うべきである。

　そこで，国民が個々の最高裁判所裁判官の適格性について実質的に判断できるように，最高裁判所裁判官国民審査法を改正すべきである。審査公報の字数制限や写真禁止など不要な制約を廃し，選任過程および職務（司法行政も含む）状況について情報公開を進める必要がある。

⑩　裁判官の市民的自由と司法の独立

　裁判官は，裁判所の中立らしさ，公平らしさを守るため，意見表明とりわけ政治的意見を表明すべきではないとの見解が根強い。そして，少なくとも一般の国民は，裁判官が，最高裁人事当局の意見にしたがい，行政追随的な消極的態度を貫くことが「中立らしさ，公正らしさ」を守ることになるとの意識を持っているのではないかと疑われている。最近では，裁判官は過度に自己抑制的で，自ら三権分立の権力均衡構造を崩し，逆に国民の司法への信頼を揺るがしていると，経済団体からも指摘されている。

　一市民として独立し，自律していない者に職権行使の独立性を期待することはできない。裁判官の市民的自由の重要性を認識し，独立不羈の精神を育てていく発想が求められている。

　このような状況の中で1999（平成11）年9月には，日本裁判官ネットワークという裁判官の任意団体が組織され，裁判官が司法について直接市民に語るべき場を設ける等しており，徐々にではあるが，「顔が見える」司法への萌芽が感じられる。われわれはこの動きを支持し発展させていく必要がある。

⑪　法曹間の人材交流のあり方についての改革

　審議会意見は，「法律専門職（裁判官，検察官，弁護士及び法律学者）間の人材の相互交流を促進することにより，真に国民の期待と信頼に応えうる司法（法曹）をつくり育てていくこととすべきである」と提言する。

第1　司法制度の改革

法曹間の相互の人材交流自体は，これを積極的に推進すべきである。法曹一元の下では，まさに法曹は一元化され，真に円滑な人材の交流が確保される。
　審議会意見が指摘するように，問題は，「法律専門職間の人材の交流は……いわゆる判検交流によるものが大半」で，かつ「法務省・検察庁への出向者が裁判官に偏っている現状」があることにある。これまで裁判所と法務省との間では，裁判官と訟務検事や捜査・公判担当の検事を相互異動する，いわゆる判検交流が行われてきている。このようなあり方は，裁判の公正さに対する国民の信頼を害するおそれがあるといわざるをえない。ことに国の代理人を務めた訟務検事が行政訴訟の裁判官に転じたり，捜査公判の検事が刑事裁判官になった場合などには，この点に関する国民の危惧を払拭するのは容易なことではないと心すべきである。
　それゆえ法曹一元の趣旨にかんがみ，法曹間の人材交流は上記のような危惧を生じないように配慮しつつ，弁護士と裁判官，弁護士と検察官の相互交流を基本としてこれを活性化させることとし，そのための制度の整備を急ぐべきである。
　⑫　判検交流の意義と現代的問題点
　戦前においては，裁判官と検察官は司法省の一元的な監督権のもとにおかれ，両者は一体としてとらえられていた。しかし，戦後の司法改革によって司法権の独立が保障され，裁判所は行政庁である法務省とは独立の機関となったのである。そうであるにもかかわらず，1949（昭和24）年ころから現在まで，裁判所と法務省の間で，いわゆる判検交流と呼ばれる人事交流が頻繁に行われてきている。これは，主として両組織のスタッフ強化の目的で行われている。
　この判検交流が行われることにより，つい先日まで公判検事をしていた者が刑事裁判官として，元同僚の提起した公訴事件の裁判をしたり，同様に裁判官をしていた者が訟務検事として元同僚のいる裁判体に対して訴訟行為をする場面も生じるのである。法務省と裁判所間での人事交流は両組織の身内意識を増大させ，裁判の中立公正さを著しく害することは容易に予測できることである。
　他方でこの判検交流は，法曹一元の理念と合致するとの意見も存する。しかし判検交流は，法友会が提言する法曹一元とは全く異質なものである。すなわち法曹一元とは，国家権力を行使する立場にある裁判官及び検察官が在野法曹である弁護士の中から選出されることであり，司法権力の行使者が国家ではなく国民によって養成されるシステムである。したがって法曹一元とはあくまでも，国家権力の行使者である裁判官・検察官を在野法曹の中から選出することを中核とする制度である。これに対して判検交流は，国家のスキルアップを目的とする国家内部での交流であって，法曹一元の理念とかけ離れているばかり

第1部　司法と弁護士改革

か，国家による裁判のコントロールと言っても過言ではない。われわれは，判検交流制度の早期廃止を提言する。

⑬　裁判所運営への国民参加

審議会意見は，「家庭裁判所委員会の充実，地方裁判所での同委員会と同様の機関の新設など，裁判所運営について，広く国民の意見等を反映することが可能となるような仕組みを導入すべきである」と提言している。

その趣旨を，司法制度改革審議会意見は，「裁判所運営に国民の健全な常識を反映させていくことは，裁判所に対する国民の理解と信頼を高め，司法の国民的基盤を強化することにつながる」とする。

また，要綱は，「裁判所運営について，広く国民の意見等を反映することが可能となるような仕組みを整備するために，家庭裁判所委員会制度の充実を図るとともに，地方裁判所においてもそれと同様の仕組みを導入することとし，所要の措置を講ずる」としている。

裁判所運営への国民参加は，広く国民の司法参加の一環として大いに推進されるべきである。こうした裾野の上に，訴訟手続への国民参加などが定着・活性化するものと期待される。

これを裁判所だけの取組みにせずに，弁護士会がこれに積極的に加わるべきである。かかる形態の国民参加を実効化するためにも，地域司法計画など弁護士会の地域活動との接合が必要であることはいうまでもない。

(3)　弁護士会の弁護士任官への取組み

①　弁護士任官制度

1991（平成3）年から始まった法曹三者の合意による弁護士任官制度は，市民感覚豊かで人権感覚に富む弁護士が任官することにより法曹一元の実現に向けた制度として，これまで弁護士会は，さまざまな運動をなしてきた。しかし，制度実施から10年間で裁判官任官者は41名にとどまり，任官者の数は期待された成果をあげていなかった。

このような状況のもと，司法制度改革審議会は2001（平成13）年3月に日弁連に対して，日弁連と最高裁が協調関係を保ちつつ，弁護士任官を推進するための体制を整備する方策や判事補の他職経験の一つとしての弁護士への就職を支援するための方策を含め，「実効性のある具体的な措置」を明らかにするよう求め，その結果，前記（(2)②⑥）のとおり，2001（平成13）年12月7日に協議のとりまとめをなし日弁連の推薦手続，最高裁の採用手続，弁護士任官推進のための環境整備方策が示され，また2002（平成14）年8月23日に非常勤裁判官制度の創設についてのとりまとめがなされた。概略は以下のとおりである。

ⓐ　応募について

①弁護士経験5年以上（ただし，当面3年以上も選考対象とする）。
②年齢55歳くらいまでの者を基本とする。
③裁判官として5年程度は勤務しうる者。
ⓑ 俸給
法曹としての経験年数を考慮する。
ⓒ 任地
初任地は，任官希望者本人の希望，家族状況，充員状況等を考慮して決定し，その後は，同期の裁判官の例に準ずる。
ⓓ 裁判官任官の詳細
イ 採用の形態
ⅰ 通常任官のほか，短期（5年）任官もできる。
ⅱ 非常勤裁判官制度
いわゆる非常勤裁判官制度の概要は次のとおりである。

目　　的　弁護士任官を促進するための環境整備とともに調停手続の充実，活性化。
担当職務等　民事・家事調停事件に関し，調停主任又は家事審判官たる裁判官と同等の立場で調停手続を主宰する制度とし，民事調停法17条の決定，家事審判法23，24条の審判も担当する。
身分関係等　弁護士経験5年以上の者。
　　　　　　任期は2年とし，再任を妨げない。
　　　　　　身分関係は裁判所職員臨時措置法により準用される国家公務員法の規定が適用され，法律上の身分は裁判官ではない。ただし職務内容を踏まえ職権行使の独立等について規定を設ける。
導入時期　平成15年の通常国会への提出をめざす。
導入対象庁　制度発足当初は民事調停については，東京，大阪，名古屋，福岡簡裁等で家裁については，東京，大阪家裁で実施する。
執務形態　少なくとも週1回，丸1日の勤務とする。

ⅲ 分野別任官形態　倒産，知財，商事，家庭事件等の専門分野の任官
ロ 任官時期
採用日　4月1日
この場合，前年度7月1日が申込締切，見通しは，前年12月末日までに連絡される。
ただし2007（平成19）年10月までは例外として採用日10月1日付採用も行う。
この場合，1月10日申込締切，6月末に見通しを連絡する。

② 東弁の取り組み

ⓐ 東弁では任官に際しての障碍要因の解消は弁護士個人レベルの努力では克服困難であり，より抜本的な基盤整備を弁護士会が推進すべきであるとして，2001（平成13）年10月に任官推進のための基金制度を導入するとともに，任官候補者の受入れや事件の引継等に協力できる任官推進事務所の設立運営についての規則を制定した。と同時に任官希望者の募集から任官候補者として選考し，推薦する手続も確立し，2002（平成14）年1月から日弁連と最高裁の協議とりまとめ結果による新制度の下で任官希望者の募集を開始した。

因みに2002（平成14）年4月までの1年間に全国で5名の判事任官者が決まり，このうち東弁は2名の任官者を出すことができ，さらに新年度のもとで5名の任官希望者が東弁任官者選考特別委員会の調査・選考を受けている状況（平成14年10月末現在）であり，西高東低といわれた任官状況が大きく変化しはじめている。

ⓑ 弁護士任官者の推薦制度

日弁連と最高裁の弁護士任官についての2001（平成13）年12月のとりまとめにより弁護士任官の基準・手続については，上記とりまとめによって明記された弁護士会の推薦基準・手続を経ることとされている。

東弁においては，弁護士任官者としての適格性を調査し，審査する機構，手続について2001（平成13）年10月に弁護士任官者選考に関する規則を制定し，任官選考特別委員会を設置して，新制度のもとで任官者選考制度を確立している。この任官者選考手続は，任官希望者の募集から調査を経て，最終的な選考手続を経て，東弁としての推薦を決定するものであるが，この制度を手続的にも選考内容の面でも，より信頼性のあるものにする必要があり，そのことによって最高裁に対しても任官者受入れをスムーズに行わせることになろう。

なお，東弁では任官希望者の申込締切日を最高裁の採用日申込締切日の関係と選考特別委員会での調査・選考期間を考慮し，4月1日採用（締切前年度7月1日）の場合，申込締切を前年3月末とし，又10月1日採用（締切当年度1月10日）の場合，申込締切を前年9月末としている。

このように最高裁の採用期間と東弁の調査・選考期間を合わせれば，申込から採用まで約1年間を必要とする。

ⓒ 任官推進のための基盤整備

(イ) 弁護士任官推進基金制度

東弁では，任官推進のための基金制度を2001（平成13）年10月から導入した。この基金制度は任官希望者や任官推進事務所などへの貸付制度を中心としたものであるが，問題は

任官希望者が任官準備のために事件の手控えや事務所閉鎖に伴なう経済的問題を抱えた場合，基金から貸付けるとしても，任官後，貸付金返済を続けさせることは，制度として問題があると指摘されている。

そういった観点から，現時点では任官者に対しての貸付制度は，例えば事務所閉鎖の際，保証金が一時的に返還されないような場合，いわば一時的，緊急的な場合で，任官前に返済できるようなものに貸付けるべきであるという方向とすべきである。したがって任官希望者が任官採用までの間に生活費等の経済的な問題を抱えるような場合には，貸付制度の利用ではなく任官推進事務所への在籍によって解決すべきであろう。

以上によると基金制度の貸付制度の中心は，任官推進事務所の運営等の資金不足に対してへの貸付が大半を占めることになろう。

(ロ) 弁護士任官推進事務所

東弁では2002（平成14）年6月に都内池袋において弁護士任官推進を目的とし，弁護士会が支援する公設事務所「東京パブリック法律事務所」が開設された。

弁護士任官採用手続では，任官希望者が申込をし，採用されるまで約9ヶ月の日時を要し，これに東弁の選考手続期間を合わせると約1年間任官希望者は採用か不採用か明らかにされない，不安定な状況におかれることになる。このような任官希望者の不安定な状況の解消策として，基金制度とともに任官推進事務所制度は有効なものとなる。「東京パブリック法律事務所」は，所長弁護士のほか4名の弁護士と事務局スタッフで運営され，同事務所では公益的事件，少額事件を積極的に扱うことになっているほか，法律扶助協会，法律相談センターも併設され，順調にスタートをきり運営がなされている。さらに東弁では，第二公設事務所として刑事弁護を中核とする公設事務所構想を立てて，任官推進型公設事務所の拡充をめざしている。

(ハ) 会員による支援

東弁の弁護士任官運営特別委員会規則では，弁護士任官推進のため，会員・法律事務所の協力によるものを総称して，任官支援等事務所と定め，登録制を採用し，広く会員の協力も求めている。

支援の内容概要はつぎのとおり

ⅰ）任官支援事務所：5年間に1名以上の任官者の輩出を予定している事務所を任官支援事務所として登録する。

ⅱ）任官支援会員：任官希望者の残務処理や手持ち事件の引き継ぎなどに協力できる事務所

ⅲ）任官退官者受入事務所：任官候補弁護士を実際に任官するまでの6ヶ月～1年の間，

一時的に受け入れることのできる事務所，あるいは任官者が退官し再び本格的な弁護士活動を開始するまでの間，一時的に事務所に所属させ，事務所事件を配点し支援する事務所

③ 課題など

弁護士任官の大幅な増加を現実とするためには，より一層の基盤整備の拡充を図ること，推薦手続をより一層信頼性のあるものにする努力が必要である。特にこれまでの任官希望者が申込から採用か不採用かの決定まで余りにも長期間事務所の閉鎖や事件縮小問題を抱えるなど不安定な状態におかれ，そのために任官意思を断念しかねないケースも生じている。こういった問題の解決策としては，任官推進事務所に在籍するといった制度の活用が有効であり，今後は任官推進のための公設事務所の増設と事務所内容の充実が重要な課題である。また任官推進事務所の運営面では，所長以下，所属弁護士は弁護士任官推進や公益事件などの受任により，市民の相談所としての目的のもとに，自己の事務所を閉鎖して公設事務所に協力しているが，このような公設事務所は運営コスト等一つとっても，弁護士会・会員の支援が不可欠である。したがって今後は，任官推進事務所の発展のためにも，経済的，その他の面での支援体制をどのように具体化すべきかが大きな課題となる。

また任官希望者の募集・調査・選考審査のあり方については，現在の運営状況や実績などを十分検討し，より一層信頼性のある推薦制度に高める必要がある。

3　司法規模容量の拡大

1）司法予算の拡大

> 司法制度改革の具体的な実現にあたり，司法関連予算が従前の予算枠に限定されることによって改革が阻害されることがないよう，国民の理解を求める必要がある。

(1) 審議会意見書と今後の方向

審議会意見書では，「当審議会としては，司法関連予算の拡充については，それを求める世論が既に国民的に大きな高まりを持つに至っていることを確信しており，政府に対して，司法制度改革に関する施策を実施するために必要な財政上の措置について，特段の配慮をなされるよう求める。」との記載が盛り込まれた（116頁）。

しかし，検討過程においては，財務省の抵抗があったと伝えられている。詳細な具体的制度設計は司法改革推進本部，そして国会に委ねられているが，その過程では，財務省のみならず，なお改革に消極的である立場からの抵抗も予想される。予算措置についての基

本方針が上記意見書において確認された以上，予算不足を理由として諸改革が阻害されないよう，今後も国民の理解を得る必要がある。

(2) 今後の目標

司法改革の諸課題の中で，従前の予算規模を超えた予算措置が必要となる重点的項目は，以下のとおりである。

・国費による被疑者弁護（国選弁護報酬の増額問題を含む）
・法律扶助の拡大
・法科大学院の運営および学生に対する援助
・裁判官・検察官の増員

これらの各課題について，弁護士会としては，改革の趣旨の実現のために必要な予算規模を算出し，その合理的な根拠付けを行って，国民の理解を得ていく作業が必要である。

2）法曹人口の増員

> 法曹一元制度の実現及び「法の支配」の原理を社会の隅々までいきわたらせ，様々な分野・地域における法的需要を満たす必要性を自覚し，国民が必要とする弁護士，裁判官及び検察官の数を確保すべきである。更に，その増員に際しては，国民が必要とする法曹の質を維持することも重要であり，この増員と質のバランスの上で，具体的な法曹人口の確保を考えるべきである。司法制度改革審議会でとりまとめられた年間3000人程度の新規法曹の確保については，国民が必要と考えた数として最大限尊重し，具体的な増員方法及び法曹養成制度を鋭意検討していくべきである。

(1) 法曹人口問題に対する弁護士会の従来の対応

① 日弁連の司法改革宣言

1988（昭和63）年，法務省が設置した法曹基本問題懇談会は，司法試験合格者の大幅増員等について意見を発表し，以来法曹人口問題が会内外で広く論じられるに至った。

日弁連は，この間，司法改革宣言において，司法の人的・物的規模の容量の拡大や「全国津々浦々どこにでも身近な存在として弁護士や裁判所が存在し，適切で迅速な権利の実現に助力する体制の整備」をめざすことを国民に向け明らかにしてきた。

国会では，1990（平成2）年の司法試験法の一部改正に際し，法曹人口の少ないわが国の現状を指摘し，その適正な確保を求める付帯決議がなされた。

② 法曹養成制度等改革審議会（改革協）と日弁連の姿勢

1991（平成3）年6月から，法曹養成制度等改革協議会の審議が開始され，法曹人口問

題は当初から大きな論点となった。

　法友会は，1993（平成5）年7月開催の総会において，当面の試験合格者数を年間1000名程度に増員することを検討すべきだとする宣言を採択した。

　しかし，日弁連においては，弁護士の人口増加については，積極・消極の両意見に分かれ，その後長期間にわたって議論が行われた。

　日弁連は，このような会内外の状況を踏まえて1994（平成6）年8月，「司法試験・法曹養成制度の抜本的改革大綱案」を作成し，同年12月に開催された臨時総会で採択するなどし，修習期間の短縮は行わないこと等を骨子とする提案をした。

　しかしながら，この提案は，改革協における多数の支持を集めるには至らず，改革協では合格者1500名，修習期間1年を含む大幅な修習期間短縮が多数意見としてとりまとめられることが必至の情勢となった。

　このため日弁連は，当面の困難な諸情勢にインパクトを与えようとする意図から，先の大綱の延長線上のものとして，関連決議の一部を修正し1999（平成11）年度からの合格者を1000名とし，修習期間2年を堅持することを骨子とする新提案を行った。

　この新提案は，1995（平成7）年11月の臨時総会において賛成多数で可決され，改革協に提案された。

　しかし，日弁連の新提案は改革協において多数の賛同を得られず，1995（平成7）年11月には改革協意見書が採択された。その意見書の結論は両論併記となり，多数意見は，中期的に合格者を1500人程度に増加させ，かつ，修習期間を大幅に短縮するというものであり，日弁連の新提案は少数意見にとどまった。

　③　改革協意見書に基づく法曹三者協議

　改革協意見書の趣旨は尊重されなければならないこととなったため，これを踏まえ，1996（平成8）年7月から，「司法試験・法曹養成制度の抜本的改革」を議題として三者協議が開始され，法曹三者はそれぞれ意見表明を行い，その後の三者協議の焦点は，合格者1000名に関する修習期間の短縮を主とする司法修習制度のあり方に集中し，日弁連と最高裁・法務省の厳しい攻防が続いた。

　他方，政府は，1997（平成9）年3月に，「規制緩和推進計画の再改定について」を発表し，その中で「平成9年10月末までに，司法試験合格者の1500人への増員について法曹三者協議の結果を得て，同年度中に1000人への増員について所要の措置を講ずる」とした。法務省は，このようななかで，1997（平成9）年6月の三者協議で，合格者1000人体制による修習実施の概ね3年後（2002〔平成14〕年）から1500人体制問題について協議を開始する旨の提案を行った。

第1　司法制度の改革

日弁連は，1997（平成9）年10月15日に開催された臨時総会において，1998（平成10）年度から司法試験合格者数を1000人程度とすること，修習期間を1年半に短縮すること，研修弁護士制度や合格者に対する入所前研修の実施等新しい修習制度を創設すること等を骨子とする執行部提案を可決した。この提案は1500名の問題については，「司法修習の受入れ体制などとともに，社会ニーズの動向（関連諸制度の整備状況を含む）などについて調査・検討を加え」，法務省提案と同時期に三者協議を開始するというものである。

　1997（平成9）年10月28日の三者協議において，司法試験合格者を1998（平成10）年度は800人程度に，1999（平成11）年度からは年間1000人程度に増加させること，修習期間は1年6か月とすることを骨子とする法曹三者の合意が成立した。

　また，1500名の問題については，今次の三者協議会終了後，社会の法的ニーズに関連する諸制度の整備状況及び法曹三者の人員の充足状況等をも参酌しつつ，調査及び検討を継続し，1999（平成11）年度から実施される新たな司法修習制度による3期目の司法修習終了後に，その結果を取りまとめた上で，三者協議会において協議することが合意された。

　従前は，法曹人口増員問題では新規法曹の数の問題が主として論じられ，その数が当時の司法研修所の容量と関連すると考えられてきた。その後，法曹人口増員問題とは，単なる数の問題ではなく，法曹の質を確保する問題でもあることが改めて見直されることとなった。このことから，1998（平成10）年11月の日弁連理事会において，

「質量ともに社会のニーズにこたえられる弁護士を養成する体制を整備しなければなりません。そのために必要となる司法試験合格者数の確保について，不断に検討を加えていくことが必要です。」

との決議をするに至った。

(2) 司法制度改革審議会意見書とその後の動向

① 司改審の設置と日弁連の対応

　司法制度改革審議会（司改審）が設置され，その会議が始まるにあたり，日弁連の考えを反映するためには新たに司改審への意見表明を重要視することとなった。そこで，日弁連は，改めて司法改革に対する姿勢を明らかにするため，1999（平成11）年11月の日弁連理事会において，次のとおり決議した。

「市民が要望する良質な法的サービスの提供と法曹一元制度を実施するためには，弁護士の人口が相当数必要である。」

「法律扶助制度の改革，国費による被疑者弁護，公設事務所の設置，法律相談センターの拡充，裁判外紛争処理期間（ADR）への関与など，より多くの弁護士が積極的に公益的事業活動に参加することが必要である。」

「法の支配を社会の隅々まで貫徹させる観点からも，弁護士が社会のあらゆる分野と地域に進出することは極めて重要である。」

「このような見地から，日弁連は国民が必要とする弁護士の増加と質の確保を実現する。」

この決議に基き，日弁連としては，司法改革に対する姿勢を弁護士の総意とすべく，2000（平成12）年11月1日に総会を開催し，法曹人口に関する次の点を含む決議案を承認した。

「法曹人口については，法曹一元制の実現を期して，憲法と世界人権宣言の基本理念による「法の支配」を社会の隅々までゆきわたらせ，社会のさまざまな分野・地域における法的需要を満たすために，国民が必要とする数を，質を維持しながら確保するように努める」。

「法曹一元制を目指し，21世紀の『市民の司法』を担うにふさわしい専門的能力と高い職業倫理を身につけた弁護士の養成を眼目として，下記事項（省略）を骨子とする新たな法曹養成制度を創設し，大学院レベルの法律実務家養成専門機関（以下「法科大学院（仮称）」という。）における教育と，その成果を試す新たな司法試験及びその後の実務修習を行うこととし，弁護士会は，これらに主体的かつ積極的に関与し，その円滑な運営に協力する」。

② 司改審意見書とその後の動向

2001年（平成13）年6月12日，司改審はその最終意見書において法曹人口の増加について次のように述べるに至った。

・現行司法試験合格者数の増加に直ちに着手し，2004（平成16）年には合格者数1500人達成を目的とすべきである。

・法科大学院を含む新たな法曹養成制度の整備の状況等を見定めながら，2010（平成22）年ころには新司法試験の合格者数の年間3000人達成を目指すべきである。

・このような法曹人口増加の経過により，おおむね2018（平成30）年ころまでには，実働法曹人口は5万人規模に達することが見込まれる。

その後，2002（平成14）年3月19日閣議決定された政府の「司法制度改革推進計画」及び最高裁が2002（平成14）年3月20日に発表した「司法制度改革推進計画要綱」では，司改審意見書を受けて，現行司法試験の合格者について，それぞれ2002（平成14）年に1200人程度，2004（平成16）年に1500人程度に増加させることが指摘された。これに対し，日弁連の2002（平成14）年3月19日付「日本弁護士連合会司法制度改革推進計画」では，法曹人口について，「法科大学院を含む新たな法曹養成制度の整備の状況等を見定めながら逐次，必要な提言等を行うとともに，制度改革に伴う対応を行う」と規定し，さらに，

「裁判官・検察官の大幅増員，裁判所職員・検察庁職員の質・能力の向上と大幅な増加を図るため，必要な提言等を行う」と指摘している。

(3) 増員の具体像

① 裁判官の増員

2000（平成12）年11月１日の日弁連総会の決議において，法曹養成制度としてロースクール構想が日弁連において認められた。法科大学院は2004（平成16）年から開講され，その２年後に新司法試験受験者が出現するようになり，近い将来毎年3000名程度の法曹が誕生することが構想されている。

毎年3000名の新司法試験合格者が誕生するということは，従来法友会が議論の前提としていた毎年1500名程度の合格者という数を倍増させるものである。3000名の法曹資格者の大多数が弁護士になると思われるが，弁護士の増加が直ちに訴訟事件数の増加をもたらさないとしても，現状の裁判官不足が原因となっていると思われる記録の精査不足，各事案についての理解不足からくる訴訟指揮及び判決書の不適切さなどを解消するためには，早急に（今後10年間程度を目標として）現在の２倍にあたる約4000名の裁判官を確保するべきである。また，現在裁判官の任用について市民参加システムの構築，判事補制度の見直し，人事の透明性などが要求されており，裁判官の任用制度自体の変革が迫られている。この流れは，大幅に増加する弁護士を裁判官の供給主体とする日本型法曹一元制度へと結実する可能性がある。そこで，今後われわれは，法曹一元制度が確実に定着し，市民の利用しやすい，また納得性の高い裁判が実現するために，積極的に制度実現化のための運動を展開すべきである。

② 検察官の増員

検察官不足のために生じている告訴事件の不受理の傾向や，勾留延長を慢性化させる取り調べなどを解消するために，裁判官の増員と同様に今後10年間で少なくとも実務担当検察官を倍増すべきである。

③ 弁護士の増員

弁護士数は，近い将来現在の約３倍である５万名となることが確実である。われわれは，弁護士人口の増加により，今まで弁護士に依頼することの出来なかった者が依頼できるようにこれまで弁護士のアクセス障害と言われてきた問題を早急に解決し，市民の利用しやすい司法の実現のために具体的な運動を展開すべきである。

また，弁護士数が増大することが明らかでありながら，その職域拡大の方策等は明らかでない。そこで，司法が社会の隅々まで行き渡るためには，例えば，公共団体がどの程度の数の弁護士を必要としているか，その就任プロセスはどのようなものか，その報酬はい

くらなのかなど各対象職域について挙げられている問題事項について早急に実態を調査すべきである。そして，われわれは具体的な職域拡大について提言を行うべきである。

3）司法の物的拡充と利用しやすい司法諸施設

> 国民が利用しやすい裁判所の運営を目指すという国民志向型の運営方針を確立し，総合的な情報提供システムの確立，夜間や休日の利用の拡充，ＩＴ基盤の確立などを行うべきである。

(1) 裁判所の施設

市民に身近で利用しやすい裁判所施設が存在することは，市民が権利を実現し，市民と司法の距離を縮める上で極めて重要である。

近年適正配置の名の下に，地・家裁支部の統廃合や簡裁統廃合の政策が進められ，各地の自治体などから反対の声が上がったことは記憶に新しい。このような統廃合により，裁判所がなくなった地域の住民の司法へのアクセスにどのような影響が生じているか，検証を行う必要がある。また，統廃合の対象となった裁判所を受け入れて存続する裁判所が，人的にも物的にも充実し，より利用しやすい施設となっているかについても併わせて十分に検証を行わなければならない。

さらに，地域住民への司法サービスの充実の観点に立って，弁護士会側から，裁判所の新設を含む新たな裁判所の適正配置策を提言していく必要がある。

(2) 少額事件手続と身近な裁判所

1996（平成8）年の民事訴訟法改正で少額事件手続が創設されることになった。これを取り扱う裁判機関については，区・市役所など公共施設の一角の利用などをはじめ，従来の裁判所のイメージにとらわれない発想で身近な司法を実現することを検討すべきである。

(3) 利用者の声を反映した裁判所施設を

裁判所庁舎の新設・改築，庁舎・法廷の構造と施設のあり方および運用方法について，裁判所が地元弁護士会や市民の声を十分聞きながら，司法改革の精神に沿った改善を進めなければならない。従来の例では，施設の基本設計の変更ができない状態に至ってからはじめて，弁護士会に対しその構想が明らかにされることが多かった[1]。

今後は，裁判所庁舎の新改築につき，基本設計が固まる前に弁護士会に構想を開示して協議を行うことなどがルール化されるよう強く求めていかなければならない。また，弁護

---

1) 新東京簡裁の建築や東京区検の新庁舎とのドッキング問題，新しい司法研修所の建築などについて，こうした問題が指摘されてきたところである。

士会も，裁判ウオッチングなどの活動と連携し，裁判所施設が市民の声を反映した利用しやすいものとなるよう，提言を行っていく必要がある。

(4) 利用しやすい裁判所（運営）

基本姿勢として，国民が利用しやすい裁判所の運営を目指すという国民志向型の運営方針を確立する必要がある。

具体的には，審議会の意見でも指摘されたように，第1に，国民が身近な所で法律相談，法律扶助，裁判手続き，ＡＤＲに関する総合的な情報提供を受けることができるシステムを早急に立ち上げることが必要である。そのためには，市役所等の公共機関，弁護士会，裁判所，消費生活センター等の相談窓口を充実させ，総合的な情報提供とこれに基づき，国民が主体的にそれぞれの事案に適した適切な紛争解決機関・解決方法あるいは紛争予防の方法を選択できるようにし，各窓口の連携をネットワーク化等を通じてはかるべきである。

第2に，端的に国民が利用しやすい曜日，時間帯に裁判や調停ができるような態勢を整備することである。特に，事件の性質，請求金額や本人の資力等から，本人の手続き参加が必要となる家事，労働，少額事件等については，夜間や休日に裁判所が利用できるようにする工夫が必要である。相手方の都合や裁判所職員の態勢の問題もあろうが，後者の問題を過大に重視して改革改善を怠る口実とすべきではない。

第3に，幅広く国民がＩＴを利用する事態に対応した利便性の向上を図るべきである。判例情報の迅速な公開やＩＴを利用した訴訟関係書類の提出や交換等，国においても，司法分野においても，国民の利用と参加を促進するＩＴ基盤の強化のための戦略的な投資を行うべきである。

(5) 検察庁の施設と利用しやすい運営のあり方

検察庁の施設の配置や構造そして運営方法も，もっぱら慢性的な検察官不足の中で，効率的な検挙や取調べの便宜のために行われた感があるが，国民のための司法の実現と国民の参加と法曹の人的基盤の拡充を前提とするものに転換し，国民が信頼を高め利用しやすい検察庁の施設の配置やあり方が求められる。告訴や告発等の利用，あるいは弁護士や家族の接見を容易にする工夫，さらには取調べの適正を高めるための国民参加のあり方を検討し，これらの要請を満たす施設の増設や改築，検察官の支部への配置や告訴，告発等を受けやすくするための工夫，夜間や休日における受付の拡大等を検討していくべきである。

(6) 速記官問題

① 要領調書の問題性と速記官不足の現状

速記官の不足のために実施されている書記官による要領調書に関しては，要約・簡略化のために生じる重要部分の脱落や主観的・不適切な要約などの問題点が指摘され，市民の期待に応える適正な裁判を実現していくために逐語録調書の飛躍的な拡大が求められてきた。日弁連は，長年，速記官の大幅な増員を求めてきたが，最高裁はこれを実現せず，速記官の総数は全国で900名を切り，那覇地裁の他全国182支部で速記官が未配置となっている。

② 最高裁による民間委託の録音反訳調書方式の導入方針の提示

最高裁は，1995（平成7）年4月に速記官の人材確保の困難，速記タイプの製造困難等を理由に現行速記官制度の維持がいずれ困難になる一方で裁判所の逐語録需要は今後増加していくとし，速記官による速記方式に代えて民間委託による録音反訳方式の導入を検討し，速記官の養成の要否を含めた速記官制度の見直しを図ることを表明した。最高裁が速記官制度の維持ができないとする理由はにわかに肯定し難く，また速記官の発案によるコンピューターと連動した速記機械である「はやとくん」の出現により，速記調書作成も飛躍的に効率化している。

最高裁は，1996（平成8）年6月から12月までの間，全国9地裁本庁，6支部において，録音反訳方式での実験を行い，民間委託による録音反訳方式は裁判上利用することが可能であることが実証的に確認されたとし，1997（平成9）年1月に民間委託による録音反訳方式の実施と1998（平成10）年4月以降の速記官の養成停止の方針を決定した。

③ 日弁連の対応・指針

日弁連は，最高裁の実験について，正確性および秘密保持の点において疑問を呈する一方，書記官による要領調書の多くを逐語訳に転換していくことが重要であるとの認識を示し，1997（平成9）年2月に「民間委託の録音反訳方式の導入と速記官養成停止等に関する意見書」[1]を取りまとめた。

---

1) 要旨は次のとおりである。
(a) 日弁連は，逐語録調書の作成を飛躍的に拡大するとともに，現行速記官制度を維持しつつ，すべての裁判所・支部において，必要な逐語録調書の作成が可能な体制を早急に整えることが重要であると考える。
(b) 民間委託による録音反訳方式の導入については，速記による供述録取を補充する措置と位置付け，録音反訳調書の正確性，必要な秘密保持，全体としての逐語録調書の確実な増加の確保および裁判所の費用による調書作成の保障などを条件として，前向きに対応すべきである。
(c) 日弁連は，最高裁事務総局が明らかにした1998（平成10）年4月以降の速記官の養成を停止するとの方針案に反対する。

4 国民の司法参加

(1) 刑事訴訟手続における裁判員制度

司法制度改革審議会意見書（以下「意見書」という）は，差し当たり「刑事訴訟手続において，広く一般の国民が，裁判官とともに責任を分担しつつ協働し，裁判内容の決定に主体的，実質的に関与することができる新たな制度を導入すべきである（「意見書」102頁枠囲み）」と提言した。

裁判員制度について，意見書は，「訴訟手続は司法の中核をなすものであり，訴訟手続への一般の国民の参加は，司法の国民的基盤を確立するための方策として，とりわけ重要な意義を有する。すなわち，一般の国民が，裁判の過程に参加し，裁判内容に国民の健全な社会常識がより反映されるようになることによって，国民の司法に対する理解・支持が深まり，司法はより強固な国民的基盤を得ることができるようになる。（102頁本文）」と述べている。

現在，内閣府の司法制度改革推進本部「裁判員制度・刑事検討会」（以下「検討会」という）では，裁判員制度の具体的制度設計及び刑事手続充実迅速化について，議論が進められているところである。

裁判員制度導入に向けての提言については，「第2部・第3　刑事法制の改革」の項で論じる。

(2) 民事訴訟手続への国民参加

刑事訴訟手続以外の裁判手続への導入については，意見書では「刑事訴訟手続への新制度の導入，運用の状況を見ながら，将来的な課題として検討すべきである」とされた。

しかしながら，国家賠償事件など，一方当事者が政府である点で刑事事件とその構造が類似し，また主催者である国民が判断するに相応しい分野がある。このような分野へも国民参加を拡大することは，国民参加を提言する審議会意見書の精神にも合致し，これをより推進することになるであろう。

具体的には，まず国家賠償事件から導入し，次第に一般の不法行為事件にも拡大していくべきである。

(3) その他の分野における参加制度の拡充

① 国民の司法参加拡充の方策

国民の司法参加を拡充するため，意見書が提言する以下の方策を実施すべきである。

○専門委員制度の導入，調停委員，司法委員及び参与員制度の拡充

○検察審査会制度の拡充，保護司制度の拡充
○裁判官の指名過程に国民の意思を反映させる機関の新設
○裁判所，検察庁及び弁護士会の運営について国民の意思をより反映させる仕組みの整備

② 司法委員制度の拡充

司法委員制度は，1948（昭和23）年に戦後司法改革の一環として，民事事件に市民の協力を得て，裁判に市民の健全な良識を反映させることを目的として導入された制度である。また，司法委員に弁護士が多く採用されることにより，法曹一元や非常勤裁判官制度への橋渡しともなる。しかしながら，現実の運用としては，数年前までは，消費者金融関係事件の和解の補助としてしか扱われておらず，市民の司法参加制度としては十分に機能していないのが実際であった。

しかし，1998（平成10）年から施行された新民事訴訟法により創設された訴額30万円以下の「少額訴訟」においては，司法委員を証人尋問にも立ち会わせて意見を聞いたり，事件の解決についても司法委員の見解を求め，また，訴額が30万円を超える事件でも市民間の紛争事件等については，「準少額訴訟」として，少額訴訟と同様に，司法委員の関与を認めている。さらに，簡易裁判所民事実務研究会などの席上において，簡易裁判所の審理や司法委員のあり方について司法委員の意見を求めるといった試みもなされるようになり，ようやく本来の機能に則した運用がなされはじめている。今後，より一層の充実が望まれる。

③ 専門委員制度の導入

1998（平成10）年の民事訴訟法改正に際しては，地方裁判所における司法委員制度の採用も議論されたが，現状のままでは適切な運用が期待できず，医師・建築士などの専門家が司法委員に採用された場合に簡易鑑定ないし密室鑑定に陥る危険があるといった日弁連の反対もあり，見送られた。しかし，これに対し，われわれは，司法委員制度の利点を考えるならば，近い将来，これらの問題点を克服しフェアな手続を保障して，地方裁判所においても司法委員制度が採用されるべく検討するべきであると提言してきた。

この点，法制審議会民事・人事訴訟法部会が2002（平成14）年6月に公表した「民事訴訟法改正要綱試案」において，専門訴訟における専門委員制度を導入しようとしていることは，医事関係事件や建築関係事件等のいわゆる専門的知見を要する事件については，審理に特に長時間を要する傾向があること，その原因として，争点を整理するに当たり，専門的知見を必要とするために困難を伴い，争点整理段階で相当の時間を要していることが指摘されていることとも考え合わせ，評価しうる。

しかし，専門委員の意見が裁判官の判断に実際上大きな影響を及ぼすことは避けられないこと，専門家によって意見が異なることは通常の事件であってもよくあること，そのような場合に特定の専門委員の意見に裁判官が強い影響を受けることは弊害が大きいこと等の点を考慮し，専門委員の導入に際しては，次の点が考慮されなければならない【2002（平成14）年7月19日の日弁連の「民事訴訟法改正要綱中間試案」に対する意見書】。
　ⓐ専門的知見を要する事件において審理が長期化するのは，専門的知見が不足するが故に，争点整理に相当の期間を要することに原因があるとすれば，専門委員の権限は，「争点若しくは証拠の整理又は訴訟の進行に関し，必要な事項についての協議の場面」に限定すべきであり，証拠調べや和解の段階で，専門委員の協力を得る必要はないと考える。
　ⓑ専門委員を事件に関与させるについては，専門委員は反対尋問にさらされることなく裁判官の意見に重大な影響を与える立場にあることから，その導入には慎重を期すべきであり，また，当事者主義の訴訟構造からも，当事者の同意を要するとすべきである。
　ⓒ専門委員はあくまでも裁判官の知識補充にのみ利用されるべきであり，実質的に専門委員による裁判が行われるようなことがあってはならない。そこで，裁判官は専門委員に対し，争点に対する判断を聴取してはならず，専門委員は裁判官に対し，争点に対する判断を述べてはならないとの規定を設けるべきである。
　ⓓ専門委員の選任については，弁護士，専門家（医師，建築士，弁理士等）などの第三者が加わった委員会が作成した複数の専門委員候補者名簿の中から，「中立・公平・適格」な専門家を指定するものとすべきである。
　④　参与員制度の拡充
　法制審議会民事・人事訴訟法部会が2002（平成14）年8月に公表した「人事訴訟手続法の見直し」において，必要があると認めるときは参与員を審理又は和解の試みに立ち会わせて事件につきその意見を聴くことができるものとする人事訴訟に対しての参与員制度の拡充が検討されていることは，家庭関係事件の解決に一般国民の良識を反映させるための制度として，審議会意見書の趣旨に沿うものであり，基本的に賛同しうる【2002（平成14）年9月21日の日弁連の「人事訴訟手続の見直し等に関する要綱中間試案」に対する意見書】。
　なお，上記日弁連意見書は，参与員に和解補助権限がないことを明示的に規定するべきであるとする，参与員には直接の発問権を認めない等，参与員の権限についてかなり抑制的である。しかし，訴訟に一般国民の良識を反映させるという参与員制度の制度趣旨からすれば，和解補助権限は参与員に本来的に期待された役割ではないとしてこれを否定すべきであるとしても，良識を反映させる意見を述べるための前提として発問する権限は認めるべきである【2002（平成14）年9月9日の東弁常議員会で承認された「人事訴訟手続の

見直し等に関する要綱中間試案」についての回答書】。

(4) 初等中等教育における司法教育

① 意見書の提言

意見書は，「学校教育等における司法に関する学習機会を充実させることが望まれる。このため，教育関係者や法曹関係者が積極的役割を果たすことが求められる」と述べている[2]。

国民の司法参加の拡充に伴って，法や司法制度は国民全体が支えるものとの意識改革が求められ，司法教育の拡充がより必要とされる。

② 司法教育の必要性

司法制度改革審議会の意見書を待つまでもなく，司法そのものに国民の参加が期待され，国民各人の自立と責任が要請される社会が国の基本であることが自覚されなければならない。そのためには，国民にその基礎的な司法に関する知識がなければならない。国民に，国の基盤となる司法への参加が要請される以上，国民への司法教育の問題は，重要視されなければならない。

特に，国民が，成人し社会人となった後には，司法に関する教育を受けることは難しく，この事実を踏まえれば，国民への教育は，初等中等教育における社会科（公民）教育の中で行われなければならない。

③ 司法教育の現状と今後の課題

わが国の初等中等教育の中での司法に関する教育は十分とは言い難い。1993（平成5）年に東京弁護士会が発表した「司法はどう教えられているか」では，当時，使用されていた中学「公民」・高校「現代社会」の社会科教科書には，「法律扶助」「検察審査会」などという用語が全く存在しない状態である。高校「現代社会」全26種の教科書中，陪審について言及があったのはわずか2種類にとどまる。刑事訴訟の手続に関する説明において全く弁護人が登場しない教科書があるなど，その内容に不十分なところがあると指摘されている。

現実の社会科授業では，年間カリキュラムで「司法」の授業に割ける時間は通常1コマ程度であり，学校によっては公民専門の教員ではなく，歴史あるいは地理の専門の教員が代わって授業をしている例も珍しくはないとの報告さえあるほどである。

このように現状は，難しい状況ではあるが，最近では，東弁などの提言もあって，教科書の内容に一定の改善が見られるようになっている。2002（平成14）年度から使用される

---

2) 意見書112頁

中学公民の教科書においては，当番弁護士制度を含む刑事手続について2頁の見開き頁で解説するもの，現職の弁護士が執筆者として参加しているものなどが現れている。

　他方，東弁広報委員会が行っている生徒向けの裁判傍聴企画を始め，最近では各裁判所で各種学校の生徒の裁判傍聴が増加傾向にある。さらに，東弁，一弁では，中学校，高校へ弁護士が赴き，模擬裁判の指導をする企画が定着し，好評を博している。

　また，最近，現場の教員，大学関係者，弁護士らが協同して，初等中等教育における法教育の改善改革を継続的に考える「全国法教育ネットワーク」という研究会が発足している。初等中等教育で必要な法教育の核とはなにか，という根本的な問題も含めて，今後のこのような研究会の成果に期待するとともに，できうる協力は，していくべきである[3]。

　今後は，消費者教育の一環としての見地も含め，弁護士が生徒たちと直接接する機会を増やし，また，教科書内容の改善へ向け，継続的な研究，働きかけをすることが必要である。

(5)　弁護士制度の教育

> 　国民の権利保護は，法律で定められているとはいえ，現実の権利保護手続きには，弁護士に相談依頼することなどが必要である。現実に社会で生じる人権侵害，その他の権利侵害は，その侵害を受けている国民自身が，弁護士へ相談に行くことが，その侵害を除去する第一歩であり，弁護士が何をするのか，困っている種類の相談にのってくれるのかに関する知識，教育がなければ，国民にとっての権利侵害は，いつまでたっても，無くすことが出来ない。その第一歩を確保するための国民に対する教育は，国として必要な教育であることを確認し，その教育のための努力を弁護士会としても今後一層継続していくべきである。

①　権利保護システムとしての法制度及び弁護士制度教育の必要性

　権利保護システムとしての法制度は，現代の日本においては，見過ごされてきたと言っても過言ではない。通常の法律は，国民の権利義務について規定するが，その権利義務そのものを保証する制度については，ほとんど注意がはらわれていない。国民がその権利実現，権利侵害の除去をするためには，最終的には裁判という方法しかなく，裁判をするためには，弁護士の助力が必要となることは当然のことである。しかし，弁護士に相談また

3）　全国法教育ネットワーク
　　連絡先　〒162-0826　東京都新宿区市ヶ谷船河原6　キャナルサイト呉竹2階
　　くれたけ法律事務所　弁護士鈴木啓文気付　電話：03-5229-5301　FAX：03-5229-5302
　　なお，同ネットワーク編『法教育の可能性―学校教育における理論と実践』(現代人文社刊)がある。

は依頼をすることは，現在の日本においては，一般的とは言えず，単に弁護士に依頼しないで解決が出来ることを望んでいるのが通常であろうと思われる。このような社会情勢が，諸外国に比べ，貧困な予算の下での法律扶助制度であり，起訴された者のみを対象とする国選弁護人制度なのである。

　このような社会状況にあって，弁護士側が，国民に向けた開かれた司法を目指し，その改革を実践したとしても，現実に相談に行くまたは依頼をする国民に弁護士の利用方法が分からなくては，弁護士側の努力は実りの少ないものとなってしまうことは当然である。したがって，弁護士が開かれた司法を目指すことは，国民においても，弁護士の利用方法を学ぶ必要性があることを意識した政策が必要不可欠となるのである。

　②　弁護士会の講師派遣制度，裁判見学制度

　東京弁護士会では，既に「出前法律講座」の名称で学校，非営利団体（ＰＴＡ，自治会など），企業に対して，希望するテーマでの講座の要請がある場合に，会員弁護士を派遣し，講座の開催をしている。

　この制度とともに，裁判見学を弁護士会として受付し，裁判傍聴をするとともに，裁判制度の説明，裁判傍聴における裁判の進行，手続きを説明するための会員弁護士を説明要員として付けている。

　この二つの制度は，組み合わせることも可能であり，都内の多くの中学，高校を始めとして利用が盛んになってきている。

　これら弁護士会の制度は，国民に対する法制度の実際の教育として貢献していると思われ，発展維持していくべきである。

　③　今後の課題

　このような弁護士会の努力にも関わらず，弁護士に相談する機会を逃しているためにその権利保護がなされなかった事例を日々の法律相談で目撃することが多く，法制度及び弁護士制度の教育だけでは，不十分であることを実感している。

　今後は，単に弁護士制度の教育だけではなく，国民一般が，法制度の理解を深める必要性があり，そのための広報活動，マスコミにおける報道の際における制度の説明が，その報道の度毎になされることが必要とされているように思われる。すなわち，この面における教育の問題は，弁護士会の広報，裁判所等の他の法曹における広報活動，マスコミにおける報道の際の制度説明など様々な制度が役に立っていることを理解した上で普段の弁護士活動及び弁護士会活動において努力をしなければならないものであろう。

(6) 司法に関する情報公開の推進
① 情報公開の必要性

国民参加を拡充する前提として，司法の国民に対する透明性を向上させ，説明責任を明確化することが必要となる。また，従来関係者以外には事実上公開されていなかった判例情報の公開は，司法の透明性，説明責任を果たすことになるのみならず，紛争の予防や早期解決にも資する。意見書も「裁判所，検察庁，弁護士会における情報公開・提供を推進すべきである。判例情報をプライバシー等へ配慮しつつインターネット・ホームページ等を活用して全面的に公開し提供すべきである」[4]と述べている。

② 裁判傍聴運動
ⓐ 意義

日弁連による司法改革宣言の採択を契機として，市民にとってより身近な司法の実現を目指した活動が，各方面で実践されている。裁判傍聴運動もその一環として始められ，現在では継続性のある活動として定着しつつある。

裁判傍聴運動は，市民にまず現実の裁判に接してもらうという，身近な司法の実現にとって直接的かつ有効な活動であり，今後もその重要性は増すものと思われる。

ⓑ 実施状況

2001（平成13）年も，憲法週間の行事の1つとして，5月22日〜24日に東京三会裁判傍聴会（124人が参加）が開催された他，東弁では，恒例の夏・冬・春休み中高校生裁判傍聴会（夏休み135人参加，冬休み32人参加，春休み71人参加）や，学校などの個別申込みによる傍聴会も多数行われ，参加者は32団体1099人に及んだ。

ⓒ 今後の課題

東弁における裁判傍聴運動は，より多くの参加者を得るための努力を引き続き行っていく必要がある。そのためには，特に以下の点を検討する必要がある。

まず，新聞社等マスコミとのパイプをうまく構築していくことは欠かせない。また，個別申込みによる裁判傍聴会については，その告知方法の検討が急務である。

また，傍聴会を増やすためには，案内人の数及び質の確保が重要である。さらに，夏休み期間中などは，刑事裁判の数が減少するので，裁判所との協力を密にして，中身の濃い傍聴ができるように配慮すべきである。

---

4) 意見書113頁

第2　司法改革と弁護士制度の改革

1　司法制度改革と弁護士自治

> 今日，弁護士自治の意義，強制加入制の必要性については，改めて問い直されているが，弁護士及び弁護士会は，それらが基本的人権の擁護のために重要な意義を有する制度であることの理解を国民に求めるとともに，国民との対話，より質の高い業務の実践や，綱紀・懲戒事案の適切な処理，不祥事の根絶によって，国民の信頼を維持する努力が必要である。

1）綱紀・懲戒制度改革

　1999（平成11）年から2000（平成12）年にかけて，規制改革委員会（現・総合規制改革会議）では，規制緩和の観点から，強制加入制の廃止が議論され，それに関連して，懲戒請求人に対する司法審査請求権の付与，綱紀委員会・懲戒委員会の外部委員の過半数化などの意見が出現し，審議会においても一部の委員から主張された。

　しかし，審議会意見書では，「綱紀・懲戒手続を通じて，これらを担う機関の委員構成の見直し（弁護士以外の委員の増加など）」「綱紀委員会の弁護士以外の委員への評決権の付与」「懲戒請求者が綱紀委員会の議決に対する異議申出を棄却・却下された場合に，国民が参加して構成される機関に更なる不服申立ができる制度の導入」等が必要であるとの限度で結論が出された（84頁）。

　日弁連においては，審議会進行中から約1年半にわたって，この点についての検討が行われ，議論は特に「綱紀審査会」の要否，設置する場合の具体的制度設計に集中した。その結果を受けて，2002（平成14）年2月28日には臨時総会が開催され，「綱紀審査会」は，弁護士以外の者から構成される機関とすること，審査対象は，新たに法上のものとして設置する日弁連綱紀委員会が懲戒不相当との結論を出した場合の不服申立とすること，綱紀審査会の結論を日弁連・弁護士会は尊重するが拘束力は認めないことなどを基本的制度要綱とすることが決定された。

　しかし，本年度に入り，法曹制度検討会においては，綱紀審査会の結論に拘束力を認めないとの点については，大方の検討委員の賛同を得ることができず，綱紀審査会が懲戒相

当との結論に至った場合には，当該事件は弁護士会懲戒委員会に付議するとの内容に変更を余儀なくされた。

この間，会内においては，現行の手続は十分に適正な制度であって，なぜそもそも改革が必要なのか，綱紀審査会の結論に拘束力を認めることは仮に限定されたものであっても弁護士自治の原則に反するとの意見も多く出された。

しかし，議論の前提として忘れてならないのは，不祥事ことに重大事案が，毎年かなりの数で発生し，必ずしも減少の傾向にないこと，処分までの期間が長時間を要しており，事案の増加がこれに拍車を掛けているということである。なぜこれらの現象が改善されないのかとの疑問が，手続の適正さに対する疑問を生むことになり，これらの現象を改善するための一つの制度改革として提示されているのであって，最終的にはこれらの現象の改善ができなければ，更なる改革案の提示がなされることは必定である。どこまでが弁護士自治の範囲かという議論のみに終始することなく，不祥事の根絶に向けた有効な総合的施策を自ら打ち出すことが必要である。

さらに，1年半をかけて会内合意を得た結論が，その内容の重要な点について，検討会という場とは言え，ほとんど賛同を得られなかったという事実は，制度改革に当たっての弁護士会会内合意の形成の方法について，従来の方法でよいのか，もっと早期に外部の意見に照らして検証する方法が必要なのではないか，見直しが迫られているというべきである。

2）わが国における弁護士自治の歴史的性格

我が国における弁護士自治の原則は，戦前において，正当な弁護活動さえもが懲戒の理由とされ，その結果，公正な裁判を実現させるための弁護活動が制限され，国民の人権擁護が十分になされなかった経験に基づき，現行憲法の制定に伴って，人権擁護を十全なものとするために，当時の弁護士達の努力によって獲得されたものである。

このような歴史的経緯から，我が国における弁護士自治は，諸外国に比して，より完全な国家権力からの独立性が確保されている。

しかし，現行憲法の国民主権原理の下で，主権者である国民と弁護士自治の関係がいかにあるべきかについては，まさに現実の民主的政治過程のなかで，多様な討議が行われるべきである。我々弁護士としては，国民との対話の中で，国民に対し，弁護士自治の目的が，基本的人権の擁護という現行憲法の基本原理の実現にあることの理解を求め，さらにより質の高い弁護士業務をたえず実践してこれを裏付ける責任がある。

3）司法制度改革と弁護士自治

　司法制度改革審議会意見書においては,「弁護士制度の改革」(78頁以下）として，多様な項目の改革案を提示している。それは，21世紀の社会において「法の支配」原理を貫徹するにあたって，弁護士が国民と司法制度の接点を担うべき最も重要な存在であるからに他ならない。

　国の制度改革を行うに当たっては，上記2）に述べたとおり，主権者である国民との対話が必要であり，また，制度の運用に当たっても，国民，そして人権の主体である市民の正当な意見が反映されなければならないことは当然である。

　「弁護士は本質的に『批判者』であるべきだ。」として弁護士会が制度改革の主体となること自体を危険視する主張があるが，人権の主体が市民である以上，市民の理解を得られない改革案は制度論として失敗である。また,「『市民』の意見は，ときに理性的でなく，大勢迎合的，情緒的である。」として,「市民の理解を得る」ことをも危険視する主張があるが，制度改革論議の過程においてそのような立場をとることは，司法制度の担い手としては自殺行為にも当たるものであって，弁護士自治の空洞化を招くものである。

　上記意見書では弁護士自治の意義そのものに直接言及されてはいないが，これを前提とした上で,「弁護士会運営の透明化等」の例示として「会務運営について弁護士以外のものの関与を拡大するなど広く国民の声を聴取し反映させることが可能となるような仕組みの整備」があげられている（83頁）。

　また，前記法曹制度検討会での議論の場でも，弁護士自治の原則そのものを改変すべしとの意見はなかった。

　現状において弁護士自治の原則が，国民に一定の理解を得ている中で，制度改革そのものが弁護士自治に対する攻撃であるというような立場に立つことは避けなければならない。弁護士及び弁護士会が，常に，人権の主体であり依頼者である市民の意見に謙虚に耳を傾けて制度運用を行うべきことは当然のことであって，問題は具体的な「仕組み」のありよう如何である。人権の保障に逆行する国家権力の介入には断固反対していくべきことは当然であるが，弁護士自治の目的が人権の擁護である以上，制度運用に当たって，人権の主体である市民との対話にはむしろ積極的であるべきである。

4）強制加入制の維持

　2000（平成12）年の規制改革委員会においては，弁護士会への強制加入制の見直しが検討されたが，検討の結果を受けて閣議決定された内容には，弁護士会への強制加入制の見直しは含まれていない。しかし，総合規制改革会議においては，このような動きがなくな

ったものと楽観することはできない。

　強制加入制は，弁護士自治の基礎であり，将来にわたってこれを維持していかねばならないが，そのためには，弁護士会の運営，とりわけ綱紀・懲戒事案の取り扱いに関して国民の信頼を失い，ひいては弁護士自治の空洞化を生ぜしめることがないよう不断の努力を継続するとともに，今後も常に国民との対話という仕組みの維持に心がける必要がある。

5）弁護士倫理改正問題

> 　日弁連弁護士倫理委員会において，現行弁護士倫理の改定作業が進められており，第1次改正草案は，2003（平成15）年春ころ策定完了の見通しである。国民の司法及びその担い手としての弁護士に対する信頼をさらに強固にするため，弁護士倫理規定を，単なる道徳規範から行為規範を含むものとし，弁護士倫理規定を遵守することがすべての弁護士の責務であることを明確化する必要がある。我々は，この新たな弁護士倫理規定を，我々の使命と役割を果たすために必要な規範として，そして弁護士としてのアイデンティティを維持し発展させるためのものとして積極的に評価すべきである。我々の実務の指針としてふさわしいものとするため，弁護士倫理改正問題について，積極的に発言していくべきである。

(1)　日弁連弁護士倫理委員会設置の経過

　日弁連は，2001（平成13）年4月20日理事会において「弁護士倫理委員会設置要綱」を承認して，弁護士倫理委員会を設置し，弁護士倫理改正作業に着手した。

　弁護士倫理委員会は，弁護士活動分野の拡大・多様化・国際化，企業・行政庁等の組織による弁護士の雇用の増加等の状況に鑑み，弁護士倫理規定の国際的動向をも踏まえ，弁護士の職務の質をさらに向上させ国民の弁護士職に対する信頼を強固にするため，弁護士倫理1990（平成2）年3月2日臨時総会決議）を見直し，その改正案を策定し会長に答申すること，及び弁護士倫理の一層の向上に資する方策を検討し会長に提言することを目的としている。

(2)　弁護士倫理委員会の構成，審議日程

　委員は，弁護士から25名以内，消費者団体，経済団体，大学関係者，マスコミ関係者，学識経験者等から5名以内を会長が委嘱するものとされ，現在，弁護士委員以外では，5名の方が委員に委嘱されている。

　第1回委員会が，2001（平成13）年8月7日に開催され，9月25日，11月27日，2002（平成14）年1月22日，3月19日，5月21日，7月1日，9月25日，11月27日に開催され

た。また，委員会内に，改正草案ＷＧが設けられ，2002（平成14）年7月1日に第1回ＷＧ会合が開かれ，8月23日，24日の2日間，弁護士会館内における合宿で，改正草案の策定作業を行った。引続き，策定作業が続けられている。

今後，2003（平成15）年春には弁護士倫理の第1次改正草案の策定が完了する予定である。

(3) 審議の概要

委員会の審議の概要については，日弁連ホームページ「弁護士倫理」コーナーを活用して，公開されている＊。さらに，弁護士倫理の改正作業が着手されていることを全会員に周知させるため，全単位会及び日弁連各委員会に対し，「新たな倫理規定の構成について，前文と具体的な倫理条項部分にわけ，前文であるべき弁護士像を示し，具体的倫理条項については，法的拘束力を持たせることを，一応，構想」していることを前提に，前文にあるべき弁護士像を掲げること及びその内容，弁護士倫理を会則として制定して法的拘束力を持たせることの可否，現行弁護士倫理で修正又は廃止すべき条文若しくは追加すべき条文があるか等の点について意見照会をした。その結果，16単位会及び17の日弁連委員会からとりあえずの回答が寄せられたが，具体的な改正条項が提示されていないことから改正に躊躇ないしは反対する意見の回答も多く，また，特に刑事弁護関係に関しては改正作業に反対ないしは慎重に対処すべきであるとの意見が強く打ち出されてきた。

委員会においては，弁護士倫理改定の基本理念についての検討とともに，諸外国（アメリカ，フランス，イギリス，ドイツ，ＥＵ）の弁護士倫理規定・弁護士業務規範について，研究者・学識経験者等からの報告を受けた。また弁護士法人と弁護士倫理について日弁連弁護士業務改革委員会法人化問題検討ＷＧ委員からの報告を受け，さらに，企業内弁護士と倫理の問題について企業内弁護士として活躍中の会員の報告を受けた。これらの，調査・報告については，2002（平成14）年7月1日までにほぼ終わり，改正草案の策定作業に移行している。

(4) 検討課題

①弁護士倫理の制定形式・拘束力

現行の弁護士倫理は，日弁連臨時総会決議により，「宣明」されたもので，自律的な遵守が期待される高次な目標の設定であって，法的な強制を予定していないものである。懲戒事由については，弁護士法56条の定め自体によって判断すべきであって，弁護士倫理に違反しても直ちに懲戒処分を受けるわけではないとされている。

＊ 審議の概要の詳細については，上記日弁連ホームページ「弁護士倫理」コーナー及び「自由と正義」2003（平成15）年1月号飯塚孝「弁護士倫理改正の目的と審議状況」を参照。

しかし，この度の司法改革の基本的基盤である弁護士人口の増加や，司法への期待の増大により，弁護士倫理の徹底・向上を図るための弁護士会の自律的権能の厳正な行使が求められている。

　したがって，弁護士倫理を単なる道徳的規範としてまた総会決議による宣明という形式で存続させるのではなく，弁護士の道徳規範及び行動規範として内容を充実させ，これを遵守させる方向で会則化し，拘束力をもたせるべきである。弁護士倫理委員会の議論は大方この方向でまとまりつつある。

　② 前文について

　現行弁護士倫理の前文は，「弁護士は，基本的人権の擁護と社会正義のの自治が保障されている。弁護士は，その使命にふさわしい倫理を自覚し，自らの行動を規律する社会的責任を負う。よって，ここに弁護士の職務に関する倫理を宣明する。」と規定している。

　弁護士人口の大幅な増加，弁護士法人制度の採用，広告規制の緩和等により，弁護士へのアクセス障害の克服というプラス面とともに，コマーシャリズムに陥る副作用も懸念されるところである。副作用を防ぐためには，弁護士としてのアイデンティティを維持するするため，高度の倫理規程と行動規範がその必要性を増すことになる。その意味で，前文には，弁護士としてのアイデンティティを維持するための共通の使命及び倫理の自覚を促す趣旨の，簡潔で分かりやすい文言をとりいれるべきであり，その策定が進んでいる。

　③ 弁護士法人制度の新設に関連し，主として利益相反に関する規定の整備が進められている。

　④ 企業において雇用される弁護士が増大し，その役割も重要なものがある。その地位の特性として，弁護士としての独立性と，被用者としての従属性に関連して，必要な弁護士倫理規定を整備すべく策定作業が進められている。近年，企業のコンプライアンスの充実が重視されている中で，企業に雇用される弁護士としても，企業の違法行為を防止するための一定の役割が期待されている。そこで，企業の違法行為あるいはそのおそれに接したときに，それを抑止するための適切な措置をとることを義務付ける方向で，倫理規定の策定作業が進められている。

　⑤ 刑事弁護に関しては，日弁連刑事弁護センターが2002（平成14）年2月18日付で承認し，理事会決議を経て各単位会及び各関連委員会に意見照会をしている「国費による弁護人の推薦等に関する準則（案）」が検討中であることから，あえてここで弁護士倫理委員会が刑事弁護に関する倫理規定の見直しに介入することによる倫理規定改正の遅延は避けたいところである。

　⑥ 弁護士は，「信頼しうる正義の担い手」として，社会的責任（公益性）の実践が求

められている。その意味で，プロボノ活動（無償奉仕活動，例えば，弁護士会の行う各種活動や委員会活動への参加）に関して，弁護士倫理にどのようにして取り込むか，弁護士倫理委員会において検討作業が進められている。

(5) まとめ

国民の司法及びその担い手としての弁護士に対する信頼をさらに強固にするため，弁護士倫理規定を，単なる道徳規範から行為規範を含むものとし，弁護士倫理規定を遵守することがすべての弁護士の責務であることを明確化する必要がある。我々は，この新たな弁護士倫理規定を単なる制約ととらえるのではなく，我々の使命と役割を果たすために必要な規範として，そして活動分野は多様化し様々であっても，弁護士としてのアイデンティティを維持し発展させるためのものとして積極的に評価すべきである。そのためにも，我々は，個々の弁護士倫理規定の在り方につき，実務の中においても意識し再評価することが大切である。そして，我々の実務の指針としてふさわしいものとするため，弁護士倫理改正問題について，積極的に発言していくべきである。

6）弁護士会運営の透明化

> 日弁連及び当会は，情報公開のため必要となる制度を整備するとともに，弁護士自治の原則に反しない慎重な制度設計のもとで，弁護士以外の者の意見を広く聴取してこれを弁護士会の運営に反映させる制度を作るべきである。

(1) 審議会意見書の趣旨

審議会意見書は，「弁護士会の在り方」に関して，「弁護士会の活動の公益性にかんがみ，弁護士会運営の透明性を確保し，国民に対する説明責任を実行することが重要である。具体的には，例えば，会務運営について弁護士以外の者の関与を拡大するなど広く国民の声を聴取し反映させることが可能となるような制度の拡充や，その意思決定過程の透明性の確保，業務，財務等の情報公開の仕組みの整備などを行うべきである。弁護士会運営の透明化を図るべきである。」と述べた。

審議会意見書が根拠として掲げる「弁護士会活動の公益性」とは，「弁護士の社会的責任（公益性）」の考え方に基礎がある。審議会意見書では「頼もしい権利の護り手」「公共性の空間における信頼しうる正義の担い手」と表現されている。

これは換言すれば，弁護士は，「裁判を受ける権利」（憲法32条），「弁護人依頼権」（憲法37条3項）の保障の担い手としての役割を国民から負託されたものであり（弁護士法1条），その内容は，依頼者の権利の擁護および広く社会に法の支配が貫徹されるために必

要な諸活動にあるとの趣旨であり，弁護士会は，弁護士のこのような役割が十全に果たされることを重要な目的として，弁護士法により設立が求められているものである（弁護士法31条）。弁護士会がその目的を十分に果たし得ているかどうかについて，一定の限度で，透明性を持たせ，国民に対しある種の説明責任を負うとの考え方は，もともと国民主権原理のもとで無視することのできないものである。

また，今次の司法改革の目指すものが，「国民的基盤に立った司法制度の確立」であり，その担い手である法曹は，それぞれの役割に応じて，国民の期待に適切に応える制度運営を行うことが求められている。

審議会意見書は，「弁護士会運営の透明化」とともに，「検察庁運営への国民参加」「裁判所運営への国民参加」をも求めている。検察庁については，もともとその権限が行政権に属することからすれば当然のことである。しかし，裁判所については，「司法権の独立」という憲法上の大原則があることからすれば，ここで裁判所に対して求められている「国民参加」とは，司法権独立の原則は当然の前提として維持しつつ，「独立」が「独善」に陥ることのないよう，常に国民から寄せられる意見に対してオープンであり，かつ適切な対応がなされるような運営を求めたものと考えられる。

裁判所運営に対して求められた「国民参加」との対比で考えるとき，弁護士会としても，その運営において，国民からの期待に対して常にオープンである仕組みを持ち，これに適切に対応出来るよう心がけることは，国民的基盤に立った弁護士制度の維持のため，不可欠であるといわねばならない。

(2) 弁護士自治との関係

弁護士自治の目的とするところは，弁護士の活動があらゆる権力から独立であることを確保し，もって国民の権利擁護を図る点にある。

上記（1）の視点に立てば，今次の制度改革においては，弁護士自治の原則を制限することが求められていると理解すべきでなく，弁護士自治の原則は重要な原則として維持しつつ，国民の権利擁護，法の支配の貫徹を図るため，常に国民の声をオープンに受け止め，これに適切に対応する仕組みの確立が求められていると理解すべきものである。

もちろん，制度設計を誤れば，権力による介入を招き，弁護士自治が空洞化することは明らかであるので，具体的制度内容については慎重な検討が必要である。

(3) 弁護士以外の者の具体的参加形態

では，弁護士以外の者に弁護士会運営への参加を認めるべきか，認める場合の参加のあり方についてはどのように考えるべきであろうか。

国民に対して開かれた弁護士会を維持し，国民的基盤をより強固にするという視点から，

市民の参加を認めるべきであり，また，参加のあり方については，以下に述べるとおり，弁護士以外の者によって構成される委員会を設置する方向で検討をするべきである。

(4) 具体的制度の概要

弁護士以外の者が弁護士会の会運営に参加する形態としては，大きく分けて，理事会や常議員会などの意思決定機関に弁護士以外の者を関与させる道を開く方向と，意思決定機関とは別に弁護士以外の者から構成される委員会を設置する方向とが考えられる。

さらに後者の委員会型機関については，常勤的な機関とする方向と非常勤的な機関とする方向とが考えられる。

理事会や常議員会に参加する形態については，これらが重要な意思決定機関であり，弁護士会の意思決定そのものについては，その運営に責任を担っている弁護士のみが参加すべきであって，ここに弁護士以外の者を参加させる形態は採用すべきでない。

また，委員会型機関を採用するとして，常勤とすべきか非常勤とすべきかという点に関しては，常勤とする場合にはその委員数は少数に限定されざるを得ないが，少数では有効な意見のとりまとめが期待出来ないことから，非常勤とすべきである。

さらに制度としての有効性と制度運営の現実性との調和という視点から検討すると，以下のような制度概要とするのが望ましい。

①10名以上の弁護士以外の委員から構成される委員会を設置する。

②委員は，会長が選任する。

③委員会は，およそ2か月に1回程度，定期的に会議を開催する。

④会長は，委員会に対して，一定の事項について意見を求めることができるほか，委員会においても独自に意見を提出することができる。

⑤委員会及び委員は，弁護士会に対して，一定の事項について調査・資料の開示を求めること及び一定の会議を傍聴することができる。その範囲は会規において定める。

⑥会長は，委員会から提出された意見について，どのような措置をとったかを，理由を付して委員会に報告する。

(5) 情報公開について

弁護士会に関する情報公開については，重要な機関決定等に関しては，インターネット等による公開を行うとともに，弁護士以外の者からの情報公開請求に対応できるよう，開示基準・決定機関・不服申立の可否・不服申立の審査機関等を会規によって定めておく必要がある。

2　弁護士制度改革の目標と課題

> 日弁連は，法曹一元，陪参審を基軸とする「市民の司法」，「市民のための司法」の実現を目指してきた。その実現のためには司法の一翼を担う弁護士の役割・機能を抜本的に拡充・強化する必要がある。そのためには我々弁護士・弁護士会が法曹の数と質の確保に主体的・積極的な役割を担うと共に，法的サービスを利用する国民の側に立って大胆な自己改革を図っていく必要がある。

1）現行弁護士制度の概要と問題点

現行弁護士法（1949〔昭和24〕年6月10日成立）は，弁護士制度の骨格をつぎのように規定している。

❶弁護士は，基本的人権を擁護し，社会正義を実現することを使命とし（法1条1項），広く法律事務を行うことをその職務とする（法3条）。

❷法律事務は弁護士でなければ取り扱うことができない（法72条）。

❸こうした使命を果たし，法律事務を独占する弁護士は，高度な学識に裏付けられた法的技能を身につけなければならない。それ故，弁護士資格は，原則として，超難関と言われている司法試験を突破し，かつ，司法修習を終えた者のみに与えられる（法4条）。

❹そして，弁護士は，深い教養の保持と高い品性の陶やに努め，法律事務に精通するよう努力を怠ってはならず（法2条），職務を遂行するにあたっては，厳しい職業倫理を遵守しなければならない（法1条2項，法25～30条，33条2項7号）。

❺こうした使命を負った弁護士は権力からの監督を受けない。これを保障するため高度の弁護士自治が認められている。

以上のような弁護士制度の骨格，即ち，職務の公共性，弁護士による法律事務の独占，厳格な資格制度，厳しい倫理規定，高度の自治権は，国民に良質な法的サービスを提供し，その権利を正しく守り，紛争の公正・妥当な解決を図るためのものであった。言い換えれば，我々弁護士・弁護士会は，国民に対して，そのような役割・機能を果たすべき責務を負っているのである。

しかるところ，弁護士・弁護士会がその役割・責務を十全に果たしてきたとは言い難い。すなわち弁護士の絶対数が少ないうえ都市に偏在しているといった状況が弁護士に対する

アクセス障害を生み，少額事件に対応できていない，費用が不明確である，弁護士業務は訴訟・法廷中心であり，それ以外の分野における対応が不十分である，先進諸外国に比較し，組織化・効率化・専門化の点において立ち後れている等の批判が各界から寄せられていた。

我々弁護士・弁護士会は，21世紀を迎えたこれからの日本の社会において，司法の役割の重要性がますます増大していくことに鑑み，上記批判を踏まえ，弁護士・弁護士会の役割・責務を十全に果たすために抜本的な自己改革を進めていく必要がある。

２）弁護士制度改革へ向けての日弁連の取組み

以下に弁護士制度改革に関する日弁連の取り組み状況を概観する。

(1) 司法改革ビジョン，司法改革に向けての基本的提言

弁護士・弁護士会は，現行弁護士制度のもと，人権，公害，環境，消費者問題等，社会が抱える広範な課題に果敢に取り組み，日本の社会に輝かしい貢献をしてきたと言ってよい。しかしながら，上記のような批判を克服するための内なる改革への関心は希薄だったと言わざるを得ない。長い間，そして現在も，弁護士は，一般の市民や中小企業等にとって身近な存在とは言えなかったが，それはこのことと無関係であったとは言えない。

日弁連が自己改革に目を向け始めたのは1990（平成２）年の第１次司法改革宣言以降のことである。その後の第２次（1991年），第３次（1994年）司法改革宣言を通じ，弁護士・弁護士会は市民に身近な，開かれた，利用しやすい司法を目指すことを明らかにし，そのためには，弁護士・弁護士会も市民にとって身近で，利用しやすいものにすべく自己改革をしていかなければならないとして，漸く自己改革に目を向けるようになった。

その後，行政改革委員会[1]の中間答申（1995年12月），最終答申（1997年12月），自民党司法制度特別調査会[2]の「司法制度改革の基本的な方針」（1997年11月），「21世紀の司法の確かな指針」（1998年６月）を経て，1999（平成11）年７月，内閣の下に司法制度改革審議会（以下「審議会」という）が設置されるに至るが，これに先立つ1998（平成10）年11月，日弁連は「司法改革ビジョン」（以下「ビジョン」という）を発表した。さらに審議会における審議が始まって間もない1999（平成11）年11月には，「司法改革に向けての

---

1) 1994（平成６）年12月，規制緩和施策の実施状況の監視を主要任務の一つとして総理府に設置され，中間答申，最終意見において，法曹人口の大幅な増加を図るべきである，弁護士による法律事務の独占を見直すべきである，隣接法律専門職種との役割分担を見直すべきである，いわゆる法律経済関係総合事務所の設立を可能にする等，ワンストップでのサービス提供に対する要望に応えるべきである，との意見を表明した。
2) 国民のニーズに的確に応えるためには，わが国の弁護士業務のあり方等についても，種々の見直しを進めていかなければならないと指摘し，司法制度の抜本的な改革を検討するため司法制度改革審議会の設置を提唱した。

基本的提言」(以下「基本的提言」という)を発表し,法曹一元,陪参審制度を軸とする「市民の司法」の実現に向けて努力すると共に,市民に身近で信頼される弁護士・弁護士会を目指して自己改革を推進する旨宣言した。

　ビジョンは,アクセス障害を除去するための法律相談センターの拡充や公設事務所の設置,法律事務所の組織力を強化するための共同化やネットワーク化,法人化を進める等の具体的な改善策を示したが,法曹人口の増加については全く触れておらず,統一修習制度は維持すべきだとした。また,隣接他業種との関係については,協働化を推進するため関連団体との協議を進めたいとするに留まった。

　基本的提言では,「良質な法的サービスの提供と法曹一元制度を実施するためには,弁護士の人口が相当数必要であり,……日弁連は国民が必要とする弁護士の増加と質の確保を実現する」と述べ,初めてここで弁護士人口の増加と質の確保が弁護士会の責務であるとの考えを示した。また,法曹養成制度については,当面,司法研修所の運営への弁護士会の主体的参加を目指すとしつつも,「法曹一元を展望するとき,弁護士養成制度に徹した法曹養成制度を目指さなければならないが,そのために大学関係者とも協議をしつつ,その養成に積極的に取り組む」として,ロースクール構想の検討を進める旨を明らかにした。他方,法律事務独占,隣接他業種との関係については,弁護士人口の増加,専門性の強化,法律相談センター・公設法律事務所の設置等により対処していくとし,隣接他業種による法律事務への関与については明言を避け,「業際分野における協力関係について検討し,これを推進する」とするに留まった。この基本的提言が発表されて間もなくの1999(平成11)年12月8日,当時の日弁連の小堀会長は,審議会において,「新しい世紀における司法のあり方と弁護士会の責務」と題するプレゼンテーションを行い,ビジョン,基本的提言の内容に沿って市民の司法の実現を目指すと共に,弁護士の自己改革を推進するとの日弁連の考え方を説明した。

(2) 日弁連の「弁護士のあり方」についてと題するプレゼンテーション・その1

　同年12月21日,審議会はそれまでの審議を踏まえ,今後本格的に審議すべき具体的論点を整理し(以下「論点整理」という)[3],これを発表した。その後の2000(平成12)年8月,日弁連の久保井一匡会長は,この論点整理を踏まえて,審議会において「弁護士のあり方」についてと題するプレゼンテーションを行った。日弁連は,このプレゼンテーショ

---

3) 司法改革の要諦は,法の支配の理念を基軸として,国民の期待に応え得る司法の制度的及び人的基盤の抜本的拡充・強化を図ることにあるとしたうえ,国民が司法に容易にアクセスすることができるようにするには,「まず何よりも法曹の圧倒的多数を占め,国民と司法の接点を担っている弁護士へのアクセスの拡充を図らなければならない」とし,アクセスを阻害する要因についての改善策を含めた弁護士制度全般について検討が必要であるとした。

ンにおいて「今次の弁護士改革の目的は，21世紀の日本社会の需要に的確に応えうる，より高い質の弁護士を，より多く確保するとともに，弁護士がその社会的な役割をより十全に果たすために，それに必要な諸制度の整備を行うことにある」としたうえ，弁護士の役割について「弁護士は，依頼者の権利・利益を誠実に擁護・実現することと，法廷の内外を問わず正義の実現を図ることとの二つを統一して遂行することで，社会に対しその役割を果たす」ことにあるとした。そして，❶法曹人口につき，弁護士会は国民が必要とする数の法曹（ここでは弁護士と言わずに法曹と言っている）につき，自らがその質の確保・向上に社会的責任を負っているとの考え方を明らかにし，審議会がこのプレゼンテーションの直前に取りまとめた「計画的にできるだけ早期に，年間3,000人程度の新規法曹の確保を目指す」との考え方を真摯に受け止めると共に高く評価するとの見解を表明し，❷ロースクール構想につき，主体的かつ積極的に関与し，その円滑な運営に協力するとの意向を示し，❸公益性に基づく社会的責務を実践していくとし，法曹の後継者の養成も公益的責務の一環であり，公務への就任も同様であるとの見解を示し，❹隣接他業種に一定限度で法律事務を開放する方向で検討していることを明らかにした。

　このプレゼンテーションが，法曹一元への指向を念頭に置きつつ，弁護士・弁護士会が法曹人口の増加，法曹養成に責任を負っていることを明確にし，裁判官任官を弁護士の公益性に基づく社会的責務であるとしたことの意味は大きい。「市民の司法」，「国民の期待に応え得る司法」を現実のものとするために，弁護士・弁護士会が主体的，積極的に取り組むことを明らかにしたものであり，従来の殻を打ち破ったエポックメーキングな対応と言ってよい。日弁連は司法改革に本気で取り組んでいるとの印象を審議会委員，国民に与えた効果も大きかったと言える。

(3)　日弁連の「弁護士のあり方」についてと題するプレゼンテーション・その2

　上記プレゼンテーションがなされた3ヵ月後の2000（平成12）年11月，審議会はそれまでの審議結果を取りまとめ中間報告[4]を発表した。その2ヵ月後の2001（平成13）年1月，当時の日弁連の久保井会長は，この中間報告を踏まえて，審議会において「弁護士のあり

4）　司法改革の要諦は，法の支配の理念を基軸として，国民の期待に応え得る司法の人的，制度的基盤の抜本的拡充・強化を図ることにあるとして，人的基盤の拡充，制度的基盤の整備，国民的基盤の確立を改革の3本柱とした。そして，弁護士の役割につき「国民の社会生活上の医師」たる法曹の一員として「基本的人権を擁護し，社会正義を実現する」（弁護士法第1条第1項）との使命に基づき，国民にとって「頼もしい権利の護り手」であるとともに「信頼し得る正義の担い手」として，高い質の法的サービスを提供することにある。」とし，弁護士制度改革について，「弁護士が，法曹の中で圧倒的多数を占め，国民と司法の接点を担っていること，代理人，弁護人として，裁判手続の内外において法的正義を実現すべき責務を負っていることにかんがみれば，弁護士制度の改革は，今次の司法制度改革，殊に人的基盤の拡充を図る諸改革の中でも，主要かつ基底的な課題である」と位置づけた。そのうえで，「より高い質の職務を遂行し得る資質・能力を持った弁護士が，我が国社会の高度化，多様化する法的需要に十分に対応して，その機能を十分に発揮できるようにするために，その量の拡充はもとより，弁護士制度に所要の改革を行う必要がある」とした。

方」についてと題するプレゼンテーションを行った。日弁連は，このプレゼンテーションにおいて，2000（平成12）年11月，日弁連臨時総会において，ⓐ法曹人口につき，国民が必要とする数を，質を維持しながら確保するよう努める，ⓑロースクール構想につき，弁護士会は主体的かつ積極的に関与し，その円滑な運営に協力する，との決議をしたこと，同年9月，日弁連理事会において，弁護士法72条に関する基本方針を採択したこと等を報告した後，❶公益性に基づく社会的責務の実践，❷新たな弁護士任官に向けた取り組み，❸ロースクール創設に向けた取り組み，❹弁護士の活動領域の拡大，❺弁護士倫理の強化と弁護士自治，❻弁護士へのアクセス拡充を今後の改革の柱として掲げ，それぞれについて改革の方向性と具体的改善策[5]を示した。

　法曹人口の大幅増員とロースクール構想に関する前記臨時総会決議は，執行部案が賛成7,437名，反対3,425名，棄権69名で可決承認されたものである。会内に根強い反対論があったものの，一応，会員多数の支持を得たことにより，司法改革へ向けての日弁連の方針はゆるぎないものとなり，審議会における日弁連の影響力も顕著に増大した。このプレゼンテーションは前回のプレゼンテーションを更に敷衍したものであるが，法曹養成，裁判官制度，弁護士制度といった司法の人的基盤を抜本的に改革するとする広大な構想をより明確にし，これに弁護士・弁護士会が主体的，積極的に関与していくことを鮮明に表明したものであり，その姿勢は高く評価されてよく，前記総会決議を得た後になされたものであるだけに，審議会委員にも強い説得力を持ったと言ってよい。

(4) 日弁連の「弁護士のあり方」（補充書）

　2001（平成13）年1月，日弁連は，審議会に「弁護士のあり方について」の補充書（以下「補充書」という）を提出した。補充書は前年12月の「弁護士のあり方」に示した綱紀・懲戒手続の改革に関し，これをより明確化かつ整理したもので，綱紀委員会の参与員を外部委員として議決権を付与する，綱紀委員会の懲戒を不相当とする議決に関する審査制度を創設する，懲戒処分の結果等を公表する制度を設ける等の内容が盛り込まれている。

3) 審議会意見書

　2001（平成13）年6月，審議会は，それまでの審議経過を取りまとめて「司法制度改革

---

[5] 日弁連は，このプレゼンテーションにおいて，上記❶についてプロボノ活動の義務化等，❷について裁判官任官を「名誉ある責務」であることを会則に明記する，バックアップ体制を整備する等，❹について弁護士法第30条の規制を緩和する等，❺について倫理研修，懲戒制度の全般的な見直し，❻について法律相談センターの拡充や公設事務所の設置，弁護士費用の透明化・合理化，弁護士情報の公開，弁護士の専門認定制度等を検討中であること，❸について2000（平成12）年12月，「法科大学院設立・運営協力センター」を設置し，最高裁，法務省，文部省，大学関係者などとの一層の連携を深めつつ，設立認可の基準の策定，カリキュラムの策定，弁護士教員の養成・派遣等について協議を進めていることを明らかにした。

審議会意見書―21世紀の日本を支える司法制度―」（以下「意見書」という）を発表した。

　意見書[6]は，法曹の役割について「司法の運営に直接携わるプロフェッションとしての法曹がいわば『国民の社会生活上の医師』として，各人の置かれた具体的な生活状況ないしニーズに即した法的サービスを提供すること」にあるとした[7]。そして，法曹がその役割を果たすためには，法曹の量と質の拡大を図ることが不可欠であるとして，法曹人口の大幅増加（2010〔平成22〕年ころには新司法試験の合格者数を年間3000人まで増加させることを目指す），法科大学院（ロースクール，2004〔平成16〕年開校を目指す）の創設を提言した。

　弁護士の役割については，「『国民の社会生活上の医師』たる法曹の一員として『基本的人権を擁護し，社会正義を実現する』（弁護士法第１条第１項）との使命に基づき，法廷の内と外とを問わず，国民にとって『頼もしい権利の護り手』であるとともに『信頼しうる正義の担い手』として，高い質の法的サービスを提供することにある」とし，弁護士制度改革の柱として，❶弁護士の社会的責任（公益性）の実践，❷弁護士の活動領域の拡大，❸弁護士へのアクセス拡充，❹弁護士の執務態勢の強化・専門化の強化，❺弁護士の国際化／外国法事務弁護士等との提携・協働，❻弁護士会の在り方，❼隣接法律専門職種の活用等の課題を掲げて，改善の方向と具体的な方策を示した。

　意見書は，わが国の司法制度の担い手について抜本的・全面的な改革を説いており，その理念や方向性は，日弁連の前記プレゼンテーションと軌を一にするものと言える。弁護士制度改革については，その理念と方向に基づいて所要の改革を求めているのであり，内容的にも既に日弁連が提示したものとほぼ同一である。

４）弁護士制度改革の視点

　①　司法制度改革の諸課題は相互に有機的に関連した一体不可分のものである。それゆえ，司法制度改革の全体の目標・理念と弁護士制度改革の目標・理念とは同一である。また，弁護士制度の諸々の改革は，それに結びついた他の諸課題の改革とも一体として実現されなければならない。

　②　弁護士制度改革は，今般の司法制度改革における主要かつ基底的な課題である。日

---

[6] 今般の司法改革の理念と方向性について，「法の精神，法の支配がこの国の血となり肉となる，すなわち，『この国』がよって立つべき，自由と公正を核とする法（秩序）が，あまねく国家，社会に浸透し，国民の日常生活において息づくように」することにあるとした。

[7] 裁判官改革について「国民が求める裁判官を安定的に確保していくことを目指し，判事補に裁判官の職務以外の多様な法律専門家としての経験を積ませることを制度的に担保する仕組みの整備を始めとする判事補制度の改革や弁護士任官の推進など給源の多様化・多元化のための方策を講じるとともに，国民の意思を反映しうる機関が裁判官の指名課程に関与する制度の整備や人事評価について透明性・客観性を確保する仕組みの整備等を行う」とした。

弁連が目指す法曹一元，陪参審を基軸とする「市民の司法」，「市民のための司法」を実現するためには，弁護士制度を意見書の理念・方向に沿って抜本的に改革していく必要がある。

③　そのためには，まず弁護士一人ひとりが「頼もしい護り手」で「信頼しうる正義の担い手」になるべく意識改革をしていかなければならない。そして，弁護士・弁護士会は国民の期待に応え得ているかどうか常に自問自答しながら，自己改革に取り組んでいかなければならない。国民の期待に応え得て初めて，国民の信頼を得ることができるようになるのであり，国民の信頼を勝ち得てこそ，我々は十全にその役割を果たすことができるのである。

④　我々は，以上のような観点に立って，弁護士制度改革を断固たる決意を以て遂行していくべきである。

5）弁護士制度改革実現における課題

意見書は，「本意見の提言する改革は，内閣が総力を挙げて取り組むこととしなければ，容易に成し遂げられるものではないことから，内閣に強力な推進体制を整備し，一体的かつ集中的にこれに取り組まれるよう求める。」とした。これを受けて政府は「司法制度改革推進法」案を国会に上程し，同法は2001（平成13）年11月に可決・成立した。そして，同法に基づき，同年12月，政府は，司法制度改革を総合的かつ集中的に推進するため，内閣に内閣総理大臣を本部長とする司法改革推進本部（以下「推進本部」という）を設置した。そして，推進本部は，同年同月，司法制度改革に必要な法律案の立案等の作業を行うため，学者，実務家，有識者等から成る10の検討会を設けることとした（後に知的財産訴訟検討会が設置され，推進本部に設けられた検討会は11となった）。また，政府は，2002（平成14）年3月，「司法制度改革推進計画」（以下「推進計画」という）を閣議決定して，司法改革の全体像を示すとともに，推進本部の設置期限（2004〔平成16〕年11月30日）までの間に行うことを予定するものにつき，措置内容，実施時期，法案の立案等を担当する府省等を明らかにした。日弁連も，2002（平成14）年3月，推進本部に「日本弁護士連合会司法制度改革推進計画——さらに身近で信頼される弁護士をめざして——」（以下「日弁連推進計画」という）を提出して，日弁連が取り組むべき改革諸課題につき，その取組等の内容を明らかにした。

弁護士制度改革の課題については他のテーマで詳細に論じているので，ここでは主要なテーマについて推進計画の内容や検討会での議論状況等を簡略に紹介するに留める。

(1) 法曹人口問題

　推進計画では，2010（平成22）年ころには司法試験の合格者数を年間3,000人程度とすることを目指す，現行司法試験の合格者数を，2002（平成14）年に1,200人程度に，2004（平成16）年に1,500人程度に増加させることとし，法務省において所要の措置を講ずる，としている。

(2) ロースクール問題

　意見書は，2004（平成16）年4月からの開校を目指して整備すべきであるとしていたが，推進本部の法曹養成制度検討会において検討してきた結果を踏まえ，政府は2002（平成14）年10月，「法科大学院の教育と司法試験等との連携等に関する法律案」，「司法試験法及び裁判所法の一部を改正する法律案」，「学校教育法の一部を改正する法律案」，いわゆる法曹養成制度改革関連法案を閣議決定したうえ，今国会（会期は同年同月18日から同年12月13日まで）に上程し，法科大学院の創設及びこれに伴う所要事項，新司法試験，修習期間等について法整備を行った。

(3) 弁護士の公益活動（プロボノ活動）の促進

> 　公益活動は高度の法律専門知識を有する弁護士の基本的責務である。法の支配によって公正な社会の実現を願う国民の弁護士に対する信頼を維持拡大するために，全ての弁護士が公益活動に関わらなければならない。東京弁護士会は公益活動への従事を会則上の義務として定め，その履行を不完全にしか果たせない者には金銭納付によって公益活動の支援を果たさせる方策を採用すべきである。

① 法の支配と公益活動

　司法制度改革審議会意見書は，弁護士は，誠実に職務を遂行し，国民の権利利益の実現に奉仕することを通じて社会的責任（公益性）を果たすことを求めている。同意見書は，弁護士は，信頼しうる正義の担い手として，通常の職務活動を超え，「公共性の空間」において正義の実現に責任を負うという社会的責任（公益性）をも自覚すべきである，と付け加え，その具体的内容や実践の態様の一例として，いわゆるプロ・ボノ活動や公務の就任等を取り上げる。

　公共性の空間という内容不明の言葉で弁護士に特殊性をもたせることは公共の利益の名において国民の権利利益を制約する権力作用に近似させかねないおそれがある。われわれは法の支配を社会に浸透させることにより国民の権利利益の増大をはかることを社会的責任としている。美辞麗句や内容空疎な言葉に惑わされることなく，地に足のついた公益活動を行って社会的責任を果たしていかなければならない。

② 公益活動の意義

弁護士の公益活動とは何か，2002（平成14）年度旅行総会宣言において例として，弁護士会の委員会その他の会務，弁護士会や公的機関の法律相談担当，国選弁護人活動，当番弁護士活動，法律扶助事件の担当を挙げた。その活動によって，相当な対価を支払うことのできない法律問題を抱えた市民の救済が図られるもの，人権の擁護と社会正義の実現を図る弁護士会の活動を維持発展することとなるものが公益活動である。

弁護士は高度な法律専門知識を有することを特質とするだけでなく，人権擁護活動の重要な担い手であることを特質とする。その特質をもつ弁護士が公益活動を行うことで国民の信頼を得ることができるのである。

③ 義務の根拠

ⅰ）弁護士という職業は「プロフェッション」（専門職）である。プロフェッションの特質は公共奉仕の精神にある。公共奉仕の発露といえる活動は弁護士の職務に内在する職責である。

ⅱ）無償ないし低廉な対価による活動は弁護士法1条の人権の擁護と社会正義の実現という使命達成のために不可欠である。

ⅲ）全ての弁護士は弁護士自治を担い，支える義務を負う。弁護士自治を支える活動は弁護士の基本的義務である。

ⅳ）弁護士倫理（59条，60条）は，日弁連，地域連合会，所属弁護士会，官公庁等からの委嘱に対し，弁護士が原則的に委嘱事項を遂行する義務を負うとしている。

④ 公益活動をめぐる現状と課題

東弁は，司法改革の推進，弁護士自治の確保のため，1995（平成7）年4月，公益活動への積極的参加を求める会長声明を出し，さらに，1998（平成10）年6月，公益活動に従事することを義務化する会規を制定した。しかし，今日いまだ東弁の1,000名を超える会員が何ら公益活動に参加していない。高度の専門知識を弁護士個人の収入増を図ることに使うばかりの弁護士が実在する。さらに近い将来，制度として弁護士の職責をわきまえない肩書きだけの弁護士が登場する。われわれは危機を内包することとなる。

⑤ 公益活動への一層の参加を促進するために

われわれは公益活動に従事する義務を会則上の義務として懲戒処分を考えなければならない時代を迎えている。弁護士一人ひとりの実情を考えれば，大韓民国で採用されているポイント制度を東弁でも採用することが待たれる。これにより全ての弁護士が何らかの公益活動に参加し，時間の取れない弁護士は可能な範囲での公益活動のほか金銭納付によって公益活動のための資金面を支えることが可能である。

また，法曹養成過程において弁護士の職責への理解を浸透させ危機の内包を最小限にしなければならない。弁護士登録間もない弁護士には会や会派による恒常的な参加呼び掛けを継続しなければならない。会則化やポイント制度導入実現までの間は，会員に対し弁護士会へ公益活動の年間プランを提出することを求めて参加を促進することを考えるべきである。

(4) **弁護士の活動領域の拡大**

　推進計画では，弁護士の公務就任の制限及び営業等の許可制について，届出制に移行することによる自由化を図ることに関し，日弁連における検討状況を踏まえたうえで検討し，必要な法案を提出する（2003〔平成15〕年の通常国会を予定）となっている。日弁連は，2002（平成14）年3月の理事会において，①公職の兼職禁止を原則届出制とする，②常勤の公職在職者の弁護士職務への従事禁止を廃止する，③営業の許可の制度を届出制にする，④公務就任及び企業等に雇用され若しくは役員等として就任する場合の弁護士職務の独立性の保持についての措置を検討する，との基本方針を決議したうえ，同年4月開催の第3回法曹制度検討会において意見表明を行った。日弁連では，届出制移行に伴ういくつかの問題点について更に検討を加えたうえ，同検討会に報告することになっている。

(5) **弁護士へのアクセス拡充**

　ア) 法律相談センター，公設事務所

　日弁連推進計画では，❶2002（平成14）年までに未設置の地裁支部所在地に法律相談センターを設置するための取組を行う，❷2003（平成15）年までに過疎地型「公設事務所」の設置を更に進めることとし，所要の取組を行う，❸2004（平成16）年までに都市型「公設事務所」の設置を更に進めることとし，所要の取組を行う，となっている。推進計画では，法務省において，日弁連における検討状況を踏まえた上で検討し，なお必要な場合には，本部設置期限までに所要の措置を講ずるとしている。

　イ) 弁護士報酬規程の透明化・合理化

　弁護士報酬規定の透明化・合理化については，日弁連推進計画では，①個々の弁護士の報酬情報の開示・提供に関し，必要な検討を行う，②2004（平成16）年までに報酬契約書の作成，依頼者に対する報酬説明義務等の徹底に関し，必要な検討を経たうえ，所要の取組を行う，ことになっている。推進計画では，日弁連の検討状況を踏まえた上で所要の措置を講ずることになっている。

　弁護士報酬の問題では，法曹制度検討会（第5回，第6回）において，報酬規定を会則の必要的記載事項から削除することで，意見が取りまとめられ，2003（平成15）年通常国会に法案（弁護士法改正案）を提出することになっている。

ウ）弁護士情報の公開

　弁護士情報の公開については，弁護士広告が2000（平成12）年10月から原則自由となったが，日弁連推進計画では情報公開を一層推進することとし，逐次所要の取組を行うとしている。なお，この課題については検討会マターにはなっていない。

(6) 弁護士の執務態勢の強化・専門性の強化

　意見書は，法律事務所の共同化・法人化，専門性の強化，協働化・総合事務所化等を推進するための方策を講じるべきである，弁護士の専門性強化等の見地から，弁護士会による研修の義務化を含め，弁護士の継続教育を充実・実効化すべきであるとしている。この課題については日弁連において所要の取組を行うこととし，推進本部は，日弁連の検討状況を踏まえて所要の措置を講ずることとしている。なお，法人化については既に立法化されており，2002（平成14）年4月1日から施行されている。

(7) 弁護士の国際化／外国法事務弁護士等との提携・協働

　意見書は，❶弁護士が国際化時代の法的需要に十分対応するため，専門性の向上，執務態勢の強化，国際交流の推進，法曹養成段階における国際化の要請への配慮等により，国際化への対応を抜本的に強化すべきである，❷日本弁護士と外国法事務弁護士等との提携・協働を積極的に推進する見地から，例えば特定共同事業の要件緩和等を行うべきである，❸発展途上国に対する法整備支援を推進すべきである，としている。この課題についても日弁連が所要の取組を行うことを日弁連推進計画において明らかにしている。

　推進本部では，国際化検討会が専ら上記②の問題について検討しており，そこでは，ⓐ特定共同事業における目的制限の緩和ないし撤廃，ⓑ外弁と弁護士による共同事業の自由化，ⓒ外弁による弁護士の雇用禁止の撤廃，ⓓ収益分配の禁止の撤廃等が議論されている。日弁連は2002（平成14）年7月，同検討会において，ⓐにつき弊害防止措置の整備を条件に制限緩和に賛成，ⓒにつき反対の意見表明を行ったが，大方の委員はこれら全てに賛成とのことであり，極めて厳しい状況にある。

(9) 弁護士会のあり方

　日弁連推進計画では，❶弁護士会運営の透明化を図るため，必要な態勢の整備をなすこととし，必要な検討を経たうえ，逐次所要の取組を行う，❷弁護士への社会のニーズの変化等に対応し，弁護士倫理の徹底・向上を図るため，その自律的権能を厳正に行使するための態勢の整備を行うこととし，必要な検討を経たうえ，所要の取組を行う（2003〔平成15〕年），❸綱紀・懲戒手続の透明化・迅速化・実効化に関し，必要な検討を経たうえ，所要の取組を行う（2003〔平成15〕年），❹依頼者の利益保護の見地から，弁護士会の苦情処理制度の適正化に関する諸方策については，全国における苦情相談窓口の一層の整備

を図るため，所要の取組を行う（2002〔平成14〕年），❺弁護過誤に対する救済を強化するため，弁護士賠償責任保険の普及等の方策に関し，逐次所要の取組を行う，としている。

推進計画では，❶につき日弁連の検討状況を踏まえた上で検討し，必要があれば所要の措置を講ずる，❸につき日弁連の検討状況を踏まえた上で検討し，2003（平成15）年の通常国会に法案（弁護士法改正案）を提出するとしている。その他は検討会マターとはなっていない。

❸について，日弁連は，2002（平成14）年2月開催の臨時総会において，「綱紀・懲戒制度の改革に関する基本方針」を承認決議した。これは，手続の透明化，迅速化，実効化の見地から，ⓐ綱紀委員会の外部参与員制を外部委員制に改め，外部委員に議決権を付与する，ⓑ日弁連に綱紀審査会を設け，日弁連綱紀委員会が懲戒委員会の審査に付さない旨の議決をした場合に，懲戒請求人が同審査会に不服申立ができるようにする，ⓒ懲戒案件に関する公表方法・手段を充実させる等を主な内容とするものであるが，綱紀審査会が懲戒委員会の審査に付することを相当と決定した場合，日弁連綱紀委員会が再検討し，懲戒委員会に付するか否かを決定するものとしていた。しかし，その後，推進本部の法曹制度検討会において，綱紀審査会が懲戒委員会の審査に付することを相当と決定した場合は懲戒委員会の審査に付するということで取りまとめが行われた。そこで，日弁連執行部は2002（平成14）年12月5日に臨時総会を開催し，上記基本方針を一部変更する議案を上程する予定である。

(9) 隣接法律専門職種の活用等

意見書は，隣接法律専門職種の専門性を活用する見地から，①司法書士に，信頼性の高い能力担保措置を講じた上で，簡易裁判所の訴訟代理権等を付与すべきである，②弁理士に，信頼性の高い能力担保措置を講じた上で，特許権等侵害訴訟における訴訟代理権を付与すべきである（弁護士も共に訴訟代理人となっている事件に限る），③税理士に，税務訴訟における補佐人として，弁護士である訴訟代理人と共に裁判所に出頭して意見を陳述する権限を付与すべきであると提言していた。

推進計画では，①ＡＤＲを含む訴訟手続外の法律事務に関して，隣接法律専門職種等の有する専門性の活用を図ることとし，その関与の在り方を弁護士法第72条の見直しの一環として，個別的に検討した上で，遅くとも2004（平成16）年3月までに，所要の措置を講ずる（本部及び関係府省），②弁護士法第72条について，隣接法律専門職種の業務内容や会社形態の多様化などの変化に対応する見地からの企業法務等との関係も含め検討した上で，規制対象となる範囲・態様に関する予測可能性を確保することとし，遅くとも2004（平成16）年3月までに，所要の措置を講ずる（本部及び法務省），③いわゆるワンストッ

プ・サービス実現のための弁護士と隣接法律専門職種などによる協働の推進について、必要な対応を行う、としており、今後はこれらの課題について検討することになる。

⑽　簡易裁判所判事・検察庁特任検事・副検事問題

① 司法制度改革審議会意見書

司法制度審議会意見書は、法曹資格付与の条件を緩和して特任検事経験者に法曹資格を付与することを制度化するべきであるとし、簡易裁判所判事経験者、副検事経験者の「専門性の活用」を検討すべきであるとしている。

② 法曹制度検討会の審議状況

前記意見書を受け、内閣は2002（平成14）年3月19日司法制度改革推進計画を閣議決定し、その具体化のために法曹制度検討会を含め10の検討会（のちに11となる）を設置して今日まで検討会での審議が進んでいる。

③ 特任検事への法曹資格の付与

まず特任検事への法曹資格付与については、2002（平成14）年7月9日の法曹制度検討会において経験年数5年以上の特任検事に弁護士資格を付与することで取りまとめがなされている。当会もこの問題について慎重に検討したが、特任検事の選考の実情・人数からして例外中の例外であり、この結論でやむを得ないと判断している。

④ 簡易裁判所判事、副検事経験者の活用問題

次いで、司法試験を経ていない簡易裁判所判事・副検事経験者の活用問題については、来年1月以降に法曹制度検討会で取り上げられる予定であるところ、法務省・最高裁判所は、準弁護士資格付与を求める案を提案してきており、日弁連に新たに設置された弁護士制度改革推進本部を中心に会内の意見集約がなされつつある。現時点での集約の骨子は次のとおりである。

・前記意見書の求める法曹との整合性がない。
・利用者が混乱する。
・利用者のニーズがない。
・刑事弁護の点で限定資格は問題を生ずる。
・簡裁における代理人には司法書士への登録で足りる。

（日弁連弁護士制度改革推進本部運営委員会の2002〔平成14〕年8月28日付意見書）

この問題についての当会の対応であるが、日弁連と同様にこの内容が法曹資格の本質に関する問題であるとの観点から、21世紀の弁護士像をまず十分分析検討した上で、司法制度改革審議会意見書の趣旨を踏まえ、国民の立場にたって対応する必要がある。そのため、

当会は，幹事長を座長とする弁護士像検討チームを立ち上げ，21世紀の弁護士像について現在検討中であるが，当会の現時点での取りまとめは2002（平成14）年11月27日に東京弁護士会に提出された意見書のとおりである（巻末所収）。

6）弁護士研修制度の充実

> 弁護士の増加や活動分野の拡がりにともない，業務の質的向上がますます重要な課題となっており，さらに新規登録弁護士研修が実施され，弁護士研修の充実・拡充が求められている。弁護士会は，日弁連や法務研究財団の研修事業と連携をとりつつ，新規登録弁護士研修から専門研修まで各種研修プログラムを充実させ，多数の会員が継続的に研修に参加できる体制を整備していく必要がある。

(1) 不断の研鑽が不可欠

弁護士は法律専門職として高い識見を持ち，すべての法律分野に精通していなければならない。さらに，多様化する社会のニーズに応えていくためには，弁護士自身の不断の研鑽が不可欠である。弁護士会は弁護士研修制度を整備・拡充して会員の研鑽を援助し，新しい時代にふさわしい弁護士を育成する義務がある。

東京弁護士会の研修制度は，参加が会則上の義務である倫理研修のほか，新入会員研修・春及び秋の研修講座・専門研修講座の3種類の研修プログラムと16の法律研究部の活動を柱として質量共に充実した内容となっており，専門弁護士養成連続講座も開催されている。さらに以下の課題に取り組むべきである。

(2) 倫理研修

会則義務となった倫理研修は，期別小グループによる討論形式により実施され，一定の成果をあげているが，会員の高度の倫理感を培うために倫理事例の研究と研修資料の作成蓄積に努めるなど，よりよい倫理研修をめざす具体的施策を進めるべきである。

弁護士倫理は弁護士の存在基盤をなすものであり，弁護士が弁護士業務を行う上で不可欠なものである。かかる認識に基づき，すでに倫理研修は義務化されているが，弁護士倫理の重要性に照らすと，研修義務の懈怠に対しては，重い制裁を科すべきである。

(3) 新規登録会員研修

新規登録会員に対しては，新規登録会員研修として実務型民事保全，国選弁護，当番弁護，少年事件，外国人事件などの実務研修と少人数討論方式による倫理研修を実施してきたが，2000（平成12）年10月からは日弁連の「新規登録弁護士研修ガイドライン」に基づき，会則上義務化された新規登録弁護士研修が実施されている。2日間にわたる日弁連主

催の集合研修が行われた後，東京弁護士会主催の新規登録会員研修が行われ，同研修はより充実してきた。今後は，日弁連と連携しつつ，さらに効果的な研修プログラムの編成に努めるべきである。

(4) 一般研修

東京弁護士会は，春季・秋季各6回づつ（1回2時間），弁護士研修講座を開催しており，新法の解説，実務の動向，新たな法律問題等，実務に直結するテーマを幅広く取り上げている。今後，弁護士大増員時代を迎え，研修の質及び量の更なる充実が求められる。

(5) 専門研修

今後，法的問題や紛争がより多様化，複雑化，専門化することは間違いない。また，離婚，相続，交通事故等一般の弁護士が取り扱う分野でも，その専門の弁護士に依頼したいという市民の要請がある。そこで，専門研修の充実は，重大な課題である。

東京弁護士会は，専門講座を春季および秋季にそれぞれ1回づつ開催して成果をあげている（土曜日実施・3単位・合計6時間）。また，2001（平成13）年から，専門弁護士養成連続講座を開催している。2001（平成13）年には，無体財産権法部が10回にわたって工業所有権訴訟に関する講義を，2002（平成14）年には会社法部が8回にわたって会社法改正に関する講義を行い，いずれも各分野の専門弁護士を養成するに相応しい質量を備えており，今後も他の分野についても，同講座を開催すべきである。また，より充実した専門研修とするためには，今までの研修テーマ・出席人数などを分析し，また広く会員の意見を募って，的確なテーマを選択したうえで，会内外から優れた講師を招聘するようにすべきである。また，法務研究財団の実施する専門家養成コースへの参加を積極的に奨励するなどして，学者・研究者・隣接専門職・企業法務従事者との交流を深めて，会員各自専門分野におけるスキルの向上に努めるべきである。

(6) 「継続的研修」について

一定数の一般研修や専門研修の受講義務を課すべきとの考え方があり，すでにその実施を開始した単位会もある。

たしかに，弁護士大増員時代を迎え，弁護士の知識，スキルを一定のレベルに保つことは不可欠であり，継続研修はこの要請に応える可能性を有している。しかし，「継続的研修」が市民の信頼確保のための単なるアドバルーンになってはならない。そこで導入にあたっては，以下の各点に留意し，導入およびその内容を検討すべきである。

❶今後，弁護士業務はますます多様化することが予想されるが，各弁護士に対して研修義務を課すためには，その前提として，必要かつ十分な研修メニューを用意することが不可欠である。自らの業務に関係ない研修の受講を強制され，これを拒絶したら懲戒される

といった事態を回避しなければならない。

❷東京弁護士会の多様な研修は，講師，法律研究部等の自発的な活動に支えられており，講義内容を細かく指定することにより，興味深い講義が減少してしまう可能性がある。

❸そもそも真の知識・スキルは，強制されて取得できるものではない。

3　弁護士と法律事務の独占

> 司法書士法，弁理士法，税理士法の改正により，これらの資格者はその権限が拡大され，訴訟手続に関与できることとなった。今後は，能力担保措置の内容となっている研修に弁護士会が協力したり，司法書士の権限の範囲を超える事件を弁護士が引き継ぐためのルール作りやこれら資格者と事件を協働して処理するためのルール作りが必要となってくることから，これら資格者団体との信頼・協力関係を形成し，速やかにこうした問題について協議を開始する必要がある。
>
> サービサー法改正により取扱債権が拡大されたことに伴い，弁護士は債権回収過程の適正確保のため積極的に関わっていかなければならない。

1）司法制度改革審議会意見書

弁護士法第72条は，弁護士による法律事務の独占を規定している[1]。弁護士が法律事務を独占するからには，弁護士は国民各層の法的ニーズに対し良質のサービスを満遍なく提供する責務を負っていると言うべきである。しかしながら，弁護士がその責務を十全に果たしているとは言い難い。今回の司法改革の原点は正にこの点にあったと言ってよい。こうした観点から，2001（平成13）年6月に公表された司法制度改革審議会の意見書（以下「意見書」という）は，弁護士人口の大幅な増加や諸般の弁護士改革がなされるべきことを求めているが，その達成には相当の年月を要することから，利用者の視点から，当面の法的需要を充足させるための措置を講じる必要があるとして，72条の見直し問題について次のように提言している。

①　訴訟手続において，隣接法律専門職種などの有する専門性を活用する見地から，

・司法書士への簡易裁判所での訴訟代理権については，信頼性の高い能力担保措置を講じた上で，これを付与すべきである。また，簡易裁判所の事物管轄を基準として，調停・

---

1)　現行法のもとでは，弁護士による法律事務を原則としつつ，司法書士等の隣接法律専門職種は各士法により限定的な範囲での法律事務の取扱いを認められている。

即決和解事件の代理権についても同様に付与すべきである。

・弁理士への特許権等の侵害訴訟（弁護士が訴訟代理人となっている事件に限る。）での代理権については，信頼性の高い能力担保措置を講じた上で，これを付与すべきである。

・税理士について，税務訴訟において，裁判所の許可を得ることなく，補佐人として，弁護士である訴訟代理人と共に裁判所に出頭し，陳述する権限を認めるべきである。

・行政書士，社会保険労務士，土地家屋調査士など，その他の隣接法律専門職種などについては，その専門性を訴訟の場で活用する必要性や相応の実績等が明らかになった将来において，出廷陳述などの一定の範囲・態様の訴訟手続への関与のあり方を個別的に検討することが，今後の課題として考えられる。

② ＡＤＲを含む訴訟手続外の法律事務に関して，隣接専門職種などの有する専門性の活用を図るべきである。具体的な関与の在り方については，弁護士法第72条の見直しの一環として，職種ごとに実態を踏まえて個別的に検討し，法制上明確にすべきである。

③ 弁護士法第72条については，少なくとも，規制対象となる範囲・態様に関する予測可能性を確保するため，隣接専門職種の業務内容や会社形態の多様化などの変化に対応する見地からの企業法務等との関係を含め，その規制内容を何らかの形で明確化すべきである。

④ ワンストップ・サービス（総合的法律経済関係事務所）実現のため，弁護士と隣接専門職種などによる協働を積極的に推進するための方策を講じるべきである。

以下に上記提言についての実現状況，検討状況等について述べる[2]。

2）隣接法律専門職種の権限拡大について──上記1）の①

(1) 司法書士

2002（平成14）年4月の司法書士法の改正で，訴額90万円を超えない限度での，簡易裁判所における，民事訴訟，即決和解，支払督促，証拠保全，民事保全，調停の各手続についての代理（同法第3条1項6号）だけでなく，紛争の目的の価格が90万円を超えない限度で，法律相談，裁判外の和解もできることとされた（同項7号）。

但し，上記の代理業務，法律相談を行うには，研修を終え，法務大臣の認定を受けることが必要である（同法同条2項）。研修の実施機関は日本司法書士連合会ということになっている。研修の方法，内容等については同会の付託を受けた「司法書士特別研修制度検討会」（会長新堂幸司東京大学名誉教授・弁護士）が，2002（平成14）年6月，検討結果

2）但し，④については，本書第3，2，2）で扱っているので，ここでは除外する。

を報告書にまとめており，これによると研修は100時間，講師は弁護士を中心とし，ゼミ方式なども取り入れて行う模様である。

（2）弁理士

2002（平成14）年4月の税理士法の改正で，特定侵害訴訟[3]に関して，弁護士が同一の依頼者から受任している事件に限り，その訴訟代理人になることができることになった。但し，特定侵害訴訟代理業務試験（論文式の筆記試験）に合格することが要件となっており，受験資格は研修終了者に限られている（弁理士法6条の2）。「能力担保措置実施に関する研究会」（特許庁総務課長の私的研究会）の報告書によると，研修時間は最低45時間，カリキュラムには特許権等侵害訴訟の手続等のほか，法曹倫理も盛り込まれている。

（3）税理士

2001（平成13）年5月の税理士法改正で，租税に関する事項について，裁判所において，補佐人として，弁護士である訴訟代理人とともに出頭し，陳述できることになった（税理士法2条の2）。2002（平成14）年4月1日から施行されている。日本税理士会連合会は大学院と提携して研修を行うことを企画しているとのことである。

3）ADR等における隣接専門職種の活用について——上記1）の②

意見書のADR[4]に関する部分（Ⅱ国民の期待に応える司法制度，第1民事司法制度の改革，8裁判外の紛争解決手段（ADR）の拡充・活性化，(3)ADRに関する共通的な制度基盤の整備）にも上記1）②の提言とほぼ同一の記述がある[5]。ADRのうち，仲裁については推進本部の「仲裁検討会」が，その余のADRについては「ADR検討会」が検討しているが，ADRにおける隣接専門家の活用の問題は，主として推進本部のADR検討会において議論されている[6]。同検討会は2002（平成14）年9月の第7回検討会において，日本司法書士会連合会等の隣接専門職種等より，各職種の有する専門性を活かした

3）「特定侵害訴訟」とは，特許，実用新案，意匠，商標若しくは回路配置に関する権利の侵害又は特定不正競争による営業上の利益の侵害に係る訴訟をいう。

4）ADR（Alternative Dispute Resolution）：裁判外紛争処理とは，判決などの裁判によらない紛争解決方法を指し，民事調停・家事調停，訴訟上の和解，仲裁及び行政機関や民間機関による和解，あっせんなどを意味する。このうち，（民事）調停や訴訟上の和解は，民事訴訟手続に付随する手続として裁判所において行われるが，紛争解決の作用面に着目して，ADRに分類されることが多い。裁判による解決が法を基準として行われるのと比較すると，ADRは，必ずしも法に拘束されず，紛争の実情に即し，条理にかなった解決を目指す点に特徴がある（ADR検討会資料1－2－(1)による）。

5）意見書のADRに関する部分には，「隣接法律専門職種など非法曹の専門家のADRにおける活用を図るため，弁護士法第72条の見直しの一環として，職種ごとに実態を踏まえて個別的に検討し，法制上明確に位置付けるべきである。同条については，少なくとも，規制対象となる範囲・態様に関する予測可能性を確保するため，隣接法律専門職種の業務内容や会社形態の多様化などの変化に対応する見地からの企業法務等との関係も含め，その規制内容を何らかの形で明確化すべきである。」との記述がある。

6）仲裁検討会において，一時，弁護士法72条から「仲裁」の文言を削除してはどうかという案が検討されたが，その案は撤回された。「仲裁」は例示にすぎず，削除しても意味がないと考えられたようである。

ＡＤＲへの関与の現状と今後の可能性につき，ヒアリングを行った。各職種はそれぞれ手続主宰者としてあるいは代理人としての活用が有益であることを主張したが，①ＡＤＲ手続担当者に求められる専門性とは何か，②各専門職種が有する専門性がＡＤＲに役立つと言えるのか，③どのような形態で関与させるのが妥当か（手続主宰者，補助者・助言者，代理人等），④ＡＤＲ機関の設置・運営を弁護士会以外の者が行うのはどうか，等検討すべき課題は多く，同検討会としては未だ基本的な方向を取りまとめるには至っていない。政府の司法制度改革推進計画（以下「推進計画」という）[7]では，2004（平成16）年3月までに所要の措置を講ずることになっている。

　ＡＤＲの拡充・活性化の必要については共通認識となっていること，弁護士以外の者が仲裁や調停を行っている実情からして，意見書の言うとおり，弁護士法72条を手直しして，弁護士以外の者であっても仲裁や調停に関与できることを法制上明確にする必要性は存する。2002（平成14）年7月に開催された第6回法曹制度検討会において，弁護士法72条但書きを「この法律及び他の法律に別段の定めがある場合はこの限りではない。」と改正する方向で取りまとめがなされた。従って，弁護士以外の者をＡＤＲに関与させる場合には，「他の法律」，例えば「仲裁法」，「ＡＤＲ基本法」，「各士法」に明記することになる。

4) 弁護士法72条の規制内容の明確化について——上記1) の③

(1) 隣接専門職種の業務内容との関係

　弁護士法72条但書きは「この法律に別段の定めがある場合はこの限りではない。」となっており，弁護士法に例外規定のない限り弁護士以外の者が法律事務を扱うことを全て禁じる規定内容になっている。他方，各士法により司法書士等の隣接法律専門職種は限定的な範囲で法律事務を行うことが認められている。この関係については，従来，一般法と特別法の関係にある，司法書士らの行う法律事務は正当業務行為として違法性が阻却されるなどと説明されてきたが，両者の関係は必ずしも明確なものではなかった。

　この問題については，前述したように，法曹制度検討会において，弁護士法72条但書きに「他の法律」を加えることで取りまとめが行われ，決着をみた。この点は2003（平成15）年の通常国会に上程予定の弁護士法改正に盛り込まれることになっている。

(2) 企業法務との関係

　近時，企業の国際競争力を強化する目的等から企業の分社化が進展している。昨年

---

7) 政府は，2002（平成14）年3月，「司法制度改革推進計画」を閣議決定して，司法改革の全体像を示すとともに，推進本部の設置期限（2002〔平成16〕年11月30日）までの間に行うことを予定するものにつき，措置内容，実施時期，法案の立案等を担当する府省等を明らかにした。

（2001〔平成13〕年）4月の商法改正による会社分割制度の導入はこれを踏まえたものであり，改正後，この分社化傾向は益々顕著になっている[8]。この分社化の流れの中で，①親会社の法務部門が分社化などで独立したグループ内法人に対して有償で法的サービスを提供できるようにしたい，②分社化で独立した法務サービス会社がグループ内法人に対して有償で法的サービスを提供することができるようにしたいという要求が企業の側にある。

　意見書は，企業法務との関係では，この点を踏まえて弁護士法72条の規制内容を何らかの形で明確化すべきである，としている。この問題は，2002（平成14）年9月及び同年10月に開催された第9回及び第10回法曹制度検討会において議論されたが，結論を出すには至らず，今後同検討会での議論を踏まえ，推進本部事務局及び法務省において更に検討することになった（推進計画では2004〔平成16〕年3月までに所要の措置を講ずることになっている）。同検討会では，a）100％子会社のように「自己」と同一に評価し得る場合には「他人性」がなく，現行法のもとでも許されるが，解釈によって許される範囲はどこまでか[9]，b）上記①，②は同一に扱ってよいか，等が議論された。弁護士法72条本文を改正べきであるとの意見も一部にはあるようであるが[10]，検討会での議論の状況からすると，子会社，関連会社の範囲を解釈により確定させ，同条本文は手を加えない方向で決着させるものと思われる。

5）上記課題についての弁護士会の対応について

　前述のとおり，隣接法律専門職種の権限拡大の問題は一応の決着をみた。日弁連は，司法書士に簡裁代理権や裁判外の和解の権限を認めることに反対してきたが，司法書士法の改正に伴い，今後は，①弁護士会が司法書士の研修に協力する，②司法書士の権限を越える事案について弁護士がこれを引き継ぐためのルールを作る（司法書士が担当した簡裁事件の控訴審や司法書士が相談にあずかった紛争の目的の価格が90万円を超える事件等）ことが必要になってくる。弁理士や税理士の研修にも弁護士が協力することが望ましい。弁理士や税理士と協働して事件を処理することも増えてくるものと予想され，そのためのルール作りも必要になってくる。その意味で，今後は各隣接法律専門職種との円満な信頼・

8）野村證券の全部門子会社化，伊藤忠・丸紅の鉄鋼部門分割，みずほコーポレーションの設立など，昨年（2001年）だけで538社がこの制度を利用した。
9）証券取引法上の連結財務諸表の適用のある会社，商法上の規定による特別決議を可能とする3分の2以上の株式を有する会社，50％を超える株式を有する会社連結財務諸表の規定と商法上の規定を組み合わせる等の基準が考えられる。
10）2002（平成14）年7月に発表された総合規制改革会議の中間取りまとめでは「法廷外法律事務について，弁護士以外の専門家（隣接法律専門職に限定しない）が行えるようにすること，少なくとも会社がグループ内の他の会社の法律事務を有償で受託できるようにすることを含めて消費者保護の必要性の薄い対事業者向けサービスについては直ちに業務範囲外とすること」と提言している。

協力関係を形成し，速やかにこうした問題について協議を開始する必要がある。

　ＡＤＲにおける隣接法律専門職種の活用の問題については，これまで弁護士がＡＤＲに熱心に取り組んでこなかったこと，ＡＤＲの拡充・強化が求められている中で，当面，弁護士だけでは十分にこれに応えることが難しいと考えられること等よりして，隣接法律専門職種の能力を積極的に活用し，相互に協力しあっていく方向で検討を進めるべきであると考える。

　企業法務と弁護士法72条の関係については，同条本文の改正を行わず，解釈としての「他人性」の判断基準を明確にすることで決着をつける模様であり，弁護士会としても，その基準作りに努力を傾注すべきである。

6）サービサー問題

(1) サービサー法の成立，施行

　民間サービサー制度の創設を内容とする債権管理回収業に関する特別措置法（以下「法」という）が1998（平成10）年10月12日に成立し，1999（平成11）年2月1日同法施行令および施行規則とともに施行された。

　このうち，法2条2項は，サービサーが行う債権回収業の定義として「弁護士以外の者が委託を受けて法律事件に関する特定金銭債権の管理及び回収を行う営業または他人から譲り受けて訴訟，調停，和解その他の手段によって管理及び回収を行う営業をいう」としているので，弁護士法72条，73条の禁止がこの法律の適用領域では例外的に容認されることとなった。

(2) 弁護士法72条，73条の趣旨の徹底

　債権回収という行為の性質上，適切な規則がなければ，一般的には債務者にとって過酷な取り立て等が行われる懸念がある。そこで法は，サービサーの営業を法務大臣の許可にかからせるほか，暴力団員等の参入排除等の措置や，弁護士の関与によるサービサーの業務の適性化の措置に加えて，行為規制に関する詳細な規定が設けられた（法17条，18条等）。これに違反したサービサーに対しては，違反の内容に応じて刑事罰あるいは許可取消等の行政処分を科すものとされている。

　加えて，この法律では，サービサーの業務の委託および債権譲渡の制限に関する以下のような規定も設けられており（法19条参照），過酷な取り立て等が行われないような十全の配慮がなされているところである。

　　ⓐ　債権の管理または回収を他のサービサーおよび弁護士以外の者に委託することの禁止

ⓑ　暴力団員等への債権譲渡の禁止

　　法が規定している営業許可の要件，取扱業務の制限，行為規制等は，すべてわが国における債権回収の現場の実情と弁護士法の立法趣旨をふまえ，サービサー業に暴力団等反社会的勢力が参入したり，違法，不当な取立行為が横行したりしないように慎重な仕組みを用意したものと理解すべきである。

(3)　サービサー法の改正

　2001（平成13）年6月13日，サービサー法が改正され（同年9月1日施行），サービサーが取り扱える債権の範囲を大幅に拡大すると共に利息制限法の制限を超える利息または賠償額の支払の約定が付着している債権の履行の要求に関する行為規制が緩和された。

　即ち，取扱い債権の範囲につき，それまで銀行等の金融機関の付付債権等に限定されていたが，①いわゆる貸金業法条の登録をしている貸金業者であれば，その有する貸付債権は全て特定金銭債権とする，②いわゆる資産流動化法上の特定資産である金銭債権等，流動化対象資産となっている金銭債権を広く特定金銭債権とする，③法的倒産手続中の者が有する金銭債権等を特定金銭債権とする，として大幅に拡張されることになった。また，従来は利息制限法の制限を超える利息または賠償額の支払の約定が付着している債権の履行の要求は，たとえ利息を含まない元本のみの履行の要求であってもこれを禁じる旨の業務規制をかけていたが，改正法は，「当該制限額を超える利息または賠償額の支払を要求してはならない」と規定することにより，制限利息に引き直せば，元利金を含めて請求することを許容することを明らかにした。

(4)　今後の課題

　サービサー法は，前述のとおり，弁護士法72条，73条の例外として容認されたものであり，暴力団の参入を排除する措置や過酷な取立がなされないよう厳格な行為規制が設けられている。これまでのサービサーの実績に照らし，取扱い債権を貸金業者の有する債権等に拡大しても特に問題は生じないとして，今回の改正がなされた。これまでは，サービサーの取立に関する債務者からの苦情はあまり聞こえてこなかったが，改正法の施行後の成り行きを見守りつつ，今後とも弁護士は債権回収過程における適正化が確保されるよう積極的に関与していく必要がある。

4　法律事務所の法人化

1）弁護士法人制度と司法改革

　弁護士法人制度は，法律事務所の組織化，合理化，総合化，専門化を促進して，多様な

法的サービスを国民に安定的・継続的に供給する途を開くとともに，複雑多様化している国民の法的需要に的確に応えることを目的とする。

司法改革の視点に立つとき，①法律事務所の組織強化策として，②弁護士任官の供給源として，③弁護士過疎の解消策として，④公益活動の牽引力として，⑤さらに弁護士人口増加に伴う条件整備の一つとして，有効な制度である。

今後，司法改革の諸施策の一環という意味において，制度がより有効に機能するよう取り組まなければならない。

2）弁護士法改正の概要

2001（平成13）年6月1日，「弁護士法の一部を改正する法律」が，国会で全会一致で可決され，弁護士法人制度が創設された（2002〔平成14〕年4月1日施行）。

改正条項は，弁護士法に，「第四章の二　弁護士法人」が追加されて，第30条の2から第30条の27までの26の条文が追加され，第25条（職務を行い得ない事件），第57条（懲戒）等の関連条文が改正された。

また，民法，商法をはじめ地方自治法・独占禁止法・刑事訴訟法等の関連法も一部改正された。

3）東京弁護士会の現況

東京弁護士会は，弁護士法人制度の導入に伴い，会則に，「第一章の二　弁護士法人」を新設する等関連条項を整備するとともに，新たに「弁護士法人基本会規」を制定した。また，その他会規，規則，細則の全面的見直しを行い，会則を含めこれらすべては2002（平成14）年4月1日から施行されている。

2002（平成14）年9月末日現在，東京弁護士会に所属する弁護士法人会員数は13件であり，うち12件は東京都に主たる事務所を置くものである。

5　国際化と弁護士制度

1）国際化に関する現代的問題点

　　わが国の弁護士制度・弁護士業務は，諸外国の法曹制度や国際社会の動向と密接な関係を有するに至っている。われわれは，WTO等における弁護士業務の自由化や異業種間共同事業（MDP）等の論議や動向を注視しつつ，わが国の弁護士会全体の問

> 題として，わが国の弁護士制度・業務の国際社会における在り方・国際的なルール作りへの対応につき，早急に総合的な対策を講じる必要がある。

(1) はじめに

　従来，弁護士業務の国際化は国内の業務とかけ離れ，主に渉外弁護士の世界の問題であると認識されていた。しかし，最近，法律の世界に比較法的な視野が不可欠となり，国内業務だけを扱う弁護士にも諸外国の法制度を理解することが求められる場面が多くなってきている。例えば，商法改正に金庫株（米国法のTreasury Stockの訳）という用語で説明されたり，マネーロンダリングのように諸国が一致してとりくむべき法制度の国内法化もある。このような現象を，法制度のボーダレス化と呼んでもよいが，このような事態に適切かつ迅速に対応することがすべての弁護士に求められているといってよい。

　2001（平成13）年6月12日に発表された司法制度改革審議会意見書のⅡ章の第3「国際化への対応」という項でも，グローバル化が進む世界にあって，わが国が，国際社会との価値観の共有を深め，公正なルールに基づく国際社会の形成・発展に向けて主体的に寄与することが重要であると述べ，さらにわが国の法曹も，自由で公正な社会や効率的な市場システムを支える適正迅速な紛争解決手段の整備，国際的な組織犯罪や各種危機管理への的確な対応，社会の様々な場面での人権の保障，戦略的リスク管理や法遵守を含むコーポレート・ガバナンスの確立，国家戦略としての知的財産や情報金融技術への取り組み等において積極的に対応し，十分な存在感を発揮することがわが国の社会経済システムの国際的競争力・通用力といった見地からも一層強く求められることになろう，と論じている。こうした原理に立ち，同意見書は，❶弁護士が国際化時代の法的需要に十分対応するため，専門性の向上，執務体制の強化，国際交流の推進，法曹養成段階における国際化への要請への配慮等により，国際化への対応を強化すべきであり，また❷日本弁護士と外国法事務弁護士等との提携・協働を積極的に推進する見地から，特定共同事業の要件緩和等を行うべきであるとしている。

　こうした司法制度改革審議会意見書に述べられた意見は大いに傾聴するに値するもので，弁護士は臆することなく国際化に乗り出すべきである。しかし，他方，グローバルスタンダードが特定の強国のスタンダードとならないように慎重に見極めるべきであり，わが国独自の文化や社会制度にも配慮したバランスのとれた国際化をめざすことが望まれる。

(2) 国際化の弁護士制度・業務への影響

　ここでは，国際化の弁護士制度・業務への影響に関する問題点として，❶世界貿易機構（ＷＴＯ）等における自由職業サービスの国際的規制緩和の問題，❷司法制度改革審議会

意見書に述べられている外国法弁護士の問題，および❸主に巨大国際会計事務所との提携を問題点とする異業種間共同事業（Multidisciplinary Practice or Partnership，いわゆるMDP）の問題を取り上げて論じる（外国弁護士の国内業務問題は別項で後述）。

① ＷＴＯ等における国際的規制緩和

国境を越えたサービス業へのニーズが著しく増加したことから，1986（昭和61）年に始まったＧＡＴＴウルグアイ・ラウンドでは，従来の関税等の物の取引に関する障壁の撤廃にとどまらず，弁護士業務を含むサービス関連業も自由化交渉の対象に追加し，サービス貿易を国際的な共通ルールで規律するための条約として，ＧＡＴＳ（サービス貿易に関する一般協定）を1995（平成7）年1月に発効させた。わが国が同年に外弁法を改正して強制的相互主義を任意的相互主義に改めたのは，最恵国待遇を基本とするＧＡＴＳの原則に合致させるためであった。

サービス貿易を含む貿易を律する法的な拘束力を持つ新たな国際機関であるＷＴＯの下で，弁護士業務はＧＡＴＳに組み込まれ，その自由化交渉はＧＡＴＳを枠組みとして進められることになった。ＧＡＴＳは多国間条約であるので，ＷＴＯ加盟国はＧＡＴＳの改正など新たな協定が締結された場合にはその内容と異なる法令（例えば弁護士法や外弁法など）を改正すべき国際的な義務を負うことになる。このように，ＷＴＯ体制は，従前のＧＡＴＴ体制と比してその法的重みを著しく増しているといわなければならない。

ＷＴＯの新ラウンド交渉（いわゆる GATS2000）は2000（平成12）年から本格的に開始されたが，ＯＥＣＤ（国際経済協力開発機構）やＷＴＯの「自由職業サービス作業部会」でその準備活動が行われてきている。先ず，ＯＥＣＤでは，「資本移動と貿易外取引委員会（ＣＭＩＴ）」が，1994（平成6）年9月，1995（平成7）年10月および1997年（平成9）年2月の3回にわたりパリで自由職業サービス自由化に関するワークショップ（専門家会議）を開催した。世界各地から，弁護士・公認会計士・建築家・技術士などの自由職業サービス関係者が出席し，自由職業全体についての規制緩和が論議された。日弁連もこの3度のワークショップに代表団を派遣して討議に参加した。議論の中心は，専門職資格の相互承認，専門職事業体への出資と所有の自由化，ＭＤＰ，同業種間の国際的共同経営，専門職倫理の統一化などであった。

他方，ＷＴＯの自由職業サービス作業部会（ＷＰＰＳ）は，国際化が最も容易な会計サービスの分野から着手し，1997（平成9）年5月に「会計分野の相互承認協定又は取決めの指針」（資格の相互承認ガイドライン）を，1998（平成10）年には，「会計分野の国内規制に関する法律（多角的規律）」を採択した。この規律は現時点では法的拘束力はないが，新ラウンドの終結までに，自由職業サービス全般の規律とともにＧＡＴＳの一部として法

的拘束力のあるものにすることが合意されている。1999（平成11）年4月に開催されたWTOのサービス貿易理事会は，自由職業サービス全体の規律作成作業を急ぐため，自由職業サービス部会を発展的に解消し，新たに「国内規制作業部会（WPDR）」を設置した。同作業部会はサービス全体に関わる資格要件・手続，免許要件・手続，技術上の基準の規律などを作成する任務が与えられている。従って，2000（平成12）年からの新ラウンド交渉開始3年から5年後には，わが国の弁護士を含む自由職業を拘束する自由職業サービスの国内規制に関する法律が作成される可能性が高い。

② MDP——巨大国際会計事務所の法律業務への進出

いわゆるビッグ・ファイブと呼ばれる巨大国際会計事務所が本来の会計監査や税務監査からコンサルティングへと範囲を広げ，MDPを通じて，法律サービスの分野に進出し，各国弁護士会にとって大きな脅威となっている。わが国では，弁理士，税理士，司法書士などの隣接業種との異業種提携の動きが見られるが，国際的にはビッグ・ファイブと呼ばれる巨大国際会計事務所がその組織力・資金力・政治力・ネットワークなどを駆使して次々と弁護士事務所を買収しその傘下におさめ，MDPを通じて法律業務を行うという現象が起きている。

1999（平成11）年現在，世界のトップ10のローファームのうち，3位（プライスウォーター・クーパース／1,735人），4位（アーサー・アンダーセン／1,718人）および7位（ケーピーエムジー／1,264人）は巨大国際会計事務所のローファームが占めている。このようなMDPについては，先に述べたWTO等の規制緩和の動きに加えて，英国・ドイツやオーストラリアのニューサウスウェールズ州などでは既に解禁されている。他方でMDPに反対もしくは慎重であるべきとの動きもあり，IBA（国際法曹協会）やABA（アメリカ法曹協会）も従来は反対もしくは慎重な態度をとっていたが，最近その立場に微妙な変化が見られる。IBAは1998（平成10）年6月のウィーン理事会で，MDPは弁護士の社会的責任，独立性，倫理，依頼者保護の重要性ならびに特殊性等の理由から原則禁止すべきであるが，万一認める場合においては，弁護士の独立性，秘密保持義務および利益相反行為の回避義務を損なわないような明確な措置を講じるべきであるとの原則を承認した。しかし，同年9月のバンクーバー理事会ではMDP賛成派が巻き返すなど予断を許さない状況にある。その後，2000（平成12）年9月17日にアムステルダムで開かれた理事会では，依頼者保護，弁護士の独立性確保等の視点から，MDPを規制する措置を採りうるとする等MDPに厳しい内容に修正された。

ABAでは1998（平成10）年8月に設置したMDP委員会が，1999（平成11）年6月，弁護士としての基本的な倫理を損なわないという厳格な条件付きで，弁護士は非弁護士で

ある会計事務所と報酬を分配し共同事業をなし得るよう弁護士倫理を改正することを提言した。しかし，2000（平成12）年8月のＡＢＡの代議員会ではＭＤＰが弁護士の独立性および依頼者への忠実義務を損ない，ひいては公益性が害されることにならないことが明確にされない限り賛成できないとして提言を採択しなかった（ただし，全米で事実上のＭＤＰの動きがあるといわれている。）。

　日弁連は，1997（平成9）年6月，ＡＢＡおよびＣＣＢＥ（欧州弁護士連合会）に呼びかけ，三者の代表者による三極法曹会議をニューヨークにおいて開催し，ＷＴＯの自由職業サービス部会の指針となる諸原則につき，世界の法曹間でコンセンサスを得ることを目的として「弁護士職の国際的業務に関するフォーラム（いわゆる「パリ・フォーラム」）」を開催することを決定した。パリ・フォーラムは，1998（平成10）年11月9日・10日の両日，日弁連，ＡＢＡおよびＣＣＢＥの共催により，パリにおいて38ヵ国の弁護士会代表者の出席の下で開催された。そこで最も関心を集めたのはＭＤＰとそれに関連する弁護士職務の特殊性とその社会的責任であった。日弁連は，日弁連理事会により承認された外国弁護士および国際法律業務委員会作成の意見書に基づき，「弁護士と他の専門職との間には，職責・倫理および独立性において大きな違いがあり，公認会計士とのＭＤＰは原則禁止とすべきである。万一認める場合でもで，弁護士がその高い倫理を完遂し，職責を全うすることができ，依頼者や公益を害さないようにする明確なシステムの構築が必要である」との立場を主張している。

　そもそもＭＤＰの問題点は，前述のＩＢＡ理事会が問題にしたように，❶弁護士倫理上，弁護士は独立であるべきであるが，大資本を背景とした巨大国際会計事務所との共同化によりこの独立性が損なわれるおそれがあること，❷会計事務所は，透明性の確保から一定の依頼者の業務について開示することを前提とした業務を行うのに対し，弁護士は依頼者の秘密を厳格に守らなければならない義務を負っていること，❸会計事務所の利益相反基準が弁護士のそれより緩やかであり両者はなじまないこと等があげられており，いずれも重要な論点である。また，巨大国際会計事務所が法曹の市場に参入した場合，急激に多くの弁護士を雇用することが予想され，そうした弁護士の雇用市場への影響も懸念されるところである。以上の問題を解決しない限り，ＭＤＰを認めることは原則としてできないと考える。ただし，実際に税理士，弁理士および司法書士との事業の共同化を様々な形で行っている弁護士事務所があり，こうした現象にはその認められる範囲を限定するなどの処置が必要である。

２）外国弁護士の国内業務問題

> 第三次外国弁護士問題は，外弁法改正により一応の決着が図られた。他方，司法制度改革審議会意見書では，弁護士が外国法事務弁護士と積極的に提携するなどの方法で，国際化することが求められている。現在は①弁護士と外国法事務弁護士の共同事業の解禁および②外国法事務弁護士による弁護士の雇用が中心的に議論されている。今後，WTOのサービス貿易一般協定（GATS）における法律サービスのさらなる自由化も予想されるところから，真の弁護士の国際化とその方法を真剣に議論すべきである。

(1) 外国弁護士の扱いに関する経緯
① 第三次外国弁護士問題

いわゆる第三次外国弁護士問題は，米国政府が1994（平成6）年11月15日付書面において，日米包括経済協議の議題の1つとして，外国弁護士の日本における活動のさらなる自由化を求めてきたことに端を発する。さらに1995（平成7）年4月21日，同年11月21日および1996（平成8）年11月15日付の書面により同様の自由化を求めてきた。米国の主たる要求は外国弁護士による弁護士の雇用に対する制限や外国法事務弁護士に要求される資格要件である5年の職務経験の見直し，第三国の法律に関する外国法事務弁護士の職務範囲の制限と要件の撤廃または大幅な緩和であった。

② 外国弁護士問題研究会の提言と日弁連の対応

日弁連と法務省が共催で設置した外国弁護士問題研究会は，❶外国法事務弁護士による弁護士の雇用，❷職務経験の要件の緩和，❸外国法事務弁護士の第三国法の取り扱いの問題につき，1997（平成9）年10月30日付で報告書をまとめ，法務大臣および日弁連会長に提出した。日弁連は，同年12月18日に臨時総会を開催し，この報告書の提言と同趣旨の以下の3項目からなる「外国事務弁護士制度の改革に関する基本方針」を採択した。

ⓐ 職務経験要件について

外国法事務弁護士となる資格の承認の基準の1つである職務経験要件について，原資格国における職務経験の年数を3年以上とするものとする。原資格国以外の外国における職務経験もその外国において外国弁護士となる資格を基礎として当該原資格国に関する法律事務を行う業務に従事した場合の年数を算入することができるものとする（外弁法10条1項関係）。なお，職務経験に算入できるわが国における労務提供は，通算して1年を限度とするものとする（10条2項関係）。

ⓑ 第三国法に関する法律事務の取扱いについて

外国法事務弁護士は，第三国法（原資格国以外の外国の法）に関する法律事務について，当該第三国の資格を有する外国弁護士であって外国弁護士となる資格を基礎として当該第三国に関する法律事務を行う業務に従事している者（外国法事務弁護士を含む）の書面による助言を受けて行うことができるものとする（3条ないし5条関係）。

　ⓒ　外国法事務弁護士と弁護士の協働関係（いわゆる特定共同事業）について

　外国法事務弁護士と弁護士との共同の事業について，事業の目的の制限を緩和し，訴訟事務，行政手続に至るまで一貫して「外国法の知識を必要とする法律事件についての法律事務並びに当事者の全部又は一部が外国に住所又は主たる事務所若しくは本店を有する者である法律事件についての法律事務および外資系会社が依頼者である法律事件についての法律事務」を目的とすることができるものとする（49条，49条の2関係）。

　法務省は，外国弁護士問題研究会報告書および日弁連の基本方針に基づき日弁連との協議を進めながら外弁法改正案を策定した。改正法案は，第142回通常国会で可決・成立し，1998（平成10）年8月13日に施行された。

　この外弁法の改正をうけて，1998（平成10）年9月2日の日弁連臨時総会決議により会則と特定共同事業に関する規定の一部が改正されている。

(2)　2001（平成13）年までの動向

　米国政府は，その後，1998（平成10）年10月，「日本における規制撤廃，競争政策，透明性およびその他の政府慣行に関する日本政府への米国政府要望書」を提出し，その中で，法律業務に関し，パートナーシップおよび雇用禁止条項の廃止・日本での職務期間の職務経験年数への算入・弁護士数の増加・準法律専門職に対する制約の廃止・外国法事務弁護士が代理人として日本政府および他の当局と協議を行うことの許可などを要望している。そして，1999（平成11）年10月にも同様の要望を行っている。このようにいわゆる第三次外国弁護士問題は，外弁法改正により一応の決着は見たものの，さらなる緩和を求める要求は収束したわけではない。

　最近の外国法事務弁護士事務所の問題として，英国の弁護士事務所と特定共同事業を行っている日本の法律事務所がその外国の法律事務所の名称を事務所名称として使用したことに端を発した弁護士事務所名称の規制問題があげられる。弁護士事務所の名称に関する規制は明確な形では存在しない。しかし，外国法事務弁護士事務所と特定共同事業を行っている日本の事務所が当該外国の法律事務所の名称を使用した場合，外弁法で禁止されている完全共同経営やインターナショナル・パートナーシップが行われているのではないかとの疑いを生じるが，実際にはその実体を調査することができない。その結果，事実上のインターナショナル・パートナーシップが横行し，弁護士の独立性や弁護士倫理に関して

大いに問題を生じることになるとの議論がなされていた。

(3) 2001（平成13）年からの動き

そうした状況下にあって，2001（平成13）年6月に発表された司法改革審議会意見書で，「日本弁護士と外国法事務弁護士等との提携・共同を積極的に推進する見地から，例えば特定共同事業の要件緩和等を行うべきである。」との意見が提起された。

これ以前にも，例えば2001（平成13）年3月30日に閣議決定された規制改革推進3カ年計画で，日本法及び外国法を含む包括的，総合的な法律サービスを国民・企業が受け得る環境を整備する観点から，外国法事務弁護士と弁護士との包括的・総合的な協力関係に基づく法律サービスがあらゆる事案について提供できるように検討することとされ，2002（平成14）年中に結論を出すこととなっていた。また，2001（平成13）年10月の日米規制改革および競争政策イニシアティブに基づく米国からの要望も，①外国弁護士と弁護士との提携の自由化および②外国弁護士による弁護士の雇用解禁に的を絞る内容となり，さらに同時期に出された欧州委員会からの対日規制改革優先提案でも上記①および②を強く求める内容となった。こうした背景が，それまで司法改革審議会でそれほど議論されていなかった外弁問題が同審議会意見書に盛り込まれた由縁であると推測できる。

さらに，国際的な動向に目を転じれば，世界貿易機構（WTO）の現在のラウンドは，2001（平成13）年11月にドーハで開催された閣僚会議で開始が宣言されたドーハラウンドと呼ばれているが，そのドーハラウンドではサービス貿易一般協定（GATS）によるリーガルサービス貿易を含むサービス貿易のいっそうの自由化が重要議題となっている。GATSが自由化されれば，日本政府が立法化する義務を負っている以上，日本の弁護士に対する影響も甚大である。現在，このサービス貿易の交渉は，各国別の初期リクエストの提示が終了した段階であるが，米国およびEUを中心に我が国に対して上記①および②の要求がなされている。

以上の状況下にあって，政府の司法改革推進本部における国際化検討会の議論も2002（平成14）年初頭から始まり，上記の①および②の問題について精力的な議論がなされ，ほぼ議論を終えている段階である。論点は，(1) 特定共同事業以外の形態による弁護士・外国法事務弁護士の共同事業禁止（外弁法49条2項，49条の2）の解禁，(2) 外国法事務弁護士による弁護士の雇用禁止（外弁法49条1項）の解禁，(3) 外国法事務弁護士に許容された職務範囲を超えて法律事務をしてはならない（つまり日本法を扱ってはならない）という規制（外弁法4条）および外国法事務弁護士による弁護士の業務に対する不当関与の禁止（外弁法49条の2第3項）の考え方である。上記，国際化検討会では(1) および(2) の論点に関しては，解禁を容認する意見が強く，また(3) についてすら日本法を外

国法事務弁護士が扱っていいのではないかという委員もいた。その理由は、渉外的または総合的（M&A，プロジェクトファイナンス，証券化等）な法律サービスを，外弁の専門性を生かしてユーザーに使いやすくすべきであり，また雇用問題については共同事業の緩和は当然に外国法事務弁護士による雇用に結びつくというものである。

日弁連は，当初特定共同事業（外国法事務弁護士事務所と弁護士の事務所を分離して共同化を認めた制度）を行うことのできる事業目的の緩和で望もうとしたが，上記の検討会等の雰囲気の中でそのような対応では通らないことを認識し，より広い緩和について議論しているところである。

現在は，(1) 特定共同事業の撤廃を前提に，外国法事務弁護士と弁護士の事業の共同化（一つの事務所を容認する）を認め，さらに(2) 当該共同事務所での弁護士の雇用まで容認し，(3) 事後的な届出制等の規制を設ける線での討議をしている。しかし，他方外国法事務弁護士単独による弁護士の雇用も容認すべきであるとの意見も日弁連外では強く，予断を許さない状況にある。日本法は日本の法曹資格を持っている者だけが携わることができるということが資格制度の骨幹であり，外国法事務弁護士が弁護士を指揮命令関係のもとで雇用することはこの資格制度の基本に抵触する虞れが大きい。また，巨大な資本力のある英米の弁護士事務所のさらなる進出を許容すれば，日本法の益々の英米法化を促進し，国選弁護等の公共的役割を担う日本の弁護士の育成にも問題を生じかねず，ひいては日本の法文化への悪影響も懸念されるところである。これに対して，外国の弁護士事務所のさらなる進出が日本の弁護士の国際競争力を強化するとの意見もある。

このような状況の中で，我々弁護士は，本当の意味で我が国の司法作用の向上のための弁護士の国際化を考えなければならない。上記のように英米を中心とした弁護士の国際化の波はそこまで迫ってきている。これを弁護士の質の向上の好機と捉えるか，外国の弁護士に日本の弁護士が席巻されてしまうと考えるか，いずれも個々の弁護士の自覚次第である。

3）国際仲裁制度の活性化

> わが国における国際仲裁の活性化を図るため，国際仲裁研究会の提言をもとに，国際仲裁センターの設立，国際仲裁法制の整備等に向けて早急に具体化を進める必要がある。

(1) 外国弁護士による国際仲裁代理

国際化に伴い，国際仲裁の重要性はますます増大している。これに応じて，諸外国にお

いて仲裁法の改正が次々に行われている。わが国では，日弁連・法務省が共同で，1994（平成6）年，国際仲裁代理研究会を設置し，同研究会は1995（平成7）年10月に国際仲裁手続の代理資格に関する報告書を作成した。日弁連は1996（平成8）年2月22日の総会において，「外国弁護士による国際仲裁代理についての法整備等に関する基本方針」の決議を行った。同年6月に外弁法の一部改正により，①当事者の全部および一部が外国に住所等を有する仲裁事件を国際仲裁事件とし，②国際仲裁事件において，外国弁護士は，法律業務を行っている外国で依頼され，または受任した事件につき当事者を代理することができ，また，外国法事務弁護士は原資格法または指定法による制限を受けずに当事者を代理することが可能になった。

(2) 国際仲裁研究会の提言と今後の動向

現時点においては，わが国における国際仲裁は活況であるとはいえない。わが国の国際仲裁の不活発・利用のしにくさは，日本企業等が直面する国際契約交渉の場面で，日本を仲裁地とする紛争解決の選択を説得力のないものにしている。日弁連は，わが国の国際仲裁の活性化をはかるべく1996（平成8）年5月，法務省に対して「国際仲裁研究会」の共同主催を提案した。その後の協議の結果，1997（平成9）年12月，国際仲裁研究会が設置された。同研究会は，1999（平成11）年3月に報告書をまとめ，わが国の国際仲裁制度を発展させ，わが国を世界における国際民商事紛争解決の拠点の1つとするために，既存の国際仲裁機関と関係機関等による横断的な組織として「連絡協議会」を速やかに設置し，信頼に足る仲裁人を確保しおよび養成し，広報・普及活動等を効率的・効果的かつ充実したものとし，わが国の国際仲裁に対する理解・信頼の確保に努めること，連絡協議会において国際仲裁センターを将来設立することを視野に入れて具体的な諸問題を協議・検討していくこと，わが国における国際仲裁を活発化し利用しやすいものとするという観点から，国際仲裁法制を早期に整備すること，などを提言している。現在，司法制度改革推進本部仲裁検討会では，国際仲裁法制を含む新仲裁法の制定が議論されている。

われわれは，国際仲裁研究会の提言の早急な実現に向けて積極的に協力していくべきである。

4）国際司法支援

> 最近，わが国でも発展途上国に対する司法支援活動が活発化しており，司法制度改革審議会意見書においてもアジア諸国に対する法整備支援に関する記載がある。日弁連および弁護士は，様々な手法により各種の国際支援活動を行っているが，今後もこ

> の分野での司法界をあげての取組みが期待される。

(1) はじめに

　最近，日本でも，発展途上国を中心とする外国への法整備に関する支援活動が活発化してきた。この分野では以前から，経済法を中心に各省庁が助言を単発でするなどの活動は行われていたが，民法，民事訴訟法といった基本法の起草や法律家の養成といった司法の根幹に対する援助活動は最近の5，6年のことである。前記の司法制度改革審議会意見書でも，アジア諸国に対する法整備支援に関する記載があり，この分野での司法界をあげての取り組みが期待されているところである。

　日弁連は，それまでの国内外の人権活動が評価され，1999（平成11）年に国際連合経済社会理事会における協議資格を有するNGOとして承認された。この協議資格の取得により，人権委員会等の人権関係の委員会が多い同理事会およびその関連機関会議に出席し，意見書を提出し，発言することができることとなった。また，以下に述べるような様々な国際支援活動を行っている。

(2) 日弁連および弁護士のこれまでの法整備支援の取組み事例

① アジア弁護士会会長会議（POLA）

　アジアにおける弁護士会の会長会議が毎年開かれ，2000（平成12）年で11回目を迎えた。第1回および第10回の会議は日弁連が主催し，同会議の事務局的役割を担っている。同会議では，アジアで起こっている法曹界全体の問題について幅広く討議し，日弁連が法整備支援を実施する上での情報収集および人的交流の場となっている。

② カンボディア王国

　日弁連の司法支援活動において，カンボディア王国に関係する同活動が一番長い歴史を有している。また，その支援形態も，国際協力事業団（JICA）のODAプロジェクトに参画するケース，日弁連会員（特に国際交流委員会の委員および幹事）がNGOを設立し，当該NGOを通じて司法支援活動を行うケースおよび日弁連の弁護士が個人として当該活動に参加するケースの3類型にわたる。また，その支援内容も，カンボディア王国の立法作業，裁判官，検察官，弁護士等の研修（トレーニング），クメール語文献の資材供与等司法支援全般にわたる。したがって，カンボディア王国への司法支援活動は，日弁連にとって一つのモデルケースとなり得るものである。

　特に，2001（平成13）年から開始したカンボディア王国弁護士会に対する協力活動が特筆すべきプロジェクトである。日弁連では，2000（平成12）年度から始まったJICAの小規模パートナーシップ事業を申請し，その第1号として承認され，本年7月からプロジ

ェクトが開始された。同プロジェクトは，カンボディア王国弁護士会をカウンターパートとして，弁護士養成セミナーの開催および法律扶助制度の制度提案が内容となっている。

前者については，上記のようにＪＩＣＡの重要政策中枢支援プロジェクトで起草されている同国の民事訴訟法の案文を資料として，「民事訴訟における弁護士の役割」をテーマに合計4回のセミナーが実施された（ただし，4回目のテーマは，「弁護士倫理」である）。また，同時期にカナダ弁護士会およびリヨン弁護士会がカンボディア王国弁護士の養成プロジェクトを企画していたことから，3弁護士会によるユニークなプロジェクトとなった。さらに，2002（平成14）年度から，3年間のＪＩＣＡの開発パートナー事業としてカンボディア王国弁護士会プロジェクトが採択され，日弁連では①弁護士養成校への支援，②法律扶助制度への支援，③弁護士継続教育セミナーの開催および④ジェンダー問題支援の4つの柱でプロジェクトを進めている。カンボディアでは，弁護士の養成機関がないことからここ数年間新規登録弁護士がほとんど登録されていない状況であった。国民にリーガルサービスを十分に提供するためには弁護士の育成が不可欠である。日弁連では，弁護士養成校の設立準備，施設の確保，カリキュラム作り，教授へのチューターリング等を行い，2002（平成14）年10月28日に開校式を迎えることができた。同養成校では，研修生によるリーガルクリニックも準備されており，カンボディア版ロースクールを目指している。また，このプロジェクトでは3年間で延べ100人程度の弁護士を現地に派遣する予定であり，国際司法支援に携わる弁護士の育成にも貢献するものと期待されている。

③　ベトナム社会主義共和国

ベトナムの法制度整備に関するＪＩＣＡの重要中枢技術支援活動でも，同プロジェクトの国内支援委員会に委員を派遣し，またＪＩＣＡ現地長期専門家としてこれまで5年にわたり合計3名の弁護士が勤務している。さらに，同国でのＪＩＣＡ主催のセミナーおよび本邦での研修に，多くの弁護士が講師として参加してきた。本年には，同国の弁護士に関する新規則作成について，同国司法省の本邦研修員と討議し，助言を行った。

④　ラオス人民民主共和国

日弁連では，ＪＩＣＡの同国に対する法整備支援プロジェクトに協力し，2001（平成13）年4月に短期専門家として弁護士1名が現地で調査を行い，引き続き同年8月に現地でセミナーを実施した。また，法務総合研究所からの要請によるラオスなどの研修に講師を派遣してきた。ラオスでは現在49の法律しかなく，弁護士も20数名しかいない。日弁連は，今後の同国の弁護士育成に協力できる方途を模索している。

⑤　その他

日本国内でのアジア開発銀行セミナー，法務総合研究所などに対する講師派遣を積極的

に行っている。
(3) 日弁連による支援体制整備
　日弁連では，上記のような活動の広がりに迅速に対応し，かつ有意で適任の人材を派遣できるように組織・人・資金面での基盤整備を行っている。
① 日弁連国際司法支援活動弁護士登録制度
　日弁連は，法整備支援に参加する弁護士のプールとして，1999（平成11）年9月に「国際司法支援活動弁護士登録制度」（「登録制度」）を設立した。
　日弁連は，より良い支援活動を実施するために，日弁連が情報の基地（ハブ）となって国際司法支援活動に参加する弁護士間の情報の交流・交換の機会を提供できるように登録制度を設立したのである。日弁連では，登録制度に登録を希望する会員の登録申込書をデータベースに入力した上でこれを管理している。日弁連では，国際司法支援活動に関して，国際機関，諸外国等から弁護士の推薦の依頼があった場合は，登録された会員に対してその情報を提供して希望者を募るか，日弁連が登録者の中から適当な人材を推薦することになる。現在，この登録制度には約90人の弁護士が登録しており，実際にベトナム，カンボディアへのＪＩＣＡ長期専門家および短期専門家などの派遣に有効に活用されている。
　今後は，同制度の登録弁護士を増やすと共に，専門分野ごとの類型化などにより，効率的なデータベース化を目指している。
② 国際協力活動基金
　法整備支援も資金がなければ充実した活動はできない。日弁連は，非営利法人であり，会員からの会費でその活動が賄われている以上，国際交流委員会の予算の中でしか活動資金を支弁できない。
　そこで，先に述べたＪＩＣＡ小規模パートナーシップ事業のように外部からの資金を調達する必要がある。そのためには，事業の会計が一般会計とは切り離して管理され，その処理が透明でなければならない。そこで，日弁連では，2001（平成13）年3月に「国際協力活動基金」を設置し，同基金のもとで法整備支援活動資金が管理されている。

5）国際機関への参画

> 　弁護士法30条の公職の兼職が可能となる新たな時代に，多くの会員は，わが国の公的機関や国際機関において法律専門家としての役割と活動を担い，国際舞台で法の支配の徹底に貢献できるよう積極的に参画していくべきである。

　弁護士法30条の改正により公職の兼職が可能となり，弁護士が様々な形でわが国の公的

機関や国際機関において法律専門家としての役割と活動を担い，国際舞台で活躍することが望まれる時代となった。

こうした国際機関には，国連の各機関（UNDP，UNHCR，ユニセフ，世界銀行を含む。），アジア開発銀行，欧州復興開発銀行，WTO，経済協力開発機構（OECD）等が例として挙げられるが，それ以外にも国内の外務省や他の省庁，JICAなども挙げられる。

これまでにも日弁連の会員弁護士は，国際開発法研究所（「IDLI」）のマニラオフィスで職員として勤務したことがある。また，欧州復興開発銀行（「EBRD」）にはこれまで合計3名の弁護士がその法務部に勤務し，模範担保法の起草等に関与した。また，現在東ティモールに国連ボランティアの一員として長期に滞在し，支援協力活動に従事している弁護士もいる。

6）国際化への基本的な対応

> WTO体制の下で急速に進展している国際社会における弁護士業務の自由化問題について，われわれは，弁護士会全体として危機意識を持つ必要がある。そして，早急に総合的な対策を講じるために，外務省，法務省，隣接業種団体及び諸外国の法曹団体などと協力を図っていくべきである。

(1) 弁護士会全体の課題として危機意識を持つ必要性

国際社会において弁護士業務の自由化をめぐる流れは，WTO体制の下で急速に進展している。自由化の行き着くところ，相手国で与えられた資格を自動的に自国でも有効なものとして認めるという「相互承認」の原則がとられ，外国で得た弁護士資格をわが国において自動的に認めなければならないという事態になる可能性さえある。WTOのドーハラウンド交渉が進展すれば，3年から5年後には「自由職業サービスの国内規制規律」が作成され，わが国の弁護士制度・業務に大きな変革を迫ってくることが予測される。われわれはこのような問題に関し弁護士会全体として危機意識を持ち，情報を共有化する必要がある。

(2) 総合的な対策を急ぐ必要性

弁護士業務を含む自由職業サービスの自由化の動向や巨大会計事務所のMDPを通じての法律業務進出の動向に十分な注意を払うとともに，わが国の弁護士制度・業務の国際社会における在り方や国際的なルール作りへの対応について，早急に総合的な対策を講じる必要がある。そして，外務省・法務省等とも連絡を密にし，弁護士の独自性等の観点から

自由化の内容を合理的なものにする努力を展開し，隣接業種団体（日弁連の弁理士会，司法書士会等への呼びかけにより「ＧＡＴＳ自由職業サービスに関する連絡協議会」が1996（平成8）年9月に発足している），ＡＢＡ，ＣＣＢＥ，ＩＢＡ等の内外の法曹団体とも協力をはかっていくべきである。

(3) 国際貢献の推進

世界の国々には，未だ法の支配が十分でない国や貧困問題から Access To Justice の実現にほど遠い国も多い。このような中で，日本の弁護士が積極的に国際協力や支援活動に参加し，現場でこれらの実現に貢献することが望まれる。

7）マネー・ローンダリングとゲートキーパー問題

(1) マネー・ローンダリング（資金洗浄）とＦＡＴＦの設立

犯罪などで得た「汚れた資金」をあたかも正当な取引で得た「きれいな資金」であるかのように見せかけるため，その出所を隠したりすることをマネー・ローンダリングといい，国際的な麻薬密売等で問題となっている。

そして各国は，これらのマネー・ローンダリング対策の第一歩として1988（昭和63）年に「麻薬及び向精神薬の不正取引の防止に関する国際連合条約（麻薬新条約）」を締結し，翌1989（平成元）年にパリで開催された先進7カ国首脳会議においてこの問題を国際的に議論する場として26の国と地域及び国際機関が参加する金融活動作業部会（ＦＡＴＦ：Financial Action Task Forse）という国際機関が設立されて活動が行われている。

(2) ＦＡＴＦの勧告とわが国の対応

ＦＡＴＦでは，1990（平成2）年に40の勧告，1996（平成8）年にはこれを改訂して新たな40の勧告を採択しているが，我が国もこれらの勧告を実施するため，1992（平成4）年に，「国際的な協力の下に規制薬物に係る不正行為を助長する行為等の防止を図るための麻薬及び向精神薬取締法等の特例等に関する法律」（麻薬特例法）が施行され，麻薬犯罪を対象としたマネー・ローンダリングの疑いがある取引の届出を金融機関に義務づける「疑わしい取引の届出制度」が創設され，さらに，2000（平成12）年には「組織的な犯罪の処罰及び犯罪収益の規制等に関する法律」（組織的犯罪処罰法）が施行されている。

この法律では，マネー・ローンダリングとして処罰される行為の対象が，殺人，強盗，詐欺や横領など200を超える重大な犯罪から得た収益を隠す行為にまで拡大され，疑わしい取引の対象範囲もこれに合わせて拡大されている。さらに，金融監督庁が疑わしい取引の情報をすべて収集し，整理・分析した結果を捜査機関に提供することなどが規定され，日本版ＦＩＵが金融監督庁に設置されることになった。

(3) ＦＡＴＦの新勧告等の制定作業とゲートキーパー問題

　ＦＡＴＦは，現在「40の勧告」の改訂作業を進めているが，その内容として，弁護士に依頼者の中に違法に市場に入ろうとするものがいないか，疑わしい依頼者を監視し，その情報を金融監督機関に報告させる義務を負わせることが含まれている。

　ゲートキーパーとは「門番」という意味であるが，弁護士にその内容たる役割を課そうとするものである。しかし，この義務は，弁護士の守秘義務と対立するものであり，弁護士のよって立つ基盤をも揺るがしかねない要因を含んでいる。

　日弁連はこのゲートキーパー制度を設けることに反対している（2002年1月19日理事会決定）が，イギリスにおいてすでに報告義務を含むゲートキーパー規制が弁護士に課されている他，ＥＵ諸国においても，立法化作業が急ピッチで行われている。

　他方アメリカ及びカナダにおいては，弁護士の守秘義務を重視する動きが今のところ強いが，2001（平成13）年の9.11のニューヨーク爆破テロ以来，ＡＢＡの内部においてん弁護士倫理が見直されており，弁護士の真実義務の優位が認められたことは，重要である（ABA Model Rules of Professional Conduct の2002年8月の改正 規則1.6，及び3.3参照）。

　今後，日弁連としては弁護士職の役割を十分に検討の上，諸外国の弁護士と協調して，この問題に対処することが極めて重要である（最近の状況については自由と正義2002年11月号のゲートキーパー問題の特集を参照されたい）。

第3 司法改革と弁護士業務

1 弁護士業務改革の今日的課題

- 司法制度改革審議会の意見が，司法改革の基本は弁護士にあることを明確にしている点からも，弁護士制度改革や弁護士業務改革が，必然的に必要となることを意識しなければならない。弁護士業務改革も，このような観点からの意識を常に持ちつつ推進していくべきである。
- 国民の法的需要に対する供給がなされるよう，弁護士の業務制限の緩和，弁護士の質の向上，アクセス障害の除去，公設事務所の設置，法律扶助・権利保護保険など弁護士費用に対する対策を充実し，実質的な国民の裁判を受ける権利を保障すべきである。
- 国民に対して，法治主義の重要性の意識喚起，法律教育の実施に努力し，社会に法治主義を根付かせる努力をしていくべきである。

1）司法改革推進上の業務改革の意義

　法友会の政策として，従来から弁護士の使命としての「基本的人権の擁護」及び「社会正義の実現」を掲げ，そのための具体的方策を考えてきた。しかし，2001（平成13）年6月に公表された司法制度改革審議会の意見書は，弁護士の使命を上記のものにとどまらず，司法全体のあり方に関わる大きな問題としてとらえ，健全な司法を実現するための弁護士の業務改革を要請している。このような意見は，従前の弁護士業務の枠を大きく広げるものであり，法友会としても，この意見書を踏まえ，弁護士の業務をどの様に考えるべきかの大きな問題を与えられているものと意識し，どの様な改革が必要であるかを改めて考えなければならない状況にある。

　そこで，同審議会の意見書での弁護士業務に対する要請を以下にまとめ，まずこの理解を優先的な問題としたい。

　また，弁護士制度改革と弁護士業務改革とは，密接不可分の関係にあるが，具体的な改革として，制度改革とその改革を前提とした業務内容に関する改革とを分けて政策提言することとする。

＜審議会の要請＞
（総論）
❶法曹は，いわば「国民の社会生活上の医師」として，国民の置かれた具体的な生活状況ないしニーズに即した法的サービスを提供することを役割とすることが必要。
❷司法制度改革の3本柱である「国民の期待に応える司法制度」「司法制度を支える法曹のあり方」「国民的基盤の確立」を実現するためには，主体としての弁護士がその改革を支えるべきであり，そのためには更に弁護士の業務を含めた全般的な弁護士に関する改革がなされなくてはならない。

（各論）
❶弁護士の社会的責任の実践　国民の社会生活，企業の経済活動におけるパートナーとなるべく資質・能力の向上，国民とのコミュニケーションの確保に努めなければならない。

同時に，「信頼しうる正義の担い手」として通常の職務を超え，「公共性の空間」において正義の実現に責任を負うという社会的責任を自覚すべきである。そのため，プロボノ活動，国民の法的サービスへのアクセスの保障，公務（裁判官，検察官）への就任，後継者養成への関与などで貢献すべきである。

❷弁護士の活動領域の拡大　現在の弁護士法30条での公務就任の制限，営業許可を届出制にし，自由化すべきであり，活動領域の拡大に伴う弁護士倫理のあり方を検討し，弁護士倫理の遵守を確保すべきである。

❸弁護士へのアクセス拡充　法律相談センターなどの設置の推進をし，弁護士へのアクセスを拡充すべきであり，地域の司法サービスを拡充する見地から，国又は地方公共団体の財政的負担を含めた制度運営を検討すべきである。

❹弁護士報酬は，透明化・合理化を進めるためにも，報酬情報の開示，報酬契約書の義務化，報酬説明義務などを徹底すべきである。

❺弁護士の専門分野，実績も広告対照として認めるよう検討し，弁護士の情報開示を一層進めるべきである。

❻弁護士の執務体制の強化　法律事務所の共同化・法人化，共同化・総合事務所化への推進，専門性強化のために研修の義務化，継続的教育を実行化すべきである。

❼弁護士の国際化，外国法事務弁護士等との提携・共同　国際化時代の法的需要への対応のため，専門性の向上，執務体制の強化，国際交流の推進，法曹養成段階での国際化への対応，外国法事務弁護士との特定共同事業の要件緩和，発展途上国への法整備支援の推進をすべきである。

第3　司法改革と弁護士業務

❽隣接法律専門職種の活用　司法書士，弁理士への一定の範囲での一定の能力担保措置を条件とし，訴訟代理権の付与，税理士の訴訟における意見陳述権，行政書士，社会保険労務士，土地家屋調査士などの隣接法律専門職種については，その専門性を活用する必要性，その実績が明らかになった段階での訴訟への関与の仕方を検討すべきである。

❾ワンストップ・サービスの実現のため，弁護士と隣接法律専門職とが協働するための方策を講じるべきである。

❿企業法務などの位置付け　司法試験合格後，企業など民間で一定の実務経験を経た者に対しては，法曹資格を与えるための具体的条件を含めた制度整備をすべきである。

⓫特任検事，副検事，簡易裁判所判事の経験者の専門性の活用の検討。特任検事への法曹資格付与のための制度整備をすべきである。

＜司法制度審議会の意見への対応＞

　その基本的な考え方は，法友会の従前の政策とほぼ同様であるが，司法制度の改革自体が，弁護士の役割をすべての基本に据えた上で，弁護士業務及び弁護士制度の改革としている点では，法友会の政策を大きく上回る大改革であると認識すべきであろう。これは裁判官，検察官を含め法曹全体が，弁護士経験があることの大事さ，弁護士としての能力が基本であることを基本認識としている改革であり，その意味で，弁護士業務の改革は，特に意見書の言う社会的責任を考えた上でのものでなくてはならないことが，改めて認識されなくてはならない。

　その上で，少なくとも，意見書において指摘されている業務改革の各事項の内容を実現するべく，その実現に向かい，具体的な改革内容の提言，実現を図らなければならない。

2）社会の法的需要に対する供給

　審議会意見書による弁護士の法的需要は，多岐にわたっている。社会生活上の医師としてのいわば医師における家庭医又は診療所のような範囲から，会社の専門的な法的要請に応える部分，国際取引又は国際関係における範囲など多くの分野での需要に応えることをも期待されている。しかし，これらの需要は，社会が要請するものであり，将来的な需要について現代の弁護士が対応することは難しい面もあることが意識されなくてはならないであろう。つまり，法的な需要と供給の問題は，社会の意識の変化と弁護士の業務改革とがバランス良く進んでいかなければならないことを意味している。

　現代の日本の社会自体が，法を守ることが経済的にも大事なこととして意識されなくては，正当な意味での弁護士需要は増加しない。法を守らないことが，経済的に節約になる

社会では，法の支配は貫徹されず，弁護士の需要も拡大しない。

その意味で，我々弁護士が率先して法を守ることが，経済的にも大事であることを自覚して法律業務を遂行し，社会に対する提言をしていくなどの努力が必要である。その努力として，弁護士の業務制限の緩和，質の向上としての専門家養成など業務上の改革を進めるべきである。その上で，行政機関，立法機関，地方自治体，企業，団体等における弁護士の活動が容易になるよう，法制度の準備をしていくべきである。

３）弁護士とのアクセスの拡充

弁護士が一人も存在しない市町村がいまだ存在するし，弁護士が多く集まっている都会においても，法律相談を受けたい国民が，弁護士に相談する方法すら知らないために，泣き寝入りをしていることもある。

弁護士会では，これらの需要に対して，誰でも相談できる法律相談センターの設置，弁護士過疎地域における公設事務所の設置などの努力をしているが，その制度のあることさえ十分に国民に知られていない。弁護士会の広報を今後どの様に行うかも弁護士会の財政問題を含め，検討していかなければならないであろう。

現実に弁護士を必要としている国民がいるにもかかわらず，弁護士へのアクセス障害があるために法律相談の機会が保障されていないのであれば，憲法で保障されている国民の裁判を受ける権利が制度上も実質化されていないことであり，憲法の理想の実現に努力すべき弁護士としては，この問題は，重要な問題であると認識しなければならない。

それは，単に弁護士への相談の機会を増大すればよいだけではなく，その相談又は事件依頼の際の弁護士費用の問題にも関連する。社会的な富裕層であれば弁護士費用が弁護士へのアクセス障害にならないとしても，貧困層には障害となりうる。そのための，法律扶助制度の拡充も重要である。中間層においても，日常生活とは異なる弁護士費用の額については，権利保護保険等の浸透により，弁護士へのアクセスが容易になるよう考えられるべきである。

４）司法制度改革推進本部の検討会

2001（平成13）年12月に司法制度改革に必要な法律案立案のため，検討会が設置され，2002（平成14）年からその検討会での作業が進行中である。国民の期待に応える司法制度改革には，弁護士としての意見は欠くことができないのであり，今後とも検討会における検討内容について，注意深く見守っていかねばならない。

2　弁護士業務の改革

1）弁護士の兼職・業務等の制限

> 弁護士の公職との兼職禁止及び営利業務等の各禁止規定は，弁護士の職務の独立性を保護法益とするものであるが，弁護士に対する多様な社会のニーズに対応するため，見直しをし，許可制を届出制にすべきである。弁護士会としては，届出に関係する兼職に関しての職務ガイドラインを作成し，各弁護士の適正な職務遂行を目指した一つの判断基準を示すべきである。

現代社会が多様化，国際化していく中で，法が果たす役割が広がってきている。特に，商業活動，消費者活動等は，経済活動が，国際化していく中で，国際的な標準が問題とならざるを得ず，消費者の保護も単に国内に止まっていたのでは不十分であるようになりつつある。国内においても，経済活動が多様化し，市民の価値観も多様化していく中で，最低限の遵守事項としての法の要請を無視しては，経済活動，市民生活さえ不安定とならざるを得ない状況が多くなってきている。このような社会に対応して，企業，市民からの法的サービスの需要は確実に高まってきている。このような社会の変化に基づく需要に弁護士も応えていかなければならないというのが，現代の弁護士に課せられた使命である。このような観点から，現在の弁護士の活動に課せられている制限の正当性について改めて検討しなければならない状況が生まれている。

(1)　今までの弁護士法30条の解釈と運用

弁護士法30条の構造は，1項と2項で弁護士が公権力側で報酬を得て常時勤務することを禁じ，3項で営利を目的とする事業について関与することを原則として禁止し，許可がある場合にその禁止を解除するという内容になっている。このような弁護士の業務の規制は，何を保護法益としているかは，解釈上議論がある。ただ，同様の規定は，旧旧弁護士法[1]，旧弁護士法[2]，にもあり，現在の弁護士法がこれらの規定をそのまま受け継いでい

---

[1]　旧旧弁護士法（明治26年制定）6条1項で報酬ある公務の兼職を禁止し（帝国議会議員，府県会常置委員，官庁からの特命職務を除外），2項で商業を営むことを禁止（許可あれば除外）している。
　この公務兼職禁止，商業禁止の規定の根元は，明治9年制定の代言人規則3条での代言人の免許を与えない者を列挙し，その中に4号「官職ある者但准官吏たる者も亦同」，5号「諸官員華士族及び商家其他一般の雇人たる者但雇主承諾の証書ある者は此限りにあらず」と記載しているものに始まる。
　明治13年には代言人規則が改正されたが，その4条で免許を得ることができない者を列挙し，その中の5号で「官吏准官吏及び公私の雇人」と規定し，公務兼職禁止と雇い人として事実上営業者の使用人は許可を得られないとの構造になっていた（日弁連『弁護士百年』より）。

る。この歴史を重ねて考えると，基本的には，この規定の保護法益に関する解釈は，弁護士は公権力から距離を置くことにより職務の独立性を維持するものであるとの思想，商業又は営利事業は弁護士の品位と信用を害するという思想に基づいたものと理解される[3]。

次に運用についてであるが，この弁護士法の許可規定は，法律上許可に関して何らの基準も定めていないため，各弁護士会において一致した運用がなされていない状況であった。そこで1965（昭和40）年，東京の三弁護士会が，現在ほぼ全国で基準となっている営業許可の取扱基準[4]を定めたのである。現状は，全国的にこの基準を基本として運用されているが，社会の実状に合わないため，基準を緩和して運用しているのが実状であろう。この実状から，東京弁護士会では2000（平成12）年3月にこの基準を緩和する方向での改正をしている[5]。

(2) 弁護士の業務制限の保護法益とそのあり方

社会の需要を考えると，弁護士は制限無くあらゆる分野においてその法的な知識，思考を浸透させ，社会全体が法を守るシステムを構築すべきである。政府等の行政分野はもちろん，立法作業についても同様である。ましてや，社会の中の企業活動においてこのようなシステムを構築することは，総会屋問題を始めとする様々な問題を抱える現代日本においては特に必要とされているものである。この社会の必要性の観点からすれば，弁護士の業務制限が，弁護士の活動領域を阻害して，社会の需要に応えていない現状にあることを認識すべきであろう。

弁護士の業務制限を考える上では，このような社会の必要性と弁護士の営業制限をする保護法益とのバランスの問題が重要である。

---

2) 旧弁護士法（昭和8年制定）27条1項で報酬ある公務の兼職を禁止し（帝国議会議員，地方議会議員，官公署からの特命職務を除外），2項で商業その他の営利を目的とする業務を営むこと及びこれを営むものの使用人，これを営む法人の業務執行社員，取締役，使用人になることを禁止（許可あれば除外）している。
3) 旧旧弁護士法については，長島毅著「弁護士法」では，「理屈から言えば職業に貴賎はないはずである。しかし，一般人の感情は理屈では推して行かれぬ。一般人が嫌悪し軽蔑するような職業を営むことは勢い弁護士の品位を傷つけることになる。」と解説している。旧弁護士法の金子要人著「改正弁護士法精義」においても同様の解説である（飯島澄雄「弁護士の営業許可」自由と正義35巻2号）。
4) 1965（昭和40）年東京弁護士会，第一及び第二東京弁護士会の三会で営業許可等取扱研究委員会を設置し，同年に次の業種については原則として営業許可をしないことを決め，これを1966（昭和41）年に日弁連会長に申し入れをし，日弁連会長が，この申し入れを全国の単位会に対して，会務処理の参考として通達をしたのである。
　1，風俗営業等取締法第1条の風俗営業　2，古物営業法第1条の古物商　3，質屋営業法第1条の質屋　4，出資の受入，預り金及び金利等の取締等に関する法律の第7条及び第9条の貸金業　5，個人及び資本金5千万円以下或いは証券取引所に上場されていない法人で営む宅地建物取引業法第2条の宅地建物取引業　6，公衆浴場（個室を設けるもの），興行場，旅館，飲食店，遊技場及びこれらに準ずる営業　7，生命保険，損害保険の勧誘又はその代理業　8，前各項の営業の使用人
5) 東京弁護士会では，2000（平成12）年3月に規則の改正をし，上記の脚注4）の原則不許可業種を1，3及び4に限定をし，その他の業種については，原則許可するとの方針に変更をした。しかし，これについても業種による差別的取扱は平等の観点から問題がある旨指摘する議論がある。

弁護士の業務制限をする保護法益とは，ひっきょう弁護士の職務の独立性にあると解釈すべきである。上記の通り，歴史的には，職務の独立性と弁護士の品位維持という趣旨があるといわれているが，品位維持と公務を行うこと及び営業行為を行うこととは直接はつながらない議論である。法律で認められている公務にしろ営業にしろ適法であっても，弁護士の品位維持に問題がある場合があるという発想自体が，現代社会に受け入れられるものとは思われない。しかも，弁護士の品位維持とは，弁護士がどんな職務を追行する上においても必要とされるものであり，単に現在制限をされている業務を行う際にのみ守るべきものでもない。この要請は，基本的には，弁護士各個人が業務を行うに当たり常に従うべきものであり，各弁護士の個々の業務について弁護士の品位を欠く行為があるときには，弁護士会の懲戒問題とされることにより，弁護士会の監督を働かせ，その要請を実現させるべきものである。結論として，弁護士の品位維持を公務，営業等の場合のみに問題とする規定は，合理性がない。

したがって，ここでは，弁護士の品位維持を除いた保護法益としての弁護士の独立性を守るためにどのような制度を採るべきかが，将来的な業務制限の問題とされるべきである。弁護士の独立性については，一般的に弁護士が組織に帰属することにより，侵害の可能性が高まるのではないかとの疑問があるからである。

しかし，その侵害の可能性は，業種による区別はあり得ないであろう。また，組織に帰属しない弁護士といえども，その経済的基盤は，依頼者にあるのであって，よって立つ経済的基盤の依頼者の違いにより弁護士の独立性が侵害される危険性を判断することは不可能であろう。つまり，弁護士の独立性という保護法益も組織に帰属しない弁護士と帰属している弁護士とを区別してその侵害の程度を計ることは難しいものと判断すべきである。

このように考える限り，弁護士の独立性を維持するために，弁護士が，公務に就く場合，営業を行う場合に特別に許可制を採ることは，合理的な理由が少なく，弁護士の職業選択の自由に反しているおそれがある。

ただ，現状の企業，公共団体等において弁護士の職務としての独立性についての理解が十分あるかについては，今までの資料[6]からは疑問なしとは言えない。このことから，現時点では，上記した如く弁護士の独立性を社会に理解して貰うために制限規定を設ける意味があり，その意味では，弁護士がどのような職務を行うかは原則自由であり，届出により弁護士会から監視される可能性だけは残している届出制に変更することで十分だという

---

[6] 東京弁護士会業務改革委員会において，1999（平成11）年に企業内弁護士，地方公共団体での弁護士の必要性等を調査したが，その結果から，企業，地方公共団体において弁護士の独立性がどのように利用者に利益をもたらすかとの認識は，少ないものと判断できる。

べきである。当該弁護士及び企業，公共団体等が，届出制を通して弁護士会とのつながりを持つことにより，関係者にとって法化社会に向けたよりよい環境を作ることができると考えられるからである。そこで，弁護士会としては，この届出制を利用して，企業，公共団体等に弁護士の職務，弁護士の独立性を守ることの利益は弁護士の利用者にあることの理解を得る努力をしていくべきである。

以上からして，弁護士法の弁護士業務に関する規制は，届出制に法改正されるべきである。したがって，各単位弁護士会としては，この法改正があったときには，その届出制による届出の内容等を規則等により作成する必要性がある。そして，届出制となった場合には，届出の後の管理・監督のあり方として，その後の報告を義務づけるかなどの方法論を議論すべきであろう。弁護士そして弁護士会としては，このような改正を通じ，行政，立法，各種団体（行政の外郭団体，企業，消費者団体等）においてあまねく弁護士が活動できる下地を作り，社会の需要に応えるべきである。

なお，2000（平成12）年に日弁連業務改革委員会において，届出制に改正すべきとの中間報告書が出され，2001（平成13）年6月司法制度改革審議会の意見書においても，本問題については，届出制とし，弁護士会としての事後的な監督を考えていくべきとの方向が示され，同審議会の意見書の内容を法改正等により実現するために設置された司法制度改革推進本部の法曹制度検討会で検討がなされた。その結果，第3回の検討会において，届出制に法改正することが決定された[7]。

基本的な法改正内容は定まったために，今後は，公職兼職については日弁連がその届出内容を会則化する作業をしなければならない。更に，営業についても，法律上届出制となったとしても，日弁連の会則上の規定の整備は必要である。弁護士法の改正は，2003（平成15）年の通常国会での成立が予定されているために，この規定の整備は，早急に行う必要性がある。

また，届出制であっても，弁護士の信用を保持するためにも，弁護士会の監督は必要である。そのために，各弁護士が適法に兼職をするためにも，その行動基準となるようなガイドラインの制定も必要とされており，現在，そのガイドライン作りが日弁連でなされている。

---

7) 2002（平成14）年4月16日の第3回検討会において，弁護士法30条を法改正することが決められた。その改正内容は，公職との兼職については，同条1項及び2項は削除し，法律上は自由とし，日弁連の会則上の届出義務のある兼職とする。営業の兼職については，同条3項を届出制に変更する。この違いは，営業には，その内容が様々であり，公務とは性質が違うということが理由となっている。

2）法律事務所の多様化と隣接業種との協働

> 多様なニーズに対応するため，隣接業種との協働は不可欠である。その協力関係を構築するため，関係諸団体との積極的協議を進めるべきである。また隣接業種との共同事務所のあり方について，現在認められている「経費共同」事務所を越えて「収入共同」事務所を認めるか否か積極的な検討を行うべきであり，その検討として弁護士の義務と権利とがどの様に維持できるシステムができるかを重要課題として考えるべきである。さらに一定の条件のもとで，複数事務所の設置容認を検討すべきである。

(1) 総合的法律・経済関係事務所

弁護士が，司法書士，税理士，弁理士等の隣接業種と協働して業務を遂行することは，業際分野の処理能力の向上等，有用なことであり，その協働を一歩進めた隣接業種との共同事務所は，ワンストップ・サービスとして依頼者の側からみても有用である。

また，政府は，「現行法上も，弁護士，公認会計士，税理士，弁理士等の専門資格者が一つの事務所を共用し，一定の協力関係の下に依頼者のニーズに応じたサービスを提供することは基本的に可能[1]である」としている。この見解は，1997（平成9）年の日弁連の第10回業対シンポジウムでの結論と同様，経費共同事務所は認め，弁護士法72条・27条の関係で，隣接業種との収入共同事務所は認めていないというのが一般的な理解である。

現在の問題は，さらに進んで収入共同事務所を立法論として認めるか否かという点である。ワンストップ・サービスの問題だけであれば，経費共同でも対応できるのであるが，より効率性・統一性の高い経営形態である収入共同＝パートナーシップをあえて認めない理由は薄い。

しかし，近年，巨大会計事務所の弁護士雇用を利用した様々な違法問題，コンプライアンスを守れない状況が出てくるに従い，共同事務所における倫理規範の確立等については，最重要課題として議論が尽くされなければならないであろう。弁護士が仕事をする上で最大の守らなくてはならない点は，弁護士法1条の基本的人権の擁護と社会正義の実現であり，この内容は弁護士の義務であり，且つ弁護士の権利であることを最大限尊重されなければならないのである。共同事務所においても同様にこの様な義務と権利が意識されなければならない。現実の問題として，弁護士以外の職種においてこのような義務と権利が確保される状況又はシステムになっているかは，疑問がなしとは言えず，この様な現実の問

---

1) 1999（平成11）年5月6日付法務大臣官房司法制度調査部長房村精一名で日弁連事務総長に宛て，「総合的法律・経済関係事務所の開設に関する考え方」が示された。同様の文書は各官庁から，各資格団体に送付されている。

題を放置したまま他業種との収入共同事務所の構築はあり得ない。弁護士の国民からの信頼の基礎は何かを再度考えることにより，他業種との協働の問題をより現実的なものとするために，整備すべき課題を再検討すべき時期に来ているものと思われる。また仮に収入共同を認める場合の，立法上の手法も検討する必要がある。たとえば，外国法事務弁護士と同様に特定共同事業という方法も考えられるが，その場合の隣接業種の範囲なども慎重に検討する必要があるであろう。

このような外国弁護士との協働のあり方，他業種との協働のあり方は，問題点は共通しているのであり，単なる協働化への技術的な問題点のみを議論するのではなく，協働化問題に潜む弁護士の本質を侵害される危険性をどの様に回避し，その回避が担保できるシステム作りができるかが，問題とされなければならない。

(2) 法律事務所の複数化

現在，弁護士法20条は複数事務所の設営を禁止している。

その立法趣旨は❶弁護士間の過当競争の防止と，弁護士の品位の保持，❷非弁活動の温床の防止，❸弁護士会の指導連絡監督権の確保の3点にあるといわれている。

しかるに，政府の規制緩和3ヵ年計画をはじめとして，弁護士間の競争制限規定を撤廃しようという動きや，弁護士偏在の解消策として複数化を容認する意見がある。

現在は，立法当時と背景事情が異なり，問題点とされている過当競争の防止という弁護士側の論拠は薄弱化しており，かえって，競争の過度の規制は，依頼者の側から，弁護士業務の適正な発展のための創意・工夫を喪失させているとの批判があり，この問題点は，複数事務所を禁止する正当な理由となり得ないであろう。また弁護士が，一定時間，支店的な支事務所に在所することが可能であれば，その時間は法律相談等の業務が可能であるから，複数事務所の容認は，アクセスポイントを増加させ，日弁連の掲げる司法改革の理念に沿うものという積極的な評価をすべきであろう。非弁の問題は，支事務所における事務職員による弁護士不在中の非弁活動の危険性を指摘しているものと思われるが，別途手だて（現在，パラリーガル制度等を考えることにより，事務職員としてどこまで法律事務に携わることが許されるのかという側面でも議論がなされている。）を尽くすべきであり，国民のためとの視点を忘れず，解決策を考えるべきである。問題点としての弁護士会の指導・連絡は，技術的に解決することが可能である。

以上より，いかなる条件が満たされれば複数事務所の設置を認めることができるかについて，検討を開始すべきである。

3）弁護士専門家認定制度

> 弁護士専門認定制度をどの様な範囲で，どのように認定すべきか等の問題が解決されていないが，国民の需要に適合した専門認定制度が制度化されるべく，検討し，努力をすべきである。

(1) その必要性と今日的課題

　弁護士を利用する国民からの意見として，紛争を抱えている事件をどの弁護士がやってくれるのか，その事件に関して専門家としての弁護士がいるのか，個々の弁護士はどのような分野を専門としているのか，など余りにも弁護士に関する情報が少なく，アクセス出来ないという不満が聞かれる。この不満の内容には，2つの意味が込められているものと考えられる。1つは，まさに特定の分野における専門家としての弁護士を知りたいという需要である。もう1つは，専門家ではなくても，紛争を抱えている問題について取り扱ってくれる弁護士がいるかどうかを知りたいという需要である。前者が，専門認定制度の必要性につながるものであり，後者が，取り扱い業務の内容についての情報提供をすべきという必要性である。

　東京弁護士会では，主としてこの後者の要望に応じるべく，弁護士情報提供制度を2000（平成12）年10月1日から発足させている。この制度では，前者の専門性をも多少加味する制度として，その登録時に「要経験分野」という分野を設け，ある一定の経験等がなければ，その分野への登録はできないような制限を加えている。その点で，専門性に対する国民の需要に答えようとしたものである（本書の「弁護士会の広報としての弁護士情報提供制度」を参照）。

　弁護士専門家認定制度は，以上の必要性と共に，広告問題とも密接に関係している。広告が自由化しても，未だ専門家認定制度がないため特定分野での専門家という広告内容が認められないからである。広告も，国民に対する重要な情報源であることを考えると，弁護士会の広報だけではなく，個々の弁護士がその専門分野についての広告ができるようにすべき時がきていると考えるべきである。特に，先進国の中でこうした制度がないのは日本だけである点も国際的な状況としては考慮しなければならないであろう。

(2) 外国の実情

　米国ではベイツ判決以後広告が自由化されたが，そこで「〇〇専門家」という表示が氾濫し，このような広告から利用者が惑わされることのないよう弁護士会が中心となって，専門家表示に一定の要件を定めるようになった。この要件を満足させるものとして，専門認定制度が定着していったのである。現在，各州がその専門認定資格ある任意団体又は弁

護士会を定めるのであるが，その内容は，一定の研修への参加，実務経験，取り扱い事件の集中度等を要件としている。

ドイツでは，労働裁判所，行政裁判所，社会保障に関する裁判所等の特別裁判所の発達とともに，それに対応できる弁護士に専門家を認定し，労働法，租税法，社会保障法，行政法，家族法，刑事法，倒産法の分野として認定されるようになっている。しかし，現代では，このような分類から細かい分類に移行しようとしている。その認定機関は，弁護士協会である。

イギリスでは，法律扶助の発達により，税金によって法律事務を行う者は，一定の資格を要するということで，ローソサイエティが認定する。分野として，人身障害，医療過誤，都市計画，支払不能，精神衛生，子の監護，家族法の分野がある。

フランスでは，1991（平成3）年11月27日のデクレにより専門家の呼称が認められ，身分法，刑事法，不動産法，農事法，環境法，公法，知的財産法，商事法，会社法，租税法，社会法，経済法，執行法，EC共同体法，国際関係法の分野があるが，いずれも4年の実務経験でその後試験を受けるというもので，各法律分野の支配的な人物が，その分野を支配するという動機が強いと言われている。

(3) 医師における専門性

日本の医師に対する専門性についても，上記の弁護士に対する需要と同様なものがある。開業医においては，従来から皮膚科，産婦人科，小児科などの広告などが各医師の判断により自由になされてきていた。いわば，医師における取り扱い業務の広告が自由になされていたことを意味するものである。しかし，近年になり，医師にも専門性が求められるようになり，各分野での学会を中心として，「認定医」制度が採られるようになってきている。この認定の要件は，各学会により異なるが，多くは，特定分野での実務研修と試験が要件とされている。その意味で医師の世界においても，まだ一部を除いて統一的な専門性制度はできていないのであるが，統一的な信頼性のある専門性認定のシステムを作ろうとする状況は存在し，そのような方向に向けての議論がなされているようである[1]。

(4) 弁護士会での議論の現段階

東京弁護士会の業務改革委員会は，東弁での仮案として2001（平成13）年に「法律研究部に3年在籍して5人以上の部員の承認を得たもの又は弁護士情報提供システムの要経験分野に登録して3年を経験して，同じ分野で5人以上の承認を得たもの」に与えるとの検討の案を作成し，2002（平成14）年には，第2次試案として，「原則5年の経験年数，事

---

1) 2002（平成14）年4月17日読売新聞「医療ルネッサンス2839回」参照。

件数，研修の履行等を条件とした専門認定制度」を提案している。

どのような分野が，専門分野として需要があるかに関しては，東弁の研究部[2]の存在及び現在東弁が弁護士の情報提供制度として，「要経験分野」[3]として情報提供している分野が，参考となる[4]。

次の問題として，どのような認定基準で行うかであるが，医師の世界での要件，外国の制度などから考えられるものとして①実務経験年数，②専門分野での経験，③継続研修，④同僚評価，⑤試験，⑥面接，⑦調査書等がある。日本では経験年数等の量評価は難しく，③の継続研修によるものは容易で効果的であり，④⑤の同僚評価や試験は誰がやるかの困難な問題がある[5]。

この問題は，日弁連業務改革委員会でもプロジェクトチームが発足しているが，同チームでは「普通の弁護士がやる分野は，差別化反対という議論があるために，会内のとりまとめが難しく，まず刑事法や独禁法等，ごく少数の者がやる分野に制度を設け，将来弁護士人口が増大したときに分野を増やすべき」と提言する方向での検討がなされている現状にある。

4）弁護士業務が認められない分野への進出
(1) プロ野球選手の代理人問題

> 弁護士の代理権が認められていない分野としてプロ野球選手の契約更改時代理人問題が存在する。マスコミを代表する機関が関わり，代理人を拒否していることは，法治国家としては，大変恥ずべき症状である。このように，法律事務に関して弁護士の

---

2) 東弁の現在の研究部には，医療過誤部，会社法部，家族法部，金融取引法部，刑事弁護部，国際取引法部，相続遺言部，通商法部，倒産法部，独占禁止法部，不動産法部，弁護士業務部，無体財産法部，インターネット法律研究部がある。
3) 東弁の弁護士情報提供の要経験分野には，労災事故，学校事故，医療事故，会社更生，民事再生，証券・先物取引，民事介入暴力，宗教団体に関する紛争，会社合併，Ｍ＆Ａ，独禁法，不正競争防止法，その他の経済統制法，労働事件，行政事件，税金訴訟，土地収用・情報公開請求，工業所有権，商標，著作権，国際商取引，国際家事相続，出入国・国籍，海事・航空事件等がある。
4) 2002（平成14）年における東弁業務改革委員会の第2次試案では，セクハラ・ＤＶ（両性の平等に関する委員会），子どもの権利・少年事件（子どもの人権と少年法に関する委員会），医療事故（患者側・病院側）（医療過誤法部），会社合併・会社買収その他のＭ＆Ａ（会社法部），国際的商取引（国際取引法部），会社更正・民事再生・商法上の整理（倒産法部），独占禁止法・不正競争防止法その他の経済統制法（独占禁止法部），工業所有権（特許・実用新案・意匠）商標・著作権（無体財産法部），消費者問題・証券・先物取引被害（消費者問題特別委員会），民事介入暴力（民事介入暴力対策特別委員会），税金訴訟（税務特別委員会），国際的家事・相続・出入国・国籍（外国人の権利に関する委員会）の12分野に専門認定制度を作るべきとの意見である。
5) 2001（平成13）年度の東弁合宿の「専門認定制度」の議題において講演された福岡大学武士俣敦教授の意見では，⑥の面接は客観性に問題があり，調査書は質的チェックに効果的で，③と⑦及び紹介制度を併せたものがよいのではないかという。同教授は，さらに日本では，収入の多い分野は，専門家認定の基準を設けるのが難しく，戦略的に刑事法や破産法，家族法等の収入の少ない分野に専門家認定制度を設け，これらの分野で薄利多売が成り立ち，市民の支持が得られるようにすべきだと提言している。

> 代理権が認められない分野をなくすことが，国民の権利保護に資するものであることを，われわれ弁護士をはじめとして国民が自覚し，それに向けて努力をすべきである。

① 現状

日本のプロ野球界においては，外国人を除いて契約更改における代理人は事実上認められていなかったが，日本プロ野球選手会（以下「選手会」という。）及びその顧問弁護士らの努力及びその成果として，2000（平成12）年シーズンオフから弁護士に限り契約更改における代理人が，制限つきではあるが認められることとなった。この点，日本プロ野球機構は，代理人一人につき選手一人とする等の制約を一方的に要求しているようであるが，選手会はこれに同意していない。2001（平成13）年も代理人交渉は当然のことながら継続されることとなり，労使間（選手会と野球機構）で確認されている。

② 野球界及びそれを取り巻く社会の体質

そもそも，契約交渉等に代理人に委任することは法治国家における国民の当然の権利であり，プロ野球選手も契約更改に際しては，本来自由に代理人を利用することができるはずである。一般国民が当然に享受する当然の権利でさえ，労使交渉の努力の結果勝ち取らなければならないもの自体，プロ野球界の体質がいかに古いかを物語るものである。球界に絶大な影響力を有するある球団のオーナーの発言[1]でさえ，弁護士制度自体の否定ともとれる内容である。このような発言は，選手の権利をいたずらに萎縮させるものであり，不当労働行為にもなりかねない。

③ 代理人の必要性

選手と球団側との契約締結交渉の場における立場の違いは歴然としており，球団側に圧倒的に有利な関係にある[2]。この点では，通常の労使交渉と変わることはない。

このような対等な関係が制度的にも保証されない中で，球団側は選手と契約更改をおこなうのであり，選手は引退をも交渉材料にされながら契約をせざるを得ない状況にすらあ

---

[1]「うちの選手が代理人を使ったら（2000万円から3000万円の）減給をする。」という趣旨の発言である。また，代理人制度導入が決まった直後，ある球団代表が「日本は義理人情の社会だから（代理人制度は）なじまないのでは。期待料といったこともなくなる。」等と発言したこと等は，プロ野球界の旧態依然たる性質を端的に示しており，代理人制度に対する拒絶反応は相当に強い。

[2] 例えば，球団側には専門の査定担当者数名がいてその担当者が交渉に当たるが，選手はシーズンに痛めた体のケアをしたりトレーニングをしたりする必要もあるため，オフの時間に自己の成績を分析・準備をして球団と対等に戦うことは困難である。
　　また，現在の野球協約においては球団に保留権があり（野球協約66条以下），選手はフリーエージェントの権利を得るまで他球団に自由に移籍できない。フリーエージェントも通常は9シーズン150日以上一軍登録した選手にしか与えられない（逆指名選手は10シーズン）。（このような長期の拘束が妥当か否かは別として）球団は9シーズン以上選手を拘束できる状態にありながら反面戦力外通告も自由にできる。また，選手は特約なき限りトレードを拒否できない，という状況におかれている。

る。従って，選手としては球団と対等な立場（あるいは対等に近い立場）で交渉を行うため代理人に依頼する権利を実現することは，当然の権利であり，その権利を侵害する行為に対しては目を見張らせておかなければならない。

弁護士としては，このような人権侵害の可能性までも存在する状況を無くすことに努力していかなければならないであろう。また，弁護士が代理人として認められることにより，選手側の交渉材料の収集もできるようになり，その点でオフの選手の負担を少しでも軽減するとともに，契約更改の場を含めて年間を通して選手に対する人権侵害行為が行われていないかを見守るという役割を果たすことができる。社会に存在する不公平，労働契約上の対等関係を維持するためにも，弁護士が今後関与していくことが求められているというべきである。

④　今後の代理権実現に向けて

球団側としても弁護士の介入により旧態依然とした球界の悪しき慣行を指摘されることを恐れ，代理人を拒絶しているとも考えられる。その意味からも今後，弁護士の果たす役割は大きいものと思われる。

2000（平成12）年の契約更改においても，代理人に対する拒絶反応が示された[3]。このような事例を十分参考とし，契約締結交渉の場も含め，圧倒的に有利な立場にある球団と選手との関係を対等に近づけ，国民の一人としての選手の権利を擁護するためにも，今後

3）　ある選手の交渉経過を紹介する。①2000（平成12）年11月20日，選手は，球団に対して，弁護士を申請人の代理人として届出をしたが，球団側は，弁護士が労働組合であるプロ野球選手会の顧問弁護士と同一の事務所に所属することを理由として弁護士が代理人となることを拒絶した。弁護士が球団に電話連絡をしたところ，球団側は，選手会の顧問弁護士が所属する事務所の弁護士だと話が筒抜けになる等という理由で弁護士が代理人として就任することを好ましくないとし，選手は代理人を変更するよう求められた。

②そこで，当初2000（平成12）年11月27日であった契約更改日が延期となり，一時契約日は暗礁に乗り上げた。実際弁護士と選手とは既に打ち合わせ済みであり，当時他の代理人を選任することは事実上不可能な状況にあった。弁護士は，球団に対し，「球団側の説明は代理人を拒絶する理由にはならない，そのような理由で代理人を拒絶するとなれば弁護士全体の業務にかかわる問題になる，球団の顧問弁護士に相談を欲しい」との要望を数回行い，また，球団側との面談の要望をした。その後，ようやく球団側が弁護士を正式に代理人として扱うこととなった。

③2000（平成12）年の交渉は年明けまで10回以上行われたが，交渉のしかも最終段階で代理人がついていると金額を上げることについて会社の理解が得られない等との交渉の際の発言があり，事実上代理人との交渉を拒絶するかの交渉態度があった。

④球団との交渉が決裂し，参稼報酬調停（野球協約94条以下）を申請することとなったが，野球機構側からは当初代理人名義の申請書では受理しないとの動きすらあった。また，野球協約第96条に「選手本人」から根拠を聴取するという条項を理由として，代理人が調停に出席することに難色が示された。しかし，代理人制度を導入して交渉を代理人が行う以上，「選手本人」という条項は代理人を拒否する理由には全くならない（日本弁護士連合会もこの問題に関しては記者会見にて弁護士の出席を認めるべきとの見解を示した）。

⑤（日本弁護士連合会の後押しもあり）最終的には代理人として調停への参加を認められたが，選手単独で30分，選手と弁護士が同席で30分という事情聴取の時間配分となり，最初の30分間は選手の防御の観点が欠落する結果となった。代理人が調停に参加することにこれほどの反発が存在しているのである。

⑥なお，参稼報酬調停制度は，その構成員がコミッショナー，セリーグ会長，パリーグ会長という全て球団側の関与者で構成され，選手側は一切関与できない構成員によって構成されている。参稼報酬調停手続も野球協約に具体的規定がなく，実際の運用も選手に不公平な手続で行われている。その他，調停制度や野球協約には様々な問題点が山積している。

第1部　司法と弁護士改革

弁護士が積極的にこの分野に参加することが必要である。
(2) 出入国管理行政に関する代理人拒否問題

> ・出入国管理及び難民認定法上の在留資格変更許可申請，在留期間更新許可申請，在留資格認定証明書交付申請，資格外活動許可申請などの在留資格関係諸申請及び難民認定申請について，申請者本人に代わり弁護士が代理人として申請手続を行うことを認めない現在の運用は直ちに改められるべきである。
> ・退去強制手続の当初の段階から，弁護士が当該外国人の代理人として，法律上当然に申請・立証等を行う権限のあることが認められなければならない。

① 在留資格及び難民認定に関する諸手続の代理申請について
（ⅰ）出入国管理及び難民認定法上の諸手続と弁護士の地位に関する運用の現状

日本に在留資格を持って在留している外国人又はこれから日本に上陸しようとする外国人について出入国管理及び難民認定法（以下単に「法」と言う）は，以下のような申請を法務大臣に対して行うことを認めている。

❶在留資格変更申請（法20条2項），❷在留期間更新申請（法21条1項），❸在留資格取得申請（法22条の2第2項），❹在留資格の変更による永住許可申請（法22条1項），❺再入国許可申請（法26条），❻資格外活動許可申請（法19条2項），❼就労資格証明書交付申請（法19条の2第1項），❽在留資格認定証明書交付申請（法7条の2）。

更に，難民としての認定を受けることを求める者については，難民認定申請を行うことも認められている（法61条の2第1項）。

これらの申請手続について，法が代理人について明示的に規定するのは，在留資格認定証明書交付申請につき，申請者本人を受け入れようとする機関の職員その他法務省令で定める者を代理人として行うことができるとしているもの（法7条の2第2項）のみであり，弁護士等による申請の代理についてこれを認めない旨の規定は置かれていない。

これらの申請手続について，出入国管理及び難民認定法施行規則（以下単に「施行規則」と言う）は，申請者本人が各地方入国管理局に出頭し，これら申請書等を提出しなければならないと規定している（在留資格変更申請につき20条1項，在留期間更新申請につき21条1項，資格外活動許可申請につき19条1項，就労資格証明書交付申請につき19条の3，在留資格認定証明書交付申請につき6条の2第1項，難民認定申請につき55条など）。そして，施行規則は，これら申請手続の代理人については，在留資格変更申請，在留期間更新申請，就労資格証明書交付申請などと難民認定申請について，本人の疾病等により本人自ら出頭できない場合に父母，配偶者，子等の一定の近親者が申請を代理することができ

ると定めている（施行規則20条4項，21条3項，19条の3第3項，55条3項など）のみである。

　現在，法務省入管局は上記施行規則の各規定を代理人による申請を認めない趣旨の限定列挙であるとし，申請手続や，これに付随する資料の提出等の手続への代理人の関与を一切認めない趣旨であると解している。このため，多くの地方入国管理局は，弁護士が，申請を行おうとする本人からの委任を受けて上記各申請書等を持参して提出しようとした場合，本人作成名義の申請書による場合であっても，代理人弁護士の作成名義の申請書による場合であっても，一切の申請を受理しない運用を行っている。

　（ii）「申請取次制度」による実質的な代理行為で「取次者」からの弁護士の排除

　一方，施行規則は，前記各申請手続のうち，在留資格変更申請，在留資格更新申請，在留資格の変更による永住許可申請，在留資格取得申請，再入国許可申請，資格外活動許可申請，就労資格証明書交付申請，在留資格認定証明書交付申請の各手続について，①行政書士で法務大臣が適当と認めるもの，②外国人の円滑な受入れを図ることを目的として民法34条の規定により主務大臣の許可を受けて設立された公益法人の職員などについては，申請書等の提出を行うことができるとしている（施行規則20条5項，21条3項，22条3項，24条3項，25条2項，29条4項，19条3項，19条の3第4項，6条の2第4項）。

　この制度は1987（昭和62）年5月の施行規則の一部改正によって創設されたもので，「申請取次制度」と呼ばれており（『国際人流』1998（平成10）年10月号38頁法務省入国管理局入国在留課審査総括係長の解説など），「在留外国人による各種申請件数も急増する中で，申請窓口の混雑の緩和，申請人の待ち時間の短縮を図る一方，地方入国管理局等における審査事務を効率化する観点から」（前記解説）本人出頭の原則に対する例外として認められた制度であると説明されている。

　この制度は，申請書等の「提出」のみを行う使者に類似した制度であるかのように規定されているが，現状では，取次者は，作成された書類を単に使者として提出するだけではなく，制度趣旨の説明からも明らかなとおり，当該取次者が申請書及びその添付書類等の作成を代行し，これを提出するという事務を行っている場合が多い。従って，申請取次は，形式上の作成名義が申請者本人の名義によるものであるだけで，実質的には申請の代理と同様の法的性質を有している。

　このため，例えば，刑事被疑者となって勾留されている外国人について，勾留期間中に在留期間を徒過してしまうような場合，弁護人である弁護士が委任を受けて地方入国管理局の窓口に赴いて在留期間の更新を申請しようとしても，地方入国管理局の窓口は，弁護士には代理資格も取次資格もないとの理由で受付を拒絶している場合が多い。

(ⅲ) 弁護士法 3 条と弁護士に代理人資格のあること

　弁護士法 3 条は，「弁護士は，当事者その他関係人の依頼又は官公署の委嘱によって，訴訟事件，非訟事件及び審査請求等行政庁に対する不服申立事件に関する行為その他一般の法律事務を行うことを職務とする。」と規定する。官公署に提出する権利義務に関する書類の作成，提出，その相談は，上記「一般の法律事務」に該当するものであるから弁護士は当然にこれを行うことができると解されている。

　ところで，在留資格認定証明書交付申請，在留資格変更申請，在留期間更新申請等の在留資格関係諸申請手続は，外国人に対して，日本に在留することのできる地位，あるいは在留中に一定の活動を行うことができる地位を与えるための法律上の手続であり，外国人の日本における権利義務を明らかにする手続である。また，難民認定申請は，日本政府が加盟する難民条約上の日本政府の責務を実現するために法が定めたもので，難民認定により，申請者には迫害を受ける虞れのある地域への送還を受けない権利等が確認される。

　したがって，これらの申請は，官公署に提出する権利義務に関する書類の作成，提出等の事務にあたり，弁護士法3条の「一般の法律事務」に該当する。

　出入国管理及び難民認定法においても，申請の代理人については，前記のとおり法 7 条の 2 第 2 項が外国人を招聘する機関の職員や招聘する者について代理人資格を与えることを示しているが，その他に申請について弁護士が代理人となることを認めない趣旨の規定は一切存在しない。

　したがって，弁護士に，上記諸申請手続の代理権限があることは明らかである。

　これに対し，入管手続はその性質上本人による出頭が不可欠であるから代理になじまない，とする意見も散見する。しかし，例えば，在留資格認定証明書交付申請については，外国にいる外国人が，日本に上陸する前に自らが在留資格に該当することの確認を求めて地方入国管理局に申請することを主として想定した手続であるから，本来的に本人の出頭は念頭におかれていない。

　また，その他の申請手続についても，審査にあたる入国審査官が申請に疑義を持った場合には，本人や招聘機関の職員を呼ぶなど適当な方法で審査を行うことが可能であるし，現にそのような審査が行われている。したがって，代理人のいる場合に申請自体に本人の出頭を義務づける理由はないし，手続全般において代理人の関与を認めない理由もない。

　更に言えば，前記のとおり，いわゆる申請取次制度によって，本人出頭の原則なるものとは事実上異なる運用が現在も広範囲に行われている。

　よって，弁護士に諸申請手続の代理権限がないとする理論的，実質的な理由もない。

　以上により，申請する者が出頭して申請書を提出することと規定する施行規則の各条項

については，本人又は代理人ある場合は代理人が，地方入国管理局に出頭し，その意思を明らかにして申請を行わなければならないとするものであり，弁護士による代理権限を否定する趣旨ではない，と解される限りにおいて適法なものである。したがって，現実にもそのような運用がなされなければならない。

また，今後は，上記の趣旨をより明らかにするべく，施行規則の改正が望まれる。

② 退去強制手続と弁護士の地位

（ⅰ）運用の現状

退去強制手続は，退去強制事由があると思料する外国人に対する入国警備官の違反調査に始まり，入国審査官の違反審査により退去強制事由があるか否かの認定がなされる。退去強制事由に該当するとの入国審査官の認定に不服がある者は，特別審理官による口頭審理を要求することができる。更に，特別審理官による判定に不服がある者は，法務大臣に対して異議を申し出，法務大臣は，異議に理由があるか否か，あるいは異議に理由がない場合であっても，日本人と婚姻しているなどの特別な事情に基づいて在留を許可するべきか否か（いわゆる在留特別許可を与えるべきか否か）について検討のうえ裁決を下すこととなっている。

また，現在の運用では，全ての被疑者が違反調査の段階において，主任審査官によって発付される収容令書によって収容されることとなっている。

現在の運用では，これらの諸手続の各段階において，弁護士が代理人として手続の関与を認められているのは，収容された外国人の仮放免請求の代理（54条），特別審理官による口頭審理（48条）における立会のみである。なお，この二つの手続については，それぞれ54条1項，48条5項が準用する10条3項が「代理人」の存在を明示的に認めている。

しかし，これ以外の手続については，法律上も事実上も，弁護士は関与することを認められていないのが現在の運用である。

例えば，将来の在留特別許可を得ようとする外国人が入国管理局に自ら出頭して退去強制事由あることを自ら申告して退去強制手続の開始を申告しようとする場合，入国警備官は，出頭にあたって弁護士が代理人として立ち会うことを認めず，弁護士が代理人として作成した，当該外国人の事情等を記した書面の受領を拒絶することもある。また，違反調査や違反審査の段階で，当該外国人にとって有利な情状等を示す証拠等を代理人弁護士が入国管理局に持参あるいは送付すると，入国警備官あるいは入国審査官は，弁護士には代理人資格がないとしてその受領を拒否することが多い。

（ⅱ）退去強制手続に弁護士が代理人として関与できることについて

退去強制手続において，法は，代理人の関与について，口頭審理における立会，収容さ

れた外国人の仮放免の代理請求の二点について明示している。これは，弁護士による退去強制手続における代理人ないし弁護人としての関与を認めていることの一つの現れであると解される。

また，憲法34条は，「何人も理由を直ちに告げられ，且つ，直ちに弁護人に依頼する権利を与えられなければ，抑留又は拘禁されない」としている。同条が刑事手続以外の手続に直接適用されるか否かは争いのあるところではあるが，外国人の身体を拘束し，退去強制を行うという退去強制手続が，少なくとも同条の趣旨に反してはならないことは明らかである。

特に，退去強制手続における収容は，違反調査段階において発付される収容令書によってなされることが大部分であり，従って，外国人は，退去強制手続の開始された段階から収容の危険に常時直面することとなる。この段階から弁護士が当該外国人の正当な権利の保護のために活動することが認められなければ，抑留ないし拘禁に対する弁護人による防御の権利を保障した憲法34条の趣旨は没却されることとなってしまう。

また，市民的及び政治的権利に関する国際規約13条は，外国人の追放に関して，「当該外国人は，自己の追放に反対する理由を提示すること及び権限のある機関又はその機関が特に指名する者によって自己の事案が審査されることが認められるものとし，このためにその機関又はその者に対する代理人の出頭が認められる。」と規定している。ここで代理人は，「出頭」だけでなく，審査手続において当該外国人がなしうるとされるすべての権限を認められるものとされる（「国際人権規約」野本俊輔，法学セミナー臨時増刊169頁）。日本における退去強制手続は，前述のとおり違反調査段階から身体の拘束を伴い，重大な不利益を課するものであるから，同条の趣旨は，退去強制手続全般に適用されるべきものと解される。

以上により，弁護士は，現行法上も，退去強制手続の各段階において，当該外国人の代理人として，異議の申出，証拠の提出などの当該外国人がなしうる諸手続を遂行し，かつ，当該外国人の正当な権利の防御のため，諸手続に立ち会うことが認められているものと解される。

したがって，退去強制手続の各段階において，外国人が弁護士を代理人として選任する権利を保障し，弁護士の代理人としての資格を認めるよう運用をはかる努力をすべきである。

（ⅲ）今後の取組み

このテーマは，2000（平成12）年以来年1回開かれている，日本弁護士連合会人権擁護委員会と法務省入管局との懇談会で議論されているが，法務省は上記の解釈を変更してい

ない。
　そこで，現在日弁連は法務省に対し，継続的な協議会の設置を申し入れている。この協議の場で，現在の運用が弁護士法に反するものであることの理解を求め，その運用を早急に改善するよう求めるべきである。

5）その他の領域への進出
(1) 外部監査人制度への進出
① 現状と問題の所在
　1999（平成11）年度より，主要な地方公共団体（以下「自治体」という）における外部監査人による外部監査制度がスタートした。2001（平成13）年度，その対象となっている地方公共団体は，47都道府県，12の政令指定都市，28の中核市，及び条例による8市の95団体となっている。
　監査は自治体の行政事務が法令規則等に基づいて適正に行われているか否かをチェックするものである。従来，不適法または不正な行為を早期かつ容易に発見するという趣旨で，監査人は内部事情に通じた自治体に身分を有する監査委員とその補助的な事務を行う監査事務局とによって遂行されてきた。
　しかし，近年，監査委員による監査の形骸化，行政の不正を是正する機能の欠如等の指摘がなされ，監査制度の抜本的な改革を求める声が強くなり，そのような背景や地方分権を求める気運の高まりとも相まって外部監査制度が発足したのである。
　外部監査制度には，包括外部監査（地方自治法252条の27第2項），個別外部監査（同法252条の39～43）とがあり，包括外部監査は，地方自治法2条14項（組織，運営の合理化等），15項（法令遵守義務）の趣旨を全うすべく，行政事務の全般にわたって外部監査人の監査を受けるとともに監査結果の報告を受けることを内容とし，個別外部監査は，自治体の長，議会あるいは住民からの個別の請求に基づき実施される監査である。
　また，監査人の監査業務を助けこれを補助する者として補助者の制度も併せて定められた。
　外部監査制度は，自治体の監査制度を真に実効性あるものにするための改革として評価されるべきものと言えるが，監査人そのものに人を得なければ制度も絵に書いた餅となることも明らかである。制度に魂を入れるためには有為の人材を供給することが不可欠である。外部監査人による監査の実績が重ねられつつある現在，引き続き，関係各方面における努力が求められるところである。
② 弁護士会の取り組み

日弁連は，外部監査制度の導入をいち早く評価し，外部監査人として弁護士を各自治体に送り出すための施策を積極的に推進してきた。すなわち，日弁連として外部監査人を推薦すべく，1998（平成10）年4月，次のとおりの外部監査人の推薦基準を策定した（2001〔平成13〕年8月一部改定）。すなわち，
- 司法修習生の修習を終えた後，弁護士，裁判官もしくは検察官又はこれらに準ずる法律実務家として，通算して10年以上の法律実務家の経験がある者
- 当連合会が主催する外部監査人実務研修会の所定の過程を終了した者，又は当連合会会長が地方公共団体の行政運営につき特に識見があると認めた者
- 外部監査人就任時に，当該地方公共団体の顧問弁護士もしくはこれに準ずる者でない者，又は当該地方公共団体の代理人，もしくは相手方とする事件の代理人でない者

という基準である。
　また，日弁連は，前記推薦基準に基づき，制度発足以来，外部監査人候補者名簿を作り，名簿登録のための外部監査人実務研修会を各地で実施してきている。さらに，外部監査人として活躍されている会員を招いての交流会も適宜開催している。
　そして，2002（平成14）年10月1日現在，外部監査人として活動している弁護士は9名（山梨県，大阪府，広島県，鳥取県，徳島県，高知県，新潟市，堺市，岡山市），補助者として活動している弁護士は31名である（日弁連事務局調べ）。
　因みに，2001（平成13）年度の弁護士以外の外部監査人の数は，公認会計士84名，行政実務経験者1名，税理士2名である。また，1999（平成11）年度のデータであるが，補助者の数は，弁護士23名の他，公認会計士429名，税理士17名，行政実務精通者6名，その他84名（会計士補，監査法人職員，医師，技術士，情報処理技術者，大学（助）教授，コンサルタント等である。日本公認会計士協会調べ）となっている。
　③　今後の取組みと提言
　行政の透明性，公正さを維持確保するための方策の一つとして，外部監査人のなす監査は今後益々重要度を増しこそすれ，その意義が減少することはないと考えられる。
　そして，そのような外部監査人に求められる資質として，法律による行政とそれに基づく行政のシステムをよく理解し，財務・会計に関する知識経験を有するなど，一定程度専門家としての知識経験を有することが求められている。そのような観点からすれば，弁護士は，公認会計士とともに外部監査人としてもっともふさわしい職種であると考えられる。また，そのような観点の下，実際に外部監査人に就任した弁護士の具体的な監査について，高い評価が与えられているという実績も表れつつある。
　行政の透明性，地方分権の推進が強く求められている現在，弁護士及び弁護士会は，外

部監査人としての人材の最も有力な供給源としての機能を果たすべきことが期待されているというべきであり，より一層多くの人材を供給し，外部監査制度を支える役割を担っていくべきである。

(2) 商法上の社外取締役等への進出
① 現状と問題の所在
イ 社外取締役制度の現状

2001（平成13）年は，下記のとおり3度にわたる商法改正がなされた。

　　6月　金庫株の解禁等（議員立法，2001〔平成13〕年10月1日施行）
　　11月　株式制度の見直し（2002〔平成14〕年4月1日施行）
　　12月　取締役，監査役制度の改正（議員立法，2002〔平成14〕年5月1日施行）

このうち，12月の改正は，会社のコーポレートガバナンスという観点からの改正であった。そして，2002（平成14）年度政策要綱で紹介した試案にあった社外取締役の選任の義務化については，各界の意見のうち異論もあり法制化されなかったが，社外取締役に関する規定がいくつか定められた。

まず，社外取締役について定義規定が置かれ，これを登記事項としたことが挙げられる。すなわち，社外取締役とは，ⓐその会社の業務を執行せず（非常勤であり），ⓑ過去においてその会社または小会社の業務を執行する取締役または支配人その他の使用人になったことがなく，ⓒ現に子会社の業務を執行する取締役またはその会社もしくは子会社の支配人その他の使用人でない者，とされ（商法188条2項7号ノ2），かつ社外取締役を選任した場合にはこれを登記することとしたのである。

ただし，改正法では，株主代表訴訟における取締役の責任の軽減措置とともに社外取締役の責任軽減措置も図られた。すなわち，社外取締役は，定款で定められた額の範囲内で会社と具体的に契約した額と，在職したことにより受けた利益のうちの一定の額（2年分の報酬＋退職慰労金÷在職年数×2＋新株予約権行使による利益の総額）とのいずれか高い額の範囲内で責任を負うとされ，責任の範囲について上限が設けられたのである。

社外取締役は業務の内容に精通していないことが通常であり，このような取締役が他の常勤の取締役と同一の責任を負うとしたのでは社外取締役のなり手がいないのではないかという配慮に基づく規定である。

ロ 社外監査役について

なお，社外監査役について一言述べておく。1993（平成5）年の商法改正において，監査役の機能を充実強化すべく，任期を一年伸張するとともに大会社にあっては社外監査役の選任が義務づけられた。そして，2001（平成13）年の改正では，さらに監査役の機能の

強化が図られ，任期は4年とされ，大会社においては資格要件が厳格化された社外監査役を半数以上とすることが義務づけられた。また，社外取締役同様，その責任を軽減する制度も設けられた。

ハ　重要財産委員会と委員会設置会社

また，コーポレートガバナンスの観点から，引き続き2002（平成14）年度も改正が行われた。その内容は，ⓐ取締役が10名以上で，そのうち1人以上が社外取締役である大会社等における重要財産委員会の設置（改正商法特例法1条の3），ⓑ大会社における従来の取締役制度，監査役制度に代わる委員会・執行役を設置した委員会設置会社制度等である。

このうち，重要財産委員会は，取締役3名以上で構成され，取締役会からの委任を受け，重要な財産の処分及び譲受ならびに多額の借財（商法260条1号・2号）について決定する。ただし，委員会等設置会社を選択する会社では，重要財産委員会を設置することはできないとされている。

委員会設置会社とは，大会社で，定款に基づき監査委員会（取締役ないし執行役の職務の執行の監査，会計監査人の選任・解任等），報酬委員会（取締役・執行役の報酬の決定，報酬額等の決定），指名委員会（取締役の選任及び解任に関する議案等の決定），及び1人以上の執行役を設置している会社をいう（改正商法特例法21条の5第1項）。委員会を設置した会社では，監査役及び重要財産委員会を置くことはできないとされ（改正商法特例法21条の5第2項，21条の36第4項），また，その会社の取締役は業務執行を行うことはできず，執行役が業務を遂行することとなる（ただし，取締役が執行役を兼ねることはできる）。会社における各委員会は取締役3名以上で構成され，そのうち，過半数は社外取締役でなければならないとされている。

ニ　問題の所在

2001（平成13）年度，2002（平成14）年度にわたる商法改正は，従来の制度を根本的に変える注目すべきものである。残念ながら，社外取締役の義務化は見送られたが，現実として社外取締役を選任するケースは多くなってきていると思われ，新制度の下における社外取締役，社外監査役の果たすべき役割は大きいといえる。今後，新制度が企業経営ないし企業活動の適正化，コンプライアンス維持等の面においてどのように機能するか注目されるところである。そして，そのような場面において，弁護士及び弁護士会が果たしうる役割，提供すべきサービスがどのようなものであるか，早急に具体的に検討され，実行される必要がある。

②　弁護士会の取り組み

日弁連においては，近年，企業活動における不祥事を踏まえて，執行部及び業務改革委

員会等でこの問題を議論してきている。2001（平成13）年11月に開催された業務改革シンポジウム（於広島）もその一環であった。

弁護士は，その職責上，社外取締役，社外監査役等としてコーポレートガバナンス，コンプライアンスの維持等について，有効に機能すべき能力を備えていると考えられる。日弁連としては，このような観点から多くの企業に有為の人材を供給すべく，今年度から，商工会議所，経団連，その他の経済団体との間で継続的な協議の場を設けるべく申し入れをしているところで，近いうちに協議を開始する予定である。

司法制度改革審議会報告にもあるとおり，弁護士は，社会生活上の医師としての役割を果たすべきことが期待され，企業活動の適正さを確保する方策としての社外取締役，社外監査役等にも積極的に関与していくべきである。今後，多くの弁護士が社外取締役，社外監査役としての実績を積み，かつこれを集積していくなかで，コーポレートガバナンスにおいて弁護士が果たすべき役割を検証しつつ，弁護士会としても引き続き取り組みを強化し，必要な施策を実施していくことが必要である。

6）弁護士業務のIT化

・弁護士業務でのパソコン利用は必然的なものとなりつつある。各事務所における導入をバックアップするため，弁護士会としては，弁護士及び事務職員の習熟，セキュリティに関する啓蒙に積極的に取り組む必要がある。
・インターネットによる弁護士広告に関しては，広告規定に関する理解を広めるとともに，非弁提携の隠れ蓑とならないよう監視を強める必要がある。

(1) 弁護士業務におけるパソコンの必要性

既に法律事務所へのパソコンの普及率はきわめて大きいものとなっている。弁護士業務にとってワープロの利用は必須であるが，これがワープロ専用機からパソコン上のワープロアプリケーション[1]の利用に取って代わっている。おそらく，ワープロ専用機しか導入されていない事務所は少数派となっており，ほとんどの法律事務所がパソコンを少なからず導入しているものと思われる。これは全国的な傾向である。

確かにワープロ専用機は，ワープロ機能だけに特化したものであるため，機能に習熟しやすく，パソコンで生じるようなトラブル（フリーズやファイルの消失等）が起こりにくいというメリットがある。しかしながら，ワープロ専用機のファイルは機器相互に互換性

---

1) マイクロソフト「ワード」やジャストシステム「一太郎」が代表的なものである。弁護士業界では，裁判所が主に一太郎を利用してきた関係で一太郎は未だ根強いが，世間一般ではワードが趨勢を占めてきている。

がなく事務所外とファイルをやり取りする場合に苦労すること，機能が古くなった場合に機器ごと交換しなければならずパソコンのようなソフトのバージョンアップだけで対応できないため無用な経費がかかりうること，まさにワープロ専用機であるためワープロ以外の目的（表計算，スケジュール管理，電子メール，インターネット等）には殆ど利用できないこと，世間の風潮としてワープロ専用機は衰退していることなど，デメリットこそ枚挙に暇がない。このため，弁護士業務において，ワープロ専用機を使うかパソコンを使うかという議論は過去のものとなり，ワープロとして利用するだけであったとしてもパソコンを導入するのがあたりまえになりつつある。

かように弁護士業務でのパソコンは，必要性があるというよりも，業態上の必然となっているといっても過言ではない。

(2) 弁護士業務でのパソコンの有用性

パソコンが弁護士業務にとって必然的存在であったとして，その有用性は奈辺にあろうか。

それは以下の諸点に収斂される。

・ワープ以外のアプリケーションソフト[2]が利用でき，これが業務の効率化に大いに貢献しうること

・さまざまなファイルデータのやり取りには，パソコン上で作成されたデータ・フォーマット[3]を用いる必要があり，パソコン上で作成したデータであれば依頼者や他事務所との協同作業が容易に行えること

・インターネット利用（電子メール・ホームページ閲覧）は，既に確固たる情報流通手段となっており，パソコンがあればこれを容易に利用できること

以上である。

他方，弁護士業務にパソコンが無用であるという考え方は，弁護士業務にファックスが無用であるという考え方と同じくらいの異論となっている。

(3) あるべきパソコン利用による弁護士業務

かように弁護士業務にとって必然かつ有用なパソコンであるが，これを具体的にどのように利用すべきであろうか。

① ソフトウェアの観点

---

2) パソコンで利用されるソフトウェアのことをアプリケーションないしアプリケーションソフトと呼ぶ。ワープロもアプリケーションソフトの一カテゴリーであり，他には表計算ソフト，スケジュール管理ソフトなどがある。

3) テキストファイル形式（txt）が代表的なものであるが，ほかにもパソコンデータ形式として，ワープロであれば，ワード形式（doc），一太郎形式（jtd），画像ファイルであれば，ジフ形式（gif），ジェイペグ形式（jpeg），動画ファイルであれば，エムペグ形式（mpeg），ホームページファイルであれば，ＨＴＭＬ形式（html）などが標準である。

パソコンを導入していても，実際のところ多くの事務所がワープロ利用目的でしか活用していないのが現状である。これは，これまでＯＡ機器を利用する弁護士業務の中心が文書起案にあったことに原因する。即ち，和文タイプによる書面清書がそのままパソコンに置き換わっただけの現象である。

前述のとおりパソコンはワープロ利用目的に限らず，弁護士業務にとって有用な可能性を大いに持っているのであるから，和文タイプ代わりに利用するだけではいかにももったいないところである。

パソコンをワープロ利用目的以外にも使っている法律事務所では，次のようなソフトウェアを利用してパソコンで効率的事務処理をしている。

・表計算ソフト[4]（エクセル，ロータス123等）

　債務整理における利息制限法に基づく引き直し計算[5]，分割和解案策定

　破産管財における認否表・配当表など各種計算及び表作成

　再生手続における各種計算（個人再生の可処分所得計算等）

　家事事件における各種計算（婚費計算，相続分計算等）

　交通事故事件における損害賠償計算

　金融関係事件における各種元金利息支払いに関するシミュレーション

　事務所経理における各種帳簿（報酬管理，預かり金管理等）

　各種宛名ラベル作成（破産申立時の債権者リストと連動した宛名印刷等）

・住所管理ソフト（筆まめ，宛名職人等）

　依頼者管理

　各種宛名印刷

・スケジュール管理ソフト[6]（ＭＳアウトルック，ロータスノーツ，サイボウズ等）

　弁護士の日程調整・管理

・データベースソフト[7]（ＭＳアクセス，ファイルメーカー等）

---

4) 表計算ソフトは，単に電卓代わりに使うだけの計算ソフトではない。「表」計算ソフトといわれるように，表組みだけの目的であっても便利に利用できる。ワープロの罫線機能で表を作るより，表計算ソフトを利用したほうが効率的に作表できるケースは圧倒的に多い。

5) 表計算ソフトは，計算式を予め設定しておかなくては利用できないが，利息制限法に基づく引き直し計算や，個人再生手続の可処分所得計算などは，有志の弁護士が自分で開設したホームページなどで雛形を公開している場合がある。

6) なお，パーム（クリエ）やザウルスに代表されるいわゆる電子手帳を訟廷日誌として利用することによって，スケジュール管理ソフトと簡単にデータをシンクロ（同期）させることができ，弁護士のスケジュールを事務局においてほぼリアルタイムに把握することが簡単に可能となる。但しこの場合，弁護士の予定を事務職員や事務所全体で共有しようとすれば，事務所内のパソコンをネットワーク化する必要がある。

7) データベースソフトは，あくまでも「ベース」ソフトであるため，事件管理や依頼者管理をするためには，ソフト購入後，自分でテンプレート（雛形）を構築しなければならない。このためデータベースソフトはやや敷居が高く，使いこなしている事務所は少数である。なお，住所管理ソフトは，住所管理に特化した一種のデータベースソフトである。

　　　　事件管理
　　　　依頼者管理
　・インターネットソフト[8]（インターネットエクスプローラ，アウトルックエクスプレ等）
　　　　電子メールによる依頼者間ないし弁護士間でのコミュニケーション[9]
　　　　ホームページからの情報検索収集（新聞，法令検索，専門用語検索等）
　　　　ホームページへの弁護士広告掲載
　　　　インターネットバンキング[10]（報酬・預り金管理，送金代行等）
　・弁護士業務専用ソフト
　　　　判例検索[11]（判例秘書，判例マスター等）
　　　　法律雑誌検索（判例タイムズＤＶＤ，ジュリストＤＶＤ，金融法務事情ＤＶＤ等）
　　　　債務整理・破産申立（サイむ整理くん等）
　　　　破産管財（カンざい整理くん，管財人秘書等）
　　　　事件・依頼者管理（弁護士秘書等）

②　ハードウェアの観点

　パソコンを導入する事務所が多くなってきているとしても，現状では，いわゆるスタンドアローン，即ち単一のパソコンを個々の弁護士ないし事務職員がそれぞれ単独で利用しているという利用形態が殆どだと思われる。複数のパソコンが導入されていても，相互に接続（いわゆるＬＡＮ[12]）しているところはまだ少なく，事務所内でのデータのやり取りは未だフロッピーディスクで行っているようである[13]。

---

[8] 特に購入しなくても，パソコンを買えば自動的に付属してくるソフトウェアである。インターネットに接続することは，もはやパソコン利用にとって当然のことであり，これらのソフトが無償付属してくることは，インターネット利用が何ら特別ではないことの現れである。

[9] 企業は電子メールを当たり前の通信手段として頻繁に利用している。ファックスと電子メールは，等価値であるか，または後者のほうが優位に置かれた通信手段と評しうる。電子メールの利用は，ワープロ利用と並んで，弁護士業務におけるパソコン利用の主たる地位を占めるものと思われる。

[10] 多くの都市銀行がインターネットのホームページ上で預金口座の残高確認，送金処理ができるようなシステムを持っている。いちいち事務職員に銀行の窓口やＣＤ機の前に並んでもらう必要はなく，弁護士自身が自分のパソコン画面で事務所の全口座の入出金管理が可能である。都市銀行ではなく，インターネット専業の専門銀行（ネットバンク）も登場し始めている。

[11] 判例検索ＣＤ-ＲＯＭは，多くの事務所に既に浸透しており，弁護士業務専用ソフトの中でその有用性はいわずもがなである。昨今は，ＣＤ-ＲＯＭで提供するのではなく，ホームページから判例検索ができるサービスを提供している会社もあり（新日本法規，ＴＫＣなど），次のＣＤ-ＲＯＭ差し替えを待たずして最新判例が適宜補充されるため利用価値は高い。

[12] 「ラン」と読む。Local Area Network の略。パソコンの背面にあるイーサーネット（Ether Net）コネクタに，専用の線（ラン・ケーブル）を接続してパソコン同士を接続し，簡単な設定をすれば直ちに利用できるようになる。

[13] フロッピーディスクによるファイルのやり取りは，一旦コピーしなくてはならない手間もさることながら，複数のパソコンに新旧のデータが混在することになるため，パソコンのファイル管理としては好ましくない手段である。

しかしながら，近時のパソコンは，複数台をＬＡＮによってケーブル一本で容易に接続できるような機構が標準状態で備わっている。このため，複数台のパソコンを導入している場合には，事務所内でのデータ流通の容易性を図るためにも，ＬＡＮ接続して全パソコンを一体化して利用すべきである。また，かようにＬＡＮ接続することによってこそ，スケジュール管理ソフトなどは事務所全体で利用できるようになるし，インターネットもそれぞれのパソコンから電話回線に接続しなくても，どこかの一つのパソコンがインターネットに接続できるようになっていれば，全体でこの接続を共有できるようになるのである[14]。

　ところで，弁護士一人，事務職員一人の最小限構成の個人事務所であれば，パソコンは1台で十分ではないかという意見がありうる。しかし，それでも，弁護士に1台，事務職員に1台，都合2台は最低限導入すべきである。パソコンは，電卓やそろばん，或いはメモ用紙と同じものと考えるべきだからである。まさか事務所全体で一つの電卓やメモ用紙を共有しているところはないと思われるが，それと同じ意識である。数年前までは，パソコンは高価な事務機器という印象があったが，現在では，一式10万円以下，ものによっては5万円以下で揃えることができる[15]。消耗品の文房具という意識を浸透させる必要がある。

　なお，近い将来の展望として，最小限構成の個人事務所を含めて，パソコンの利用形態は，ファイルサーバー[16]を導入した事務所内ネットワークを原則としたものになろう。複数のパソコンをただＬＡＮケーブルで繋いだだけの接続形態をピア・トゥー・ピア・ネットワークというが，これだとデータファイルが各パソコンに分散してしまって使い勝手が悪い。単に相互に接続されているというだけの状態である。

　これ対して，ネットワークの中にサーバーといわれるパソコンを一台接続して，このサーバーの中におよそデータファイルは全て保管しておくようにし，これを各利用者のパソコン[17]から共有利用するという形態がもっとも好ましい。これがサーバー・ネットワークである。企業ではこのようなサーバー・ネットワークを構築することはあたりまえになっており，法律事務所でもパソコンの利用価値を理解しているところでは，サーバー・ネ

---

14) かようにインターネット接続をＬＡＮ上のパソコン全部で共有するための接続機器が「ルータ」と呼ばれるものである。一種のモデムであるが，それにとどまらずＬＡＮのハブ機能（ＬＡＮケーブルを束ねて交通整理をする機能）や簡易ファイアウォール（事務所内のＬＡＮに外部から侵入されないようにするためのセキュリティ機能）を有しており，導入価値は高い。

15) 税務申告上，ＯＡ機器を単年度で経費計上する場合の枠が20万円から10万円に減額されたことも影響していると思われるが，パソコンメーカーはこぞって安価に販売するようになっており，弁護士業務に必要な機能を揃えたパソコンは，デスクトップであれば10万円以下で十分購入できる。

16) サーバー専用の高価なパソコンも販売されているが，弁護士業務で利用する限り，特にサーバー専用機でなくともかまわない。むしろ一世代前の古いパソコンであってもサーバー用途であれば十分利用に耐えうる。

17) 各利用者のパソコンのことを，サーバーに対して，「クライアント」という。

第1部　司法と弁護士改革

ットワークが広まりつつある傾向にある。

　③　人材の観点

　ソフトウェアとハードウェアを揃えたとしても，パソコンは利用技術を学ばなくてはならない。最近のパソコンは日進月歩で使いやすく安定したものになってきてはいるが，同じく日進月歩で機能が追加されて複雑なものになってきているため，完全に使いこなすのは，弁護士業務の傍らひとり弁護士のみがなしうる業ではない。

　パソコンの有用性について否定する弁護士はまずいないと思われるが，それでもパソコンが法律事務所に完全に浸透しているとはいえない現状をもたらしているのは，弁護士が，パソコンを使わなくてはならないという固定観念に陥っているからであろう。

　前述のとおり，パソコンは一人一台の文房具という意識を持てば，弁護士がパソコンを使いこなすのではなくて，事務職員がパソコンを使いこなすという感覚があってしかるべきである。もとより，事務職員だけが使えればよいというものではないから，弁護士自身も必要に応じて習熟の努力をすべきであるが，弁護士によるパソコン技能の習熟努力は，本業とは言いがたいため，大いに時間を割くことは不可能であろう。それよりも，事務職員の業務の一環として，パソコンの習熟を仕事の一つとして与え，大いに利用させるという発想の転換が考えられてよい。弁護士は，事務職員に対してアイデアを与えるという作業に徹したり，或いは，習熟した事務職員から，事務所内において弁護士がパソコン技能を学ぶというやり方である。

　かような観点から，後述のとおり，弁護士のみならず事務職員に対するパソコンの習熟に対して弁護士会が積極的に取り組むことが期待される。

(4)　パソコン利用の業務上の問題点

　①　データ消失，データ漏洩に関する問題

　パソコンは電子データであるため，機器のトラブルによって簡単に消滅してしまうものである。この点，紙データと比較すると安全性が高いとはいえない。したがって，データのバックアップ等の予防措置[18]は不可欠であり，必要に応じて，紙データとして別途保存しておく配慮が必要である。事件ファイル等全てのペーパレス化（電子データ化）について検討すべきであるという考え方もあるが，これは電子データの消失に対する安全性が払拭できない限りは採用しえない。

　ところで，データ消失に対する対策は，パソコン利用上のいわば常識として認識されているところであるが，今後は，データ漏洩に対する対策こそ重要になってくるものと思わ

---

18)　バックアップ用のハードディスクを別途購入したり，MOやCD-Rといった記録メディアを利用する。

れる。というのも、常時接続形態[19]のインターネット利用が普及し、事務所内のパソコンが全てLANによって相互に接続されてインターネットに繋がっているという状況に至れば、技術的にはインターネットを通じて外部の第三者が事務所内のパソコンに侵入することは可能なのである。

このためインターネット・セキュリティに対する理解を深めてゆくことが必要である。

② コンピュータウィルス

インターネット・セキュリティの一つとして対策が不可欠であるものが、コンピュータウィルスの防御である。コンピュータウィルスに侵入されると、侵入されたパソコンのデータが消失したり外部に漏洩する可能性があるばかりでなく、そのパソコンを経て依頼者のパソコンに感染してゆく可能性が大である[20]。

これを防止するためのウィルスチェックソフト[21]をパソコンにインストールしておくことは不可欠である。なお、コンピュータウィルスは、プログラムの一種であるから、悪意のあるプログラマーによって日々新しく開発されている。したがって、ウィルスチェックソフトを初期導入するだけでなく、導入したウィルスチェックソフトのバージョンアップ[22]を日々心がけなければ効果は半減してしまうことを啓蒙すべきである。

特に近年、OSに標準添付されている「マイクロソフト・アウトルック」というメーラーの脆弱性を利用したウィルスが蔓延している。これはHTMLメールを開いただけで感染するというもので、危険である。ウィルスチェックソフトを正しく導入していれば予防できるが、それ以前に、HTMLメールでは送信しないとか（同メーラーは標準状態でHTMLメールを送信する設定になっているので、これをテキストメールに変更する必要がある。）、メーリングリストや不明人からの受信メールは閲覧しないといった心がけが必要である。

③ 電子データの証拠利用

パソコンの普及によって、これまでアナログデータによって流通していたさまざまなデ

---

19) インターネットを利用する際にいちいち接続するのではなく、常時接続し続ける利用方法。NTTのフレッツISDNやフレッツADSLなどのサービスがこれにあたる。ここ数年の常時接続の主流は、ADSLに代表されるいわゆるブロードバンド接続である。常時接続のメリットは、電話料金を気にする必要がないこと（月額固定で数千円である）、接続するまでの時間がかからず、電子メールやホームページの利用に躊躇しないことが最大である。なお、常時接続に対して、接続ごとに架電するやり方を「ダイアルアップ接続」という。

20) 感染経路として最もありうるのが、電子メールの添付ファイルである。見知らぬ第三者から送付された添付ファイルは絶対に開かないのが鉄則であり（開かない限り、通常は感染しない。）、知人からの添付ファイルもウィルスチェックすることなしには開かないのが賢明である。

21) 商品名では、「ノートンアンチウィルス」や「ウィルスバスター」などが有名である。最近のパソコンは予めインストール（プリインストール）されていることも多い。

22) ウィルスチェックソフトに自動バージョンアップ機能がついており、インターネットに接続できる環境であれば、簡単にバージョンアップすることが可能である。

ータや事象が，電子化されるようになった。これは訴訟活動に対しても影響を及ぼしている。

現時点でも既に，デジタルカメラによって撮影した写真や電子メールの内容を，立証手段として法廷に提出している弁護士が少なからず現れている。電子データはアナログデータと異なって，素人によっても改ざんは容易であるため，電子データを立証手段として法廷に提出する場合の議論が必要となろう。これは議論のみによって解決できる問題ではなく，現時点における弁護士の提出方法や工夫などの積み重ねという実績に負うところも大きいはずである。電子データも証拠価値があることを前提として，これらに対する理解を深めてゆくことが必要になろう。

④　利用技能習得に関する問題

パソコンを仕事以外に趣味として利用している弁護士にとって，習熟は比較的容易である。しかしながらかような弁護士は少数であって，やはり難しいものと考えている弁護士が多数であろう。そして難しいものと考えて敬遠しているうちは，効果的に利用することもできない。パソコンを導入してはみたものの，結局古いワープロ専用機で起案しているとか，相変わらず手書きで書類を起案して事務職員にパソコンで清書してもらうといった利用形態である。

しかしパソコンは，電卓と同じ文房具的感覚で利用すべきものであり，弁護士自身もパソコンの画面に向かってキーボードを叩き，事務所内の全員がデータを共有できる環境を作っていかなくてはならない。このため，事務職員はもとより，弁護士自身もパソコン技能の習熟に努める必要がある。

この習熟には，本を読んだり，知り合いに教えを乞うたり，パソコン教室に通うなどの方法が考えられるが，その一歩が踏み出せないために未だ入り口の段階で足踏みしている弁護士が多いように見受けられる。

また，本やパソコン教室では，パソコンの一般的な操作方法は学べても，それを弁護士業務にどう生かしていくかという点を直截に教えてくれるものではない。そこで，パソコンの利用技能・基礎知識・活用方法を，事務職員を含め弁護士全員に対して提供できるような場が必要であり，それは後述するとおり弁護士会の役割として位置づけるべきものである。

⑤　弁護士広告問題

比較的廉価，手軽かつ効果的に弁護士広告ができる場として，ホームページが利用されている。現時点において，弁護士広告のために最も利用されているメディアといっても過言ではない[23]。しかしながら，このホームページ広告を弁護士が自前で行える事務所は少

ない。単なるパソコンの能力だけでなく，インターネットの知識やデザイン・レイアウトに対するセンスが要求されるからである。このため，ホームページ製作会社に委託して行うケースが多くなるが，この場合，弁護士広告規定を遵守できていないホームページが散見される。これは広告主体である弁護士による会則会規の解釈の違いに由来している場合もあるが，そうではなく単純に広告規定の無理解に由来しているケースも少なくない[24]。

パソコンを使ってホームページという現代のマスメディアに弁護士広告という形で情報発信ができる以上，広告規定等会則会規の理解を深めた上で行うことは当然の前提である。のみならず，ホームページによる情報発信が，市民に対していかなる意味を持つのか，いかなる影響力を持つのかという点についても十分理解したうえで行うべきである。

なお，いわゆる非弁提携問題として，非弁に対する対価をホームページ（広告）作成料ないしパソコンリース料という形で提供しているのではないかとの疑いがある事案が出現し始めている。広告解禁前は，弁護士自身の広告ができなかったことから，非弁に対して直截に対価を支払うものであったのが，広告解禁やパソコン利用度の増加によって，ホームページやパソコンが非弁に対する対価支払いの隠れ蓑を提供する形になっている。

当然のことながら，これらは実態を解明した上で会則会規違反があれば厳として取り締まらなければならないが[25]，取り締まる側の弁護士会が，ホームページやパソコンに対する理解を十分しておかなくては，巧妙な非弁に対して対抗するすべもない。弁護士会が効果的な活動を行うためにも，会務に関わる弁護士それぞれが，パソコンやインターネットに対する理解を深めていく必要があろう。

(5) パソコン利用に対する弁護士会の取組み

① 現状

東京弁護士会では，数年前より弁護士業務改革委員会などが中心となって，弁護士のパソコン利用技能向上を図るためパソコン研修を年に数回行ってきた[26]。

しかしながら，これまでのパソコン研修の対象は，専ら弁護士であった。これはひとえにパソコンを利用するのは，その導入を決めた弁護士であるという固定観念にとらわれた結果といってよい。パソコンは文房具と同じく，弁護士のみならず事務職員も使うもので

---

[23] 利用されているとはいえ，全国的には数百にも満たない程度である。そのうち殆どが東京に所在する法律事務所のホームページである。また，内容的にも決して充実したものは多くなく，殆どが事務所案内程度のものというのが現状である。

[24] 所属弁護士会の表示のないもの，報酬規定違反のもの，表現において誤導のおそれのあるものなどが散見される。

[25] 2000（平成12）年10月の弁護士広告解禁と同時に，東京弁護士会では，広告調査委員会を新設し具体的調査活動を行っている。ホームページ広告についても特に監視しており，ホームページ等のIT技術に詳しい委員を配置している。

[26] 業務改革委員会には，拡大2部会として委員外からの参加も可能な「コンピュータ部会」を設置し，弁護士業務に対するパソコンの有効利用方法や会員に対する教育啓蒙活動を模索している。なお，法友会でも弁護士を対象として，数年前にパソコン研修を行った実績がある。

あり，むしろ事務職員こそ業務として習熟したほうがよいという観点からすれば，事務職員に対するパソコン研修があってしかるべきである。

かかる理解に基づき，2000（平成12）年度より，弁護士業務改革委員会主催で「事務職員による事務職員のためのパソコン研修講座」を隔月程度の頻度で開催し，事務職員多数の参加と好評を得ている[27]。この講座は，パソコンに詳しい法律事務職員有志20数名のメンバーが講師団を勤め[28]，一種のボランティアとして，業界の同僚たるほかの事務職員に対してパソコン教室的な指導を行うという企画である。例えば債務整理や破産，事務所の会計管理，書類作成といった弁護士業務に直結したパソコンの利用方法を，パソコンの操作方法から説明する形態を採っており，時には実技研修も行うなど，全国的にも類を見ない定例研修であり，スタッフとカリキュラムの充実度は，未だ試行錯誤の段階にあるとはいえ，きわめて評価できるものである。かような弁護士会としての，弁護士のみならず事務職員に対するパソコンの研修制度は，今後ますます充実させていくべきである。

② 今後のあり方

事務職員を対象としたパソコン研修の充実と，かような研修に対して積極的に取り組ませるようにするための弁護士の配慮は当然として，かかる研修の成果を事務職員相互で交換できるような場を設ける必要があろう。具体的には，ボランティアで研修講師を行っている事務職員有志の交流を弁護士会としてバックアップできるような体制を整えること，また新たな研修講師を補充できるような環境整備をすることなどである。また，研修内容をビデオ，書籍等のメディアによって固定的に広く認知できるようにすることも必要である。

ところで，パソコン研修はパソコン利用技能向上のために弁護士会で行う教育活動であるが，上述の諸問題からすれば，電子データの有効利用についての議論の場を設けることやインターネット・セキュリティに関する啓蒙活動も，弁護士会の責務として行っていく必要があろう。現状ではそれが全く欠けているといわざるをえない。パソコンは弁護士業務にとって必然かつ有用なものであり，他方で無知な利用は危険性もはらむものであるということを十分理解できていれば，これが弁護士会の重要対策項目として力を入れるべき

---

[27] 講演方式の研修ではクレオを利用して100名単位の参加者を得て，デモンストレーションを行った。また，パソコン教室方式の研修では，弁護士会ないし外部協力業者の教室を使って，1クラス20名程度で複数クラスに分けて，ワードやエクセルの利用法について研修を行った。2002（平成14）年度も内容と回数を充実させて継続している。事務職員が対象であるが，弁護士の参加も可能であり，現に参加されている。

なお，この研修のレジュメが，2002（平成14）年に業務改革委員会編集として一般書籍として出版され，さらにビデオも発売される予定になっている。

[28] この講師団は，2000（平成12）年度の第1回事務職員向けパソコン研修の参加者から募ったものである。必ずしもパソコンの能力が上級者ばかりとはいえないが，研修に向けて講師団でミーティングを重ねるなどしている。

ものであることは明らかであろう。

7）弁護士業務妨害とその対策

> 　増加，悪化する弁護士業務妨害を根絶するため，東京弁護士会弁護士業務妨害対策センターの活動をより充実させ，バックアップしていかなければならない。

(1)　**弁護士業務妨害をめぐる最近の情勢**

　坂本堤弁護士一家事件を始め，渡辺興安弁護士殺害事件，岡村勲弁護士夫人殺害事件，そして福岡の福島あい子弁護士傷害事件と，弁護士・家族・事務員などの「命」に係わる重大かつ悪質な業務妨害事件が近時続発したこともあって，日弁連をはじめ全国各単位弁護士会の業務妨害対策への取組みが活発化している。

　日弁連は，弁護士業務妨害対策委員会において，各単位会に向け，業務妨害対策のための組織作りや活動の基本モデルを作り，さらに全会員向けに対策マニュアルを作成している。また各地の単位会でも，アンケート調査や対策パンフを作るだけでなく，さらに積極的に「派遣弁護士制度（被害に遭っている弁護士の要請に応じて，単位会が支援弁護士を派遣する制度）」を立ち上げるところも現れた（群馬，仙台など）。

　東京弁護士会でもそれらに呼応し，1998（平成10）年4月「弁護士業務妨害対策特別委員会」を発足させ，同時に「業務妨害対策センター」をスタートさせた。

(2)　**弁護士業務妨害対策センターの活動状況**

①　アンケートによる実態調査

　1997（平成9）年実施された東弁のアンケートによって，弁護士に対する業務妨害はすでに多数発生しており，決して特殊なことではなく，誰にでも起こり得ること，その妨害の形態が多種多様であることなどが明らかとなった。のみならず，これまでは弁護士会として対策が皆無に近かったことも浮き彫りにされた[1]。

　それら妨害行為にあった弁護士が採った具体的対策としては，警察への通報・刑事告訴・仮処分申請等が一般的であり，複数弁護士での対応なども一定の効果が認められている。その反面，弁護士会は全く頼りにならない存在であった。

1）業務妨害の形態としては，嫌がらせ電話・脅迫・無言電話・暴行・面談強要・不退去・懲戒申立等々多様化している。その原因となる事件も，不動産・交通事故・離婚・債権回収・倒産・クレサラなど，われわれが日常的に扱うごく一般的な民事事件に広がっている。その妨害者については，暴力団員やえせ右翼等に限られず，一般人からの攻撃が増加している。また，事件の相手方のみならず，依頼者からの妨害も少なくないことにも注目しなければならない（その典型が，渡辺興安弁護士事件である）。さらに，宗教団体が関係しているケースや，相手方の精神面・人格面に問題があると思われるケースなどが増えていることも最近の特徴である。

② 積極的対策——対策センター設置

以上のような実態への反省から，最近では各地で弁護士会による具体的対策が講じられつつある。前記の派遣弁護士制度や，弁護士会として仮処分申し立てをする，弁護士会の名前で警告を発するなど，弁護士会が主体的に動くケースが見られるようになってきた。

そのような情勢を踏まえ，東弁では，1998（平成10）年4月に「弁護士業務妨害対策特別委員会」を発足し，「弁護士業務妨害対策センター」を設置した。

これは，弁護士業務妨害を個々の弁護士個人の問題とするのではなく，「弁護士会」が動いてこそ，効果的かつ抜本的対策になるのだとの共通認識から，より積極的に「弁護士会」自体が動けるシステムを作るべきであると判断されたものである。

③　センターの運用と活動

ⓐ　組織

30名の支援弁護士を一般会員から募集し，名簿を作成する。

ⓑ　活動の流れ

(イ)　弁護士会事務局に窓口を設置し，被害を受けている（おそれのある）弁護士からの支援要請を受け付ける。

(ロ)　担当委員が事情聴取をし，委員会に報告する。委員会では支援の必要性および方法について検討する。ただし，緊急を要する場合には，委員会には事後報告とし，正副委員長の協議により迅速な支援対応ができるようにする。

(ハ)　センターが行う支援の内容としては，(i)対策ノウハウの提供，(ii)支援弁護士の派遣，(iii)委員会ないし弁護士会の名で妨害者に通告・勧告・警告，(iv)仮処分その他の法的手続，(v)警察その他関係機関との連携，(vi)広報などがある。

(ニ)　支援活動の費用負担は原則として，支援要請弁護士の負担とする。金額については委員会の審査を受けるものとする。

④　研究活動

業務妨害の中でも，暴力団や右翼団体など民事介入暴力と共通するものについては，ノウハウもほぼ固まっている。他方，近時特に問題とされているのは，精神的あるいは人格的障害者による妨害にどう対処したらよいかという点である。業務妨害対策特別委員会では，精神分析学の専門家を招いてシンポジウムを開くなどし，精神的・人格的障害者に対する接し方のノウハウを研究している。

⑤　「ハンドブック」の作成配布

業務妨害対策特別委員会では，2002（平成14）年3月，様々な妨害形態を分類し，分析して，それぞれに適切な対策ノウハウをまとめた「弁護士業務妨害対策ハンドブック」を

作成し，東弁全会員に配布した。

⑥ 支援要請の実情

センターに対する支援要請は，毎年徐々に増加しているが，それでも年に数件程度である。妨害の件数に比して支援要請が少ない原因としては，センターの存在が周知されていないことだけではなく，弁護士自身が支援を求めることを「恥」と考える風潮にもあるように思われる。それが，卑劣な妨害に屈していることの表れでないことを願うばかりである。

(3) 業務妨害根絶に向けて

以上のように，弁護士業務妨害対策システムは，ようやく緒についたばかりであり，今後もより一層の努力が必要である。そして，その新しいシステムが期待どおり有効に機能するかどうかは，一般会員の理解と協力にかかっている。

法友会としても，東弁の活動を全面的にバックアップしていかなければならない。例えば，支援弁護士名簿への積極的登録，情報提供等々である。

最大単位会たる東弁としては全国に範を示すべく，積極的かつ具体的に活動を推進していかなければならない。日弁連のバックアップ，東京地裁における仮処分決定の蓄積，警察庁・警視庁との連携，マスコミによる広報宣伝等々，東弁の果たすべき役割はきわめて大きい。

卑劣な業務妨害を根絶し，正当な弁護士業務を守り，人権擁護と社会正義の実現という使命を全うするために，東弁全体が一丸となり断固として戦うという姿勢を世に明示していかなければならない。

8）パラリーガル制度

> 弁護士による法律事務の独占は，国民の権利保護のために存在するものであるが，国民が安いコストで迅速な法律事務の提供を受けるためには，弁護士事務所において，弁護士だけではなく，弁護士の行う法律事務を手助けする職務が必要不可欠である。その手助けをする事務所職員に，一定の能力が保証されるのであれば，弁護士事務所においても，その保証された人材を配置することにより，法律事務の効率化を計ることが出来るため，コスト計算上も，コストを抑えた法律事務を国民に提供することが出来る。この人材としてパラリーガルの制度を発足及び発展するための体制作りに弁護士会が，努力をしていくべきである。

(1) パラリーガル制度の必要性

パラリーガル（Paralegal）とは，アメリカで発達したものであり，1960年代には，職業として確立していたと言われている[1]。日本では，弁護士補助職，弁護士事務職などといわれ，アメリカと同様にその必要性が認識されているものの，通常の事務職員と区別した形でのパラリーガルを認識している事務所はごく少数であると思われる。日本では，パラリーガルが出来る仕事は何なのか，仕事はどのようにしなければならないのか，など疑問が多く，制度として確立するためには，議論すべき点が多い。

　しかし，法律事務所職員中，弁護士の職務を補助しているという事務職員の実態は存在するのであり，弁護士がすべきとされている事務の補助をする職員が，優秀であればあるほど，弁護士は法律事務がやりやすくなり，かつ，弁護士が本来しなければならない事項に時間を割くことが出来，国民に対する法律事務の質の向上が図られ，かつ，法律事務のコストを低減することが出来ることは，全ての弁護士が経験していると言って良い事実である。

　このような事務職員を如何に確保するか，如何にそのような事務職員として教育していけるかの問題が，パラリーガル制度の本質である。

(2)　パラリーガル制度の現状

　アメリカにおいては，職業として認知されており，その呼称の確立，教育の確立，それに携わる機関の確立がなされている[2]。

　日弁連においても，このパラリーガルの法律事務所における重要性を認識し，今まで，様々な努力をしてきている[3]。しかし，その制度としての確立は，不明なまま推移しており，この制度の確立のために何が問題となっているのかを意識しなければならないであろ

1）　ＡＢＡ（アメリカ法曹協会）の定義：パラリーガルとは，法曹の一員ではないが，教育，トレーニングあるいは職歴を通じ，法律事務所や政府機関またはその他の企業に雇われる者であり，このような身分としての役割は，弁護士の指示及び監督下で実質的な法律事務を特定に委任されるもので，このようなリーガルアシスタントが不在の場合は，弁護士が行う業務であるため，その業務内容は，通常法律的概念に関する十分な知識を要する。

2）　資格：政府以外の団体が行う資格認定（certification）と政府機関の試験合格を条件とした公的資格（license）（ワシントン州のみ）の2つがある。
　　資格認定機関：州により異なるが，そこで大きな役割を負っているのが，代表的なパラリーガルの団体であるNALA（National Association of Legal Assistants）とNFPA（National Federation of Paralegal Associations）である。
　　教育機関：4年制大学におけるパラリーガル学科，2年制短大におけるパラリーガル学科，民間のパラリーガル教育学校が存在する。それらは，多くＡＢＡが認可しているパラリーガル教育プログラムを提供している。ＡＢＡの認可がないと法曹界では，信頼度が低いからである。

3）　日弁連における経緯
　　1983年12月法律職に関する調査委員会を設置
　　1986年6月同調査委員会が，討議資料として「弁護士補助職制度」を発表
　　1987年4月「弁護士補助職制度」の要綱試案を発表
　　1987年12月「弁護士事務職制度」を答申
　　1999年11月日弁連業務対策委員会主催の第11回弁護士業務対策シンポジウムにおいて「パラリーガルの養成と活用」がテーマの一つとして議論された。

う。

　日弁連の「法律職に関する調査委員会」が，1987（昭和62）年12月に答申した「弁護士事務職制度」で提案している弁護士事務職の制度とは，弁護士会が，研修制度を持ち，日弁連で認定試験を行うというものであり，その認定された事務職が行う職務内容は，全て弁護士の指示及び監督下であることが前提であるが，おおよそ次のとおりである。

【比較的定型的な内容の法律相談】

❶少額で比較的定型的な事件の示談折衝と示談書等の作成（債権回収，督促，交通事故の物損で困難な問題を包摂していないもの，賃料増額請求など）

❷比較的定型的な契約書の作成と契約締結の立ち会い（定型書式による貸室賃貸借契約，簡単な売買契約など）

❸執行事件の申立書や関係書類（債権計算書等）の作成，関係者（裁判所，依頼者，債務者）との連絡及び折衝

❹その他（財産管理業務，破産・更生等の会社管財業務）

【問題点の集約】

　この答申をきっかけとして，各単位会でもこの制度の問題点を議論しているが，集約された問題点は，次のとおりである。

❶任せる業務の判断基準が，「定型的」とか「困難な問題がない」など曖昧である。その意味で，弁護士の指導のあり方，監督のあり方が曖昧である。

❷曖昧な基準では，弁護士以外の非弁活動を助長するおそれがある。

　特に，昨今は，サラ金などの整理事案における弁護士の非弁業者との提携事案が多く現れ，この点での問題解消策が出されなくては，この制度自体考える余地もないという現状である。

❸能力を判断できる基準を作成することになれば，その能力に対する待遇が他の事務所に比べ劣る場合は，他の事務所，法律事務所以外に人材が流出してしまい，折角事務所で教育したことが事務所のためにならない結果のでることが予想される。現在の法律事務所は，一般企業に比べそのような人材を引き留めるための経済力を持っていない。

(3)　今後のパラリーガル問題のあり方

　パラリーガルの制度は，制度を構築する上での教育，認定試験などの存在が予定されているが，その人材に適する者は，法律事務所だけではなく，裁判所には書記官，検察庁には検察事務官，企業には法務部職員などとして存在し，人材の流動化にも資することが期待される。いずれにせよ，目的は，弁護士事務所の法律事務の効率化であり，かつ，コストの削減である。弁護士が全ての法律事務をしていたのでは，事務所の効率化も図れず，

その法律事務にかかるコストの低減化も図れないことになる。

パラリーガル制度に欠点は存在するものと思われるが，その欠点が出ないよう努力することでこの制度の発足・発展を期待すべきである。

3 弁護士へのアクセス拡充

> 弁護士過疎・偏在問題は，法律事務を独占している弁護士・弁護士会の責務として積極的対策を講じなければならない問題である。
>
> 日弁連は，2000（平成12）年1月から「ひまわり基金」を設置して，当面5年間財政的支援をして，法律相談センターや公設事務所を開設することとしている。特に，公設事務所の開設が円滑に行われるようにするためには，人的供給体制を整える必要がある。また，東弁においても弁護士へのアクセス障害を除去するために都市型公設事務所の設置も検討しなければならない。

1）弁護士へのアクセス保障の必要性と現状
(1) 弁護士過疎，偏在の現状と原因

①弁護士過疎，偏在の現状

2001（平成13）年10月16日現在で，全国に存在する253カ所の地方裁判所の本庁及び支部のうち，その管轄地域に弁護士が0または1人しかいない，いわゆるゼロワン地域は64カ所存在している。

他方，各弁護士会の53期及び54期入会者数を単位会別に検討すると，東京・名古屋・大阪・福岡では次のとおりである。

	東弁	一弁	二弁	大阪	福岡	名古屋
53期	146	105	102	86	25	18
54期	172	124	154	122	19	28

となっている。

ところで，54期が1人も入会しなかった単位会は7カ所と，53期で1人も入会しなかった単位会は16カ所存在したことと比較して減少したと言えるが，大都市に弁護士が集中する現象が続き，弁護士の偏在化は解消されていない。

② その原因

弁護士が，都市部に登録する原因としては，一般的に，
- 都市で生活がしたかった
- 生活関係（結婚，子供の教育，居住関係）
- 勧誘を受けた
- 修習地との関係
- 事件の多様性
- 弁護士に対する需要の有無

が挙げられている。修習地との関係や勧誘の有無という点からは，全国の地方裁判所や支部で実務修習が行われており改善傾向が見られてもよいのに，小規模単位会の登録数は増えていない。このことからすると，修習地との関係はさほど登録地に影響を与えないようであり，登録者の生活という点が大きいものと思われる。もっとも，都市部で修習した者に対しては，小規模会の情報をどのように伝えるかという問題は存在している。

(2) 弁護士へのアクセス保障のための方策

上記の現状を改革するために，日弁連は1996（平成8）年の名古屋宣言において，全国各地での法律相談体制の確立を宣言し，法律相談センターの設置活動を行っている。この運動は，全国に存在する253カ所の地方裁判所本庁及び支部のうち，管轄地域内に弁護士が0ないし1名の地域に法律相談センターを設置するという活動である。この運動の結果，2001（平成13）年10月31日現在法律相談センターも公設事務所も存在しない地域は10カ所のみとなっている。法律相談センターの設置という点では大きな成果を上げている。

２）公設事務所の設置

(1) 公設事務所の必要性

利用者にとってみれば，週1回の法律相談より，その地域に弁護士事務所が存在し，何時でも法律相談が出来，また，訴訟等についての依頼が出来ることが望ましいこと，また，如何に各地で実務修習が行われても，その地域で弁護士登録をする者が増加しないという現状からすると，一定の方針に基づいて弁護士事務所を開設する施策をとらなければ弁護士過疎問題が解決しないことは明らかである。正にここに日弁連・弁護士会が資金援助等をしながら公設事務所を開設していく必要がある。

また，現在単に弁護士過疎のみでなく，都市部においても弁護士に対するアクセス障害を除去するという観点から都市型公設事務所の設置が検討されている。

このような公設事務所開設は，市民生活の隅々にまで「法の支配」が及ぶことを制度的に担保することになることを十分に認識しなければならい。

(2) 公設事務所の現状

　過疎型公設事務所として，2000（平成12）年6月に石見，2001（平成13）年4月に紋別及び石垣に，同年8月に遠野，9月に北見にと各地に公設事務所が開設されている。

　また，現在公設事務所の開設を予定している地域は，名寄市，留萌市，むつ市，二戸市，宮古市，小浜市，倉吉市であり，各単位会においても弁護士過疎問題を解消し，市民の法的ニーズに応えるために公設事務所の開設が有効であることが広く認識されるようになった。

　他方，大阪弁護士会は，弁護士へのアクセス障害を除去することを目的として，2001（平成13）年3月に比較的経済的利益の低額な事件を受任することを目的とした都市型公設事務所を，また，第二東京弁護士会は2001（平成13）年9月に公設事務所へ派遣する弁護士の養成を目的とした都市型公設事務所を開設した。

　そして，東京弁護士会は，2002（平成14）年6月に，弁護士任官支援と公設事務所への派遣を目的としたパブリック法律事務所を開設している。また，同会では，刑事弁護を中心とした新たな公設事務所の開設を予定している。

(3) これからの問題

　日弁連では，公設事務所の現状を紹介し，その必要性を広く知ってもらうために，2001（平成13）年4月と6月，2002（平成14）年5月に，「あなたを呼ぶ声が聞こえますか──地域から弁護士の在り方を考える──」というシンポジュウムを開催した。このシンポジュウムに参加した55期修習生のうち10名の者は，公設事務所派遣を予定している法律事務所に所属することになっている。

　また，56期のうち70名以上の者が公設事務所に行くことを検討しており，この日弁連の運動は，公設事務所開設を予定しながら，希望弁護士がいないために開設できないという現状を改革する起爆剤になることは明らかである。

　これらの修習生を受け入れるためには，一定期間経過後に公設事務所に弁護士を派遣する協力事務所（供給型A）が多数存在することが必要であり，日弁連では各単位弁護士会を通じて協力事務所の登録を要請している。

　東京弁護士会にあっては，日弁連から20の協力事務所（供給型A）の募集を求められているが，協力事務所の登録数は極めて少数に留まっており，修習生の要望に十分応えていない。

　これら日弁連活動の財政援助のために，日弁連は1999（平成11）年12月に臨時総会を開催して「日弁連ひまわり基金」を設置し，2000（平成12）年1月から5年間，会員1人あたり月額金1000円を徴収している。なお，この基金は東京弁護士会からの支援金1億円等

第3　司法改革と弁護士業務

を基本財団としている。

3）法律相談センターの拡充

(1) 法律相談センターの重要性

　近時，社会が複雑化，高度化，国際化するにつれて，市民の権利意識が高まり，その法的ニーズが増大し，かつ多様化している。法的援助を求める市民に対しては，まず，弁護士に法律相談をできるようにすることが必要である。しかし，悩める市民にとって弁護士は未だ身近な存在ではなく，どこに行けば知り合えるのか，果たして力になってもらえるのか，費用はどのくらいかかるのかなど，不安・困惑を抱くことが多い。

　そこで，いつでも，どこでも，誰でも容易に，適切な法律相談がうけられ，また必要とあらばいつでも弁護士の斡旋を受けられるよう法律相談事業を充実させることが，弁護士会にとって重要な課題となる。

　法律相談事業を充実させるには，弁護士会が会館の内外を問わず，法律相談の「場」すなわち「法律相談センター」を設け，そこで一般の法律相談ばかりでなく，専門分野についても相談に応じられる体制を整備する必要がある。また，一般の相談の中でも，離婚・相続など市民からの相談件数の多い分野につき，口頭による助言にとどまらず，書式類を備え置き，書類の作成についても指導するなど，総合的かつより専門的な助言ができる体制をつくるべきである。さらに，最も重要なこととして，市民に法律相談事業の内容，すなわち弁護士会が用意する法的サービスのメニューと費用につき，わかりやすく広報することが必要である。

(2) 過疎地対策としての法律相談センター

　日弁連は，1996（平成8）年5月の定期総会で「弁護士過疎地における法律相談体制の確立に関する宣言」を採択した。

　弁護士の行う法律相談センターは，司法改革の観点からも重要であるところ，1993（平成5）年11月に弁護士過疎地域の状況を示す「01マップ」が報告されたのを契機に，1995（平成7）年9月，01地域対策のパイロット事業として，日弁連が主体となった初の常設相談所「石見法律相談センター」が開設され，その成果を踏まえて，5年以内に弁護士過疎地域における常設法律相談所の開設運動を推進することを当面の最大の活動方針としたのである。これを受けて，日弁連はアクションプログラムを策定し，地域弁護士会連合会（ブロック）および管内弁護士会の法律相談事業担当者との地域協議会を開催し，従来から進めている厚生労働省・郵政省・社会福祉協議会等のひろく市民の相談事業に関わる諸団体との連携の強化を図り，また，電話・テレビ・パソコン等の通信システム等を利用し

た法律相談の可能性について試験するなど，具体的な実践活動を機動的に遂行する方針を確定した。

その結果，1999（平成11）年中には，高知県を除く地方裁判所本庁所在地すべてに法律相談センターが設置された。

また，2000（平成12）年4月現在，01地域に設置された法律相談センターは40ヶ所に上がっている（この中には，週一回の開催には至っていないが，弁護士会が主体となって法律相談センターを開設したものも含まれる）。

01地域の法律相談センターの運営状況は各単位会や地域の実情により様々であり，とくに財政面で大きな問題を抱えているのも事実である。そのために，日弁連は，一定の基準を満たした法律相談センターに財政援助をしたり，場合によっては人的な援助を検討して少しでも総会宣言及びアクションプログラムが実現するよう活動している。

日弁連では，交通の便も考慮して今後積極的に取り組む必要がある地域は，23程度と想定しているが，法律相談センターの設置が困難な地域が存在する。

われわれは，日弁連委員会の今後の動向に大いに注目し，弁護士過疎地域における法律相談センターの設置にむけて，人的にも財政的にも積極的に協力していくべきである。

(3) 東京での法律相談センターの現状と課題

① 会館内相談と会館外相談

東弁では，市民からの法律相談と弁護士の斡旋を行うための法律相談センターが設置され，会館の内外で法律相談を実施している。霞ヶ関の会館内相談においては，一般相談のほかに消費者問題，医療問題，労働事件等につき，事案の特殊性・機動的対応等の要請から特別相談を実施し，また，民事介入暴力センター，子供の人権救済センター，外国人人権救済センター等で法律相談・事件斡旋をおこなっている。集団的被害者救済が求められる案件については，関係委員会が中心となって一斉相談が実施されることもある。

会館における法律相談事業については，東京三会と法律扶助協会東京支部との総合受付が設けられ，東弁および二弁は事務局も合同し，Aカウンターとして協同して法律相談を実施している。

多摩地区においては，多摩弁護士会館に「東京三会八王子支部法律相談センター」が開設され，盛況を博している。

また，会館外相談としては，クレサラ相談を専門に取り扱う相談センターとして，1998（平成10）年9月に「四谷法律相談センター」を，1999（平成11）年9月に「神田法律相談センター」を，2002（平成14）年3月に離婚・相続等家事問題を取り扱う「家庭法律相談センター」を，それぞれ開設したほか，新宿に夜間相談専門の「新宿法律相談センター」

を設けた（これらはいずれも東京三会の共催である）。さらに，東弁の任官推進目的の公設事務所に併設して池袋法律相談センターを開設した。

なお，弁護士の紹介を必要とする市民に対しては，弁護士斡旋制度，東弁の直接受任制度，顧問弁護士の紹介制度がその受け皿となっている。

② 相談活動の充実のために

会館における法律相談は，旧会館に比べ市民が利用し易くなったこともあって，相談件数が大幅に増加し，2001（平成13）年度は相談件数がAカウンターで1日50件に達するほど盛況であった。また，クレサラ相談については，四谷法律相談センターと神田法律相談センターで合計14000件（月平均1200件）を超える相談があり，市民のニーズが大きい。そのため，相談担当者，相談場所，事務局体制等の点で早くも余裕のない状態になっており，今後市民の利用に支障が生じないよう体制作りに努力する必要がある。また，特別相談や専門相談をどう進展させるべきかについて議論を煮詰めるとともに，会計処理も含めて各会とも協議の上，三会が共同歩調で法律相談事業を発展させていかなければならない。具体的には，相談担当者の増員と研修制度を通じた相談担当者の質の向上を図るとともに，会館外の各ターミナル駅周辺に弁護士会が主催する常設の総合的な法律相談センターを設置することや，勤務者等のための夜間休日相談の充実，予約制度の導入の検討等取り組むべき課題は多い。

③ 自治体の法律相談等との連携

区役所等の相談室では，常設無料法律相談が行われており，地域に密着し市民が訪問しやすい相談の場として重要な役割を担っている。しかし，これら自治体が行う法律相談は，行政サービスとしての限界があり，直接受任が制度として禁止されているなど，紛争解決機能まで果たしえないことが指摘されている。

市民と弁護士・弁護士会とのアクセスの窓口を拡げる観点から，自治体の行う法律相談についても，積極的かつ主体的に弁護士会が関与していくことの意義は大きい。しかし，東京都においては，中央区，葛飾区及び大田区以外，自治体の行う法律相談に弁護士会は関与できていない。

東京三会は，長年にわたり中央区方式（弁護士会が相談担当者を派遣するシステム）が他の自治体でも実施されるよう区および地区法曹会と話し合ってきたが，1996（平成8）年から，葛飾弁護士倶楽部の協力を得て，東京三会が直接葛飾区の法律相談を担当することになった。また相談担当弁護士による直接受任制度についても，2000（平成12）年4月から葛飾区において導入された。これらの合意は，三会の立場からすれば中央区方式に比べやや後退した感は否めないが，地区法曹会がこれまで長年にわたり区民サービスに寄与

してきた経緯を正当に評価したものであり，今後他区との協議においてモデルケースとなることが期待されている。

　また，区の法律相談担当職員との交流を目的に，東弁は1993（平成5）年以降毎年1回，10月の法の日週間に，区の施設を利用して一斉無料法律相談を行い，一定の成果をあげてきており，最近では年に1度三会と区の法律相談担当職員との懇談会が友好的にもたれ，自治体法律相談の実態等につき意義のある意見交換がなされている。

　三会は葛飾区に続き，他の自治体においても弁護士会が関与して法律相談及び担当者による直接受任制度ができるよう今後も努力を続ける必要があり，少なくとも2003（平成15）年までには，5区程度の自治体の法律相談を弁護士会が担えるよう働きかけていくべきである。

4）弁護士広告の自由化

(1) 自由化の意味

　2000（平成12）年3月24日，日弁連は，それまで原則禁止であった「弁護士の業務の広告に関する規程」を廃止し，広告を原則自由とする「弁護士の業務広告に関する規程」を会規として採択し，同年10月1日から施行された。

　上記廃止された1987（昭和62）年採択の規程も，それまで全面禁止であったものを一部解除したものであるが，市民やマスコミからの批判，規制緩和に関する政治的圧力，弁護士内部からインターネットの時代に広告媒体の制限は妥当ではないとの批判が出たことから，全面解禁としたものである。しかし，広告の本質が依頼者の誘引行為であることから，誘引目的が他の法益とのバランスをとる必要性があり，依頼者である国民への広告による弊害を防ぐべきとの考えから，一定の広告は例外的に禁止するスタイルをとっている。

　禁止される広告類型は，①事実に合致しない広告，②誤導又は誤認のおそれのある広告，③誇大又は過度な期待を抱かせる広告，④特定の弁護士，外国法事務弁護士，法律事務所又は外国法事務弁護士事務所と比較した広告，⑤法令に違反する広告又は本会若しくは所属弁護士会の会則，会規に違反する広告，⑥弁護士の品位又は信用を損なうおそれのある広告の6種類である。

　禁止される広告事項は，①訴訟の勝訴率，②顧問先又は依頼者，③受任中の事件，④過去に取扱い又は関与した事件の4種類であるが，この内で②〜④については依頼者の書面による同意がある場合には許される。

　禁止される広告方法は，①訪問又は電話による広告，②特定の事件の勧誘広告（ただし公益上の必要がある場合には許される。），③有価物等供与である。また，第三者が行う抵

触広告への協力が禁止され，広告弁護士の表示・広告であることの表示・広告の保存が義務づけられる。

これら広告規程の解説及び運用指針については，日弁連業務対策委員会のプロジェクトチームが作成した「弁護士広告」（商事法務研究会）に詳しく記述されており，広告をしようとする弁護士は，この本を熟読し，違反のない広告に気を付けるべきであろう。

(2) 解禁後の実態

解禁6ヵ月後に開かれた全国業務対策委員長会議での報告によると，東京以外の地区の弁護士は，解禁後も殆んど広告をせず，東京地区では，インターネットによる広告とサラ金の整理に関する広告がD．M，週刊誌，電車内の広告などを媒体として目立っている。

注意すべきなのは，特にクレサラ事件のD．M広告の場合，単に多重債務者（延滞債務者でない）に対するものなら，特定事件の勧誘とならないが，その送付するリストを入手する場合，裏で流される債務者のプライヴァシーを無視したリストを利用するのは，品位を害する広告（個人情報保護法の対象の場合は法令違反）となり，取締りの対象となるため，表示以外の点についても気を使うべきである。

ところで，広告の表示内容は，優位性の訴求であり，優位性には，①価格によるものと②品質によるものがある。上記の日弁連プロジェクトチームでは，解禁後，例えば「当事務所はＭ＆Ａを得意とし，こういった実績があります」「当事務所は，医療過誤に対応できる体制をとり，カルテの判読，検査データの解析，投与された医薬品の副作用等からご相談に応じます」「当事務所は相続に関してあらゆる分野─税務，登記，遺産分割，遺言を扱い，あなたの問題を総合的にバックアップするスタッフを揃えています」等の品質優位の広告が出るものと予想したが，こうした広告は出てきてはいるが，その数は少ない。この様な状況は，事務所体制が品質優位性を唱える状況にないのか，又はその様な事務所における広告の必要性のないことを意味しているものだと思われる。

(3) これからの問題

今後広告媒体として発展する可能性があるのが，インターネットを利用した広告であろうと推測されるが，インターネットでの広告は新しい技術とともに発達している問題であるために，どの様な問題が出てくるのか予想のつかない点が問題であろう。

例えば，インターネット上のバナー広告（あるホームページに誘引する広告）やモール上の広告（ネット上の商店街）等においては，それを一つの広告と見れば広告規定上の義務的な記載ができないことがあり得る。更に，その広告料が事務所の売上げに応じて支払う体系となっている場合に，事務所の売上げが弁護士以外の者に帰属する非弁提携と言うべきなのか，ネット上のモールへの出店も非弁提携にならないのか等議論されなくてはな

らない点が多く存在する。現在，東弁内に設けられた広告調査委員会を中心に，検討中である。

　さらに，弁護士会では弁護士報酬基準を制定しているが，これを全く無視して広告をしてよいのかどうかも問題がある。報酬が自由競争により決まっていくということは，一つの考え方であるが，報酬規程には，依頼者を保護するための考え方又は規定が含まれており，拘束力はないとしても，妥当ではない報酬請求が弁護士の品位を害する危険性が存在するのである。この点についても，今後弁護士の報酬のあり方として研究されなければならないであろう。

5）弁護士情報提供制度

> 弁護士情報提供制度は，弁護士が国民に対して，その取り扱い業務等の情報を開示する制度であるが，この開示は，弁護士の国民に対する義務であることを自覚し，全ての弁護士が，業務を含めた弁護士情報を開示する制度として発展させなければならない。

(1) 弁護士会の広報としての役割

　国民が，弁護士にアクセスをする際に弁護士に関する情報がなくては，どのような弁護士に連絡をしたらよいのかも分からない。その意味で，個々の弁護士の情報提供は，国民にとっては重要な要素である。そして，国家の制度として，弁護士に法律事務を独占させているのであるから，弁護士としては，どの様な法律事務を扱うのかに関する情報提供を国民に対して行うことは，義務である。この観点から，各単位弁護士会の中には，弁護士の情報を開示するために，小冊子を作る，本を作るなどしている会が存在する。この要請は，東京であっても同様であり，その情報開示方法について，検討を重ねてきている。特に東京においては，小冊子を作るにしても，地方単位会と比べると多数の弁護士が存在し，その費用も莫大となることが予想され，この点が問題視されていたのである。

　東京弁護士会では，このような情報提供は，弁護士会の広報として重要であることを認識し，約10年の検討をしてきている。業務改革委員会において，実験的にＦＡＸ情報提供制度を立ち上げ，その利用度を勘案して，制度の発展を期待したのである。

　そして，経費問題等を解決して2000（平成12）年10月１日から，現在の東京弁護士会のホームページ（http://www.toben.or.jp/）に，東弁所属の全弁護士の名前と事務所が明示され，取り扱い分野の情報提供を了解した弁護士に関しては取扱分野も明示した情報提供制度が掲載されることとなった。この制度は，国民の好評を得ている。好評の理由は，自分

の頼みたい事件の分野の弁護士に関する情報が従来全くなかったのに，一般分野35分野，要経験分野22分野（この登録には，一定の経験要件が存在する。）を検索すると必要な弁護士の情報（写真や地図，かかわった判例等）が出てくるからで，これで自分の医療過誤の事件をやってくれる弁護士をやっとみつけたという国民が出てきている。国民だけではなく，弁護士にとっても，この事件は他の弁護士にやって貰おうと思ったとき，従来は誰に頼んだら良いか分らなかったが，これによってそうした利用も可能になるという利便性を有しているものなのである。

(2) 個々の弁護士にとっての位置づけ

今までの弁護士業務の多くは，知人を介して頼まれる事件を何でもやっていたため，専門化の必要もなく，どの分野でも対処できる体制を採ることが必要とされてきていたものと思われる。

しかし，この制度を利用することで，ある特定の事件の依頼を集中させることが可能となり，その分野の専門家として対処することにより事務所維持もできる可能性を有している。

その意味で，広報でありながらも，各弁護士の広告的な側面も否定できないのであり，その面の効果もあると考えられる。ただ，広報と広告との区別は，明確にすべきであり，その本質的な違いを常に意識し，弁護士会の広報が，各弁護士の広告にならないよう注意をすべきである。

弁護士会の広報は，個々の弁護士自らの取扱分野についての情報公開が，国民に対する弁護士の義務であるとの考えに発端があることを個々の弁護士に浸透させるべきである。東京弁護士会では，取扱業務を明示する弁護士が増えないことから，従来取扱業務掲載には登録料や弁護士過誤保険に入ることが条件となっていることが情報開示の阻害要因となっていると推定し，その条件を撤廃し，その増加を目指している。

(3) 今後の課題

この制度登録をし易くしたために，現在東弁で取扱業務の開示をしている弁護士は，昨年の165人から504人へ拡大したが，会員数全体からすればまだ拡大しなければならない状況である。東京弁護士会の弁護士として，弁護士情報の開示に対する義務感を持つべきであろう。

情報提供を拒んでいる最大の理由は，見ず知らずの人からアクセスされることを嫌う傾向，現在の事件数で手一杯であり，事件の相談があっても受けられない，というものである。これは，法律事務を独占的にゆだねられている弁護士資格に付随する国民に対する義務感の希薄化であると思われる。

このような現状を打開すべく，東京弁護士会及び業務改革委員会では，情報開示が国民に対する義務であることの意識の改革，阻害要因の除去に向けて，検討を始めている。しかし，要は，弁護士各人が，自分が責任をもって行うことができる分野の情報提供を国民に向けて公表する意識をどの様にして持ってもらうかという実現に向けた具体策が強く必要な段階にあり，個々の弁護士に対しては，意識の改革をして貰う必要があろう。

6）弁護士報酬
(1) 報酬規程廃止後の方策

> 　弁護士報酬規程（基準金額）の廃止に伴い，独占禁止法に抵触せず，かつ市民に対して弁護士報酬の目安を提供できる方法を探る必要がある。

　① 報酬規程の廃止

　2001（平成13）年3月30日閣議決定の「規制改革3か年計画」においては，「弁護士について，司法制度改革審議会の審議結果をも踏まえ，報酬規定を会則記載事項から削除する。（平成14年度措置〔施行〕）」とされた。他方，司法制度改革審議会意見書では，「弁護士法第33条において『弁護士の報酬に関する標準を示す規定』が必要的会則事項とされていることについては，規制改革3か年計画において『報酬規定を会則記載事項から削除する。』と定められていることを踏まえ，適切な対応がなされるべきである。」とされ，若干の検討の余地があるものと思われたが，司法制度改革推進本部の法曹制度検討会における検討結果は，弁護士法上の上記根拠規定は削除する方向となった。今後は，2003（平成15）年通常国会に上程される予定の弁護士法改正案の中に盛り込まれるものと思われる。

　② 報酬規程と独占禁止法

　2001（平成13）年10月24日，公正取引委員会は，「資格者団体の活動に関する独占禁止法上の考え方」を公表している。これは，1995（平成7）年に公表されている「事業者団体の活動に関する独占禁止法上の指針」に関して，同指針が資格者団体にも適用されることを前提に，資格者団体の活動に関して独占禁止法上の考え方を整理したものとされている。

　そもそも弁護士は独占禁止法上の「事業者」にあたるのか，弁護士会及び日弁連は「事業者団体」にあたるのかという前提的論点があるが，現在のところ公正取引委員会は，いずれも当然にあたるものと解している。

　また，上記「考え方」は，報酬規定に関して，「会則に報酬に関する基準を記載することが法定されている場合」と「法定されていない場合」とに分けて論じているが，弁護士

法上の根拠規定廃止後は，弁護士会の報酬規程は独占禁止法に抵触するものと捉えられている。

③　今後の方策

現行の報酬規程（基準金額に関する部分）が，弁護士法上の根拠規定の削除によって，独占禁止法に抵触することとなるとしても，一般市民にとっては，弁護士報酬のおおよその目安となるべきものは必要である。それは，一般市民にとって，弁護士に依頼することは頻繁にあることではなく，おおよその目安がなければ弁護士へのアクセスを断念してしまうこともあり得ること，弁護士報酬は，個々の事案によって，計算の方式も多様な可能性があり得ることなどによる。そこで，例えば，弁護士会の会規とするのでなく，弁護士の一般的報酬額を事案等に類型化して統計的資料を作成するなど，独占禁止法に抵触せず，かつ一般市民に目安を示しうる方策を検討すべきである。

また，個々の弁護士として，依頼者に対して，報酬の金額や計算方法を明確に説明したうえで合意を得るべきことは，今後さらに徹底されるべきである。この点，現行では報酬規程中に定めがあるので，内容を検討の上，改めて会規として定める必要がある。なお，個々の弁護士（または事務所）が報酬基準表を作成し公表することの要否については，新たに提起されている課題であり，今後早急に検討する必要がある。

(2)　**タイムチャージ制**

> 弁護士の報酬制度は，現在渉外事務所を除いては，固定報酬制または経済的利益に基づく報酬計算をしているのが通常である。しかし，今後，弁護士への法律事務の要請は，紛争外の事案が多くなることが，予想されている。このような場合の報酬のあり方としては，経済的利益を基礎とした報酬制度だけではなく，時間を基準とした報酬制度が重視されなくてはならない。時間を基準とする報酬制度は，どの様な事案にも適用ができるものであり，今後の弁護士の扱う案件が，紛争だけではなく紛争予防のための案件が増加する場合であっても，依頼者に対して透明性を確保しつつ適用できる報酬制度として優れた面を有している。このような制度の普及に弁護士は努力をしていくべきである。

①　現行の報酬制度

現在の弁護士会の報酬規程は，訴訟等紛争性のある法律事務に関しては，紛争の類型別に規定を作成するなど，相当検討が加えられたものとされており，近年は特に依頼者の弁護士への依頼のし易さを考えた規定に変更するなどして，妥当な基準となっていることは多くの弁護士が認めている状況にあることは事実である。

しかし，これらの基準は，紛争性のある事案を前提とした場合であり，紛争性のない事案である場合には，その妥当性を欠き，現実には基準となっていないのが現状である。例えば，弁護士が契約書を作成する事案が増加しているが，その契約の内容の経済的利益を基準としているために，いくら複雑な契約であっても，その経済的利益が小さければ，その成果に見合った報酬を請求できず，反対に簡便ではあっても経済的利益の大きい契約内容であれば，報酬額が大きくなり，依頼者の理解自体が得られない状況が出現している。300万円の契約であれば，作成に苦労しても，基準報酬額は，10万円であり，3億円の契約であれば，118万円が報酬額となる。

　報酬額についても国民の理解を得られないものであれば，その規定は役に立たない。今まさに，紛争性のない事案に関しての報酬基準は，このような状況となっているのである。

　この点を解決する制度として，時間制報酬制度（タイムチャージ制）が考えられるが，その制度に関しての弁護士会の報酬規程は，

❶時間制報酬制度の定義と内容，

❷時間制の場合の時間当たりの単価は1万円以上であること，

❸単価決定に関する考慮要素として，事案の困難性，重大性，特殊性，新規制及び弁護士の熟練度などを定め，

❹時間制の場合にあらかじめ請求していない報酬分の預かりを認める，

という内容を1条にまとめて記載してあるのみである。

　この規程は，これから時間制報酬制度を採用する者にとっては基準ともならないものであり，依頼者側にも弁護士側にも報酬予測性及び透明性という観点からは問題がある状況である。社会から要請のある職域への弁護士の法的作業の提供ないし弁護士の職域拡大というテーマは，弁護士会の基本的な事項と理解すべきであり，弁護士の職域拡大等に見合った報酬制度に関しても見直しを含め，充実させることをはかるべきである。

　特に司法改革の渦中にある現在，司法制度改革審議会で求められている今後の弁護士の役割を果たす上で役に立つ方策として弁護士の時間制報酬全般の見直しを検討すべきである。

②　時間制報酬制度の検討の必要性

　今後，弁護士の職域は，広がっていく可能性を秘めており，職域が広がったとしても，新たな法律事務に関するその報酬制度が完備されなくては，結論としては，職域拡大による報酬に関する紛争ばかりが増えてしまうということになるとも限らない。

　このような観点から，時間制報酬制度の普及に合わせた検討項目は，多岐にわたるものが考えられる。

予想されるものの一部だけでも，検討すべき点は，以下のとおりある。

❶時間単価の要素に関しては，現状の弁護士会の規定に記載されていることは一応参考とはなるものの，基本的な考え方を示しているとはいえない。世上行われているタイムチャージ制における時間単価は，事務所経費等を基準としており，弁護士の時間単価においても，一般的な考え方を考慮した要素を基準としていくべきである。

❷時間制報酬制度は，依頼者に弁護士の依頼事案に費やした時間を報告することが前提となっているのであり，その報告は，どの様にすることが合理的であるかが検討されなくてはならない。少なくとも，着手金と終了報酬とを弁護士の報酬とする制度においては，依頼者との報酬問題は，事件着手時と終了時でしかないが，時間制報酬制度では，弁護士の時間に関する報告を依頼者側で検証できる合理的な期間での報告が必要とされるはずである。

❸複数弁護士が，関与する場合の時間制報酬のあり方も問題となりうる。依頼者にとって，複数の弁護士が関与してくれることは，歓迎すべきであるが，報酬額がその弁護士数に正比例するのでは，複数の弁護士を担当させるかどうかということ自体が，依頼者との相談事項となり，依頼者の了解を得なくてはならない事項となるはずである。

❹弁護士会の規定では，弁護士が移動に要する時間も法律事務をしている時間と同様に扱うことが前提となっているが，果たしてそれがそのまま妥当であるかは検討を要する事項であるはずである。移動に20時間かけて依頼者との会議に出席し，会議は3時間であった場合に，23時間分が妥当な報酬というべきなのだろうか。

❺時間制報酬制度を採用する場合に，毎月一回事務処理に要した時間の報酬を請求するとして，その請求による支払いがない場合に，その支払が一回ないことを理由に事務処理をしないということが，妥当であるかどうか。

③　今後の対応

現在，東京弁護士会の発案で，東京三会において，時間制報酬制度研究会が発足し，時間制報酬制度の普及と普及した場合の報酬に関する紛争を予防するための研究が行われている。将来的には，弁護士会がガイドライン的なものを作成し，時間制報酬制度の国民に対する透明性の確保，紛争の予防を検討するため，同研究会の研究の発展に期待するとともに，協力していくべきである。

7）権利保護保険

権利保護保険は，事件解決に必要な経済的側面を補填する制度の一つとして，重要

> かつ必要な制度である。しかし，現状は問題点も抱えており，この問題点を市民の利便性の観点から解決しながら，制度の発展を図るべきである。特に，保険制度上の弁護士報酬については，弁護士会の報酬規程の廃止又は変更の議論と平行して，この保険制度上における弁護士報酬のあり方を再検討すべきである。

(1) 権利保護保険の内容と必要性

　権利保護保険とは，市民が法的な紛争に遭遇した場合に，それを解決するために必要な費用を保険金として支払うというものである。従って，この保険の利用者は，保険料を支払うことが必要であるが，現実に法的な紛争に巻き込まれたときに必要となる費用と比べて低廉な保険料支払いでまかなえる点に長所がある。

　弁護士として法的紛争にかかわっていると，現在の法体系の中で解決するための費用は社会生活の中では，多額な出費であることは事実であろうし，費用さえかければ良い解決方法が見い出せるということも現実である。従って，この現状を市民の目で見れば，解決のための費用をどのように用意をするかが，大きな問題となるのである。この問題を解決する一つの方法として，この保険の必要性が肯定される。

(2) 外国及び国内の状況

　この保険を検討していた日弁連業務対策委員会内の検討グループで参考とした例としてドイツとアメリカ等の保険があるが，その国の紛争解決方法に合わせた保険制度でなくては利用しやすくはならないことが理解できる。ドイツは，弁護士費用自体が訴訟物の価格を基準として法定化されており，その弁護士報酬制度を前提としており，アメリカでは，共済制度に近い制度となっている。日本においては，日本の法体系，紛争解決方法に合わせた保険制度を考えなくてはならないと思われた。

　日本国内においては，現在株主代表訴訟向け保険，ＰＬ保険，そして自動車損害賠償保険の内容の一つとして，弁護士費用を保険金として支払う損害保険が存在している。しかし，これら特殊な分野における法的紛争以外については，弁護士費用を含めた紛争解決費用を支払うことのできる保険は存在しなかった。

　この様な状況は，一般的な法的紛争を解決するための費用が出る保険がないことを意味し，現状の法律扶助制度が極端に貧困者を前提とした制度となっているために，貧困者以外の者に対する法的紛争解決のための費用は，全て紛争当事者が負担する状況となっている。このような状況自体が，日本における法的解決を阻害している要因の一つとなっていることは間違いなく，今後の日本の紛争解決のあり方に大きな影響を及ぼす要素となっている。

(3) 日弁連の動き

 日弁連としては，以上の通りの国内の状況を考え，①弁護士費用を含めた紛争解決費用を保険で支払える制度の社会的必要性を満足させること，②費用負担の問題が解消されても紛争解決ができるわけではなく，その費用負担の問題と具体的な事件を弁護士が受任する仕組みが関連しなくては妥当な紛争解決とはならないことを念頭に置き，損害保険会社との協議を約2年間続けてきた。

 その結果として，1999（平成11）年11月に日弁連理事会のこの制度創設の承認を経て，2000（平成12）年7月に日弁連と損害保険会社との協定書の締結[1]がなされ，日弁連理事会の決議により同年10月1日から弁護士会内のシステムの構築をし，保険制度としても販売がなされ，2003（平成15）年4月で約2万件の保険契約がなされ，この保険のための弁護士会内部の組織としての「日弁連LAC」には，保険利用の弁護士紹介依頼として5件が出ている状況である。

(4) この制度の問題点と育成

 一般的な法的紛争解決費用に関する保険は日本でも初めてであり，弁護士としても，社会に生じる紛争解決のためには将来的な発展を応援すべきである。しかし，この制度は，弁護士会が関与するということを含めて初めての試みである点を多く含み，制度の持つ問題点も意識した上での発展でなくてはならず，問題点[2]を議論しておく必要性は大きい。

 なお，2002（平成14）年になって政府の司法制度改革推進本部での検討会において現在の弁護士会での報酬規程が廃止又は変更される方向性が決まっているために，この保険制度自体における報酬基準を決める必要性が出てきている。独占禁止法等の法律との関係でこの保険制度における弁護士報酬をどうするかの議論をしておくべきである。保険制度である以上は，一定の報酬基準がなくては制度としての採算の問題になることが予想され，早期に態度決定をしなければならない時期に来ているものと思われる。

 このような問題点を意識しつつ，販売がなされ始めた権利保護保険の発展を国民にとって利便性のあるものとして育て上げていくべきであり，弁護士会としても，積極的にその普及に協力していくべきである。

 ①権利保護保険の内容はあくまで保険会社の商品開発の問題であり，全体として保険会

---

1) 損保会社と協定した権利保護保険の内容
　　日弁連が協定をした権利保護保険の内容は，損害保険会社が契約者に法的紛争が惹起された場合に，報告を受けた保険会社は，当該契約者が依頼すべき弁護士を捜すことができない等の場合に弁護士会に弁護士紹介の手続きをとり，弁護士会が担当弁護士を選任し，事件の担当を決め，その後，契約者が弁護士に支払った法律相談料，弁護士費用を契約者から保険会社に請求する，または，保険会社から直接弁護士に費用が支払われる，という制度である。
2) 損害保険会社と日弁連の協定，システム等の問題点

社の開発姿勢に依拠しなくてはならない。このことは，解決費用としてどのような事件の費用に限定されるかは全て保険契約の内容の問題となることを意味し，その保険の内容が，国民にとって利便性のあるものとなるか否かは，保険会社間での自由競争原理での発展を望まざるを得ない。

②日弁連と損保会社との協定書は，弁護士会が，保険会社及び保険契約者に対して「適正な弁護士」を紹介する努力義務を負っている。適正ではない弁護士の紹介である場合には，弁護士会に何らかの責任を負担しなくてはならないものかが問題となる。弁護士会の弁護士紹介は，あくまで単なる紹介であるべきであり，適正かどうかを判断することのできない弁護士会が上記の適正な弁護士を紹介する義務を負うことは問題がある。

ただ，被保険者が，この制度上弁護士会に期待することは，当該事件処理に「適正な」弁護士であることは間違いなく，この点に問題が生じるようでは，制度そのものの存続にかかわる問題となることが予想される。この場合は，保険会社の方が今までの経験上適正な弁護士を捜すのに長けており，将来的には，保険会社が事実上弁護士の紹介を行うようになる可能性を秘めている。弁護士会として，義務を負うことは妥当ではないにしても，この適正な弁護士を確保する対策をいかにして確保できるかは重要な問題となるはずである。

③保険金として支払われる弁護士報酬の額の妥当性は，どこでの判断を拘束力あるものとするのかが不明である。将来的に保険会社の判断が報酬額の妥当性を左右しかねない。

④損保である以上，保険事故がなくては保険金が支払われない。従って，はじめの段階で，保険事故か否かを判断するのは，保険会社であり，その判断の妥当性を担保する手段がどのように採られるかが問題である。

⑤現在の弁護士会の法律相談，事件受任の場合の報酬は，ボランティアを前提とした報酬額となっている傾向があり，弁護士会が関与することによりその傾向が引き継がれるとすれば，ボランティアとする必要のない事件までも低額報酬で受任しなくてはならない不当なことが生じうる。

⑥保険商品の内容，販売方法，運営方法については，日弁連も協議に加わることが予定されているが，これがどれだけの実効性を有するのか，この協議内容は保険会社にとっての販売戦略上相当重要と思われ，本当の意味での協議ができるかは疑問である。

⑦保険で支払われる解決費用に，今後拡大することが予想される裁判外紛争処理機関での費用がどの範囲で含まれるかが問題である。各弁護士会で，その機関を利用する際の費用額が異なっている点も問題とされるであろう。

⑧保険契約者は，自然人を予定しているのが現状であるが，中小企業等の法人こそこの

保険の必要性が高いのではないだろうか。

⑨事件内容については，通常秘密性を保持することが依頼者から期待されているが，この制度上は，保険会社，日弁連及び単位弁護士会のセンターにおいて事件内容の確認，経過報告書の提出が義務づけられており，この点の秘密保持に関する配慮が少ないように思われる。

8）法律扶助制度の抜本的改革

> すべての市民に裁判を受ける権利を実質的に保障するためには，国の責任においてリーガル・エイドの充実を図ることが不可欠である。わが国においては，国選弁護制度や法律扶助協会の活動にその一端を見出すことができるが，公的制度としては極めて不充分である。
>
> わが国では，2000（平成12）年10月1日から民事法律扶助法が施行され，国庫補助金は，2002（平成14）年度は約30億円であり，従前より着実に増加しているものの扶助事件の著しい増加に対応できない状況にある。われわれは民事についても給付制の導入，行政手続への扶助など対象事件の拡充，中間所得層にも対象を拡大して事業・予算規模を飛躍的に充実させ，更に，国費による公的弁護制度に関する運営主体を始め制度設計が現在司法制度改革推進本部を中心に検討されているが，扶助方式を採る場合，法律扶助協会の財政基盤を確立することを主眼に置きながら弁護活動の独立性・自主性を確保しうる体制を整備することが必要である。

(1) 法律扶助制度の必要性

何人も裁判所において裁判を受ける権利を奪われないことは，法治国家の基本理念であり，絶対的原則である。そして，複雑，多様化した現代社会において，法の保障する権利を適切に行使し，裁判を受ける権利を実質的に保障するためには，権利実現に至るあらゆる過程において，法律専門家である弁護士の援助が得られる制度を構築することが必要不可欠である。

しかしながら，わが国の現状は，経済的理由や社会的理由により弁護士の援助を受けることができない市民が多数存在する。市民の裁判を受ける権利を確立して，国民のための司法を実現するには，何人も弁護士による充分な援助を受けることができる体制を整備する必要があるとともに，市民には，国に対し，憲法の理念に基づき，一定の要件の下に，法律援助を求めることのできる受給権があると考えられなければならない。

(2) わが国の現状

わが国における市民の裁判を受ける権利の実質的保障としての民事事件に対するリーガル・エイドは，1952（昭和27）年，日弁連が中心となって設立した財団法人法律扶助協会の事業として開始され，半世紀の歴史を有している。

　この間，法律扶助協会の活動分野は，狭義の訴訟，調停事件の扶助にとどまることなく，無料法律相談，少年保護事件附添扶助，刑事被疑者弁護援助，難民法律援助，精神障害者援助，中国残留孤児国籍取得支援，阪神・淡路大震災の震災援助事業などの広範な分野に及んでいる。

　ところで，わが国の法律扶助は，民事扶助とその他の事業に大別できる。民事法律扶助には，裁判援助・裁判前援助があり，これらは国庫補助対象事業として実施されている。法律扶助事業は，民事扶助の他にその他の事業として多くの国庫補助金対象外事業があるが，これらの事業規模は年々拡大している。こうした事業の財源としては，日弁連・弁護士会の補助金，弁護士寄付，篤志家寄付，贖罪寄付，自治体寄付，日本財団寄付等があり，これらの総計はおよそ18億5,570万円に上る（2001〔平成13〕年度実績）。

　しかし，わが国の法律扶助事業は，こうした関係者の努力にもかかわらず，諸外国の同様な制度に比して著しく立ち遅れている。

　欧米諸国では，1970年代に画期的な法律扶助改革がなされ，基本法の制定により大規模なリーガル・エイドが実施されている。とくに，イギリスでは，年間で法的助言153万件，民事扶助36万件，刑事扶助48万件，当番弁護士99万件のリーガル・エイドが実施されており，その支出金の総計は約2,743億円に上り，国庫の負担金は約2070億円となっている（1996〔平成8〕年度）。

　これに対して，日本では，2001（平成13）年度の実績で，法律相談援助49,802件，無料法律相談が30,562件，民事法律扶助が30,918件などであり，自主事業を含む法律扶助事業費は，64億1,396万円である。このうち，国庫補助金は，前年の28億2,200万円から29億8,300万円（2002〔平成14〕年度）に増額されたものの，欧米諸国に比較し，その規模はいまだに低いものがある（各国の扶助制度の比較一覧は，1998〔平成10〕年3月23日付法律扶助制度研究会報告書の比較表参照）。なお，2002（平成14）年度の国庫補助金，約29億8,300万円の中には，管理運営費分（名目上は事務費補助金）として約3億5,000万円が含まれている。また，法務省は，2003（平成15）年度約35億2,800万円の概算要求を行っている。

(3)　民事法律扶助法の成果

　2000（平成12）年10月1日施行の民事法律扶助法は，法律扶助制度研究会報告書を前提とする立法化であったが，同法の施行による成果を具体的に列挙すると下記のとおりであ

る。

記

(ⅰ) 財団法人法律扶助協会による民間事業から同事業の運営体制の整備及び全国的に均質な遂行のため必要な措置を講ずるなど公的事業として国の責務が法に明記された。

(ⅱ) 日弁連及び弁護士会が法律扶助事業実施に関し，会員である弁護士による協力体制の充実を図るなど扶助事業の適正な運営確保及び健全な発展のために必要な支援をする責務や弁護士の扶助事業実施のために必要な協力をする責務が法に明記された。

(ⅲ) 民事法律扶助法によりこれまでの扶助予算は予算補助から法に根拠をもつ法律予算となった。

(ⅳ) 財団法人法律扶助協会が，民事法律扶助事業について指定法人として業務を行うこととなった。

(ⅴ) 根拠が与えられたことにより，2002（平成14）年度の国庫補助金は約29億8,300万円であり，立法化前よりも着実に前進をしている（もっとも扶助先進国との国際比較では貧弱である。なお，2003〔平成15〕年度の概算要求は，約35億2,800万円）。

(ⅵ) これまで補助対象外であった管理運営費について事務費補助金として予算化された（2002〔平成14〕年度3億5,000万円）。

(ⅶ) 国民の司法アクセスを飛躍的に前進させるものとして法律相談登録弁護士が全国に配置されることとなった（2001〔平成13〕年3月末現在全国約5,808名）。

(ⅷ) これまで法務大臣の個別承認を要した生活保護受給者の償還免除が原則的に指定法人限りで可能となり，また生活保護受給者及びこれに準ずる者に対する進行中償還が廃止された。

(4) 今後の課題

民事扶助の法制化に伴い今後の課題は，司法制度改革審議会意見書でも検討課題としている民事扶助の予算的・制度的拡充や刑事・少年事件への公的弁護制度の早期実現である。具体的に列挙すると次のとおりである。

① 民事扶助について

ⓐ 事業費の拡大と管理運営費の充実

2000（平成12）年10月1日施行の民事法律扶助事業に伴う補助金は増加したものの，代理援助（扶助）件数の伸び率は，補助金の伸び率をはるかに上回っており，この傾向は年々拡大している。

記

	国庫補助金	伸び率	代理援助件数	伸び率	内，自己破産件数	伸び率
11年度	9億5,000万		12,744件		7,016件	
12年度	20億4,800万	16%	20,098件	58%	11,864件	69%
13年度	25億7,500万	26%	33,447件	66%	22,387件	89%
14年度	29億9,800万	16%				

　そのため，法律扶助協会は，2002（平成14）年1月全国50支部の利用件数の上限枠を設定し，その為各支部では受付窓口の閉鎖若しくは利用制限の措置を採らざるを得なくなった。

　これは国民の間に扶助に対する切迫した需要があるにもかかわらず，財源不足により放置するものであり，民事法律扶助法に定める国の責務を充分果したとは言えない極めて憂慮すべき事態である。

　扶助予算の大幅増は，長引く経済不況，リストラによる自己破産者の雇用対策の見地からも必要な施策である。また，消費者金融を巡る犯罪や一家離散，心中など様々な社会的問題を解決することによる社会防衛の見地からも扶助事業の一層の充実が望まれる。

　他方，需要の増大に適切に対応していくには専任職員の配置や事務所スペースの確保も不可欠である。現在，東京・大阪などの外は，弁護士会のスペース内で同職員が兼任して執務しているのが現状であり，管理運営費に対する補助も早期に実現される必要がある。

ⓑ　適切な弁護士報酬の設定

　改善されつつあるとはいえ，報酬額は通常事件からみると相当低い水準にとどまっており，弁護士の情熱とプロボノ的活動にのみ依存することなく，適正な法的サービスの提供を確保しうる水準にする努力も必要である。

ⓒ　原則給付制の実現

　償還制が裁判を受ける権利を実質的に保障する扶助制度を不十分なものとし，扶助利用者の利用障害になっていることや弁護士費用の低額化の要因になっていることなど多くの問題点が指摘されている。したがって，扶助先進国の運用のように資力の不十分な利用者には給付とし，一定の資力のある者には負担金を課すという原則給付制の実現に向けて検討すべきである。

　特に，生活保護受給者に進行中償還を求める運用については「生活保護制度の趣旨

に照らして問題があり，原則として費用負担を求めない方策を検討する」ことが必要である。

ⓓ　扶助対象者の拡大を図ること

現在は，国民所得層の下から2割を予定しているが，これをさらに拡大して扶助先進国並みに中間所得層にも拡大していくことで国民にとって利用しやすい司法の実現を図る必要がある。

② 刑事・少年事件について

ⓐ　刑事被疑者弁護援助・少年保護事件付添援助など法律扶助協会の自主事業について，国費による公的弁護制度が早期に実現されること。

ⓑ　刑事・少年事件に関する公的弁護制度が扶助形式となる場合，運営主体はこれまで自主事業として事業を遂行してきた法律扶助協会とすること。

ⓒ　刑事・少年事件の公的弁護制度実現までの間，国庫補助金による財政支援がなされること。

ところで，国費による公的弁護制度の実現（立法化）にあたっては，運営主体が大きな課題となっており，日弁連においては公的弁護制度検討会バックアップ会議を中心に論議がなされている。

刑事においては，公権力の行使に対し被疑者・被告人の権利を擁護し，国家刑罰権の行使のチェックを行うという弁護活動の本質を考慮すれば，弁護人・付添人の職務の自主性・独立性の確保に特段の配慮が必要である。この見地からすれば，人事権が主務大臣に存在し，業務方法書も主務官庁が作成する認可法人や人事・業務遂行を直接行うことになる国直営方式よりは主務大臣の認可にかかるとはいえ人事及び業務規程も自主性の幅が大きい指定法人の方が望ましい。

他方，指定法人にあっては，事業費の補助は予算の範囲内で一部に限られており，しかも管理運営費については原則的に補助の対象外とされているのが通例である。しかしながら，刑事被疑者は勿論のこと，刑事被告人の公的弁護は憲法上の権利として要件を充足すれば受給権が認められ，その費用支出はオープンエンドでなければならない。また，被疑者・被告人の公的弁護運営にかかる運営費についても国費による支出がなされなくてはならない。この見地からすれば，運営主体としては，裁判所に付設する独立機関若しくは国家機関としての独立行政法人が望ましいことになる。

要は，弁護活動の自主性・独立性と財政基盤の確立の要請を具体的運営主体の創設にあたりいかに充足できるかによるが，国から独立した立場でその業務を行いつつ，その運営

に必要な財政措置について国が責任を持つ運営機関であることが望ましい。立法化にあたり，具体的運営機関について早急に日弁連内はもとより，関係機関との協議・検討作業を行う必要がある。

第4　弁護士会の組織等の改革

1　政策実現のための機構と運営

1）司法改革の推進と弁護士改革実現のための弁護士会

> 司法制度改革審議会の議論及び司法制度改革推進本部の取組の進展とともに，司法改革運動の推進がいよいよ具体的に本格化し，弁護士会が，司法制度，弁護士制度，人権課題，法制度などにつき，積極的かつ迅速・的確に提言し，実践しなければならない課題が飛躍的に増加している。
>
> 弁護士会はその社会的役割の増大にともない，①中・長期的な展望に立った総合的司法政策の形成，②政策実現のための具体的で有効な運動論の構築と実践，③政策形成と運動推進を担うためのスタッフや財政を含めた実務的・継続的な体制の確立，そして，④情勢の変化に迅速に対応できる適切な会内合意のあり方の確立が必要であり，その観点から会の機構運営のあり方を見直すべきである。

(1)　司法改革の取組みと弁護士会のあり方

　司法制度改革推進本部が設置され，司法改革に向けた立法作業が本格化するなか，日弁連の司法改革運動はまさに正念場を迎えている。意見書の提言を後退させないことはもちろん，それを足がかりに市民とともに司法の抜本的改革をはかっていくためには弁護士会が果たすべき役割が決定的に重要である。司法制度改革推進法に日弁連の「責務」が謳われたことは，司法改革実現のための弁護士会の役割の重要性が社会的にも明確に認知されたことを端的に示しており，その役割を担うに足りる弁護士会のあり方の抜本的改革が求められている。

　また，2002（平成14）年3月19日に閣議決定された司法制度改革推進計画においても，「日弁連に対し，司法制度改革の実現のため必要な取組を行うことを期待する。」と明記され，弁護士会への期待感が表明されている。

　このような観点からみた場合，弁護士会に求められている主な課題は，以下の4点に集約される。

　①　中・長期的展望に基づいた総合的司法政策の形成
　②　①の政策を実現するための具体的運動論の策定

③　①②の作業と具体的運動を行うための実務的な継続的取組みの実施
④　①～③の取組みの基盤となる適切な会内合意の形成

　以下で，これらの課題についての具体的内容と実現のための体制づくりを提言する（なお，以下の各論点は，相互に密接な関連性を有するものであり，各論点についての提言には，一部重複するものもある）。

(2)　中・長期的展望をもった総合的司法政策の形成

①　総合的司法政策の必要

　従来の弁護士会の司法制度問題をめぐる活動は，厳しい言い方をするならば，問題に直面するまでは取組みを先送りし，直面したら当面の対応に追われ，当面の問題が落ち着いたら取組みが急速に停滞するという弱点を構造的に抱えてきた。これは，1万8,000人の弁護士が民主的手続きを経て会内合意をはかる必要があるということや，日々の事件活動に従事しつつ弁護士会活動に取り組まなくてはならないという弁護士の宿命による面とともに，弁護士会において，未だ中・長期的展望に基づいた総合的な司法政策が確立されていないことがその大きな原因になっていた。

　しかし，司法制度改革審議会への対応という課題にとりくむなかで，弁護士会においても，各個別課題を司法全体のあり方との有機的関連のなかに自覚的に位置づけながら，総合的な司法政策の形成をはかっていこうという動きが生まれつつある。これを担うに足りる体制整備とともに，弁護士会としての総合的司法政策が早急に形成されることが求められている。

　2002（平成14）年3月19日，前記閣議決定と日を同じくして日弁連が公表した「日本弁護士連合会司法制度改革推進計画——さらに身近で信頼される弁護士をめざして——」は，あくまで司法制度改革推進本部の立法作業を射程に置いたものと言わざるを得ないが，弁護士会としての総合的な司法政策の形成への取組等の内容を明らかにしている。しかし，かかる取組を抽象的な提言のレベルに止まらせないためにも，政策の実現を果たすための運動論が具体的に策定されることがますます必要となる。また，方法論については，ホームページ，Eメールの活用をはじめ，従来型のものにとらわれない工夫を施していく必要がある。

②　継続的な調査研究

　委員会活動を基盤としてきたこれまでの弁護士会活動のあり方は，多くの弁護士を弁護士会活動に吸収し，幅広い活動を展開するために積極的な意義を有してきた。しかし，1年間を区切りとしたその活動形態と任期制は，継続的な調査研究に不向きな一面を有していることも否定できない。

中・長期的展望に立った政策と運動論の形成のためには，継続的な調査研究活動を支える体制づくりが重要である。そのためには以下のような点が検討，実施される必要がある。
　ⓐ　日弁連は2001（平成13）年8月，司法制度改革担当嘱託の制度を発展させる形で，常勤の弁護士と若手研究者等によって構成される司法改革調査室を創設した。同室の創設は，継続的調査研究活動を担う体制づくりに向けた大きな一歩を踏み出したものと評価できる。今後，同室のスタッフの一層の充実をはかるとともに，委員会活動との役割分担と連携のあり方，執行部との関係をはじめ，日弁連組織内での位置付けと役割について整理していく必要がある。また，日弁連のみならず，東弁をはじめとした各単位会においても同様の形での調査研究部門の強化を検討する必要がある。
　ⓑ　複数年にわたる活動計画を前提とした委員会活動を実施するとともに，委員会のもとでの研究会活動を活性化させるなどの方法によって委員会の自主的な調査研究活動を充実させること。
　ⓒ　法務研究財団における調査研究活動を活性化させ，その成果を弁護士会活動に活かしていくというスタイルを確立すること。とりわけ，日弁連・弁護士会からの委託研究の方式を有効に活用すること。
　ⓓ　司法制度の検討に際して比較の対象となる諸外国（米英独仏等）について，日弁連国際室または司法改革調査室を軸に現地在住あるいは留学中の弁護士に対して嘱託弁護士の形式で協力を得るなどして，当該国の司法制度等についての資料収集，調査，調査団派遣の際の諸手配等を迅速かつ継続的に実施するシステムを確立すること。
　③　政策スタッフの充実強化
中・長期を展望しつつ現下の情勢に対応できる政策と運動論を，現在の社会情勢のなかで適切に形成し，実行に移していくためには，委員会（推進本部，センター等を含む）活動を基本としつつも，政策立案部門の充実強化を体制的にもはかっていく必要がある。そのためには以下のような点が検討，実施される必要がある。
　ⓐ　司法改革調査室の創設をモデルとしつつ，政策立案及び執行部門についても同様に，常勤嘱託を軸とした組織の創設を検討すること。また，日弁連のみならず，東弁においても同様の形での政策立案部門の強化を検討すること。
　ⓑ　日弁連の常務理事制度を活用し，常務理事を担当副会長とともに当該問題に関する日弁連執行部の一員として明確に位置づけること。
　ⓒ　法務研究財団の研究活動と弁護士会の政策形成とが結びつくよう，同財団との連携を緊密にとっていくこと。
　ⓓ　司法改革調査室における協力研究者方式，法科大学院センターカリキュラム部会に

おける協力研究者方式の実績等を参考にしつつ，司法改革に関心の深い学者，有識者との関係を幅広く，継続的なものとして位置付け，日弁連及び各単位会において弁護士会活動を支える緩やかなシンクタンクの形成を展望すること。また，このような取り組みをより円滑に進めるという観点からも，弁護士改革の課題との連携を意識しつつ，学者の弁護士登録のあり方を緩和すること。

(3) 政策実現のためのプログラムの必要性

継続的な調査研究活動に裏付けられた総合的な政策形成を具体化するためには，政策実現のための適切なプログラムの作成が必要である。弁護士会サイドにおいても，前記日弁連推進計画に対応し，これをさらに具体化した弁護士会としてのプログラムを早急に策定し，これに基づき諸政策の実現をはかっていく必要がある。とりわけ，弁護士改革の課題，弁護士任官の推進，法科大学院における実務家教員の充実等，今次司法改革の課題には，弁護士・弁護士会の主体的な努力によって進められるべき課題が少なくない。これらの課題においては同プログラムの作成・公表は事実上，社会に対する公約になるものであり，その重要性は一層大きいものといえる。

(4) 組織の充実と強化

① 財政基盤の確立

財政基盤の確立は，司法改革運動を支える体制づくりの大前提になる。そのためには，財政の圧倒的部分を会員の会費に依存している現状を改革するとともに，とりわけ日弁連について，財政支出のあり方についての検討をしていく必要がある。具体的には以下の点を検討する必要がある。

　ⓐ　カルパ制度（フランスの弁護士預り金制度）の導入。
　ⓑ　弁護士会の法律相談等，弁護士会の事業活動に関する担当弁護士の協力金（寄付）納付の履行確保をシステム化すること。
　ⓒ　日弁連，各弁護士会に対する寄付金の受入れ制度を整備すること。
　ⓓ　委員会開催のための交通費等に相当程度の予算が割かれている日弁連の財政支出のあり方に改革の余地がないかについて再検討すること。

② 執行体制の強化

社会における弁護士会の役割がますます重要かつ幅広いものとなるなかで，形成された政策と運動論を具体的に実践するための執行体制の強化が求められている。具体的には以下の点が検討される必要がある。

　ⓐ　司法改革調査室の創設をモデルとしつつ，政策立案及び執行部門についても同様に，常勤嘱託を軸とした組織の創設を検討すること。また，日弁連のみならず，東

弁においても同様の形での執行部門の強化を検討すること。
　　ⓑ　日弁連事務次長の増員，事務総長室付嘱託制度の創設を通じて日弁連総次長室の体制強化をはかること。
　　ⓒ　日弁連の常務理事制度を活用し，常務理事を担当副会長とともに当該問題に関する日弁連執行部の一員として明確に位置づけること。
　　ⓓ　日弁連正副会長会議の制度化。
　　ⓔ　東弁においても政策立案・執行スタッフとして理事者室付嘱託弁護士を配置すること。
　③　大規模会と中小規模会
　司法改革運動の実践に際し，大規模会と中小規模会とでは財政面においても人的側面においても大きく条件が異なる。政策立案は各単位会が独立して行うものとしつつ，運動を全国的に展開するという側面においては，日弁連による全国的な調整と単位会の枠を超えた協力関係が必要である。
　そのためには次の点が検討される必要がある。
　　ⓐ　各弁護士会，連合会内の人的協力関係の一層の推進
　　ⓑ　各弁護士会，連合会単位での活動の活性化
　　ⓒ　日弁連の調整による各単位会の財政負担の均質化
　　ⓓ　関東十県と東京三会，関弁連との関係の再検討

(5)　適切な会内合意のあり方の検討
　情勢の進行テンポがますます速くなるなかで，会員への迅速かつ正確な情報の提供と，これに基づいた迅速・適切な会内合意形成の要請がますます強まっている。そのためには，一方で迅速な双方向的情報伝達システムの確立が必要であるが，それだけでなく，最も正確な情報を最も迅速に入手する立場にある日弁連執行部が，情報を会員に適切に提供することが不可欠である。執行部主導の会内合意形成の必要性は今後ますます増えてくると思われるが，その会内合意が真に力を持つためには，会員の広範な支持が具体的に存在することが不可欠である。このような観点から次の課題が検討される必要がある。
　　ⓐ　日弁連執行部から会員に対する適切な情報の提供。なお，その際には，情報の正確性，情報伝達の迅速性とともに，当該情報の重要性，必要とされる会内合意形成の緊急性，会内合意に向けての具体的プロセスに対する正確な情報の提供が不可欠である。
　　ⓑ　日弁連内印刷所の創設。
　　ⓒ　弁護士会から各会員への情報伝達と会員から弁護士会への意見具申のためのホー

ムページ，Ｅメールの積極的活用。
ⓓ いわゆるキャラバン方式の積極的な活用によって，全国各地への最先端の情報の伝達と，これに基づく意見交換の場を各地で頻繁に持っていくこと。

　従来の市民への広報という主要な位置づけのみならず，ホームページには適切な会内合意を形成するという趣旨から会員との双方向的な情報伝達機能を持たせることが必要である。そのために必要であれば，会員のみがアクセスできる会員専用ページのさらなる充実がはかられてよいだろう。

ⓔ また，2000（平成12）年11月の法曹人口，法科大学院等に関する日弁連臨時総会の状況は，司法改革の非常に速い流れへの適時適切な対応と，民主的な会内合意形成との間に深刻な緊張関係が存在することを改めて意識させた。この問題の解決のためには，今後の日弁連会員数の大幅増加をも展望するならば，現在の会内合意のあり方と政策立案・執行のあり方を抜本的に再検討する必要があると思われる。

　この点については，日弁連総会のあり方について検討を加えることのほか，基本的政策の部分についてはこれまでの直接民主主義的会内合意方式で充分な議論を尽くして決定し，個別課題への対応については理事会，執行部等に委ねていくこと，委員会の機能について再検討し，適時適切な政策立案・執行の部分については執行部，嘱託を軸とした常駐スタッフを適切に活用することなどを含めた幅広く，本質的な検討が行われる必要があるものと思われる。

(6) 市民との連携と世論の形成
① 市民的基盤の強化

東弁では司法改革に対する問題意識を共有する市民の集まりである司法改革実現東京各界懇談会と定例的に意見交換したり，あるいは，裁判員制模擬裁判などの企画を共催するなど，市民との接点を重視した交流を深化させつつあるが，司法改革国民会議その他，各種課題に取り組む市民団体とさらに継続的な連携を保ち，市民に身近な法曹として市民感覚の共有につとめることが，弁護士ひいては弁護士会が市民的基盤を確立するうえでさらに重要となる。そのためには次のことが検討される必要がある。

ⓐ ホームページ，Ｅメールマガジン，市民モニター等の活用による市民との双方向的情報交換の一層の推進。
ⓑ 各種課題にとりくむ市民団体と定期的な懇談の場を持つこと等を通じて継続的な連携を持つこと。また，日弁連，各単位会に市民団体との連携のための「市民団体課」といった担当部署を設け，市民団体との連携強化を組織的にも明確にすること。
ⓒ 各種課題に取り組む市民団体の情報については，当該問題にかかわる委員会や単

位会レベルにとどまらず，日弁連においてデータベース化すること。
　　ⓓ　弁護士会主催の集会参加者などについても本人の承諾と秘密の保持を前提にデータベース化し，各種課題の訴えや集会案内，市民アンケートの実施などの際に積極的に活用すること。
　②　世論形成のための迅速・的確な行動
　司法改革の課題を具体的に実現するためには，弁護士会の政策を支持する世論を形成することが不可欠である。そのためには市民及び市民団体のみならず，マスコミ関係者，学識経験者，国会議員等に対する効果的な働きかけが必要であり，具体的には次の点が検討，実施される必要がある。
　　ⓐ　市民・市民団体に対する働きかけについては，上記「市民的基盤の強化」であげた方策を通じ，弁護士会の政策に対する理解を得ていくこと。
　　ⓑ　とりわけ，問題となっている課題に関係している市民団体に対する働きかけを当該課題との関係では重視すること。
　　ⓒ　裁判傍聴運動にとりくむ市民団体への働きかけを重視すること。
　　ⓓ　マスコミ関係者については，日弁連のみならず各単位会において定期的な懇談会を実施し，その時々の弁護士会が取り組む課題について理解を得ていくこと。また，懇談会の成果について日弁連に迅速に情報を集約するシステムを確立すること。
　　ⓔ　司法改革調査室における協力研究者方式，法科大学院センターカリキュラム部会における協力研究者方式の実績等を参考にしつつ，司法改革に関心の深い学者，有識者との関係を幅広く，継続的なものとして位置付け，日弁連及び各単位会において弁護士会活動を支える緩やかなシンクタンクの形成を展望すること。そのうえで，具体的な課題についてはこれらのメンバーを中心に理解をはかっていくこと。
　　ⓕ　これらのマスコミ関係者，学識経験者に対し，「自由と正義」のみならず，各種配布物等を含め，弁護士会の情報が迅速かつ継続的に伝達されるシステムを確立すること。
(7)　立法，行政機関等への働きかけ
　司法改革の課題を実現するためには，市民への啓蒙活動等を通じた世論形成とともに，法律案の策定や政府の方針の形成等，立法・行政に対する働きかけが不可欠である。同時に最高裁・法務省との協議やこれらに対する働きかけも不可欠となる。また，司法制度改革推進本部を中心に立法作業が進められていく2004（平成16）年までは，これらの取り組みが，同推進本部の各組織に対する働きかけを軸としつつ柔軟多様に展開されることが極めて重要となる。これらの取り組みに際しては次の点が検討，実施される必要がある。

ⓐ　国会議員に対しては，弁護士出身議員を通じた日弁連との日常的な意見交換を執行部のみならず幅広い範囲で実施すること。
　ⓑ　弁護士政治連盟を通じて弁護士出身国会議員との日常的な交流をはかるとともに，日弁連執行部と弁護士政治連盟との交流も一層活性化させること。
　ⓒ　各単位会において当該選挙区の弁護士出身議員との定期的な懇談の場を設けるなどして日常的な意見交換をはかるとともに，その情報を日弁連に集約するシステムを確立すること。
　ⓓ　政策実現に関連する行政官庁，および財務省との意見交換を個別課題ごとに継続的に実施していくこと。
　ⓔ　最高裁・法務省と日弁連の間でも，日常的課題についての定期的な意見交換の場を設けること。同意見交換については執行部のみならず，関連委員会の参加も確保すること。

　さらに，司法改革運動を地域から盛り上げていく方向性も重要であり，前記のように市民との連携を深めながら，各単位会を中心に地方議会，自治体に対する働きかけにも努めるべきである。このような運動が自治体による司法改革にかかる具体的な活動や，議会決議，首長声明といった成果に結びつく可能性もあり，その意義は決して小さくない（2001〔平成13〕年12月1日地域司法計画全国交流集会「これからの地域司法計画運動の役割と課題」参照）。

2）日弁連の機構改革と運営改善

　　日弁連会長選挙については，直接選挙制を維持しつつ，金のかからない政策中心の選挙を実施するよう努力し，選挙制度の改善策についても検討すべきである。
　　また，複雑・多様化する業務に対応するため，副会長の常勤化や増員，あるいは弁護士スタッフの増強などを図るべきである。

(1) 会長選挙のあり方の検討

　日弁連会長の直接選挙制は，日弁連の民主的な改革の素地を作ったものであり，今後ともこれを維持すべきである。しかし，直接選挙制については，多大な費用を要するとの批判もあり，金のかからない政策中心の直接選挙が実施されることが必要である。そのためには，候補者側の自主的な努力に期待するだけではなく，直接選挙制を前提としながら，候補者側の金銭的負担を軽減できるような会長選挙のあり方も検討すべきである。例えば，①選挙公示前の立候補準備活動に一定の制限を設け，選挙費用の上限額を決めること，②

選挙事務所として弁護士会館の使用を認めること，③日弁連が保有している会員に関する情報を選挙活動に必要な範囲で候補者に無償で提供すること，④文書による選挙運動の規制を見直し，インターネットを利用した選挙運動を認めること[1]，⑤公聴会の実施に伴う旅費交通費など，選挙に要する費用の一部を合理的な範囲内で日弁連が負担することなどを早急に検討すべきである。

(2) 総会，理事会等のあり方と執行体制の整備

日弁連が司法改革推進のための主体的かつ適切な活動を推進するには，総会・理事会等を通じ，迅速かつ民主的な会内合意形成を図ることが必要である。そのためには，総会や理事会における議事運営のあり方が適切，妥当なものでなければならない。しかし，現行の日弁連会則や議事規程には，見直すべき点が多いと指摘されており[2]，早急に問題点を洗い出し，積極的な提言をすべきである。

また，時代が複雑・多様化し，司法改革推進に向け日弁連業務も飛躍的に増大していることから，副会長の常勤化，副会長の増員，正副会長会議の制度化，弁護士スタッフの補強[3]等を検討すると共に，効率的で充実した委員会運営が図られるよう，日弁連の執行体制を一層強化していく必要がある。

(3) 各ブロックからの日弁連副会長選出のあり方

日弁連は，全国の単位会の意見を十分に汲み入れ，単位会との連携強化を深める必要があるが，その方策として，近弁連，中部弁連，四国弁連のように，ブロックの理事長を日弁連副会長に選任するということが考えられる。また，各ブロックから選出される日弁連副会長の数については，これまで各ブロック毎に1名の選出であったが，2001（平成13）年の日弁連定期総会において，副会長が1名増員され，これを関弁連に割当てることになった。今後とも会員数とのバランスを考慮しつつ，各ブロックからの日弁連副会長選出のあり方について議論すべきである。

3）関東弁護士会連合会の現状と課題

関東弁護士会連合会は，全弁護士の60％近くの会員を擁する最大のブロック会であ

---

1) 現在，文書による選挙運動は，「郵便はがき」の発送と「ポスター」の掲示のみに限定されている。このため，ホームページを開設して選挙運動を行うことや，Eメールを利用することも禁止されている。金のかからない選挙を実施するためにも，インターネットを利用した選挙運動を解禁する必要があろう。
2) 理事会に付する議案を提出することを理事に認めることや，臨時総会招集請求者の数を見直すことなどが指摘されている。
3) 2001（平成13）年8月，司法改革に関する継続的な調査研究等を行うため，日弁連に司法改革調査室が設置されており，現在，常勤9名，非常勤5名の嘱託弁護士により構成されている。

> るにもかかわらず，これまで日弁連や所属単位会に対し，未だ十分な機能を果たしているとはいえない。管内13弁護士会及び1万1000人を越える会員相互の交流，日弁連や所属単位会との有機的な協力体制の確立，会報・広報の充実，各種委員会・協議会の活性化，定期大会及びシンポジウムのあり方の再検討，財政基盤の確立等，さらに活動を推進すべきである。また，これまで不十分であった東京三会（関弁連会員の80％を超える会員を擁する）の関弁連の活動への積極的参加や，その他の単位会との協力関係が期待されるところである。

(1) 関弁連の現状

現在，関弁連の活動を支えているのは18の委員会及び協議会であり，人権，環境，民暴，その他各地域の問題について積極的に活動している委員会が多い。また，弁護士偏在問題対策委員会が編集発行している小冊子「ひまわり」は各地の弁護士の実状を一般に知らしめる意味で今後も発刊されるべきものである。

運営面では，毎月1回定例の常務理事会のほか，年4回程度，拡大理事会を開いて理事と常務理事が合同で懸案を討議している。常務理事は20名であるが，関東10県の会長全員と東京三会の各担当副会長が入っており，正副理事長が管内各県を巡って各弁護士会との協議をするなど管内13会の協調体制を築くことに尽力している。

(2) 関弁連の課題

① 弁護士の大都市集中問題への対応。

54期の関弁連内の新規登録者500余名の96.6％が東京，横浜，さいたま，千葉の首都圏の単位会に登録し，他の単位会では登録者0名の会もある。この問題は他のブロックでも同様で，本庁所在地での弁護士不足という弁護士過疎以上の問題が生じている。

関弁連では新規登録予定者に各地の状況を知らせるなどの方策をとってはいるが，2006（平成18）年度から予定されている被疑者公的弁護制度などを考えると，早急に解決策を策定すべきである。

② 日弁連と関弁連との連携の強化

2002（平成14）年には関弁連より日弁連副会長が1名選出され，日弁連における関弁連の役割も大変重要なものになっている。もっとも，関弁連は約1万1000名の会員を擁する大ブロック会でありながら，2002（平成14）年は日弁連副会長を5名選出しているだけであり，これまで主張していたようにさらに1名の増員を図るべきである。

5名のうち3名は東京三会の会長が兼任し，2名は関東10県から選出されており，関弁連の意思を日弁連執行部に反映するには十分とは言い難い。増員される副会長は関弁連理

事長にあて，関弁連の意思を日弁連執行部に反映できる人材を選出すべきである。

弁護士人口の増加に伴い，数年のうちに他ブロックにおいても同じ問題が起きると思われるので，他ブロックとも十分協議の上で運動を進めるべきである。

③　委員会の活性化と広報活動の充実

大人数の関弁連において民主的に会内合意を形成するには，地道にいろいろな方法を積み重ねていくことが望ましい。そのためには例えば，「関弁連だより」と「関弁連会報」等の機関誌の発行回数を増やし，管内13会相互の交流と情報の交換をはかるべきであるし，18の委員会・協議会の一層の活性化に努めるべきである。

各委員会では，中小規模の単位会から各1～2名ずつの熱心な会員が参加して議論を交わしているが，各単位会の情報交換の場以上の機能を果たすためには東京三会が更に多数の委員を送り，関弁連の活動を積極的に支えていくことが強く望まれるところである

④　定期大会・シンポジウムのあり方の再検討

現在，定期大会及びシンポジウムは関東10県が輪番制により担当しており，東京三会はシンポジウムに委員を出す等の協力をするだけで，開催には全く関与していない。

その開催を担当することは，担当会に経済的にも，人的にも，時間的にも大きな負担となるが，会員の関弁連への帰属意識を強める効果は大きいので，東京三会においても開催を担当する方向で検討すべきである。

⑤　隣接都県との協力

現在，少人数会では，当番弁護士，国選弁護，自治体の法律相談，破産管財人等のいわゆるプロボノ活動についての会員の負担はきわめて大きい。また，2006（平成18）年度から被疑者公的弁護制度が実施された場合，負担はさらに増大して人権活動に支障を生じかねない懸念もある。関弁連は，1994（平成6）年9月の定期大会において，「刑事当番弁護士制度等の運用に際し，他会登録の弁護士の協力が得られるよう所要の施策を講ずる」との決議をしているが，刑事当番弁護士のみでなく，法律相談や破産管財人等の民事事件についても，隣接都県登録の弁護士にも協力を求める等，当該地弁護士会の監督を認めつつ，県境を低くして相互に弁護士の活動範囲の拡充を図るべきである。

⑥　財政基盤の確立

関弁連の現在の会費は，月額542円（年6500円）である。近年，活動が活発化したことと事務局職員を4名に増員したことによって，事業費も管理費も大分膨らんでいる。今後事務局強化特別会計（もとの会館準備特別会計）を再検討するほか，会費を値上げするなどして財政基盤を強固にすべきである。

4）日弁連法務研究財団

> 会員は，日弁連法務研究財団の活動に主体的に参加するとともに，その財政を支え，組織強化に努めるべきである。また，財団における研究成果を司法制度改革の実践の中で生かしていくべきである。そして，弁護士以外の各界に，財団の活動を広報するとともに，参加を求めていくべきである。

(1) 財団設立の目的・経過

（財）日弁連法務研究財団[1]（以下「財団」と言う。）は，法及び司法制度の総合的研究・法律実務研究・法情報の収集と提供を目的とする財団法人である。21世紀のわが国において，国民への法サービスの充実が重要な課題とされているが，他方，サービスを提供する弁護士の側も法の高度化・国際化に対応すべく，研究・研鑽を積んでいくべきであり，財団の重要性は益々高まっている。

(2) 財団の組織

財団では，一般会員・特別会員・名誉会員の会員制度を設け[2]，弁護士に限らず，広義の法律実務家や研究者を会員に迎えている。財団の運営は，理事・評議員によるが，業務に関する企画運営については，企画運営委員会，常務運営部会[3]で行っている。

(3) 2002（平成14）年度における財団の活動（一部予定を含む。）

① 研究事業[4]

ⅰ）ロースクール関連研究[5]

ⓐＬＳＡＴ（Law school admisson test）[6]に関する第二次調査研究

2000（平成12）年12月に日弁連から委託された「ＬＳＡＴに関する第一次調査研究」に引き続き，2001（平成13）年6月からは財団独自に「ＬＳＡＴに関する第二次調査研究」

---

1) 1993（平成5）年に日弁連理事者会内に調査研究を行うワーキンググループが設置され，1994（平成6）年に設立準備委員会，1997年（平成9）5月に設立実行委員会が設置された。1998（平成10）年5月に，弁護士に限定せず，広く法律実務に携わる者，研究者のための研究・研修・情報収集提供の目的で，財団法人法務研究財団が設立された。
2) 会員数は，2002（平成14）年9月30日現在で3,661名，うち，弁護士の会員3,522名，弁護士以外の一般会員109名，特別会員30法人であり，毎年会員数は増加傾向にある。
3) 理事長，部会長，事務局弁護士で構成される。
4) 財団は，将来的には内部研究員による日常的継続的研究を目指しているが，現在は，研究テーマを設定して，国内外の弁護士（又はその団体），研究者（又はその団体），弁護士以外の法律実務家（又はその団体）等に外部委託することや，日弁連等その他の団体から特定の研究を受託して活動している。
5) ロースクール関連研究に先立って，2000（平成12）年3月には，「次世代法曹教育制度に関する法務研究財団フォーラム」を実施した。弁護士会や各大学で検討準備している法科大学院について，法曹教育の現状と問題点を的確に把握して，最も適切かつ効率的で，実現可能な構想を生み出すことに役立つように情報交換の場ならびに基礎的調査研究を行うことを目的とした。その議事録は，財団のウエッブサイトで閲覧可能である（http://www.jlf.or.jp/work/forum.shtml）。
6) 全米約183校のロースクールの入学者選抜方法に採用され，論理的推論や長文読解力等を試す統一試験。

を行っている。

第一次研究では，米国LSATの試験内容・実施主体に関する調査研究，我が国の議論の動向，LSAT型入学試験のあり方等について調査を行ったが，第二次研究では，統一的適性試験の実施に向け，❶制度条件の明確化❷適性試験実施のためのスケジューリング❸システム，人的基盤，予算等の必要措置❹大学院間のネットワークの確立方法❺適性試験問題のサンプルの作成と予備テストの実施・監督体制等について研究を進めている[7]。

ⓑ第三者評価機関に関する調査研究

2002（平成14）年4月，日本弁護士連合会より，財団が法科大学院の第三者評価を担う場合の課題について研究の依頼があり，受託研究として発足した。課題は主に❶国内外の第三者評価制度に関する資料の収集および翻訳・整理，❷機関の運営に必要な人的・物的資源および評価方法の研究，❸財団が評価機関となる場合の問題点・可能性，の3点であり，現在日弁連の法科大学院設立・運営協力センターとも連携をとりつつ，調査を進めている。

ⓒロースクールでの教授方法に関する研究

2004（平成16）年からの法科大学院設置を見据え，法科大学院における教授方法の研究を2002（平成14）年3月に発足させた。現在2003（平成15）年3月にシンポジウムを行うことを目標に，❶教材論❷方法論❸教員論❹成績評価論の4つを柱に研究を進めており，アメリカにおける研究活動の翻訳・公表等も予定している。

ⅱ）ハンセン病事実検証調査事業の受託

厚生労働省より，財団宛にハンセン病事実検証調査事業の研究委託要請があり，2002（平成14）年9月末日付けで契約を交わし研究をスタートさせた。本研究の目的は，「ハンセン病患者に対する隔離施策が長期間にわたって続けられた原因，それによる人権侵害の実態について，医学的背景，社会的背景，ハンセン病療養所における処置，らい予防法などの法令等，多方面から科学的，歴史的に検証を行い，再発防止のための提言を行うこと」である[8]。

ⅲ）司法書士特別研修教材作成研究会

日本司法書士会連合会より，司法書士が簡裁代理権を取得する際に課せられる特別研修で使用する教材および教授方法に関し，研究委託をしたい旨の要望があり，2002（平成14）

7）なお，財団理事長新堂幸司氏による「いま，なぜ官業を増やそうとするのか──法科大学院適性試験の実施主体をめぐって──」も参照されたい（http://www.jlf.or.jp/pre_mogi/ronbun.shtml）。

8）金平輝子元東京都副知事を座長とし，2002（平成14）年10月16日に第一回検証会議・検討会が開催された。2003（平成15）年3月末には中間報告を出すべく，現地調査も含め早急に調査研究を進める予定。なお，本研究にかかる費用は厚生労働省からの委託費でまかなわれる。

年10月3日付けで研究をスタートさせた。模擬裁判の事例作成，教科毎の教授法マニュアルを作成し，2003（平成15）年3月頃には，教授方法に関する研究報告（公開研修会）を行うことを目標としている。

 ⅳ）その他新規研究[9]

2002（平成14）年度にスタートしたこの他の新規研究は下記の通り。

・電子化時代の商取引の決済（主任：小塚荘一郎）

・インターネット・セキュリティの研究（主任：町村泰貴）

現在これらを含め，21の研究グループが活動中である。

 ⅴ）会社法制研究会報告シンポジウム

会社法制研究会（主任：丸山秀平）より研究最終報告が出され，2002（平成14）年5月16日に弁護士会館にて「会社法改正と紛争予防・処理」をテーマに最終報告会が開催された。

② 法学検定試験[10]

2002（平成14）年7月28日に法学検定試験3級および4級の試験が実施された。受験者は3級が8,471名（4コース計），4級が5,794名であった。

3級はコース別となっており，一般コース，司法コース，行政コース，企業コースでそれぞれ課題科目が異なり，受験目的により自由にコースを選択できる。合格率は3級，4級ともに約60％であった。

2000（平成12）年から始められた法学検定試験の受験者数は，現在までで延べ51,000人となっている。

③ 情報収集提供事業

 ⅰ）ウエッブサイト（http://www.jlf.or.jp/）とメーリングリスト

財団の広報並びに情報提供事業の一環として，兼ねてからウエッブサイトの公開と会員向けメーリングリストサービスを提供していたが，更に，2002（平成14）年9月1日より財団ホームページ上で会員向けに下記サービスを開始した。

ⓐ法務速報判例検索サービス

2001（平成13）年5月より開始したメールによる会員向けの法務速報提供サービスについて，バックナンバーの閲覧が可能となったほか，キーワード等による判例検索が可能となった。判例速報には現在約1000名が登録している。

ⓑ会員メーリングリスト履歴の閲覧

9） 財団の研究事業の概要は，財団ウエッブサイトを参照されたい（http://www.jlf.or.jp/work/work.shtml）。
10） 財団の法学検定試験事業の概要は，財団ウエッブサイトを参照されたい（http://www.jlf.or.jp/hogaku/index.shtml）。

財団会員は，メールアドレスを法務研究財団事務局（jlf@jlf.or.jp）に通知して申し込むことで，会員間の情報交換ツールとして提供しているメーリングリストに参加できる。今般，会員に限り，過去の履歴の閲覧が可能となった。
　ⅱ）ＪＬＦニュースの発刊
　2001（平成13）年から年4回発刊しており，そのまま役立つ情報の発信を目指している。バックナンバーは，財団ウエッブサイトで閲覧できる（http://www.jlf.or.jp/jlfnews/index.shtml）。
　④　法務研修[11]
　第4回法務研修が，2003（平成15）年1月25日（土）新潟市において開催される予定である[12]。テーマは，独占禁止法および倒産法の2本立てとし，村上政博教授（一橋大学）および永石一郎弁護士（東弁）を講師として招く予定である。
　⑤　専門家養成研修[13]
　第5回専門家養成研修を2003（平成15）年2月21日（金）・22日（土）に東京弁護士会館にて，3月14日（金）・15日（土）に大阪弁護士会にて，それぞれ実施される予定である。テーマは「労働法の実務」であり，カリキュラムと講師は以下の通りである。
　「最近の労働法上の諸問題」放送大学教授　山口浩一郎
　「労働紛争の予防と解決手段」弁護士　安西愈
　「労災業務上認定と安全配慮義務」弁護士　外井浩志
　「労働条件の変更に関する諸問題」弁護士　岩出誠
　「解雇・退職・懲戒処分について」弁護士　山西克彦
　「男女均等・セクハラ・介護」弁護士　木下潮音
　⑥　法学検定試験2級
　2002（平成14）年11月24日に第2回法学検定試験2級（大学4年次終了レベル）を実施した。
　⑦　紀要3号の発行
　「法と実務」vol.3を2002（平成14）年度中に発行すべく準備中。掲載する研究報告は，「不動産登記制度改革に関する提言」（主任：加賀山茂），「弁護士の専門技術に関する総合的研究（依頼者面接）」（主任：柏木昇），「弁護士の専門技術に関する総合的研究（証人尋問）」（主任：高橋宏志）の3本であり，全財団会員へ無償で配布される予定である。
(4)　今後の弁護士会と財団のかかわりについて

---

11)　法務研修については，財団ウエッブサイトを参照されたい（http://www.jlf.or.jp/work/index.shtml）。
12)　関東弁護士会連合会と共催。
13)　専門家養成研修についても，財団ウエッブサイトを参照されたい（http://www.jlf.or.jp/work/specialist.shtml）。

より複雑な現代社会の紛争を，早期，適正かつ公平に解決していくためには，わが国の社会自体が，法による解決がしみこんだ社会，すなわち法化社会として熟成していく必要がある。21世紀の法曹は，法化社会のために何をすべきかを常に考え，行動していくべきである。財団における研究や研修は，そのための道筋のひとつであると考えられる。

　従って，弁護士会は，財団の活動を財政面及び人的側面において支援していくべきであり，弁護士は財団に会員として参加するだけでなく，財団事務局にも積極的に加わっていくべきである。

　また，司法制度改革が実を結びつつある現在こそ，財団におけるロースクール関連の研究等の地道な研究の成果を活用すべきであり，そうしてこそ財団の弁護士会におけるシンクタンクとしての意味もあると考える。

　財団は，21世紀における法曹の研究・研修・情報提供の核となる可能性を秘めている。我々は，この財団を育てていくための活動を惜しんではならない。

2　東京弁護士会の会運営上の諸問題

1）役員問題

> 　東弁会長・副会長は有給とすべきである。有給制とした場合の額については，東弁財務全体との関係を考慮し，また，日弁連の事務総長や次長に支払われている月次報酬を参考にしながら，東弁の財務委員会を中心に多角的に検討すべきである。

(1) 役員の有給制

　現在，東弁の会長・副会長は無給である。しかし，できる限り早い時期に会長・副会長の有給制を実現すべきである。

①　拘束時間・収入の減少

　東弁会長は東弁会務全般を統括したうえ，さらに日弁連の副会長をも兼務していることから極めて多忙である。また，副会長も各々約30の委員会等を担当しこれまた超多忙であることは会員に周知の事実である。

　そのため，東弁の会長・副会長は，土，日，祝日を除いて役員室にほぼ常駐しており，任期中は弁護士としての業務をほとんど行えないか著しく制限されている。その結果，業務に多大な支障を来している。

　また，長引く不況の中で，事務所の経営はますます厳しくなり，近年では，東弁役員，特に副会長への就任意思はあっても経済的理由から踏み切れない会員が少なくない。特に，

これからは若い会員の意見を会務に反映させる必要性は高くなるが，まだ経済的基盤の弱い若い会員の副会長就任は，これからますます遠のくと言わざるを得ない。

また，日弁連の事務総長，次長，調査室長，東弁の調査室長等はいずれも有給制であり，これらとのバランスも考慮すべきである。

以上の理由により，東弁会長・副会長は有給制とすべきである。

② 支給額及び財源

有給制とした場合の額については，東弁財務全体との関係を考慮し，また，日弁連の事務総長や次長に支払われている月次報酬を参考にしながら，東弁の財務委員会を中心に多角的に検討すべきである。

財源については，当面は，特別会計を取り崩してその支払に当てることにすれば，今後の法曹人口の増加による東弁会員の増加によって，新たに会費の増額をしなくても財源としては問題はないと思われる。

(2) 副会長の人数論

東弁の副会長は現在6人であり，これまで毎年優秀な人材をそろえ，他会にも誇りうる実績を上げてきた。しかし，副会長の負担はあまりにも大きく，また，会員の会務離れが進んでいる状況の中で，副会長の人数が現在の6人でよいのか否か議論する必要がある。

以下，増員論と減員論の主な論拠を紹介する。

① 副会長増員論

東弁の副会長は現在6人であるが，さらに増員すべきである。

理由は，第1に，会内事務量が年々増加しているうえ，会長が日弁連副会長を兼務するため，副会長の負担が大きくなっていること，第2に，若手会員にも役員となる機会を与えることなどからである。

なお，副会長増員により理事者会の合議制が崩れて縦割り行政化が進むおそれがあり，また合議制を堅持しようとすれば，理事者数が多いため，迅速な執行力が損なわれるなどの消極論もある。しかし，過去の経験に照らしても，理事者会での集中的かつ密度の濃い討論により理事者間の信頼関係と共通の認識は比較的容易に形成されており，理事者間の一層の努力によりこのような問題は克服できるものと思われる。

また，副会長増員の問題は，東弁全体の機構改革の中で考えるべき問題であるとの意見もある。しかし，そのような理由で現状の問題を先送りするようなことがあってはならない。副会長増員問題は，基本的には東弁の会務執行の適正迅速化，執行力強化に資するものであり，実現可能な課題であって，早急に関連する諸問題の検討を行い，機構改革の一環として実現すべきである。

また，今後若い世代を含めて広く副会長に人材を得るために，副会長が一年間会務にあたる上で，弁護士業務との関係や財政基盤の問題など，その執行条件のあり方について検討を行う必要がある。

② 副会長減員論

　副会長の人数は多くても決して副会長の負担軽減にはならず，また，執行力の強化にもならない。むしろ，副会長は減員すべきである。

　理由の第1は，副会長が増えれば，仕事量も増え，決して負担軽減につながらないことは過去の増員の際の例から明らかなことである。

　理由の第2は，東弁が解決すべき各年度の政策課題の中でも重要度には軽重がある。しかし，副会長の人数が多いとどうしても，理事者会で課題とすべき問題が多くなり，重要問題をじっくりと議論する時間が少なくなる。会務は，比較的少数の理事者による濃密な議論により，充実した結論が得られる。また，少数理事者の徹底した議論による固い結びつきと一体感があって初めて強力な執行力が生まれる。

　理由の第3は，東弁会務について執行の責任を負う会長・副会長には，理解力が高く豊かな識見と指導性を備えた者でなければ，質の高い会務活動はできない。これらの資質を備えた副会長を毎年選任することは，会員の会務離れが進んでいる昨今，極めて難しくなる。

　理由の第4は，仮に，副会長の人数が多いとそのうちの一人が，若手会員から選任されたとしても発言力は弱く，東弁の会務に影響力を持ち得ない。むしろ，東弁各派の協議により，副会長のうち1人は，例えば登録15年未満の会員から選任することにすれば，少人数の副会長のうちの1人であるがゆえに，発言は格段に重くなり影響力も大きくなる。

　なお，副会長を4人に減員することに伴い，次の点も改革すべきである。

　その1は，現在副会長は担当する委員会に常時出席しているが，この習慣は改めなければならない。

　その2は，現在東弁には有能な嘱託員が7名いるが，現状はこの能力を生かしきれていない。そこで，副会長を減員することにより，理事者室のスペースに余裕ができるので，嘱託員のうちから，室長他2名位を会長・副会長の補助として，副会長室で執務することにし，常時，補佐できる体制にすべきである。これにより執行力は格段に強化する。

2）委員会活動の充実強化

　東弁の活動の中枢部分は，各種の委員会が担っている。その活性化なくして人権擁護をはじめとする弁護士会本来の使命を達成することはできない。また，今日の社会経済情勢

は，弁護士・弁護士会が質量ともにより一層大きな役割を果たすことを求めており，こうした情勢に的確に対応するためにも，弁護士会の委員会活動をさらに活性化する必要がある。

東弁は，その使命を果たすため，従来から，多種多様の委員会，協議会，対策本部等を設け，また新たに司法改革推進センターや法曹養成センターなどを設置し，活発な活動を続けてきた。これらの委員会等の組織は，現在50を超える数に達し，多くの会員が献身的に活動にあたっている。

これらの委員会活動を充実強化し，専門性・継続性を確保し的確な意見・行動を提起するためには，

❶委員の選任にあたり，ベテランと新人とのバランスに配慮し，ことに新人から5年目程度の若手会員が参加しやすく，かつ委員会の活動を理解してもらうために，若手会員に議事録の作成を依頼するなど，委員会運営を工夫すること

❷小委員会，部会，主査制度などを活用し，全員参加をはかること

❸協議会方式などを活用し，委員会間の横の連絡を密にして適切な合意形成を図ること

❹日弁連の各種委員会と対応関係にある委員会の委員は可能な限り兼任し情報の流れを円滑にすること

などが重要である。

1997（平成9）年2月，日弁連等機構改革推進委員会，三会合併問題協議会，魅力ある東京弁護士会検討提言協議会等が合併して東弁改革特別委員会が設置され，会活動の効率化，活性化，そして執行力の強化のための抜本案策定に向け検討がすすめられてきた。同委員会の提言に基づいて効率的委員会活動及び委員会活性化のために全委員会の統廃合が具体的に行われようとしており，今後ともその方向性については議論を尽くすことが必要である。

3）事務局体制

> 弁護士業務におけるパソコンの利用は既に必然的なものになっており，また，パソコン利用に伴う危険性についても十分に対応する必要があるので，弁護士会の事務効率化の観点からも弁護士及び事務職員のパソコン習熟について，弁護士会は研修の充実に向けて積極的に取り組むべきである。

(1) 事務局体制の現状とコンピュータ化

東京弁護士会の事務局にとって現在欠かせないものは，コンピュータシステムである。

現在，専用のサーバシステム（2台）を中心として，原則として職員一人あたり1台の割合で，約70台のクライアントＰＣが稼動している。2002（平成14）年には，このクライアントＰＣの多くを最新のＯＳがインストールされたものに交換した。これらのコンピュータシステムは，相互にＬＡＮによって接続され，データファイル等の共有を実現している。また，2001（平成13）年8月からは，各職員ごとに専用のメールアドレスが割り当てられ，インターネットへの常時接続環境が整備され，各クライアントＰＣから直ちにインターネットにアクセスしてメールの送受信などが容易にできるようになっている。

このコンピュータシステムによって処理している業務は，概ね次のような内容である。

❶会員管理（会員の各種情報等）
❷経理処理
❸会議室予約
❹理事者のスケジュール管理
❺電子メール送受信・ウェブ閲覧
❻委員会議事管理
❼各種起案

また，このコンピュータシステムを管理する部署として，東弁ＯＡセンターが置かれ，専属の職員1名と兼任職員1名が配置されている。この東弁ＯＡセンターでは，コンピュータシステムの各種基本メンテナンスや利用上のアドバイスなどを適宜行っている。また，東弁の機関としては，コンピュータ運用協議会が設置され，これを統括している。このようなＯＡセンターや運用協議会というシステムは，一弁・二弁には完備されていないものであり，事務局の業務の効率化に大きく資するところである。

(2) 書類の電子データ化

既述したように，東弁の事務局にはすでにコンピュータシステムが完備されている状況にあるが，事務処理のすべてにコンピュータが浸透して利用されているかというと，未だ十分ではない。

とりわけ各種文書の電子データ化保存はほとんどなされていない状況にある。たとえば，会則・会規であるが，これは変更がある都度印刷会社に発注して改定をしてもらっているに過ぎず，東弁が電子データを保有しているわけではない[1]。また，各種委員会の議事録や配布資料等も，担当事務局がワープロ等で一旦は保存しているものの，その後保存デー

---

1) 2001（平成13）年度に，東弁ホームページプロジェクトチーム（構成；副会長1名，嘱託1名，委員数名）が発足し，この中で，東弁の各種データの電子化とホームページ上での提供が模索されている。このプロジェクトにおいて，会則・会規の電子データ化が提言され，ようやく会則・会規を電子データとして保有できるにいたったのである。

タの処理は各担当事務局の裁量に任されているため，過去の資料を電子データとして閲覧しようとした場合に，必ずしも保存されているとは限らないといった事態が生じうる。

もとより，電子データを紙に打ち出した印刷書類は一定期間保存されているわけであるが，印刷書類は，検索の利便が悪く，データの再利用の手間がかかる[2]。また，印刷書類は分量的に物理的な場所をとるため，保存期間を定めてこれを経過した後は廃棄していかなくてはならないが，電子データになっていれば物理的な場所を要しないため，保存期間を定める必要は無く，永久に保有しておくことができる。確かに，電子データの場合は，印刷書類と異なって不意に消失する危険性がありうるため，バックアップなどの保全措置を講じておく必要があるが，これは人為的に十分対応可能である。一般企業では，社内文書のペーパレス化が叫ばれて久しいが，東弁内では，コンピュータシステムを使いながら，そのデータの蓄積という意味でのペーパレス化はなお満足できる水準には達していない状況にある。

東弁における各種文書の電子データ化とそのための手順の構築は急務である。

(3) 今後の課題

① サーバーの有効利用

会務文書の電子データ化の推進は，最も重要な課題の一つである。委員会等の過去の文書がせっかくパソコン上で作成されても，これが各職員のクライアントＰＣの中だけに保存され適宜処分されてしまうのでは，過去のデータが統合蓄積されることにはならない。このため，2001（平成13）年度秋に，サーバー1台を入れ替え，各種データはこのサーバーに保存できるようなシステムが導入された。

これによって電子データの蓄積は可能になっていくものと期待されるが，どのようなデータを蓄積していくか，また，どのような形で検索・再利用ができるようにするか，今後の運用上のガイドラインの策定と適宜改定を施していく必要があろう。

② ＯＡセンターの充実と弁護士の積極的関与

東弁ＯＡセンターは他会には既設されていない専門のＯＡ管理業務を専ら行っており，事務局業務の効率化に大きく資するところである。しかし，現在，専属の職員は1名のみであり，この職員に対する負担は大である。

東弁の職員は50名余が在職しているが，一弁，二弁は30名余である。会員数で比較すると，東弁は東京他会の約2倍であるから，単純比較はできないにせよ，職員数も2倍の60

---

[2] 電子データ化されていれば，過去の特定の情報を調査したい場合に，いちいち書類を一つずつ読んで確認することなしに，必要な単語で一括検索することができる。また，いわゆるコピー＆ペーストすることによって，膨大な記録の一部をそのまま新しく作成する書類の中に簡単に引用することができる。時間的コストの節減には大なるものがある。

名余が在職していてもよさそうである。これが2倍に満たないのは，一つにはOA化と管理がかなりのレベルで達成されているという点を自負できるはずである。

　かような実態からしても，今後OA化，即ちコンピュータ化についてはより一層物と人の観点から充実を図っていくべきことが必要である。

　ただし，コンピュータ化については，多くの弁護士が個人的な知識や経験が不足していることもあり，徒に慎重になったり，逆に無用なコストがかかっていても見抜けないとする弊害もありうるところである。したがって，事務局の専門職員を増やすことのみならず，コンピュータについて知識と経験のある弁護士を積極的に会務に参加させ，弁護士側から具体的な提言をしていくだけでなく，事務局や弁護士会が利用しているコンピュータ関連業者に対して，直接に弁護士による実質的な検証と指導ができるような体制を作っていくことが急務である。

　なお，コンピュータ技術は日進月歩の技術であり，徒に議論を重ねて進捗しないようであれば，採用すべき技術が陳腐化するなどし，かえって事務処理の停滞を生む可能性もある。したがって，弁護士が積極的に検証，指導するといっても，無意味に多数の弁護士を参加させて議論を重ねるということではなく，会務に積極的に参加できかつ知識と経験が豊富な少数の弁護士と事務局によって，機動的なコンピュータ運用がなされるような制度を確立していくことが必要ではなかろうか。

③　会員のPC利用への啓蒙

　現在，弁護士から事務局宛に提出される書類の中には，手書きのものがあったり，フロッピーディスクにデータが入れられたりしているものもある。

　しかしながら，手書き原稿をそのまま提出したのでは事務局においてワープロで打ち直す手間がかかり，事務局業務の効率化を妨げる。裁判所に手書き書類を提出しないのと同様に，弁護士会に提出する書類も，最初から各弁護士において電子データ化して提出するようにすべきである。そして，この電子データは，フロッピーディスクで提出するよりも，担当事務局宛に電子メールの添付ファイルとして直接送信するのが弁護士，事務局双方にとって便宜である。フロッピーディスクでの提出は，弁護士会へ提出する時間的間隙と手間がかかるからである。

　このような意味において，弁護士がパソコン利用をするにあたって，ワープロや電子メールといった基幹ソフトを，ファックス利用と同じくらい当然に利用できるように，弁護士会としても研修制度等を充実させて[3]啓蒙活動を行っていくべきである。

3）　弁護士に対する啓蒙だけでなく，各弁護士の事務職員に対する啓蒙・研修も大いに期待される（本書別項参照）。

第4　弁護士会の組織等の改革

④　グループウェアの完全導入

　現在，職員や理事者間で共有すべきデータや共同して行うべき作業は，「ロータス・ノーツ」というグループウェアを利用し，専用のサーバーを一台設置して行っている。

　ただ，ロータス・ノーツは，大企業における全社的共同作業にも対応できるような大掛かりなソフトウェアであり，可能性は十分具有しているものの，この性能を十分発揮させるようにするためには，職員の充実と習熟だけでは対応は困難であり，外部業者に対するソフトウェア設計の発注が必要になってくる場面が生ずる。

　このように予算上の都合によってどこまで使いこなせるかが決まってくるのがロータス・ノーツ利用上の問題点の一つであり，今のところ，ロータス・ノーツの機能を十分使いきるだけの利用はなされていない。特に，事務局や理事者のスケジュール管理と委員会管理，会議室管理など，全般にわたって本来であればグループウェアによって把握すべきところ，これが統一的になされていない点は改善が急務である。

　そこで現有のロータス・ノーツをより完全に導入できるようにしていくか，或いは昨今，カスタマイズや外部業者に対する特別な設計発注をせずに，基本的な管理業務は全て行える比較的安価なグループウェア[4]も多数登場するに至っているため，これらを新規導入することも検討されるべきである。

4）会財政の現状と課題

(1)　一般会計

① 問題点

　1999（平成11）年度は，約9,500万円の黒字決算（予算では約3,700万円の赤字），2000（平成12）年度は，約7,500万円の黒字決算（予算では約1億8,000万円の赤字）となった。

　また2001（平成13）年度は約1億5,000万円の赤字予算となっている。これは当該年度では，多摩支部会館の買取問題や公設事務所開設等の司法改革関連の支出を見込んでの予算である。このように，赤字予算を組んで，結局黒字の決算となっている現状については，その見直しが議論されている。しかし，人件費，ＯＡ関係費等，管理費の自然支出増，弁護士会活動の活発化に伴い，事業費の支出増等を考えると，早晩赤字予算赤字決算となる恐れが多分にあり，今からその対策を立て実行していくことが肝要である。また，当番弁護士関係費，特別案件（オウム事件）基金等の財政負担問題は極めて深刻である。

---

[4]　いわゆるウェブグループウェアといわれるもの（代表的なものに「サイボウズ・オフィス」など）がこれにあたる。サーバーにインストールすれば，各クライアントＰＣでは特別なソフトや設定を要せず，メンテナンスは殆ど不要である。それでも東弁くらいの規模の社内スケジュール管理，個別管理，会議室管理，ワークフロー（文書決済），文書管理などが当然にできるように調整されており，検討に値する。

② 対策

支出増と収入増とのバランスをとることが，東弁財政改善のための基本的理念であることを十分に認識すべきである。しかしながら，支出増に合わせて安易に会費を値上げすること，及び寄付金を募ること等は，今日の経済状況から厳に慎むべきことである。抜本的に改革し，東弁財政を確立するために次の対策を講ずるべきである。

ⓐ 理事者及び委員会は，弁護士会活動には財政的限界があることを強く認識すべきである。特に理事者は，長期的展望に立って予算編成し，かつ，予算執行すべきである。

ⓑ 管理費の主要項目は人件費である。人件費増を抑制するために徐々にアルバイト・パートを一定割合まで増やすことを検討すべきである。そのためには長期的職員採用計画を策定し，実行していくことが必要である。

また，給与改定について，現状は，4月就任直後の事情のよくわからない理事者が団交に臨み妥結している状況であるが，理事者は，「財政問題審議会」の後身である総務委員会内の「小委員会」を活用し，合理的な条件で妥結するよう努力すべきである。

また，職員の残業につき，真に止むを得ないものに限るよう管理を行うとともに，フレックスタイムの導入を図り，時間外手当ての削減にも努力すべきである。

ⓒ 無駄な経費をかけないよう，理事者は職員等に対し，徹底的に指導・監督すること。例えば，業者に発注する際は必ず相見積もりをとり，出版については，できるだけ出版社を活用し，当会で出版する場合は印刷部数は必要最小限にとどめるべきである。各委員会の情報や発行物の要約化をできる限りなすとともに，出版等は専門的な者の手によって経費見積もりをなすべきである。

ⓓ 新規事業を行う場合は，真に必要な事業であるかどうか検討することは勿論，単年度で完結するものか，次年度以降も継続される性質のものかを十分に検討し，特に継続される事業の場合は，将来的にも財政的裏付けを確保した上で着手するべきである。

ⓔ 予算管理を厳格に実施する必要がある。特に秋以降は毎月行い，予算超過しないよう，チェックすることが肝要である。

ⓕ 会費外収入の増加に努める。破産管財人等からの負担金については，最近の理事者・監事・職員の努力により，かなりの成果を上げているが，引き続き努力すべきである。法律相談，事件受任の着手金報酬金などの会員特別納付金の確保，会館の会議室等の設備の使用料について会員外の使用，会員の使用であっても自己の業務のための場合について値上げを検討すること，団体保険による手数料収入の増加を図るべく，会員の協力を得るため強力にＰＲ活動を実施すること等が望まれる。

ⓖ　一般会計から，入会金及び会費の30分の1（約2,800万円）が「基本財産積立金」に毎年積み立てられており，2000（平成12）年決算時には約3億6,000万円が繰り越されることが確定的である。一般会計の財政状況の改善のため，また，将来的には「基本財産積立金」制度の廃止ないし繰入額の減少の検討をすべきである。

(2)　特別会計

東弁には，次の12の特別会計がある。

『基本財産』，『共済』，『職員退職金積立金』，『司法研究基金』，『拘禁二法』，『人権救済基金』，『特別案件にかかる国選弁護基金』，『会館』，『合同図書館』，『三会交通事故処理委員会』，『住宅紛争』，『多摩支部特別会計』である。これらは各々背景事情と経緯があるが，その数の多さが東弁財政全体を複雑化し，解り難くさせている一要因である。したがって，可能な限り特別会計を減らし，シンプルにしていくべきである。

(3)　日弁連財政

日弁連の予算編成は，副会長1名及び日弁連理事4名により構成される経理委員会で審議されている（しかも2～3回程度の審議）。また，財務委員会は，諮問がある時に年数回開催される程度で，規則に期待されている日弁連財政の改善等の積極的活動は行われていないのが現状である。

われわれは，日弁連の財政に強い関心を持ち，現行の慣行を打破し，財政改善のための制度改革に前向きに取り組むべきである。また，日弁連監事は，その権限を活用し，日弁連財務の改善に向けて積極的に活動すべきである。

5）会員への情報提供

> 会員に対しては，ホームページ，電子メールによる情報提供を，さらに充実させていくべきである。

(1)　情報提供の重要性

昨今の高度情報化社会において，組織による情報提供の重要性は言を俟たない。東京弁護士会においても，一般市民に対する情報発信と会員に対する情報発信を現に行っている。

むしろ重要なのは，情報提供を行うことは当然のこととして，いかなる内容の情報を，いかなる手段で提供するかという点にあろう。これに対しては，正確かつ多くの情報を，迅速かつ効率的（予算的に合理的）な手段で，提供すべきことが重要であるといえよう。

(2)　情報提供の現状（会報，ホームページ，メーリングリスト等）

〈提供している情報〉現在，東京弁護士会が会員に対して提供している情報は多岐にわ

たるが，おおむね次のごとくに分類されると思われる
❶会内情報（委員会，理事者意見等）
❷外部情報（裁判所，民間団体等）
❸会員情報（会員名簿，物故情報等）
❹研修・採用情報（各種研修，弁護士・事務職員採用等）
〈情報を提供する手段〉は，おおむね次のとおりである。
❶紙媒体による発送・配布物（会報，いわゆる全会員発送等）
❷ファックス
❸電話（個別の問い合わせに対する応答）
❹インターネット（電子メール，メールマガジン，ホームページ）
このうち❶から❸は従前より用いられてきた方法であるが，昨今，充実してきているのが❹のインターネットを利用した情報提供である。東弁は既にホームページを開設し，主に一般市民に対する広報を中心として，会員向けの情報提供を併せて行っている。このホームページを拡充してより一層会員向けの情報提供を行っていくべく，2001（平成13）年度には会員専用ホームページを新設した[5]。また，メールアドレスを登録した会員に対して一斉送付されるメールマガジンを利用して，電子メールの方法で適宜会内情報等を提供している。

(3) 情報提供の方策（電子メール，ホームページの利用）

情報提供の方策は，前述の❶ないし❹でほぼ網羅されていると思われるが，とりわけ今後重要性を帯びてくるものは，インターネットを利用した情報提供であろう。

インターネットを利用した情報提供は，紙幅の制限がなく添付ファイルやイメージファイルを利用すれば相当豊富な情報を盛り込めるという点で，充実した情報提供が可能となる。また，紙媒体と異なって，印刷や配布の手間と費用が比較的少なく，迅速かつ効率的な情報提供手段として特筆すべきものがある。かような利点からすると，インターネットを利用した情報提供を充実させようとしている態度は極めて評価でき，今後も一層の充実利用が期待されるところである。

このインターネットを利用した情報提供を更に細分化すれば，次のような手段がある。
❶ホームページ
❷メールマガジン[6]

---

5) パスワードによって保護された一般非公開のホームページであり，会則・会規や会員名簿の検索や，委員会情報，採用情報，意見交換等をコンテンツとしている（2002〔平成14〕年1月）。
6) 予め登録された複数の電子メールアドレスに対して，電子メールを同報一斉送信する仕組みである。

❸メーリングリスト[7]

❹個別の電子メール対応

このうち，現に会として公式に行われているものは，❶ホームページ，❷メールマガジン及び❸メーリングリストである。このうち特に今後期待されるのは，❶ホームページと❸メーリングリストであり，会員向けの情報提供手段の主力となりつつある。また，❹個別の電子メール対応は，会員からの個別の問い合わせに対して個別対応するものであり，例えば，弁護士法23条照会申請などでケースによっては利用可能なように思われる。

とくに2002（平成14）年度は，IT関連の会内及び会外広報を担当する専属の広報室嘱託を1名選任し，これらの広報の充実化を図っている。

会内情報のIT流通化として2002（平成14）年度に目を見張る進化を遂げたのが，メーリングリストが相次いで実用化されたことである。例えば，クレサラ情報に関して，法律相談センターが主催するメーリングリストが開設され活発な議論がなされるようになっている。ここでの議論は多分に実務的情報に富み，会員相互の情報の共有化に大きく資している。ほかにも委員会ごとに任意にメーリングリストを開設し，月1回程度の定例会合の下準備がメールによって交換できるようになり，充実した会務活動ができるようになりつつある。もとより，面談の会合の重要性は否定できるものではないが，事務所にいながらにして瞬時に情報交換のできるIT活用は今後益々情報流通の中心になっていくであろうし，これによってこれまで会務に余り参加してこなかった会員が積極的に情報流通に参画するようになった意義はきわめて大きい。

今後は，ホームページとメーリングリストの二つの柱を使い分けて有効な利用方法を考えていくことが急務である。

6）福利厚生

(1) 現状の福利厚生内容

法友会は，死亡給付金および傷病罹災給付金の増額を早急に実現すべきことを訴えてきたが，1996（平成8）年に死亡給付金の最高額が150万円，傷病罹災給付金の最高額が150万円にそれぞれ引き上げられ，厚生制度の充実が図られるようになった。

さらに，会員の会費負担を増大させることなく会員の福利をより充実させるために，

---

[7] 予め登録された電子メールアドレスの会員（メーリングリスト参加者）が，特定のアドレス（メーリングリストアドレス）に電子メールを送信することによって，メーリングリスト参加者全員に対して一斉転送される仕組みである。メールマガジンが仕組み的には単なる同報送信であり，送信者側の一方通行のメール送信になるのに対して，メーリングリストは，同報転送を可能としているため，参加者相互が電子メールを利用して相互に情報をやり取りできる。このため，電子メール上での議事会議が可能となる。

1994（平成6）年に法友会が提言した「保険料の集団扱い制度」を実現すべく運動が展開されてきたが，1997（平成9）年にこれが制度導入された。

今後は，会員の飛躍的な増加を踏まえ，会員の年齢構成も釣鐘型からピラミッド型へと変遷していくと考えられる。こうした，現状に対応した弔慰金制度・年金制度・弁護士退職金制度等の総合ライフプランニングを実現すべく研究を開始すべきである。

(2) 各種保険，協同組合の充実

各種保険・共済・互助年金制度の整備と拡充の問題がある。弁護士会は，会員および家族等を対象とした保険・年金等の説明会（勉強会）を定期的に開催し，弁護士の安定した生活基盤の確立に寄与すべきである。

東京都弁護士協同組合は，1968（昭和43）年に設立されて以来，組合員数は2002（平成14）年10月31日現在，7,006名（うち東弁3,459名）であり，また全国弁護士協同組合連合会も結成されているが，組合員の拡大，全国連合会との連携強化を進め，より一層の内容の充実を図るとともに，協同組合の事業内容を組合員のみならず非組合員にもＰＲすべきである。また，協同組合は，中小企業事業団との提携で退職金共済制度を行っているが，より会員に周知徹底すべきである。

(3) 国民健康保険組合

国民健康保険組合については，未加入会員への積極的な加入勧誘により，組合の資金的・人的拡充をはかり，会員家族の健康維持増進を図るべきである。

(4) 健康診断の実施

健康診断は，春は国民健康保険組合，秋は東京三会主催で行なわれている。

早期発見・早期治療は病気を治療する上での基本であり，健康診断は治療のきっかけとして重要なことはいうまでもない。さらに，普段の生活（過労，飲酒，喫煙等）を見つめ直す機会ともなり，健康な生活を心がけるという生活習慣病の予防効果も大きい。

今後も健康診断の運営事務を合理化し，安価で充実した健康管理をめざすべきである。

7）選挙会規の改正と現状

> 1997（平成9）年12月の臨時総会で改正された東弁選挙会規は，選挙期間の短縮，不在者投票の新設等，より効果的な選挙制度を目指したものとして評価できる。今後，ホームページで選挙広報の内容を掲載する等により効果的な制度改正を検討すべきである。

(1) 東弁選挙会規の改正

東弁の選挙会規は，1997（平成9）年12月の臨時総会で，選挙権及び被選挙権の見直し，選挙期間の短縮，不在者投票制度の新設等の点について，改正された。この改正は，法友会のこれまでの提言に沿ったものであり，妥当なものと評価すべきである。

(2) 改正の内容

選挙権および被選挙権の見直しは，東弁の選挙会規を日弁連会長選挙規定と整合させ，基準日において，懲戒処分により業務停止中の者や日弁連に登録取消請求中の者などに対する選挙権および被選挙権を認めないこととしたものである。

選挙期間の短縮は，従前の16日間を11日間に短縮したものである。具体的には，月曜日に選挙公示をして，翌週の金曜日を投票日とするもので，平日2週間の選挙期間とした。また，選挙期間の短縮との関係から，立候補届出期間の短縮，選挙公報の発送日の繰り上げ，公聴会の回数の削減等の改正もなされた。

不在者投票制度の新設は，会員の投票権の保障，日弁連や他の単位会の多くでは既に制度として認められていること，投票日が金曜日という通常の執務日であることなどを考慮し，東弁においても不在者投票制度を導入したものである（なお，この制度は，やむを得ない用務等がある場合に限り，不在者投票期間中に自ら不在者投票所に行き，不在者投票することを認めたものであり，郵便投票を認めたものではない）。

(3) 現状

現在東弁内において，選挙公報の内容を東弁ホームページに掲載することにより，会員に迅速に役員候補者の主張を周知する方法が検討されている。しかし，選挙公報の内容をホームページで掲載することは選挙会規16条1項の「委員会は選挙公報を……選挙権のある会員に発送する。」との定めに抵触することになるため，選挙会規16条の2を新設する方向で検討されている。会規を新設するとなると，条項案は次のようになると思われる。

（ホームページへの掲載）

第16条の2　委員会は，役員候補者が提出した前条第3項に定める掲載文，役員候補者の肖像写真等を本会のホームページにそのまま掲載することができる。

2　前項のホームページへの掲載時期，掲載方法等の必要な事項は，委員会が定める。

弁護士におけるパソコンの普及率も大幅に伸びている昨今，インターネットに接続しているパソコンさえあれば，誰でもいつでも選挙公報の内容を見ることができ，選挙の公平性，平等性に反するおそれもないと思われるので，法友会としても会規改正の方向で取り組む必要がある。

3　合同図書館

> 専門職として法律実務を独占している弁護士の質を維持・向上する上で図書館の果たす役割は重要である。合同図書館が，弁護士活動に必要な情報を収集し，これを的確に提供できるよう改善していくべきである。

(1)　東弁，二弁の合同図書館の現状

　合同図書館の役割の基本は，弁護士の活動に役立つ情報を会員に提供することにある。弁護士は，専門職として法律事務を独占しているが，その正当性を保持するためには，プロフェッションと呼ばれるにふさわしい高度の学識を有していなければならず，図書館の役割はきわめて大きい。

　合同図書館の入館者数は，2001（平成13）年10月から2002（平成14）年9月の1年間で延べ80,933人を数え，前年同期と比較して4.1％の増加であった。

　図書館開館の年の1995（平成7）年10月から1996（平成8）年9月までの利用者数は延べ59,295人であったので，この6年間で36.5％増加したことになり，利用者数は着実に伸びている。

(2)　合同図書館の今後

　しかし，合同図書館は，開館から7年を経過した間に情報社会がめざましく発展したため，新たな発想を持たなければもはや図書館の役割を果たせない状況にある。

　インターネットの急激な発展に見られるように，有効な情報は図書館にのみあるのではなく，かつ，紙に記録されている情報だけではない。また，電子的に記録されているものを追求するだけでも不十分であり，記録媒体に定着していない情報も追求しなければ，図書館の役割を果せない時代となっている。図書館が図書を提供すれば足りる時代は終わったのである。

　現代の図書館は，例えば，医療過誤事件を受任した弁護士が，その事件に協力してくれる医師や団体などの情報提供を求めて来たときに，積極的に対応できなければならない。また，クレサラ問題に関する問い合わせがあれば，その問題処理に有効なホームページのURLを示したり，クレサラ問題のメーリングリストの存在やその参加資格などについての情報も提供しなければならない。企業に設置されている専門図書館は，既にこの方向に進んでいることを考えれば，合同図書館もこの方向に進まなければ，現代の図書館の流れから置いて行かれることになる。

また，合同図書館が現代の専門図書館としての機能をもつためのキーとなるのは，図書館職員である。図書館が図書館であるための要素は，図書，施設，利用者と職員である。図書館利用者はともすると図書館職員の専門職としての能力を軽視しがちであるが，広大な情報のなかから必要な情報を探しだすことは図書館職員が担う重要な能力に負うものである。また，有効な情報を得るためには，今後ますます他館との相互協力を促進する必要があり，この実現のためには，図書館職員による，いわば人的ネットワークの構築が不可欠である。

　しかし，現代の専門図書館に対応した図書館職員が一朝一夕で生まれるわけではない。利用者である弁護士の相談相手となれる優秀な能力をもった図書館職員は，長期間をかけなければ育たない。図書館間の人的関係を築くにも時間がかかる。

　このような職員を育てるためには，図書館職員に適切な研修の機会を継続的に与え，かつ，職員自身が現代の図書館の役割を理解し，その能力を自ら高める意欲を積極的にもてるような安定した労働環境を構築しなければならない。

　さらに現代の図書館においては，図書館が昼間しか開館しないというのは通用しない。合同図書館の職員も，早晩，弁護士会の他の職員とは異なった，夜間勤務のある変則的な勤務時間に服することが想定される。このような労働条件の変更を受け入れるには，図書館職員自身に専門職としての自覚と使命感がなければ困難であろう。

　現代の専門図書館に対応した図書館職員を育てるためには，その前提として職員の専門職制を導入しない限り実現不可能であり，図書館職員の専門職制導入を検討し，早期にこの実現をはかるべきである。

4　東京の三弁護士会合併問題

> ・三会合併問題については，他会の動向に注目しつつ，新会館の利点を生かし，積極的・計画的に各種委員会や協議会などの機能的統合を図る努力を積み重ねるべきである。

(1)　三会合併問題に対する東弁の従来の取組みと現状

　1923（大正12）年5月20日に一弁が，1926（大正15）年3月30日には二弁が，東弁から分離してそれぞれ設立された。その後，1958（昭和33）年6月7日，東弁の常議員会において「東京三会合併推進委員会」の設置が承認され，同委員会において，三会合併に向けての具体的な議論が行われたものの，東弁における検討だけでは三会合同の実をあげるこ

とは困難であるとの認識のもとに，1961（昭和36）年11月に至って同委員会は休止となり，三会合併の機運を醸成する目的で，1961（昭和36）年6月に，三会理事者会の提案により設置された「東京三会懇話会」などの場での論議を通して，機の熟するのを待つこととなった。

しかし，同懇話会の実質的性格は懇親会に近いもので，三会合併に取り組む積極的な姿勢がなく，結局，1971（昭和46）年3月をもって終わりを告げた。

一方，1961（昭和36）年11月に休止した前記「東京三会合併推進委員会」も，その後の活動に進展がなく，今後の展望も極めて暗いという判断のもとに，1966（昭和41）年5月7日に廃止され，その後，三会合併問題が正面から論議されることはなかったが，新会館建設を契機として，1989（平成元）年ころより三会合併推進の活動が表面化し，1992（平成4）年度と1993（平成5）年度の東弁会長選挙では，合併問題が争点の一つとなった。

このような状況下において，東弁では「三会合併問題」を1993（平成5）年度の夏季合宿のテーマの一つに取り上げ，東弁としてはじめて，一般会員の参加のもとに，この問題を議論するに至り，1993（平成5）年12月には，三会合併問題検討協議会を設置し，三会合併の利害得失等の議論を重ね，会員へのアンケート調査も実施したが，協議会でも三会合併に関する結論を出すに至らず，1997（平成9）年3月，同協議会は日弁連等機構改革特別委員会・魅力ある東京弁護士会検討提言協議会と統合されて東京弁護士会改革特別委員会とされ，今後，合併に関する問題をどう扱うかは，東弁の改革に関する提言を行なうことを目的とする同委員会に委ねられることとなったが，三会合併問題は，1997（平成9）年度以後，現在まで同委員会のテーマになっていない。

(2) 三会合併問題に関する他会の現状

① 一弁の考え方は，1993（平成5）年度の一弁会長の選挙公報の下記部分に端的にあらわれている。

「三会は夫々個性と会風をもち，相互に切磋琢磨しながら日弁連の活性化を図ってきました。当会には，創立以来の自由闊達にして独立不羈の精神による公正中立な会風があります。弁護士会が少数意見を尊重しながら合意を形成し，会員に対する懲戒・綱紀・指導・監督という自律権を適切に行使するためには，自ら適正規模があります。三会合併は，却って費用の増大を招くことになります。したがって，三会合併には反対です。」

② 二弁も，三会合併運動の影響を受けて，1994（平成6）年7月19日，三会合併検討調査特別委員会を設置し，合併の是非やその問題点等について議論した結果，1997（平成9）年3月26日付報告書において，次の結論を出し，同月31日をもって，同委員会は解散

した。

「当委員会において東京三会合併の是非について統一した結論を得ることはできなかった。従って，会のとるべき方策を示すことはできない。ただし，今後当会は東京三会の合併の是非に関する会内外の意見・動向に留意すべきである。」

(3) 東弁の進むべき方向

東弁会員が「三会合併」を口にしただけで，東弁に「吸収されてしまう」と考える他会の弁護士が現在でも多数存在する事実を，われわれは明確に認識する必要がある。

① 事の性質上，三会合併は一つの会が反対すれば実現しない。一弁，二弁の現状を考えると，三会合併がここ数年のうちに実現する可能性は極めて少ないし，合併が実現するとしても，かなり先のことにならざるを得ないと判断する。また，われわれは，三つの弁護士会を単に一つにするということではなく，三会の合併により「基本的人権の擁護と社会正義の実現」をめざす，より開かれた，より強力な弁護士会を作り上げるということができるかという視点にたって，三会合併問題の議論を進めなければならない。

② われわれがこの視点に立ち，かつ他会の現状を正確に認識し，さらに，1958（昭和33）年度に設置され，1966（昭和41）年に廃止された前記「東京三会合併推進委員会」と同じ結末になる事態を避けようとすれば，東弁が，他会に先がけて短兵急に合併決議をする方法を採るべきではなく，1995（平成7）年度から同じ建物内に入居した利点を活かして，可能な限り積極的・計画的に，三会の各種委員会や協議会などの機能的統合を図る努力を積み重ねていくべきである。

5 多摩支部問題

1）多摩支部の運営と活動

多摩地域は26市3町1村で構成され人口約400万人を擁する一大経済圏である。

多摩地域には，裁判所と検察庁の支部はあったが弁護士会の支部はなかったため，市民へのリーガルサービスの面で問題があった。そこで，東弁は，1998（平成10）年4月1日，一弁・二弁と同時に東弁多摩支部を設立した。多摩支部会員数は，2002（平成14）年3月末現在，東弁311人，一弁182人，二弁137人で合計630人に達している。

多摩支部は，支部長及び3人の副支部長が運営の中心を担っている。また，6つの委員会（法律相談，刑事弁護，研修，財務，広報，総務）が設置され活発に活動している。

なお，支部の活動は，一弁・二弁の支部と同一歩調をとる必要があるので，東京三会多摩支部連絡協議会を中心に支部の諸活動全般について協議・調整を行っている。

２）会館の取得

　多摩支部の会館の建物は，支部設立以来，支部の弁護士の有志が設立した（株）法曹ひまわり会館が所有している建物を弁護士会が賃借していた。しかし，2002（平成14）年３月29日に東京三弁護士会が（株）法曹ひまわり会館からこの建物を購入し弁護士会の所有となり，支部設立以来の最大の課題が解決した。

　しかし，現会館のスペースは狭く，スペースの拡大が新たな課題となっている。

３）国選弁護事件の運営体制の整備

　国選弁護人選任システムについては，これまで運営体制が整えられていないため，三多摩弁護士クラブ方式の運用となっていたが，2002（平成14）年度からこれを改正した。新しいシステムは，第１回公判期日の半年から１年分の予定期日を担当弁護士にあらかじめ割り振る方式である。

４）これからの課題

(1) 法律相談活動の充実

　多摩支部での法律相談は，2002（平成14）年３月末で年間2868件，弁護士斡旋数は834件と件数は非常に多く，相談体制を一層充実しなければならない。

　地元自治体への無料法律相談担当弁護士の派遣も，５市町・２社会福祉協議会と７カ所になり，2002（平成14）年度はさらに２市が加わる。地元自治体への弁護士派遣はさらに充実させるよう自治体に積極的に働きかけなければならない。

　また，今後の課題として，立川市での法律相談センターの設置，仲裁センター設置も検討すべきである。

(2) 広報活動の推進

　市民に対する広報活動を推進させ，市民講座，講演会開催に積極的に取り組むべきである。

(3) 委員会活動

　支部活動が活発化し，高齢者・障害者問題部会や少年部会が活動を始めているが，委員会の設置は東弁の支部規則で上記の６委員会に限定されているため，委員会を適宜設置できるよう支部規則の改正を行う必要がある。

(4) 多摩地域司法計画検討部会の設置──地裁八王子支部の本庁化をめざして

　2002（平成14）年，支部役員会の直属機関として，東京地裁八王子支部の本庁化等を検討する多摩地域の司法計画の部会を設置した。

地裁八王子支部の事件数は支部の域を越えているが，支部であるために事件数に比べ裁判官や職員の配置が少ない。多摩地域の司法サービスをより充実するには，地裁八王子支部を本庁化し，裁判官の増員や建物の拡充を図ることが必要であり，今年度はそのための活動を重点的に強化しなければならない。

第2部　各法制の改革

第2部 名誉刑の改革

第1　法曹養成制度の改革

1　法科大学院

> 2004（平成16）年4月に開校が予定されている法科大学院およびこれを中心とした新しい司法試験や司法修習制度については，現在，その骨格が固まっている。しかし，残された課題も多く，現行司法試験組の移行期における修習の内容や，予備試験問題，第三者評価の厳格化を図る必要性など，検討すべき課題はいずれも重要かつ緊急の問題である。これらの課題解決のため弁護士会は一丸となって努力すべきである。

1）制度の概要

2004（平成16）年4月開校が予定されている法科大学院制度の骨格が固まってきた。法学教育・司法試験・司法修習を有機的に連携させた「プロセスとしての法曹養成制度」を実現すべく設計された法科大学院制度の骨格を概観し，今後の課題と問題点を探る。

（1）　スケジュール

2002（平成14）年中に司法試験法・学校教育法・裁判所法等必要な改正・立法作業が行われ，2003（平成15）年6月（大学以外は4月）から設立認可申請が受付けられ，同12月認可終了，2004（平成16）年2月か3月に入試，4月開校の予定である。全国統一の適性試験は，各校の入試に先立つ2003（平成15）年夏頃実施が予定されている。

（2）　設置基準と設置認可

①　標準修業年限は3年，93単位以上。必修59単位。（標準45時間1単位）法学既修者は1年以下，（30単位）を短縮。夜間制は3年を超えることも可。2年以上3年未満のみの編成は不可。

②　専任教員数は最低12名。専任教員1名に対し学生15名。大学と大学院の併任は当面（10年間）に限り3分の1まで認める。

実務家専任教員はそのうち2割程度以上。実務家教員は5年以上の実務経験。常勤は3分の1を必要とし，非常勤は6単位以上の授業担当。

③　50人程度が1授業の学生数。80人以内。

④　設置基準を満たしたものは認可し，数の制限はしない。

(3) 第三者評価機関

① 主務大臣が認証した複数の評価機関が，独自の基準を定め，第三者評価を行う。

② 下された評価が不適格認定等の場合を契機として，主務大臣が法令違反（設置基準違反）と認めた場合，改善勧告等を経た後，設置認可を取消す。

③ 設置認可取消がなされるまで，当該法科大学院の修了者は司法試験受験資格有り。取消後の在院生の扱いは今後検討。

④ 現在，文科省の組織である大学評価・学位授与機構と日弁連法務研究財団が第三者評価機関を構想している。

⑤ 評価基準は，短縮型（2年）認定方法，必置科目等の教育課程，教育方法，成績評価，終了要件，法科大学院が公表すべき情報公開（法科大学院は，教育活動状況について自ら点検及び評価を行い，刊行物等の掲載その他結果について公表することとされている）など多岐にわたって設定され，この基準に従い評価が行われる。

(4) 入学者選抜

① 多様性の確保（他学部，社会人出身者の一定割合入学確保）がなされているかにつき第三者評価の対象とする。

② 3年制原則。2年制の許容。

③ LSATのような論理試験（適性試験）の全国統一試験。（文科省の大学入試センターや日弁連法務研究財団が実施検討）

④ 法学既修者出願に対しては，適性試験に加えて各大学院の自主性に基づき法律科目試験実施。

但し，これに代えてまたは並行して共通試験を実施することも検討する。法学未修者の選抜に法律科目試験は実施しない。

⑤ 各大学院は，適性試験の他に入学試験，学業成績，学業以外の活動実績，社会人としての活動実績など総合的に考慮する。

2）教育内容・方法

(1) 授業科目としては，法律基本科目群，実務基礎科目群（法曹倫理・法情報調査，要件事実と事実認定の基礎・法文書作成・模擬裁判・ローヤリング・クリニック・エクスターンシップなど），基礎法学・隣接科目群，展開・先端科目群が考えられる。法理論教育を中心に実務教育の導入部分も併せて実施し，「実務との架け橋」を強く意識した教育をする。

(2) 教育方法は，少人数による，事例研究・討論，調査，現場実習等，双方向的・多方

向的な授業を行う。
　(3) 授業方法・計画，成績方法を明示したうえ，厳格な成績評価及び修了認定を行う。
　(4) 夜間大学院，通信制大学院なども認められる。
　(5) 施設・設備は一律の数量的基準は設けないが，自習室・模擬法廷・図書館の夜間開館・コンピューターやマルチメディア教材などの設置・充実が求められる。

3）経済的負担軽減の方策

　(1) 学費は，私立で年間200万円程度と試算。
　(2) 奨学金制度の充実（国と各大学）に向けての運動を展開。アメリカの例に習い，地方の法科大学院出身者が地元で仕事をする場合の優遇措置を考えるなどの工夫。
　(3) 貸与制（修習生）。給費制の維持が難しい場合または一部貸与制の検討も必要。
　(4) 民間資金を活用し，政府等保証ローン等新制度の整備を検討。
　教育ローンとしては，国民生活金融公庫法（教育資金一般貸付），教育積立郵便貯金者貸付，年金教育資金貸付，財形教育融資制度，労金教育ローン，農協教育ローンなど各種がある。

4）弁護士会の取組み

　(1) 日弁連は，中教審法科大学院部会，司法制度改革推進本部，法曹養成検討部会に委員を派遣し，法科大学院設立運営協力センター（2000〔平成12〕年12月設立）を中心にバックアップ体制を組織し，カリキュラム案の作成，実務家教員候補者名簿の作成（300名の登録），模擬授業公開，教科書作成，全国キャラバンなど幅広い活動を展開している。
　(2) 東弁では法曹養成センターにおいて，亜細亜大学において，民・刑15回の授業を開始しており，ビデオに収め，教材・教育方法の開発を行っている。またロールーム（弁護士会が主体となり，法科大学院との協力・提携のもとに，学生を対象にリーガルクリニックなどの法曹実務教育を行い，単位認定に結びつけるもの）の創設を目指して検討を進めている。なお二弁は，大学と提携し，その施設等物理的な全面的支援を受けて，実質的な二弁ロースクールの創設に向けて活動している。

5）課題

　(1) 制度の骨格は固まっているものの，検討とされている残された課題も多い。その第1は，現行司法試験組の移行期の修習内容と実現可能な修習体制の構築である。指導担当弁護士の確保は現実の大問題である。

(2) 予備試験（バイパス）が現行司法試験廃止後開始されることになり，受験資格が限定されないことによる一発勝負の現行制度の温存が図られた。プロセスによる法曹養成制度に相容れない異質なものが混在することになるが，移行期間中に現行司法試験組と法科大学院組との競争を通じて，法科大学院の実力を高め，実務界の評価を得るなどして，実施までの間に廃止ないし極めて制限的にできるよう不断の運動を展開すべきである。

(3) 新司法試験に法曹倫理ないし専門職責任科目を課すよう運動すべきである。

(4) 設置基準を満たしさえすれば設立自由とされた法科大学院の質の確保は，事後審査による第三者評価機関の役割に負うところが大であり，日弁連法務研究財団に対する積極的な人的・物的支援を行い，弁護士会が中心となって評価の厳格化を図る必要がある。

(5) 3年制原則，2年制例外の枠組みを定着させ，多様性の確保を図るためには将来的に非法学部出身者を5割程度にすべく，第三者評価基準として数値目標を設定するよう働きかけるべきである。（※現在非法学部，社会人合格者は5～10％位）

(6) 法学部温存のために安易・拙速に設置されようとする各大学に警鐘を鳴らし，法曹の質の維持の為の実践（教材・教科書づくり，教育方法の研修など実務家教員養成，各大学との教育内容の検討）を積極化するとともに，とかく認識不足といわれる各大学に対し，法科大学院での実務教育（前期修習程度のもの）の重要性を訴え実施を強く働きかけるべきである。

(7) 最大の課題は，法科大学院における質の維持向上を図る教育内容・方法の充実である。日弁連・各単位会そして東京三会などにおいて，授業科目毎の教育内容・教材づくり，模擬授業の研究などの活動が進んでいるが，これを一層充実させ，弁護士会が構想するあるべき法科大学院の姿形を具体的に提示しなければならない。沈滞した法学部教育の延命の為の法科大学院づくりを厳しく批判し，実務の架け橋となる活きた法曹教育の実践の主体者として，弁護士会が一丸となって努力すべきである。また実務家教員の研修を通じた養成と推薦制度の充実が急務である。

(8) クリニック・エクスターンシップなどの実務教育を有効に行うには，法科大学院生の実務現場における身分が問題となる。

殊に接見立会や調停等の非公開の立会，法律相談の立会と守秘義務やプライバシーの調整をどう計っていくかを，混乱を生じないよう統一的な基準を用意する必要がある。何らかの身分・権限の付与を行うことになれば，（新）司法試験を合格した修習生に更なる権限付与が検討されなければならない。

(9) LSATのあり方（実施機関，複数にできないか，統一ではなく各大学院独自の実施はどうかなど）については，今後更に検討されなければならない。

⑽　官制，押しつけ的な統一的カリキュラム・教材の実施は，個性・地域性豊かな多様な法科大学院の創設という理念，大学の自治などの観点から避けなければならない。

2　新司法試験・予備試験

⑴　司法試験管理委員会を改組（2004〔平成16〕年）。法曹三者＋法科大学院関係者＋学識経験者＝司法試験委員会とする。
⑵　短答（択一）式・論文式試験を同時実施。
⑶　論文式試験は公法系・民事系・刑事系を必須科目＋選択科目（1科目）。短答式は公法系・民事系・刑事系科目。なお科目は法務省令で定めることができる。
⑷　論文式試験は長時間をかけて，科目割りにとらわれず，多種多様で複合的な事実関係による設例をもとに，問題解釈・紛争予防・解析能力・論理的思考・法解釈・適用能力を試す試験とする。
⑸　法科大学院の修了者及び予備試験の合格者が受験資格を有し，修了または合格した日以降の最初の4月1日から5年以内に3回に限り，受験を認める。（2年据置後更に5年3回）
⑹　予備試験は，受験資格に制限を設けず，法科大学院修了者と同等の学識・能力・実務の基礎的素養を判定する試験とする。短答・論文・口述試験が課せられる。
　論文式試験には，法律実務基礎科目（実務の基礎的素養を含む）も課せられる。
⑺　新司法試験は2006（平成18）年から実施。現行試験は合格者を漸減し，2010（平成22）年で廃止。予備試験は2011（平成23）年から実施。現行司法試験と新司法試験は5年間併存。併存期間中は，受験生が予め選択して，新司法試験または現行試験のみ受験できる。また，併存期間経過後の法科大学院修了者と予備試験合格者は，当該受験資格以外の二重の受験資格を認めない。すなわちどちらか一つの受験資格。
⑻　70〜80％の合格率は，厳格な第三者評価が前提で，当面は現実的に無理と考えられている。

3　新実務修習

⑴　現在1000名14クラス。2003（平成15）年に1200名16クラス。2005（平成7）年に1500名20クラスの予定で，4班制。これに法科大学院修了者（2008〔平成20〕年以降）が加わった場合の実務修習はどう行われるか。ことに移行期2011（平成23）年までの現行司

法試験組との併存をどう調整するかが大問題。

(2) 最高裁案は，8ヵ月実務（庁）修習（各2ヵ月を4班制）を行い，後期を1500名（最大）づつ2班に分けて2ヵ月の集合修習，残り2ヵ月を総合的修習＝選択修習の1年間とする。現行司法試験組は修習1年半を1年4ヵ月に短縮し，法科大学院組との一部重複の実務修習を行う。但し，その具体的な中味は今後検討。

(3) 給費制

現在修習生一人に対し年間400万円，合計65億円。教官給与などを含めると年間90億円かかっており，1200名まではこの状況は維持できるものの，1500名の段階（2005〔平成17〕年）では不明（難しいか？）とされている。

第2　民事紛争解決の改革

1　民事裁判手続の改革

1）民事裁判の充実

> 　新民事訴訟法が，適正かつ迅速な裁判を実現するという方向で解釈運用されるよう，研究及び提言していかなければならない。特に，争点整理手続，集中証拠調べなど裁判の審理方式については，われわれの自己改革も含めて，よりよい裁判実務を築き上げる努力を惜しんではならず，当事者照会制度，少額裁判手続などの新しい制度については，これらがより良い形で定着するよう一層の努力と研究を続けなければならない。
>
> 　また，法制審議会が唱える計画審理や証拠調手続の拡充は，その方向性は是としつつも，今後の裁判実務を大きく変える可能性を孕むものであり，われわれとしては早急に具体的な研究に取り組まなければならない。
>
> 　さらに，適正かつ迅速な裁判の実現には，裁判所の人的・物的設備の充実が不可欠であり，弁護士会は，そのための提言及び運動をより一層推進していくべきである。
>
> 　民事法制の改革は，専門家を含む各界の意見を広く聴き，実証的に進めなければならない。われわれは，実体法・手続法を含むあらゆる民事法の分野に，日頃の実務経験をもとに積極的に提言を行っていかなければならない。

(1)　民事裁判の充実・迅速化と弁護士の役割

　民事裁判の充実・迅速化の要請は，司法制度改革審議会のみならず，国民の期待するところであることは，論を俟たないものであろう。しかし，現実の裁判は，裁判の充実を目的とすれば，迅速さを犠牲にしやすく，反対に迅速を目的とすれば，充実を犠牲にしやすい関係にあることもまた現実である。

　この2つの要請を国民の期待にそえる形で実現するためには，裁判に関わる弁護士，裁判官がそれぞれの立場で努力と工夫をなさなくてはならない。特に当事者主義構造の中での弁護士の役割は，早期に主張の整理，争点の明確化を図るべき立場として，その努力が要請されるものである。

　現在の日本の裁判構造は，アメリカなどのように証拠開示手続きが先行し，証拠の相当

程度の提出後に裁判が開かれる構造ではないために，主張の整理と証拠活動とが同時に行われることが，主張の整理をしにくい状況にしている。この構造の改革がないままに，裁判の迅速さが要請されている現在，裁判の充実が裁判の迅速さの犠牲となる可能性を秘めている。国民は，裁判の迅速さを要請しているといっても，紛争の最終解決手段である裁判において，充実さが欠けていては納得のいく裁判とは言えず，そのような裁判の迅速さだけを要請していると捉えるべきではない。この裁判の迅速さと裁判の充実さとをバランス良く調整することにより，利用者としての国民の期待する裁判を実現していくべきである。

　法友会としては，「新法の下における『あるべき訴訟』をわれわれが構築していこう」という目的の下に，1997（平成9）年2月から，「新民事訴訟法実務フォーラム」を開催し，毎回10人以上の民事訴訟法学者の参加を得て，24の重点項目の検討及びケース研究を行った。そして，1998（平成10）年2月，その成果を法友会新民事訴訟法実務研究部会編『実践新民事訴訟法——民事弁護の在り方とその対応』（ぎょうせい発行）として発刊したところである。

(2)　新民事訴訟法の施行後の現状
① 新しい制度の運用について

　新法施行から4年を経た現状を省みるに，準備書面の事前提出の励行，書証の早期提出など，市民の迅速かつ適正な裁判を受ける権利を保障する観点から，大きく改善がなされ，実務に定着してきたことも少なくない。

　しかし，新法が予定した実務がいまだ形成されず，また，新たに制定された諸制度が十分活用されていないのも否定できない事実である。例えば，弁論準備手続については，裁判所と当事者及び弁護士による活発な意見交換を通じて争点を明確化することが予定されていたが，いまだに活発な意見交換による争点整理がなされているとはいい難い。また，弁論準備手続の終結に当たり，裁判所がその後の証拠調べにより証明すべき事実を確認する（170条6項，165条1項），弁論準備手続の結果を当事者が口頭弁論で陳述（上程）する（173条）などの新制度についても，ほとんど活用されていないのが実情である。

　当事者照会制度は，弁護士会の主導により導入された制度であり，その適正な運用を形成することは，われわれに与えられた責務と言っても過言ではないが，一部の熱心な弁護士を除き，いまだに十分な活用がなされているとは言えない状況である。

　われわれは，新法が制定された趣旨・目的を再確認し，国民に分かりやすい裁判，適正・迅速かつ充実した裁判の実現のため，前記フォーラムの成果を訴訟の場で実践していくとともに，より良い裁判実務を築き上げるよう努めていかなければならない。

② 計画審理等について

法制審議会民事・人事訴訟法部会の2002（平成14）年6月7日付けの民事訴訟法改正要綱中間試案（以下「中間試案」という）も，裁判所及び当事者は，民事訴訟が計画的に進行されるよう努めなければならないとの一般的な責務を規定しつつ，事件が複雑であるなどその適正かつ迅速な審理の実現のために審理の計画を定める必要があると認められるときは，裁判所は，当事者双方との間で，審理の計画を定めるための協議をし，その結果に基づいて審理の計画を定めなければならないものとしており，この点は大いに評価できよう。

ただ，この審理計画により攻撃防禦方法の提出時期が定められた場合に，その経過後に提出されたときは，審理に支障を来たすことを条件に失権効を働かせるか，時機に遅れた攻撃防禦方法の却下という一般的規定で対処すべきかは議論されている。

この点，日弁連は，時機に遅れた攻撃防禦方法の却下という一般的規定によるべしとの意見を表しているが，法友会がこれに与するかは慎重に議論すべきであろう。何故なら，時機に遅れた攻撃防禦方法の却下という規定はあまり活用されていないのが実情であり，一旦，裁判所，当事者双方が審理計画を定めておきながら，それを無視したとしても，実際には不利益を受けることがほとんどないのであれば，結局，審理計画がないがしろにされてしまうおそれがあるからである。このような取扱いでは，制度の利用者たる国民の目には，アン・フェアな取扱い，弁護士同士の馴れ合いと映り，不自然な制度と捉えられかねないからである。今後の民事訴訟実務を大きく変える可能性を孕むものであり，われわれとしては早急に具体的な検討に着手すべきである。

また，計画審理を実効あらしめるためには，当事者が早期に証拠を収集し得る手段を導入することが必要であり，中間試案も，計画審理と併せて，提訴予告通知制度，訴えの提起前における当事者照会，訴えの提起前における証拠収集手続を提案しているが，これらの立法化に向けて継続的に研究し，公平な裁判，迅速な裁判に資するための制度を提言していくことが必要である。

ただ，こられの制度の担い手を弁護士に限定することについては，弁護士強制主義を採用しないわが国で，原理的に採用し得る制度なのか，利用者である国民の視点を欠きはしないかなど，さらに検討をする必要がある。

③ 人的・物的設備の拡充について

さらに，適正かつ迅速な裁判の実現のためには，それを支える裁判所の人的・物的設備の拡充の観点を忘れてはならず，われわれは，この点の充実に対する一層の働きかけをしていかなければならない。裁判官1人当りの手持件数が300件にも及んでいる現状におい

ては，新法が予定しているような適正・迅速な裁判を裁判の充実を図りつつ実現することは困難であり，裁判官や裁判所書記官などの大幅増員を求めていくべきである。物的設備についても，新法が裁判所に設置を予定するテレビ会議装置や電話会議装置の充実は当然のこと，今後は，国民に利用しやすく，分かりやすい裁判，適正かつ迅速な裁判の実現を図るためのＩＴ技術導入についても積極的に研究していかなければならない。

２）専門的知見を要する事件への対応

> ・ 医事・建築などの専門性を要する紛争事件については，専門家の裁判への関与を推し進めるとともに弁護士の専門的知見を補うための制度構築を進めるべきである。
> ・ 最高裁が規則制定した医事関係，建築関係の専門委員制度の導入や鑑定制度の改善については，裁判所の中立・公平性を損なわないための研究・提言を行なう必要がある。

(1) 長期間を要する審理

医事・建築紛争事件は，近時，増加傾向にあるものの，その平均審理期間はいずれも3年程度で，通常の民事訴訟事件のそれを大幅に上回っており，国民の批判が強いところである。このように医事・建築紛争事件の審理に長期間を要する理由としては，主に，❶弁護士や裁判所の専門的知見の不足とそれに起因して争点整理に時間がかかること，❷鑑定人の選定及び鑑定作業に長時間を要することが指摘されている。いずれにせよ，裁判の構造的な問題として，証拠収集活動をいかに早期に，かつ，適切に行うかが問題の一つである。この証拠収集が是正されることにより，当事者の主張，争点整理も進行することが可能となるのであり，この点の改革なくして，迅速さのみを追求することは，裁判の充実を侵害するというべきであろう。

(2) 弁護士の研鑽と情報ネットワーク

われわれは，このような裁判の現状にあるとしても，自ら専門的知見の獲得に努めなければならない。

ただ，分野ごとに専門家が存在するような場合において，個々の弁護士が努力しても当該分野での専門家と比べれば素人であることには変わりがなく，その努力には自ずと限界がある。そのために，そのような分野における専門家との提携や情報交換のための組織造りなど，弁護士の専門的知見を補うための制度構築についても併せ研究し，提言していかなければならない。具体的には，日弁連，単位ブロック又は単位会で，分野ごとに事件協力が可能な医師・建築士等の名簿作成などを進めるべきである。

(3) 専門委員制度の導入と鑑定制度の改善
① 専門委員制度
　法制審議会の中間試案は，裁判官支援の観点から，医事・建築紛争事件では，訴訟の早期の段階から専門家の関与を得ることが望ましいとして，非法曹の専門家が裁判の全部又は一部に関与し，意見陳述，特定事項の調査，発問などを行なう専門委員制度を導入すべきであるとしている。
　適正かつ迅速な裁判を実現するためには，弁護士のみならず，裁判官の専門的知見を補う必要性があるのは否定できないから，中間試案には基本的に賛成である。ただ，この制度導入に当たっては，選任方法や手続への関与のあり方等の点で裁判所の中立・公平性を損なうことのないように十分配慮しつつ，それぞれの専門性の種類に応じて個別に導入を図る必要がある。
　この点，その選任に当たっては，裁判所が当事者の意見を聞くだけでは不十分であって，当事者の同意を要件とすべきである。また，特定事項の調査をその権限に含ましめると，裁判官が調査結果に追随することは容易に想像できるところであって，一定の制限を設ける必要がある。さらに，専門委員の候補者に特定の大学，学会，企業等の出身母体が片寄らないように努めること，とりわけ医事紛争事件においてその配慮が必要であり，係属事件を担当する専門委員の決定に当たり，中立・公平性を損ねないシステムを構築することが不可欠である。さらには，専門家養成をしている大学自体に，裁判での関与を意識した鑑定等の講座の開設なども制度構築上は必要とされなくてはならない。弁護士としては，このような専門家の裁判関与に向けて，新たな制度の新設を含め具体的な提言をしていかなければならない。
　また，専門委員の関与する手続きについても，公開の原則を犯すような密室裁判になったり，裁判官が専門委員の意見のみによる判断をするなどの弊害に陥らないような諸制度（関与できる手続の種類，当事者の立会権，当事者の発問・反論権の確保など）を研究し，提言していく必要がある。
② 鑑定制度の改善
　司法制度改革審議会の最終意見書は，適切な鑑定人を選任し，引き受けてもらうことが困難であること，鑑定自体に長期間を要していることといった問題点を指摘し，鑑定制度の改善を唱え，その具体的な方策として，鑑定人名簿の整備，専門家団体との連携，最高裁判所による医事関係訴訟委員会・建築関係訴訟委員会の新設などを挙げている。そして，最高裁判所も，最終意見書が発表された直後の2001（平成13）年6月14日に医事関係訴訟委員会規則及び建築関係訴訟委員会規則を制定公布し，具体的な改善に向けて委員会を発

足した[1]。

　われわれも実務的な視点から，鑑定制度の改革案を提言していくほか，専門家の養成段階から鑑定に関する講座を開設するなど各分野における鑑定のあり方，手法に関する教育をも改革していくことを提言すべきである。また，上記の委員に選任された弁護士をバックアップし，各委員会における審議が実り多いものになるように努めていかなければならないことはもちろんである。

3）公文書と文書提出命令

> 　一律に刑事事件関係書類等を文書提出義務の対象から外した改正法には，施行後3年を目途とする改正を視野に入れて，粘り強く改正を求めていくべきである。

(1) 新法の改正過程

　新民事訴訟法は，民事訴訟に関する手続を現在の社会の要請にかなった適切なものとするとともに，民事訴訟を国民に利用しやすく，分かりやすいものとし，もって適正かつ迅速な裁判の実現を図ることを目的として改正作業が開始された。1990（平成2）年7月から1996（平成8）年2月までの間，法制審議会（以下，「法制審」という）で審議が継続され，これを踏まえて民事訴訟法案が1996（平成8）年3月国会に提出された。

　この法案のうち，公務文書に対する文書提出命令については，行政の資料隠しを助長しかねないとして[2]，弁護士はもとより，一般市民，マスコミからも反対論が沸き起こり，最終的には国会で法案の修正がなされた。すなわち，新法では，公務文書を対象とする文書提出義務の一般義務化は先送りにされ，新法の公布後2年を目途として，情報公開法の検討と並行して，総合的な検討を加え，その結果に基づいて必要な措置を講ずるものと定められたのである（附則27条）。

　同条を受けて，法制審の民事訴訟法部会は，文書提出命令小委員会とその下に文書提出命令制度研究会を設置して，外国法制度の研究，国民各界からのヒアリング等を行い，論点の整理を行なった。そして，1998（平成10）年2月20日の法制審総会において「民事訴訟法の一部を改正する法律案要綱」が確定され，これに基づき，同年4月10日，政府から

---
1) これらの委員会の所掌事務は，①各事件の運営に関する共通的な事項の調査・審議，②前記事項に関し，最高裁判所に意見を述べること，③事件の係属する裁判所又は調停委員会の依頼に基づく最高裁判所の求めに応じて，鑑定人の候補者の選定をすること，④最高裁判所の求めに応じて，事件解決に有用な民事調停委員の候補者の選定をすることである。
2) 法案では，公務文書で監督官庁が提出を承認しないものについては，文書提出義務の対象外とされていた。また，「公共の利益を害し，又は公務の遂行に著しい支障を生ずるおそれがある場合」には，監督官庁は承認を拒むことができ，文書提出義務の存否を判断するにあたり，裁判所は当該文書を提出させること（いわゆるインカメラ手続）ができない旨定められていた。

「民事訴訟法の一部を改正する法律案」（以下「改正案」という）が国会に提出された。しかしながら，2000（平成12）年まで具体的な審議がなされることがなく，一旦廃案となったが，2001（平成13）年3月に再度改正案が提出され，衆議院法務委員会での一部修正を経たうえで，同年6月17日衆議院本会議で，同月27日参議院本会議でそれぞれ可決され成立した（同年12月1日に施行）。

(2) 改正法の内容

改正法の主な内容は，次のとおりである。

❶ 私文書で認められた文書提出義務の除外事由（いわゆる除外文書）のほかに，公務秘密文書（220条4号ロ）と刑事事件関係書類等（同号ホ）が文書提出義務の対象外とされた。

❷ 私文書と同様，公務文書についても，自己使用文書を提出義務の対象から除外しつつ，公務員が組織的に用いる文書については，提出義務の対象となる旨確認的に規定された（同号ニ括弧書）。

❸ 公務文書についても，刑事事件関係書類等を除き，インカメラ手続が適用されることとなった（223条6項）。

❹ 裁判所は，220条4号ロの文書に該るか否かを判断するに先立って，監督官庁の意見を聴取しなければならず，監督官庁が同号ロの文書に該当する旨の意見を述べるときは，その理由を示さなければならないものとされた（223条3項）。

また，その際，第三者の技術又は職業の秘密に関する事項が記載されている文書について意見を述べようとするときは，予め当該第三者の意見を聴かなければならない旨規定された（223条5項）。

❺ 国の安全が害されるおそれ等や犯罪の予防等に支障を来すおそれがあることを理由として220条4号ロの文書に該当する旨の意見を述べたときは，裁判所は，その意見について相当の理由があると認めるに足りない場合に限り，文書の所持者に対し，その提出を命ずることができるものとされた（223条4項）。

(3) 改正案の問題点と今後の対応

改正法は，公務文書についても提出義務を一般化したこと，インカメラ手続の対象としたことなど評価しうる点も存するが，司法判断の尊重，官民格差の是正という観点からは不十分な点も多い。この点，日弁連は，要綱案に対しては1998（平成10）年2月18日に，改正案に対しては同年4月24日にそれぞれ意見書を提出し，その修正を求めてきた。

とりわけ刑事事件関係書類等を一律に文書提出命令の適用除外とすることは，株主代表訴訟，住民訴訟，消費者訴訟，交通事故等による損害賠償訴訟，労災訴訟などにおいて不

可欠な立証方法とされてきた書類等を証拠として使用できない危険性があり，ひいては被害者が救済されないおそれがある。もちろんこれらの書類等については，プライバシーの保護などに配慮する必要はあるが，それは裁判所が事案ごとに判断すべきことであって，一律に適用除外とすることの根拠たりえない。

　国会でも，この点につき議論がなされ，附則第3項で，施行後3年を目途に，民事訴訟の利用状況等を勘案し，刑事事件関係記録等の公務文書を対象とする文書提出命令制度について検討を加え，その結果に基づいて必要な措置を講じると定められており，われわれとしては，今後も，一律除外規定の改正を求めていくべきである。

4）敗訴者負担制度など

> ・弁護士報酬の敗訴者負担制度の導入には反対していくべきであり，国民の理解を得るためにも反対運動をすべきである。
> ・司法制度改革審議会の提訴手数料の低額化・定額化の提言は賛成であり，その推進に努力すべきである。
> ・司法制度改革審議会の訴訟費用額確定手続の簡素化については賛成であり，実務経験と実証的観点からの研究を重ね，具体的な提言をしていくべきである。

(1) 新民事訴訟法の制定と司法制度改革審議会

　民事訴訟法の改正によって，訴訟費用確定手続，訴訟費用の担保及び訴訟救助の要件については改正がなされたが，申立手数料の低額化・定額化については改正には至らず，弁護士費用の訴訟費用化（敗訴者負担）の問題についての議論も残された。そこで，法務省法務大臣官房司法法制調査部では，1995（平成7）年12月26日「民訴費用制度等研究会」を発足させ，それまでの法制審における審議を受けて，現行の提訴手数料等の見直しの要否，弁護士費用の訴訟費用化の当否，諸外国の民事訴訟費用制度の実情，その他民訴費用制度に関連する事項の調査・研究を開始し，1997（平成9）年1月31日には「民訴費用制度等研究会報告書」を公表するに至った。

　司法制度改革審議会においても，これらの問題につき審議がなされ，2001（平成13）年6月12日付けの最終意見書では，❶提訴手数料の低額化・定額化，❷敗訴者負担制度の導入，❸訴訟費用額確定手続の簡素化を実施すべきであると発表された。また，同意見書では，❹訴訟費用保険の開発・普及に期待するとの意見も述べられた。

　さらに，2002（平成14）年3月19日には，司法制度改革推進計画の閣議決定がなされ，そこで裁判所へのアクセスの拡充の観点から，❶訴え提起の手数料，❷弁護士報酬の敗訴

者負担の取扱い及び❸訴訟費用額確定手続につき所要の法案の提出等が掲げられ，司法制度改革推進本部の司法アクセス検討会において，そのための具体的な検討が開始されている。

(2) **審議会意見書問題とわれわれの対応**

提訴手数料の低額化・定額化（上記❶）については，市民の裁判を受ける権利をより実質化していくために，低額化・定額化を実現するべきであると提言したものであり，その方向を積極的に推進すると同時に，その研究を重ね，必要に応じて具体的な提言をしていかねばならない。

訴訟費用額確定手続の簡素化（上記❸）についても賛成であり，今後は，ⓐ金額が訴訟記録上明らかであるもの及び容易に疎明可能なものについては実額とし，金額が直ちに判明しないものについては定額とする案，ⓑ現行の計算方法のほかに，当事者の選択によりⓐの簡素化した算定方法をも許容する案を中心に，具体的な提言ができるよう研究を進めていかなければならない。

訴訟費用保険の開発・普及（上記❹）についても，既に日弁連と損害保険会社の協議によりその商品開発が進み，「権利保護保険」が発売されている。今後は，われわれとしてもその普及に努めるべきである。

しかしながら，敗訴者負担制度の導入（上記❷）については，にわかに賛成することはできない。すなわち，最終意見書は，裁判所へのアクセス拡充の方法として弁護士費用の敗訴者負担を掲げたとし，訴訟提起につき萎縮効果が働く恐れのある訴訟類型については，例外的な取扱いを認めている。

しかし，弁護士費用の敗訴者負担制度が裁判所へのアクセス拡充になるという前提そのものが大いに疑問である上，訴訟提起に萎縮効果が働く訴訟類型を網羅的に拾い上げるのは，技術的に極めて困難である。また，わが国の訴訟における弁護士選任率の低さ（第一審通常訴訟〔地方裁判所〕既済事件のうち，両当事者が弁護士を選任している事件は約45％に止まる），弁護士選任率の地域間格差（ゼロワン地区問題もあり），実質的に争いのない事件類型の存在（例えば，貸金訴訟，立替金・求償金訴訟では，争いのない事件の占める割合が高い）とその実態（例えば，上記訴訟では，原告は弁護士費用を回収コストと把握しているし，被告は金銭的余裕のない場合が多い）などを斟酌すると，原則として弁護士費用を敗訴者に負担させると，当事者間の実質的な公平を害したり，敗訴者に対して過度の負担を与えたりする危険性が高いというべきである。特に，証拠の全面開示などの制度のないままに，敗訴者負担制度だけが採用されることは，立証責任と証拠が入手できないことにより，敗訴者には過度な負担となっていくものである。例えば，返済の領収書

を出さないことが常識となっている業界の裁判（高利貸しの取立訴訟など）は，単なる貸金訴訟であっても，債務者はいよいよ裁判など起こせないこととなってしまう。

日弁連も，2001（平成13）年5月23日，会長声明で弁護士報酬の敗訴者負担制度の導入に強く反対する旨表明し，同年6月12日には，最終意見書を踏まえ，会長声明で今後の立法過程での慎重な検討を期待する旨明らかにした。さらに，2002（平成14）年3月19日には，日本弁護士連合会司法制度改革推進計画を発表し，不当に訴えの提起を委縮させない観点から必要な提言等を行うと約束している。

われわれとしては，今後，弁護士報酬の敗訴者負担制度の導入に反対する運動を展開するとともに，その他の課題については，実務経験と実証的観点からの研究を重ね，具体的な提言をしていくべきである。

2　民事法制の見直しと民事裁判実務の課題

1）民事法制改正にあたっての方策

> ・民事法制の改革は，専門家だけではなく利用者である国民の各界・各層の意見を広く聴き，実証的に進めなければならない。われわれは，実体法・手続法を含むあらゆる民事法の分野に，日頃の実務経験をもとに積極的に提言を行っていかなければならない。
> ・議員立法を実質的なものにしていくことが必要である。そして，法制審議会制度を再検討し，議員立法に不足する機能に特化した制度とすべきである。

(1)　基本法の改正のあり方の問題点

民事法制の整備にあたって，これまで大きな役割を法制審議会が果たしてきた。法制審議会は，基本法の整備を行うにあたり，ローマ法以来の学問の蓄積を踏まえた深い検討をなし，その際，問題点，試案や要綱の発表を行い，大学，弁護士会，その他関係団体に対して，意見照会を経るという手続きを踏み，立法作業を行ってきた。

これに対しては，迅速性に欠ける，立法府が法律を作成するという建前に合致しない，情報公開が適切ではない，立法が国民ではなく法曹関係者により実質的にされているとの批判があった。

議員立法こそが，議会制度の趣旨に合致することは論を俟たない。特に，今まで以上に，官僚主導の立法から政治主導の立法へと移行させなければならない。

しかし，議員立法についても，議論の経過が不透明であったり，審議が尽くされていな

かったりするという問題は依然としてある[1]。また，残念ながら，議員や議論の事務の継続性に問題があること，スタッフを含めた政党や議員の専門性や保有する情報の量に欠ける面があることは否定できない。さらに，ある政治・経済的な傾向に沿った議決と見られることが，法制審議会におけるそれよりも多くありうるという問題も指摘されなければならない[2]。また，こと基本法を扱うに際して，立法府での議論がどこまで理論的でありうるか，基本法の下位にある他の法律との厳密な整合性を確保できるかも問われる。

(2) 基本法改正のあり方と今後の課題

以上を踏まえると，まず，議員立法を実質化することが必要である。

そのためには，前提として，議員個人ができる限り専門性を高めかつ立法技術を磨くこと，政党又は議員が関係諸団体との連携を適切に行うこと（ロビイスト規制も視野にいれつつ，活性化を図るべきである）が必要である。慣行としては，対立ある法案については，十分に議論を尽くす仕組みを作ること[3]，当該法案の作成過程及び審議過程を透明化し，国民に対し情報公開をすること，インフォーマルなかたちでの意見調整（たとえば，各党間協議）はせず，国会の各委員会での議論を中心とする慣行を作ること等が重要である。制度としては，議会，政党又は議員個人に，十分な法律スタッフが確保されること（スタッフが専門的かつ継続的に働けること），行政府の保有する情報の取得が適切になされることが重要である[4]。

そして，議員立法の改革をしたとしても，議員立法の政治的・経済的な傾向，議論の継続性に欠ける傾向，情報が十分に集積されないという問題，精緻な法体系を反映した議論が困難であるという問題は現状では残らざるを得ないというべきであり，かような視点か

---

1) たとえば，1997（平成9）年の商法改正においては，改正案の事前の発表もなく国会提出の数日前に新聞にその骨子が報道されたにすぎず，また，審議自体も短期間で終了した。法制審議会の委員である商法学者も批判を行った（2000〔平成12〕年法友会政策要綱157頁参照）。

2) 法制審議会で答申されたにもかかわらず立法化されない選択的夫婦別姓制度，上記1997（平成9）年の商法改正，法制審議会の議論を待たずに法案が国会に提出された定期借家権制度の導入など（上記政策要綱156頁，157頁参照）。むろん，その立法内容の当否については，諸々の見解がありうる。ここで指摘されなければならないのは，これらは，法制審議会の議論と乖離が生じる可能性のある（あった）立法課題であり，法制審議会での議論を避け，また，短期間かつ不透明な議論ですませるために，議員立法の方策がとられる（た）可能性があるということ，そして，これらの多くは，規制改革という国家的な指向のなかで，短期間かつ不透明な議論では済まされない問題に関して起きているという点である。

3) 特に，公聴会，参考人の意見聴取などにおいて，関係組織（対立する当事者たとえば，経済団体や消費者団体，執行を担当するであろう行政庁），関係人や専門家の意見を十分に聞くべきである。また，法案提出の前にも同様の手続きを党内，議員団または議員事務所内で踏むべきである。

いずれにせよ，政策課題ごとの利害関係者と専門家のネットワークの存在とそこでの議論が最小限必要であり，その中に，法律の専門家である弁護士が入ること，行政もできる限り情報提供者の一員として入ること，議員（群）は，かかる議論のまとめ役と法案の議会への提案者として存在するということをイメージとして持つことが重要ではないかと考える。

4) 以上を通じて重要なのが，議員の立法能力が得票に結びつくような制度設計がいかにしてなされうるかである。

また，法律専門家としての弁護士がどのようにこれに協力できるかも重要な問題である。議員立法における弁護士倫理，報酬制度の検討，立法技術の修得の機会をいかに設けるかの検討も行わなければならない。

第2　民事紛争解決の改革

ら，ある意味では自己制限しつつ，その反面，審議を充実・公開させるべく法制審議会は改革されなければならない[5) 6)]。

なお，議会にせよ，法制審議会にせよ，迅速かつ機動的な社会の動きにあわせることができることを目指して制度設計をする必要がある。

2）担保・執行法制の改革

(1) はじめに

司法制度改革審議会の意見書は，民事執行制度における問題点として，債務名義を取得しても，執行対象財産がないことや，資産隠しなどが行われること，および執行妨害による抵当価値減少等の弊害などから，権利実現の実効性が極めて低いという指摘をしている。権利実現の実効性をより一層高める観点から，占有を手段とする執行妨害に対する対策その他の制度改革を検討するため，現在法制審議会担保執行法制部会において，担保法の改正とともに執行法制の抜本的な改正案の策定に向けた審議がなされているところである。

法制審議会において提示されている担保法制及び民事執行法制についての提言は，弁護士会が取り組まなければならない，あるいは，問題点としてこれまで指摘してきた改革の論点を概ね取り上げていると考えられるので，ここでは，本年3月末に法制審議会担保執行法制部会が中間試案としてとりまとめた担保執行法制についての各提案のうち優先的に取り組むべき主要なテーマを検討する。

(2) 主として担保法制に関する事項

① 短期賃貸借制度

利用権と価値権との調整規定として位置づけられている短期賃貸借制度を廃止することの是非が問題とされる。この制度が濫用され，短期賃貸借の存在が抵当不動産の価格を低下させて抵当権者に損害を及ぼすことがあること等の弊害が指摘されてきたところであり，この制度を廃止するべきだとする有力な改革案が示されている。

しかし，建物賃貸借の殆どは正常型賃貸借である。短期賃貸借が執行妨害の温床となってきたことは事実であるが，執行裁判所が積極的に非正常賃借権を執行手続上認めないものとし，濫用的な賃借権を否認するという取扱が定着していること等，執行妨害についての対策は既に相当程度実効性をあげている。執行裁判所による濫用的短期賃借権否認の実務を一層確立する方向で制度改革がなされるべきである。

---

5) 今後とも，規制改革という国家的な指向のなかで，短期間かつ不透明な議論では済まされない問題は多く発生するのであり，十分な制度改革が必要である。
6) なお，法制審議会の審議期間と情報公開についての改革も進んでいるとのことである。

以上の前提に立って，現行法において期間満了時期と競売における差押の時期の先後という偶然によって保護される残存期間に長短が生じること，買受人が敷金，保証金を承継するかが，代金納付と差押え後の期間満了の時期の先後によって偶然に決まってしまうこと等の問題点を解消するような制度改革をするべきである。

②　滌除制度

　現行の滌除制度は，ほとんどが濫用的に用いられているという実態が指摘され，その廃止あるいは見直しが論じられている。

　これは，抵当不動産の流通を促進するための方策としてどのような法制を採るべきかの問題であり，抵当不動産の流通促進のためには迅速な換価手続を整備することこそが重要で，滌除制度は存続の合理性を持たないとする滌除全廃論にも頷けるものがある。

　しかし，抵当権と第三取得者との調整を図ろうとした民法の基本的態度を尊重するならば，現行の滌除制度を濫用の余地のないように整備して存続することが考えられる。具体的には，滌除の申出を受けた抵当権者は弁済期到来の有無にかかわらず競売を申立てることができ，その競売では抵当権者に買受義務を負わせないものとすること，滌除申出前の競売申立てにおいても抵当権実行通知は要しないものとすること等の見直しをすることが適当である。

③　強制管理類似の制度

　抵当権が設定者に使用収益を認めつつ価値権を把握する担保物権であることは言うまでもないが，被担保債権が履行遅滞になった以降においてまでもこれを維持しなければならないものではない。抵当不動産の賃料債権に対する物上代位を肯定した最判平成元年10月27日（民集43巻9号1070頁）以降，債務不履行に陥った抵当権被担保債権を抵当不動産の賃料収益から回収する手法が頻繁に行われていることは周知のとおりである。

　ところが，物上代位手続では不動産の管理をすることができないという限界があるため，管理が杜撰になり，賃借人に犠牲を強いる等の不都合が指摘されてきた。

　この問題を解決するためには，抵当権者が抵当権実行の一手段として抵当不動産の収益管理を行うとすることが適当である。一般債権者が債務名義に基づく強制管理を行うのと同様の制度を設け，収益からの優先的回収を図ることを可能とすべきである。

　なお，その場合には，現在定着している物上代位の制度をあえて否定するまでの必要はないから，物上代位制度との併存が適当である。また，収益からの回収は物件自体の換価手続とは別個に観念できるものであるから，競売付随の手続とする必要もない。

　今後，不動産の価値評価は，換価処分価値だけではなく，収益に着目したものに変わっていくことが予想される。この強制管理類似制度は，こうした収益性重視の担保評価に沿

ったものであり，これからの時代の要請にかなったものといえよう。

④　一括競売制度

現行民法389条の一括競売制度は，解釈上，建物所有者と抵当土地所有者が同一であること（または土地所有者が建物建築後に同人から譲り受けたものであること）が要件であると解されている。そのため，土地抵当権設定後に第三者によって建築された建物がある場合には，土地の買受人によって建物収去土地明渡請求訴訟を提起し，その強制執行をすることが必要となる。このことは，入札希望者に入札を躊躇させ，あるいは入札価額の低廉化を招来する原因となっている。

建物取壊しをめぐる手続的，時間的，費用的，あるいは社会的負担を考えれば，この場合であっても形式競売として建物を一括競売したうえでその売却代金を建物所有者に交付するとするのが合理的である。これは，執行妨害対策としても重要な意味を持つものである。

なお，抵当権設定前に築造された建物でも建物所有者が抵当権者に対抗できる占有権原を有しないときは上記と同じく一括競売ができるとすることについても，建物所有者の利害を考慮しつつ，一定の合理性を肯定できる余地があろう。

⑤　留置権・先取特権

不動産をめぐる担保権者相互間の序列は，明確かつ合理的に定められるべきである。現行の法制では，留置権が競売で引受けとなる結果，事実上の最優先となっていること，不動産保存の先取特権が制度上の限界ゆえ執行妨害に使われていること，といった問題がある。

これについては，不動産には商事留置権が成立しないとすること，民事留置権であっても抵当権との調整を図る規定を置くこと，といった立法が望まれるところであり，また不動産保存の先取特権については不動産工事先取特権と同じように裁判所選任の鑑定人により相当保存費の鑑定の制度を設けることが考えられる。

なお，このほかに，不動産工事の先取特権を工事完了後直ちに登記すればよいとすることであるとか，雇人給料の先取特権を商法の範囲と統一すること，といった見直しをすることも適当である。

⑥　その他

その他，指名債権質において債権証書の交付を効力発生要件としないとすること，根抵当権者による確定請求権を認めること，といった見直しも，合理性を有するものであり，改正がなされるべきである。

(3)　主として執行法制に関する事項

① 財産開示制度について

担保執行法制部会が提案する財産把握のための制度とは，財産開示期日において債務者を裁判所に呼び出し，財産状況を陳述させ，虚偽や不当な拒否については罰則を課するというものである。

このような制度を設けることとすると，濫用の危険があるという観点から，不当な取立てからの債務者保護制度をも合わせて検討するべきだという意見や，債務者のプライバシーが不当に侵害されるのではないかという意見もあるところである。

しかし，かねてより，金銭給付判決を得ても執行対象財産が隠されてしまえば判決が無駄になり，司法による権利実現の実効性に乏しいことが指摘されていたところであり，財産開示制度を創設すべきことは否定できない。

制度を創設し濫用の余地のないように仕上げる方向で改革を進めるべきである。

② 第三者照会制度

執行裁判所が，債務者の有する財産に関し第三者に対して照会することができるという制度提案がなされている。

この制度を設けることについてもプライバシーを侵害するおそれがあるという指摘がなされている。しかし権利実現の実効性を確保するという視点からは，この第三者照会制度を創設し，例えば銀行等の金融機関，証券会社，税務署に対する照会を充実させるべきである。

③ 占有を手段とする不動産執行妨害に対する対策

イ　いわゆる占有屋による不動産執行妨害対策

民事執行法55条の保全処分の要件を緩和することが提案されている。1999（平成11）年11月24日の最高裁大法廷判決（民集53巻8号1899頁）によって，抵当権の効力に関する従来の判例が変更され，抵当権者が抵当物件の不法占有者に対して直接その明渡しを求めることを認める旨の判決が示されたことなどを契機として抵当権の効力等の見直しによって執行妨害対策を図るべきこととされている。

これまで抵当権の価値減殺行為に対する条項として活用されてきた民事執行法上の保全処分の効力を強化することが是非とも必要である。

民事執行法上の55条のうち，「著しい価格減少行為」から「著しい」を削除する方法は最も直截で効果の上がる改革である。従来ともすると主観的な執行妨害目的の立証を求められて疎明が困難であった保全処分の要件が緩和されることになる。現行の「著しい価格減少行為」という要件のままだとすると主観的な要素に重きを置いた発令になりがちであるのに対し，「著しい」を削除し，単なる「価格減少行為」というように緩和されると，

例えば，非正常賃借権と疑われるような占有だという客観的な要素だけで特段主観的な妨害目的のような事実関係がなくとも要件の疎明が認められるものと考えられ，有効な執行妨害対策になると考えられる。

　ロ　占有者不明の場合の特定の緩和

　民事執行法上の保全処分または民事保全法における占有移転禁止仮処分の申立にあたり，保全処分の相手方である不動産の占有者を特定することが困難である特別の事情があるときは，相手方の表示を「(保全処分発令時の) 不動産の占有者」または「(仮処分発令時の) 不動産の占有者」として，保全処分または仮処分の発令を認めることが提案されている。

　占有者の変転や占有名義を偽るといった妨害が行われており，こうした制度を創設すべきである。

　なお，民事執行法55条の保全処分として占有移転禁止保全処分が発令されている場合に，55条の保全処分の効力をその後の引渡命令につなげていくため保全処分の効力が買受人にも拡張されることとするべきであるし，また，占有移転禁止保全処分があらかじめ執行されている場合には，債務名義上の債務者以外の不動産の占有者に対しても一定の要件のもとに，承継人の表示を「(明渡執行時の) 不動産の占有者」として承継執行文を付与することも積極的に認められるべきである。

　いずれの制度も占有者を不明確にすることによって保全処分や仮処分，明渡執行を妨害しようとする行為に対して有効な民事実行手続の改革となるはずである。

　ハ　明渡催告の制度化

　明渡執行について，執行催告時に所要の事項を公示したうえで，断行期日までに占有者の変更があった場合であっても，承継執行文を要しないで，直ちに明渡しの断行をすることができるものとし，また，断行期日において目的外動産について執行官が，当該動産を保管することを要しないで，直ちに動産執行の売却手続によって売却することができるものとする提案は，明渡執行手続を画期的に合理化するものであり，是非とも実現されるべき改革である。

　実務上，不動産の明渡執行においては，原則として「明渡催告」を行い，債務者の占有の確認や費用等の見積もりをした上で，任意の明渡しがなされない場合に強制的な明渡執行がなされることになっている。しかしながら，現在行われている「明渡催告」は法的根拠を持たず，何らの法的効果も付与されない。

　また，不動産の明渡執行を行うに際し，目的外動産の処遇については，現行法上は，競り売り手続によって売却するために倉庫等に保管していることが多い。

　しかし，目的外動産には市場価値がないのが一般であり，当該動産の買受人は債権者で

あることが多く，名目的な対価で競り売りが行われているのが現状であるが，僅かな金額で競り売りをするために多額の費用をかけて保管することについては制度整備の要請が実務上根強くあったところである。

明渡断行手続の実効性，経済合理性を向上させるために，断行手続を提案が示している方向で改革していくべきである。

④　その他

民事執行制度の改革について審議されるべき点は，以上に限られるわけではなく，その他一般の先取特権の実行要件の見直し，動産担保権の実行の要件の見直し，不動産競売手続の見直し等多岐にわたっている。しかし，市民の権利実現に直結し，また，権利実現過程において不合理だとされている点の中で，最も重要であると思われる課題として上記の①ないし③の諸提案を優先的に取り上げるべきであり，今後提案されている制度整備作業において，制度を十分に合理的に改革していくことが必要である。

3）懲罰的損害賠償の具体的検討

> 裁判実務において，制裁的慰謝料等の主張を行うとともに，実体法上，法分野毎の懲罰的損害賠償の具体的検討に入るべきである。

(1)　米国における懲罰的損害賠償の概要と最近の動き

懲罰的損害賠償は，加害者の行為の悪性が強く認められる場合に，実際に発生した被害者の損害賠償に加えて，加害者を制裁し将来の同種の非行を防止するために別途懲罰賠償を課すものである。この制度は，1960（昭和35）年代以来米国における消費者運動の高まりのなかで，製造物責任・各種消費者被害・不当差別・独禁法や証取法違反などの訴訟を通じて加害者の不法行為を抑止する上で大きな機能を果してきている。最近の判例を見ると，1994（平成6）年のオレゴン州最高裁は，日本車の転覆によって重傷を負った原告に対し，被告会社は危険な設計について認識していたとして実損害73万ドル，懲罰賠償500万ドルの支払いを命じた原審判決を支持している（Honda Motor Co. v. Oberg）。他方，過剰な懲罰的損害賠償に対する歯止めの動きもあり，1996（平成8）年には連邦最高裁が詐欺商法事件で原審が実損額の500倍の懲罰的損害賠償を認めたのは連邦憲法修正14条の適正条項に違反する，と判断した（BMW of North America, Inc. v. Gore）。州によっては，州法により懲罰賠償額の上限を一定額（例えば，バージニア州では35万ドルを上限）に限定したり，実損額の一定倍まで（例えば，フロリダ州では実損額の3倍）と規制しているところもある。

(2) 司法制度改革審議会での論議

司法制度改革審議会においても，民事司法制度改革の「被害救済の実効化」というテーマの一つとして懲罰的損害賠償が取り上げられたが，その最終意見では「民事責任と刑事責任を峻別するわが国の法体系と適合しない等の指摘もあることから，将来の課題として引き続き検討すべきである」として問題を先送りした。

(3) 導入の必要性

わが国の最高裁は，1997（平成9）年7月11日，懲罰的損害賠償を認めたカリフォルニア州裁判所の日本における執行を求めた事件において，米国の懲罰的損害賠償は「わが国における不法行為に基づく損害賠償制度の基本原則ないし基本理念と相入れないもの」で「わが国の公の秩序に反する」との判断を示した。日本の損害賠償制度が被害者の実損を加害者に賠償させることにより被害者が被った不利益を填補して不法行為がなかった状態に回復させることを目的としており，加害者に対する制裁や将来起こりうる同様の行為の防止，すなわち一般予防を目的としていない，ということを根拠とする。

クロロキン薬害事件（1988〔昭和63〕年東京高裁判決）において，原告弁護団が請求した通常の慰謝料の3倍の損害賠償（制裁的慰謝料）を裁判所は認めなかった。しかし同じ1988（昭和63）年京都地裁判決では，故意による債務不履行の場合に，懲罰的ないし制裁的性質を有する慰謝料の支払を認めていた。このように，裁判例・通説では，損害賠償は，被害者の受けた損害の填補が目的であり，制裁的あるいは将来の事故発生予防目的の制裁的損害賠償は，制度の目的に反するとされているが，上記京都地裁あるいは交通事故損害賠償などでは，加害者側に特段の事情を認めて，慰謝料額を増額するものが増えている。学説の中には，損害賠償の機能を損害填補と公平な分担のみに求める従来の考え方に疑問を呈し，損害賠償に「制裁的機能」や「再発防止機能」を認める必要性を強調し，日本の法体系に懲罰的損害賠償もしくはその趣旨を生かす考え方を導入することに対して積極的な見解を表明するものもあらわれてきている。労働基準法114条の付加金制度を，解雇予告手当，休業手当等の支払い義務に違反した場合に，未払金のほかにこれと同一額の付加金の支払いを裁判所が命じることができるとする一種の2倍賠償の制度であると解する者がいるが，これは労働法の目的上，刑事罰的思想と，それに基づく履行強制のために定められた，一種の制裁金であり，直ちに懲罰的損害賠償の根拠にはなりにくい。

われわれは，裁判実務において，すでに運用されている制裁的慰謝料の主張を積極的に行うとともに，日弁連が司法制度改革審議会に提言したように，例えば民法710条に，加害の認識の程度・悪性の程度・被害者の精神的苦痛の度合いなどを慰謝料額の算定にあたって斟酌し得ると明記することの運動を始め，懲罰的損害賠償の具体的検討に入るべきで

ある。

4）倒産法制の改革

> 弁護士としては，民事再生手続について申立代理人等として関与する場合には，その基本的構造を理解し，法律的知識・実務的処理能力のみならず職務的倫理などについても，自己研鑽の努力をしなければならない。
> また，弁護士は，施行された個人再生手続に習熟して，申立代理人あるいは個人再生委員などの役割を十分に果たすべき体制をとるべきである。
> 現在進行中の倒産法制全般の改正については，適正・公平な処理の実現，迅速・簡素な手続進行を図っていくべきである。

(1) 再生法運用の現状
① 企業における再生法運用状況と問題点

近年の経済不況は，倒産事件の激増をもたらし，従前の倒産法制の改正を必要とし，まず和議法に代わる民事再生法が制定されて，2000（平成12）年4月に施行された。同法は，個人債務者にも適用されるものの，主たる対象は企業を想定したものである。同法施行後，全国的規模で申立てが相次ぎ，申立件数は和議手続の実績と比べてはるかに多いものとなっている。

企業の再建型倒産手続としては，民事再生手続の他に，裁判所管理型である会社更生手続があるが，裁判所後見型で債務者の自助努力を本旨とし，比較的迅速な進行が期待される民事再生手続が主流となりつつある。

民事再生手続は，大企業から中小企業や個人までの債務者を対象としていることから，債務者の実態に合うように弾力的で，かつ迅速に手続が進行する運用がなされており，この点について評価されるべきである。

ただし，再生計画において増資ができないこと，手続廃止決定後確定までの間の財産の保全が不十分であることなどについて問題点が指摘されている。

② 個人における再生法運用状況と問題点

カード，クレジットの普及に伴い，個人債務者が支払不能になる件数が激増しており，これに対する適切な対処が社会的な課題となっている。個人の支払不能に対しては，破産手続が用意されているが，破産を望まない債務者も多く，破産手続の申立てをする者は，多数の支払不能債務者の一部にすぎない。

民事再生法は，個人債務者にも適用があるものの，主たる対象は企業であって，負債総

額が少ない小規模な個人債務者の倒産手続として適切なものとはいえないことから，このような個人債務者についての簡易かつ実際的な再生手続の導入がかねてより望まれていた。これにこたえて，個人再生手続が制定され，2001（平成13）年4月から施行された。

個人再生手続は，「小規模個人再生手続」と「給与所得者等再生手続」という2種類の特別手続からなっている。さらに，個人債務者の居住用住宅の住宅貸付債権（いわゆる住宅ローン）について，特別な再生計画を立てることによって，居住用の住宅を確保する途を開く規定も含まれている。

個人再生手続の施行後の状況から考察すると，全国の申立件数は，年間5,000件から8,000件程度で破産事件申立件数の数％の割合となることが見込まれている。これは，個人再生手続は，利用対象者を「個人である債務者のうち将来において継続的に又は反復して収入を得る見込みがあり，かつ有担保等を除く負債総額が3,000万円以下のもの」に限定していることに基づくものと思われる。

③ 今後の課題

民事再生手続の基本的構造は，債務者に経営と財産管理を委ねて再生を図る，いわゆるＤＩＰ型手続であるが，再生手続開始の前後で債務者の立場が変化していることを正しく理解しなければならない。すなわち，債務者の立場は，手続開始前の自己の裁量により経営権・財産管理権を行使する立場から，再生手続の開始により，再生債権者の権利を擁護するためにこれらを行使するべき立場に変化し，債務者は再生債権者に対し，公平かつ誠実に経営権・財産管理権を行使し，再生手続を追行する義務を負担することになっている。

しかしながら，債務者がこの立場の変化を正確に理解しているとは限らないから，この手続に申立代理人等として関与する弁護士の役割と責任はより重大なものになっており，職務的倫理が問題となることもありうる。

したがって，弁護士としては，法律的知識・実務的処理能力のみならず職務的倫理などについても，自己研鑽の努力をしなければならない。

また，弁護士は，施行された個人再生手続に習熟して，申立代理人あるいは個人再生委員などの役割を十分に果たす体制をとるべきである。

(2) 倒産法全般の見直し問題

① 現状の見直し作業

再建型手続の主流が民事再生手続となっているとしても，会社更生手続はⓐ担保権を手続内に取り込む，ⓑ資本構成の変更等の法的手段を用い，手続内で新規資本の導入を図ることができる，等について利点があり，決して不要とされるべきものではない。

会社更生手続においても，適正かつ迅速・簡素な運用がなされつつあるが，さらに迅速

かつ簡潔に手続が進行できるように，2002（平成14）年秋の成立をめざし，改正が予定されている。さらに，残された倒産法制である破産，特別清算および国際倒産法については，2004（平成16）年秋までに改正作業を終了することが予定されている。

② 今後の課題

倒産法制の改正・運用が，社会的ニーズおよび債務者の実態に合致するようになされるべきことは当然である。この見地からは，適正かつ公平な処理を実現しつつ，迅速かつ簡素な手続の進行を図ることをめざした改正・運用がなされるべきである。

5）商法制度の改革

> 商法改正の動きがめまぐるしい。われわれ弁護士としては，適切な運用がなされるように注視していくのみならず，積極的に新しい商法を活用して，健全で活力ある企業活動を支援していくことが求められる。

(1) 最近の商法改正の動き

1997（平成9）年の合併手続の簡素化，1999（平成11）年の株式交換・株式移転制度の創設，2000（平成12）年の会社分割制度の創設により，企業の再編のための商法改正が一区切りついた。

2001（平成13）年通常国会では，金庫株解禁と単元株制度の創設等のための商法改正が議員立法で行われた。同年臨時国会では，新株予約権の創設，種類株式の多様化やIT化等の商法改正が行われ，さらに，役員責任の軽減，株主代表訴訟制度の改正，監査役制度の強化を内容とする企業統治に関する商法改正が議員立法としてなされた。また，2002（平成14）年にも，委員会等設置会社の創設を含めた改正が行われた。

これらの商法改正は，企業の再編にかかわるもの，資金調達にかかわるもの，企業統治（コーポレートガバナンス）にかかわるものと多岐にわたっている。われわれ弁護士としては，改正された商法に基づく指導・助言を行うという業務にとどまらず，健全な企業経営や将来性のある起業の支援に積極的に参画することも考えていく必要がある。

(2) コーポレートガバナンス，コンプライアンスの確立と弁護士の参画

2002（平成14）年の商法改正では，大会社において社外取締役を最低2名選任すれば，委員会等設置会社の採用が可能となり，また，最低1名選任すれば，重要財産委員会の設置も可能となった。2001（平成13）年臨時国会で成立した企業統治に関する商法改正においても，社外取締役について，契約による責任限定に関する規定が盛り込まれている。

また，企業経営の適法性，効率性，透明性の確保のための社外取締役の有用性がクロー

ズアップされている。経済界には，適任者の不足を理由として，社外取締役の選任の困難さや形骸化のおそれを指摘する声も強いが，われわれ弁護士は，法的素養や社会常識の観点から企業経営を監視することで，企業経営の適法性，効率性，透明性を実現する社外取締役の供給源としての役割を担うという発想が必要である。

特に，昨今の企業不祥事の多発という状況の中，企業の中にはコンプライアンス体制の一環として，社員による内部通報制度の窓口を法律事務所に設置するところもあり，弁護士は，コーポレートガバナンスやコンプライアンス体制の構築において積極的な役割を果たしていくことが求められる。

(3) 将来性のある起業の支援

わが国の経済の構造改革を進めるうえで，新たな産業形態や雇用機会の創出のためベンチャー企業の輩出が喫緊の課題となっている。積極的に起業支援に取り組む大学も増加している。

ベンチャー企業においては，2001（平成13）年の臨時国会における商法改正によって選択肢が拡大した種類株式やストックオプション等を有効に駆使することで，資金調達や人材登用を図ることが可能となる。しかし，創業間もないベンチャー企業においては，法務スタッフの不足や法務コストの限界が深刻である。

われわれ弁護士としては，これを補うべく，知識の習得に努めて適切な助言を行うことが必要である。と同時に，たとえば，ストックオプションを弁護士業務の対価とすることの可否を検討し，ベンチャー企業と弁護士との新たな関係を模索する等して，将来性のある起業を積極的に支援していくことも考えられてよい。

6) 独占禁止法制の改革

- 独禁法が，経済法の基本法制の一つであることを明確に意識し，弁護士としてその違反予防等に力を注ぎ，自由競争経済社会の阻害要因の除去に努力すべきである。
- 独禁法制の中に私人による差止請求が認められたことを発端として，当事者参加制度法制の拡充を検討し，目指していくべきである。
- 独禁法関係の訴訟及び公正取引委員会での審判手続きにおいて，公開性・透明性・情報開示の程度に関する手続的保障を進め，社会における適正な基準を作り，公開されることにより，基準を遵守する社会への一助とすべきである。

(1) 現代社会と独占禁止法の充実，不公正取引の是正

これまでの日本経済を支えてきた株式の持合い，系列，相互依存的な販売網等を基盤と

する従来の社会・経済構造の欠点が露呈し，厳しい反省を求められている。そして，公正で自由な競争を実現するため，幅広い競争法の実施（エンフォースメント）を実現する必要が生じてきた。また，日米構造協議の場でも，公正な競争確保のために，独占禁止法のエンフォースメント強化が強く要請されている。

　このような状況の中で，独占禁止法の役割は格段に重要となっている。最近の入札談合事件の摘発が頻発していることもその証左である。他方，公正取引委員会による審決や，警告・注意を含めた指導は，年間数千件に及ぶといわれる独占禁止法違反の申告件数の内200件弱でしかないのが現状であり，この乖離をどのように是正するかが急務となっている。

　そこで，幅広い独占禁止法の実施（エンフォースメント）を実現するために私人における訴訟が注目されたのである。

(2) 私人の差止請求

　2000（平成12）年5月12日に民事的救済制度の整備を内容とする「私的独占の禁止及び公正取引の確保に関する法律の一部を改正する法律案」が国会で可決・成立し，2001（平成13）年4月から施行された。主要な改正点は，独占禁止法違反事件の差止請求権を私人に認めたことである。

　米国では，クレイトン法16条で私人による差止請求権が認められ，事件数も相当数にのぼる。ドイツでは，不正競争防止法（UWG）の1条で，営業上の取引において競争の目的をもって善良な風俗に反する行為を為す者に対して，その差止及び損害賠償を請求することができる，と規定し，具体的に同法35条にその対象行為が規定されている（ただし，消費者は訴権者として認められない）。

　日本では，これまで法律上および判例上も独占禁止法上私人による差止請求権を認めていなかった。他方，不正競争防止法では，すでに差止請求を認めており，不公正な取引を是正する2つの法律の均衡を図る意味で，独占禁止法でも私人の差止請求権を認めるべきであるという意見が強かった。

　前述のような独占禁止法の実施状況の中で，公正な競争確保のために，独占禁止法のエンフォースメント強化が強く要請されているが，私人に公正取引委員会による排除措置と同様の権限を付与することが有効な解決策となる。また，独占禁止法のエンフォースメントは，これまで専ら公正取引委員会による行政調査手続により実施されており，一般に対する公開が十分でなく，透明性の確保が課題として残る。私人による訴訟手続の場合，当事者照会，求釈明などの方法，または証拠の開示請求などの実効性のある資料開示が可能であり，また公開原則など透明性のある手続が確保できる。公開性・透明性・情報開示は，

独占禁止法違反による被害救済および将来の同法違反行為の抑止の点で不可欠であり，将来は裁判所が独占禁止法違反事件の争点について訴訟を通じて明確な判断基準を提供することが必要であると考える。

　私人による訴訟による解決は，公正取引委員会の役割を縮小するわけではなく，むしろ明確な基準に基づく行政のエンフォースメント主体としての役割は拡大することになる。そのためには，さらに委員会が行う審判手続における公開性・透明性・情報開示の程度・手続も裁判所におけるそれと同様にすると共に，多くの事件を迅速に処理するための組織の充実が求められているのである。また，裁判所にも，公開性・透明性・情報開示に消極的にならない手続の運用が求められる。したがって，弁論準備手続や進行協議などの非公開手続ではなく他の訴訟と同様またはそれ以上に公開された手続による審理が行われることが望まれる。

　今回の改正では，対象行為を不公正な取引方法および事業者団体による事業者への不公正な取引方法の誘因行為に限定されたが今後に拡大が望まれるところである。また，公正取引委員会と裁判所の協力のあり方，積極的な作為命令を認めることができるか，など多くの実務上の問題を今後解決し有意義な制度とする必要がある。また，私訴が集中している東京地方裁判所民事第8部（商事部）でも実際改正法の施行されてから8件程度しか継続しておらず，また最初の事案は東京弁護士会の綱紀手続に係った会員弁護士からの東京弁護士会を被告とする訴えであり（判決は棄却），私訴が必ずしも適切に利用されているかは疑問なしとはしない。今後は，差し止めを求める主文例の提示や執行手続の明示等を通じて利用しやすい制度とする努力が必要であると思われる。

(3) 今後の課題

　今回の改正の中心は，私人による差止請求であり，損害賠償請求制度については一部の修正にとどまった。今後，懲罰的賠償を認めるべきかという議論も含めて，損害賠償の充実および手続への当事者参加制度の拡大を議論することが必要である。

　また，最近公正取引委員会の職員として採用される弁護士の人数が増加しているが，これまでの審査官，審判官だけでなく同委員会の多くの部署に法曹が配置されることにより，独占禁止法の充実した実施がなされることを期待されている。

　公正取引委員会では，2002（平成14）年に，「フランチャイズ・システムに関する独占禁止法上の考え方について」，「消費者向け電子商取引における表示についての景品表示法上の問題点と留意事項」，「電気通信事業分野における競争の促進に関する指針」，「適正な電力取引における指針」等を公表し，また「デジタルコンテンツと競争政策」に関する研究会を開催する等競争政策にかかわる今日的な問題に取り組んでいる。さらに，不況下の

時代にあって，企業結合などが多様化する流れにそった法条文の改正および運用が望まれるところである。

7) 知的財産権紛争解決制度の改善

> 知的財産権紛争については，迅速性と専門性が企業活動の側面から要請されており，この要請に応えるためにも，裁判制度の改善，弁護士の態勢の改善及び紛争解決方法としての裁判外紛争解決機関の充実と信用性を高めることに努力すべきである。

(1) 迅速化の要請

いずれのタイプの訴訟においても要求されていることであるが，特に知的財産権訴訟において要求されているのは訴訟の迅速化である。技術の進歩の速度が増している時代にあって，特許訴訟等に時間が掛かることは，被侵害者の損害を拡大するものである。

知的財産権訴訟が，特に裁判の迅速化を要請されるものであることは，迅速な企業活動が必要とされる現代において重要な要素として考えなければならない。しかし，裁判の迅速化により実体的真実の解明が妨げられてはならないことも重要である。裁判が最終的な紛争解決手段であることを考えれば，この相対立すると思われる要請を調和する必要がある。

(2) 改善措置

わが国の特許訴訟等の知的財産権に関する訴訟の一審平均審理期間が諸外国に比べ長期であることをどのように解決できるかは，裁判所のあり方だけではなく，弁護士の側の問題も存在し，双方について改革がなされなくては根本的な解決とはならない。これはほかの訴訟と同様の問題である。

裁判所側の改革の具体的なテーマとしては，①期日の厳格管理，②知的財産権訴訟を扱う専門部の体制強化があげられている。これらとは別に，特許訴訟における損害額の立証の困難緩和のための法改正が近年行われている。具体的には損害額の法定（特許法102条1項），損害計算のための鑑定（同法105条の2），損害額立証困難の場合の裁判所による相当な損害額の認定（同法105条の3）があげられる。

①の期日の管理は，裁判所が当事者の意向をふまえて事前に審理内容及び期日につき計画を立て，これに従って手続きを進めていくもの（計画審理）である。大阪地方裁判所の知的財産専門部はフローチャート形式による2種類の審理モデルを策定し当事者に示している。東京地方裁判所の知的財産専門部においては特に計画審理という名称は使われていないようであるが，ケース・バイ・ケースで期日の管理，集中審理等による訴訟の迅速化

が図られ，成果をあげている。計画審理においては当事者は従来に増して事前に事件の内容，行うべき主張・立証，勝敗の見通し等を充分行っておかないと，計画立案にあたって適切な意見を述べ，計画を順調に遂行していくことが困難となろう。②については，知的財産権訴訟が裁判官にとっても極めて専門的な経験を必要とするところから，特許裁判所のような専門裁判所を設置すべしとの意見もある。現実的な方策としては，知的財産権に関する訴えを多く扱い知識・経験の蓄積がある東京地裁と大阪地裁の知的財産部の拡充及び管轄の集中がなされた。その結果，現在では特許権，実用新案権，回路配置利用権又はプログラムの著作物についての著作者の権利に関する訴えについては，当事者の希望により，東京地裁及び大阪地裁以外の地方裁判所の管轄に服するものであっても，東京地裁又は大阪地裁の知的専門部での審理を選択することが可能になった。近い将来，東京地裁及び大阪地裁の知的財産部の管轄が専属管轄となり，この両裁判所が実質的に「特許裁判所」となる可能性がある（2002〔平成14〕年7月3日公表の知的財産戦略大綱第3章2．(2)①参照）。

　特許審査の迅速化も図られている。2001（平成13）年10月1日から，審査請求期間は出願の日から7年（出願の日から）が3年に短縮された。また，特許法36条4項，49条の改正（2002〔平成14〕年4月17日公布，公布から6ヶ月以内に施行）による先行技術開示制度（開示の義務づけ）の導入により，効率的かつ適格な審査が期待される。

　訴訟制度・運用の改善と並行して裁判外紛争解決機関（ＡＤＲ）の活用を弁護士会としても推進し，裁判において解決するもの，裁判外紛争解決機関で解決するものの区別をつけていく慣行ができることが望ましいと考えられる。このような制度の利用により，事実関係に争いのない紛争は，裁判外紛争解決機関で解決することにより，より迅速な解決が図られ，事実関係が紛争の基本である場合には，多少時間がかかっても裁判で解決をするという棲み分けができるであろう。弁護士会としては，裁判外紛争解決機関の信頼性を維持しつつ，このような棲み分けを発展させていく必要がある。

(3)　日弁連知的財産政策推進本部

　知的財産に関する国家戦略に対応して，2002（平成14）年6月22日の理事会により，日弁連に，日弁連会長を本部長とする知的財産政策推進本部が設置された。

　知的財産政策推進本部の目的は，知的財産に関する国家戦略に対応して，主にその司法関連事項（知的財産権に関する紛争処理手続き，知的財産関連の法曹養成問題，弁護士研修等）について，政府や関連諸団体と協議・交流し，政策を提言するとともに，知的財産関連の法曹養成等，自らが実現すべき課題について積極的に取り組むことである（知的財産政策推進本部設置要綱）。

同推進本部が当面取り組む課題は，①侵害訴訟における無効の判断と無効審判，②東京・大阪両地方裁判所への専属管轄化（移送の問題），③高等裁判所の管轄の東京高等裁判所への集中，④専門家参加の拡大などの裁判所の人的基盤拡充，⑤営業秘密の保護強化，⑥証拠収集手続の拡充，諸課題である。
　法曹養成等については長期的視野で取り組む。
　内閣に設置された司法制度改革推進本部は，2002（平成14）年10月2日，知的財産訴訟の重要性に鑑み，11個目の検討会として，「知的財産訴訟検討会」を設置したが，日弁連知的財産政策推進本部は，上記「知的財産訴訟検討会」に対するバックアップ（委員の派遣等）を行っている。

8）人事訴訟等の家庭裁判所への移管

(1) はじめに

　今回の人事訴訟手続法（以下「人訴法」という）の改正[1]作業では，法制審議会民事・人事訴訟法部会人事訴訟法分科会が既に，「人事訴訟手続法の見直し等に関する要綱中間試案」（以下，本稿では，「要綱中間試案」と略記する）を公表し，2003（平成15）年通常国会での立法が目指されている。

　今回の人訴法の全面改正作業は，離婚など家庭関係事件（人事訴訟等）を家庭裁判所の管轄に移管し，離婚訴訟等への参与員制度の導入などの体制を整備すべきであるという方針[2]のもとで行われている。その前提となっている問題意識は，❶家庭関係事件の解決が，家庭裁判所の調停手続と地方裁判所の人事訴訟手続とに分断され，手続間の連携が図られていない，❷家庭裁判所と地方裁判所の管轄の配分は著しく煩雑で，利用者たる国民に分かりにくい，❸地方裁判所には家庭裁判所調査官のような機関がなく，人事訴訟の審理・裁判に利用できないという点である。

(2) 要綱中間試案とその問題点

① 要綱中間試案に掲げられた事項について

ⓐ 要綱中間試案は，第一審の裁判権を家庭裁判所の権限に加え，地方裁判所の権限から除くこととし，すすんで，人事訴訟に関連する損害賠償に関する訴訟の職分管轄にも対応している。このことは高く評価できる。

---

1) 2001（平成13）年6月12日「司法制度改革審議会意見書」（以下「司改審意見書」という。），2002（平成14）年3月19日閣議決定「司法制度推進計画」を受けて1898（明治31）年の施行以来の全面的改正が予定されている。

2) 司改審意見書Ⅱ第1の5項。その他，参与員（家事審判法上の参与員のほか，訴訟に携わることになる参与員も含まれる）については，選任方法の見直しを含め，年齢，職業，知識経験等において多彩な人材を確保するための方策を講じるべきであるという方針が司改審意見書では掲げられた。

しかし，次の点の配慮が欠かせない。❶人的[3]・物的諸条件の充実強化が必要不可欠である。これがなければ，移管によりかえって解決は遅延する。❷現在の人訴法における関係者の手続保障が今回の移管にあたって後退することがあってはならない。

ⓑ 家庭裁判所調査官による事実の調査等

人事訴訟が家庭裁判所に移管された場合でも，婚姻の取り消し又は離婚の訴えにおける親権者の指定または子の監護の指定その他子の監護に関する処分若しくは財産の分与に関する事項について同時に解決されなければならないが，要綱中間試案では，これらの事項の審理において，事実の調査を行うことができることとされた。これら附帯事項は，実質的審判事項であり[4]，また，家庭裁判所調査官調査を利用することができるようになることから，賛成できる。

しかし，事実の調査において，子の親の権利の保障は欠かすことができない。

この点，要綱中間試案では，事実を調査した旨を当事者に告知する考え方を掲げて検討するとし[5]，また，事実の調査のために収集された資料の当事者による閲覧謄写等に関し，原則開示とする案，不服申し立てを認める案を検討するとしていた。

前者については評価できるが，後者を含め当事者の手続保障はできる限り満足されるべきである。すなわち，次の点をさらに立法に盛り込むべきである[6]。❶事実の調査の方法は，裁判官の審問と調査官調査に限るべきである。❷事実調査が不意打ちにならないように，また，裁判期間が明らかになるように，さらには充実したなかでもできる限り迅速な解決のために，離婚訴訟について計画的な審理を行うべきである。特に，調査官による調査の内容や期間についても協議の対象とすべきである。❸裁判官の審問について当事者の立会権を認めるべきである[7]。❹事実調査結果の当事者への開示の不許可事由はできる限り狭めるべきである。そして，不許可とされた場合には，即時抗告をすることができるようにすべきである。

ⓒ 参与員制度の拡充

これまで，家庭裁判所において，審判手続においてのみ参与員の制度があったが，国民の司法参加，一般良識を裁判に反映させるという観点から，要綱中間試案では，参与員制

---

[3] 人的諸条件のなかには，関係者の資質の向上等のための継続的研修の機会の確保等も欠かせない。
[4] この意味で，これ以外の事項について，事実の調査がなされることは許されない。
[5] その後の法制審の議論では，この方向が固まり，さらに，事実の調査の要旨を記録上明らかにする方向が打ち出された。
[6] この点，地方裁判所において人事訴訟手続法により行われている手続保障のレベルを落とすことがあってはならないのは前述のとおりである。実質的には審判事項であるが，現在の家庭裁判所における審判手続の方法を無批判に導入するべきでない。
[7] 法制審の議論では，日弁連の意見を受けて，審問の期日を事前に告知すること，審問への立会権を認める方向のようである。

度を拡充し，人事訴訟の家庭裁判所への移管に伴い，人事訴訟においても参与員を関与させることとしている。

基本的には賛成できるが，今後の立法作業においては，次の点に留意すべきである。要綱中間試案では，和解の試みに参与員を立ち会わせることができることとしているが，和解補助権限を付与したことにつながらないように制度的担保を付するべきである。また，人数，選任権者，参与員候補者の資格，選任方法について具体化することが今後の問題であるが，できる限り，一般国民の良識を反映させるように，慎重に制度設計をすべきである。特に，現在の選任方法の不透明さ，高齢化，名誉職化への批判には十分に応えるべきである。

　ⓓ　裁判の公開[8]

離婚訴訟が公開されることで訴えをためらうことがある等として，裁判の公開についての見直しの議論がなされ，要綱中間試案でも検討課題としてあげられた。しかし，憲法82条のもとでは，口頭弁論は公開されなければならない。憲法の枠内において，制度的に手当てをなすべきである。

② 要綱中間試案に掲げられなかった事項について

　ⓐ　内縁解消・婚姻予約不履行に伴う慰謝料請求訴訟についても，競合的に家庭裁判所の管轄ともすることができないか再度検討する必要がある。

　ⓑ　遺産分割の前提となる訴訟事件及び遺産分割に関連する訴訟事件の裁判権は，現在は地方裁判所にある。一方で遺産分割事件は審判事件として家庭裁判所が処理をしている。遺産を巡る争いが統一的にかつ迅速に解決されるべきであるという基本的視点[9]にたつと，現在の家庭裁判所と地方裁判所の役割分担は見直さなければならない[10]。

　ⓒ　家事調停と家庭裁判所への移管後の人事訴訟の関係[11]について諸々の問題がある。たとえば，家事調停の記録の当事者への開示や職権調査の対象となるか否かの問題，家事調停手続に関与した家事審判官が人事訴訟に関与できるか，家事調停委員が同一事件の人事訴訟手続における参与員となることができるかといった問題について，議論の深化と適切な法制化が必要である。

---

8) その他管轄，婚姻関係訴訟等における片面的な職権探知の廃止，離婚事件等における職権探知のあり方，離婚事件の和解等について検討がなされ，必要な改正がなされる予定であるが，ここでは省略する。
9) この点の日弁連アンケートについて，片山登志子「遺産分割関連紛争の家裁移管に関する日弁連アンケート結果と法制審議会の議論状況」自由と正義2002年8月号48頁参照。
10) 遺産分割事件の性質，地方裁判所と家庭裁判所の役割等を再度検討すべきである。そして，これらの訴訟事件の職分管轄を家庭裁判所とする意見，遺産分割調停及び審判についての職分管轄を地方裁判所とする意見，遺産分割事件を訴訟事件とし，地方裁判所の職分管轄とする意見等の得失を検討し，それぞれにおいて，具体的な案を作っていくことが次の作業として必要となる。いずれにせよ，現状が望ましい状態であるとはいえない。
11) ＡＤＲ法制とも関係する問題である。

(3) その他関連する問題点

① 今回の人訴法の見直しには含まれていないが家事審判手続をより当事者権を保障する手続とするように見直していくことが必要である。

② また，今回の人訴法の見直しにより家事調停が変質しないように注意をすべきである。

9）成年後見制度の改革

> 高齢者がより利用しやすい成年後見制度の確立を目指し，制度の改善のため積極的に提言して行く必要がある。
>
> 弁護士は積極的に後見人や後見監督人に就任し，高齢者の権利擁護に努めるべきであり，弁護士会はそれを可能とするよう基盤整備を図るべきである。

(1) 成年後見制度の概要

2000（平成12）年4月から，「民法の一部を改正する法律」，「任意後見契約に関する法律」等の施行により，新しい成年後見制度がスタートした。成年後見制度は，従来評判が悪かった禁治産，準禁治産制度を全面的に廃止し，判断能力に問題のある人を援助する制度として，介護保険と並んで導入されたものである。

成年後見制度は，法定後見制度と任意後見制度に分かれる。

① 法定後見制度は，従前の禁治産及び準禁治産から移行した後見及び保佐並びに新たに新設された，保佐よりも判断能力の高い人を対象とする補助の3類型からなる。保佐人には，同意権以外に新たに代理権及び取消権が与えられ，補助人も同様に同意権，代理権及び取消権を有する。

② 任意後見制度は，契約による成年後見の制度であり，本人が判断能力のある間に判断能力が不十分な状態に備えて委任契約である任意後見契約によって任意後見人を選任し，家庭裁判所による任意後見監督人選任を停止条件として任意後見契約の効力を生じさせるものである。任意後見契約は公正証書によらなければならない。任意後見制度は，委任契約に基づくものであるから，代理権に限られ，同意権及び取消権はない。

③ 成年後見制度は，本人の自己決定権を尊重し，ノーマライゼーションを重視するものである。

まず，任意後見制度を利用するか否かは，全面的に本人の選択に任されており，代理権の範囲も本人の意思に基づく。次に，任意後見制度は，原則として法定後見制度に優先して適用される。

本人以外の者の請求により補助開始の審判をする場合，または，本人以外の者の請求により保佐人に代理権を与える場合には，本人の同意を要件にしている。後見においても，本人の自己決定権を尊重し，後見人は，本人が行った日用品の購入等の日常生活に関する法律行為を取り消すことができなくなった。

　任意後見においても，家庭裁判所に後見監督人選任の申立がなされたときは，原則として本人の同意を要する。

　④　上記以外にも，法定後見制度につき，自己決定権の尊重と本人の保護の調和の観点から，いくつかの改正がなされた。

・市町村長が申立権者となった。
・後見人等の選任につき，配偶者後見人制度が廃止された。また，人数制限が廃止され，法人を選任できることを明文で認めた。
・居住用不動産の処分について家庭裁判所の許可を要することとなった。
・後見人等につき，報酬以外の事務処理費用に関する規定が新設された。
・後見監督人等につき，報酬に関する規定が新設された。
・プライバシー保護の要請から戸籍記載に変えて後見登記が行われるようになった。

(2)　成年後見事件の概況

　最高裁判所事務総局家庭局によると，新しい成年後見制度がスタートした2000（平成12）年4月から1年間の成年後見関係事件の概況は以下のとおりである。

　後見開始の審判の申立は7,451件（前年同時期の禁治産宣告申立の約2.5倍），補佐開始の審判の申立は884件（前年同時期の準禁治産宣告申立の約1.3倍），補助開始の審判の申立は621件，任意後見監督人選任の審判の申立は51件である。

　これら成年後見関係事件の既済事件5,108件のうち，認容で終局したものが約7割であり，約4割が3ヵ月以内に終局している。申立動機としては，財産管理処分を主な動機とするものが多く，介護保険契約の締結を主な動機とするものは約2％にすぎない。

　鑑定期間は，1ヵ月以内が約4割，2ヵ月以内が約8割を占め，鑑定費用は10万円以下が約9割を占めている。

　成年後見人等に選任されたものは，本人の子，兄弟姉妹，配偶者等の親族が9割以上を超え，弁護士が選任された例は166件である。成年後見監督人等（任意後見監督人を除く）を選任した事例は，58件であり，約65％に弁護士，司法書士等の専門家が選任されている。

(3)　今後の課題

　成年後見制度に関する裁判所の上記概況によると，当初心配された鑑定の簡易性，迅速性，費用の低価格性に関しては，現段階ではおおむね一応評価できる結果となっている。

第2　民事紛争解決の改革

制度改正前に比べて，後見開始の審判申立が約2.5倍に増加しているが，成年後見関係事件の既済事件のうち，介護保険契約の締結を主な動機とするものが約2％に過ぎないという点からすると，本来申し立てられるべき事案が依然として申し立てられていないことが窺える。

後見人等への報酬支払いが見込めない事案（財産管理を必要とする財産がほとんどない，または身上監護のみ必要な一人暮らしの高齢者）においても，痴呆等の症状により判断能力が衰えていれば，本来，介護保険契約を締結する際には後見人の選任が予定されているのであるが，実際には，ほとんどの場合において後見人が選任されていないのが現状である。このような場合の取り扱いと後見人等候補者の確保方法につき，個別事案について場当たり的な対処をするのではなく，市町村及び弁護士会が互いに協力しあって基本的な方針を確立するべきである。

また，上記概況によると，後見人等に選任された者の9割以上が親族である。これら親族は，同時に本人の死後は相続人となる場合が多い。したがって，本人に関する支出を抑えて，将来の遺産の減少を少なくしたいと考えることも十分予想され，この場合，本人と後見人等の利害が対立することになる。また，親族の間で将来の遺産を巡って争いがある場合には，誰が後見人に選任されるかが，遺産分割の前哨戦の様相を呈することとなる。そこで，後見監督人等の選任により，後見人を監督することが望まれるが，実際には選任される事例は限られており，弁護士会としては，適切な後見監督人等の確保に向けて基盤整備を図っていく必要がある。

10) 国際民事訴訟

> 1998（平成10）年施行の新民事訴訟法の立法過程において，国際裁判管轄，国際的訴訟競合，国際民事訴訟に的確に対処するために改正すべき点が検討事項とされたが，いずれも将来の検討課題として手付かずのまま見送られた経緯がある。現在，ハーグ国際私法会議で「民事及び商事に関する国際裁判管轄及び外国判決の承認執行に関する条約」の制定に向けての作業がすすめられているが，弁護士会は，その動向に着目して鋭意検討を進め，積極的に意見表明すべきである。

(1) 訴訟と仲裁

経済のグローバル化とともに，国際的な紛争も益々増加している。そのような国際的紛争を解決する効果的手段として国際商事仲裁の制度が発展充実して今日にいたっているのであるが，仲裁は当事者の仲裁に付することの合意が前提であって，相手方との間に契約

上，あるいは紛争発生後の当事者間での仲裁合意がなければ，仲裁を利用しようと思っても利用できない。そこで，国境を超えた民事裁判手続きを利用できる制度の確立が国際的民事紛争の解決に不可欠である。

翻ってわが国をみるに，1998（平成10）年1月1日施行の新民事訴訟法においても，国際管轄等国際民事訴訟手続きについては将来の作業として全面的に見送られ，実務上は送達手続きや証拠調べについてのハーグ条約，一部の国との二国間条約で個別に対応しており，判例も少ないため，法的安定性を欠いているのが実状である。

(2) ハーグ国際私法会議における条約案作成作業

国際私法の統一を目的としてオランダ政府が呼びかけて設立されたハーグ国際私法会議は，1883年9月に第1回会議が開かれてから100年以上の歴史があり，日本も1904年に加盟した国際機関である。このハーグ会議で現在検討されているのが「民事及び商事に関する国際裁判管轄及び外国判決の承認執行に関する条約案」である。

日弁連においても2000（平成12）年8月に国際管轄・外国判決承認条約ワーキンググループを発足させ，訴訟代理人たる弁護士の立場から条約案について集中的に検討会を重ね，これを意見書にまとめた。この意見書は2001（平成13）年2月2日の日弁連理事会で承認を受け，その後まもなく法制審議会にも提出された。

この条約の採択する外交会議がハーグにおいて2001（平成13）年6月に開催されたが，対立が余りにも多く，第2回外交会議は2002（平成14）年12月末までは開催しないことが決定された[1]。

われわれ弁護士は今後国際的な法律実務と無関係ではいられなくなると考えられ，弁護士会としても来るべき民事訴訟法の改正をも視野に入れた幅広い検討を今後も継続して行い，積極的に意見表明すべきである。

(3) 仲裁法の改正動向

司改審意見書においても，仲裁については「国際的動向を見て，仲裁法制（国際商事仲裁を含む）を早期に整備すべきである。」と述べられ，早期に現行仲裁法（公示催告手続及ビ仲裁手続ニ関スル法律）を改正することが求められた。そこで，内閣に設置された司法制度改革推進本部に設置された検討会の一つとして仲裁検討会が設けられた。

仲裁検討会では，2002（平成14）年2月から7月までの間，7回の検討会を開催し一応の論点の検討を終了し，2002（平成14）年9月13日を回答期限として，各項目についてパブリックコメントが求められている。このコメントの前提となっているモデル法は，国際

---

[1] 道垣内正人「裁判管轄等に関する条約採択をめぐる現況」（上）（下）ジュリストNo.1211及び1212，清水響「国際私法の課題」NBL728号参照。

商事仲裁を対象としたものであり，仲裁手続きをどのようなものとするかという技術的な側面から検討することが可能であるといえる。

　ただし，新仲裁法を無条件で消費者に適用してよいかについては，国際商事仲裁を中心に考える学者等からは，仲裁法が手続法でありその規定は万人に平等に適用されるべきであるとか，他の国の立法例等との比較からも特別の保護規定を置かないという考え方も強い。しかし，仮に新仲裁法で消費者保護規定（仲裁合意についての効力規定）を置かないとすると将来の紛争について，事業者と情報格差がある消費者が拘束されるという問題が生じる。そこで，新仲裁法において消費者保護の規定を置くべきであるが，規定方法としてそのような事前の仲裁を無効とするが，消費者のみがその無効を主張できるとするか，消費者にのみ解除権を認めるとするか，については厳しい対立がある。この対立は，結果において大きな差を生じるものではなく，仲裁についてどのような認識をもって望むかという姿勢の問題であるということも可能である。そうであるとすると，従前弁護士会は仲裁等について積極的に取り組んできたこと等からすると，無効という否定的な態度をとることは望ましくなく，消費者に紛争が生じたときに解除権を行使するか否かという選択権を与える方向で検討すべきである。

3　裁判外紛争解決機関（ＡＤＲ）

> 　従来，弁護士会の活動は裁判制度の拡充のための活動に重点がおかれてきたが，その活動に重点を置きつつも，古典的な裁判中心的志向から，当事者の事情に応じた裁判外紛争解決機関の拡大・充実に取り組み，市民の利用し易い紛争解決機関を用意しなければならない。

(1)　ＡＤＲの必要性

　社会における紛争は多様である。多様な紛争の事情に応えた解決方法を創設，整備することが求められる。また，民事事件が増大する中で裁判による紛争解決を補完するため，ないし，司法消極主義や専門性の不足等裁判手続の限界から，裁判外紛争解決機関（ＡＤＲ：Alternative Dispute Resolution の略）が必要となっている。国際化の進展にともない国際紛争に関するＡＤＲの拡充も求められている。司法制度改革審議会は，ＡＤＲの拡充・活性化を求める意見を明らかにしている。市民が，弁護士，その他の専門家の見解や経験に基づく中立，公平なサポートを受けられる場としてＡＤＲの拡充・活性化が期待される。阪神淡路大震災のおりに弁護士会が急遽設立した罹災都市臨時仲裁センターも高く評価さ

れた実績がある。弁護士，弁護士会は，リーズナブルな紛争解決を望む多くの国民需要を直視し，そのニーズに見合った十分な選択肢を提示しなければならない。東弁においてはあっせん・仲裁センターに加え，指定住宅紛争審査会を2000（平成12）年度に発足させたが，ニーズに対応する努力の表れとして評価できる。

日弁連では2001（平成13）年度にＡＤＲセンターを発足させ全国的な取り組みを開始した。

また，2002（平成14）年2月5日には，司法制度改革推進本部におかれたＡＤＲ検討会で，ＡＤＲ基本法の制定の要否等，弁護士以外の士業のＡＤＲにおける役割・活動領域等についての議論がされている。

(2) 現行ＡＤＲに対する評価

裁判所付設のＡＤＲ（地裁・簡裁・家裁の調停）は，機関として現行法上最も充実しているが，期日間隔が長期化しているとの批判がある。行政機関の設置しているＡＤＲについては中立性が評価され，短期間の解決という方針がとられていることによって利用が増大している。民間のＡＤＲについては信頼性に対する疑問が指摘されている。また，ＡＤＲ一般に対し，真相解明を疎かにしているとの批判や証拠に基づき法律に従った紛争解決とはいえないとの批判がある。

ＡＤＲの特性は，簡易・迅速であることのほか，法律に従い紛争解決を図ることを核心としながら法の認める条理により法律と社会規範との乖離を埋めて，当事者間の紛争を解決することにある。上記批判を考慮しつつＡＤＲの特性を活かした紛争の解決を目指さなければならない。

(3) 弁護士法72条問題，弁護士自治問題

ＡＤＲについては，弁護士法31条，72条との関係での問題指摘や，行政機関が関与する場合に弁護士自治の侵害のおそれが指摘されている。

前者の規制は，国民の権利を守るために非弁活動を制限するものであり，弁護士会が主体になってＡＤＲを運営するならば全く問題とならない。

後者の問題は，危惧ばかりを論じて何もしないでは市民に対する責任の放棄というほかない。弁護士の懲戒権を弁護士会が持つ限り自治の侵害のおそれはない。

また，弁護士会運営のＡＤＲについては審査委員の選任権を弁護士会が持てばＡＤＲの独立性を確保することもできる。ＡＤＲ検討会に関連団体として参加している司法書士などの各仕業はＡＤＲ機関を創設するだけでなく，調停人などとなるほか，その手続の代理人となることが出来るようにすべきであるという意見が多い。しかし，限られた分野を専門とする各士業のみで紛争解決機能を果たさせることが妥当か。また，各士業者が代理人

として活動することは弁護士法72条との関係で改めて問題となっている。

(4) ＡＤＲの創設と条件整備

　紛争を解決する場を多数提供し，市民の選択によって個別の紛争にふさわしい解決方法がとられることが望まれる。低廉で迅速，かつ，法律に従いつつ社会規範にかなった解決を図るＡＤＲが市民にとって期待される紛争解決機関である。現存のＡＤＲの充実に加え，紛争に対応して新しくＡＤＲを創設することが求められる。

　法律に従った紛争解決を保障するために法曹資格者が委員として加わるべきであるし，専門性のある紛争については専門家を委員に選任すべきである。

　また，適正な紛争解決，すなわち，法律と証拠に基づく，かつ，条理にかなった解決を実現するためには，委員やその候補者に対する研修を継続的に行うことを疎かにしてはならない。

　現在ＡＤＲに対する申立によっては時効中断効が認められないため，ＡＤＲの利用に限界があるが，これを立法的に解決することも求めなければならず，時効中断効や執行力を認めることのできる要件（常設），弁護士関与などについて議論されている。

　裁判制度との連繋を図って，相互協力により紛争解決を行うシステムを構築することも期待される。

　そして，既存ＡＤＲや今後創設されるＡＤＲの存在を市民に周知して，利用の機会を提供するために，ＡＤＲの紹介窓口を創ることが求められている。

第3　刑事法制の改革

1　刑事司法改革の立脚点

1）刑事司法改革の視点

> 日本の刑事司法の実態は，憲法，刑事訴訟法の理念から著しく乖離している。即ち現実には自白中心主義，人質司法，調書裁判であるが，これらを改革していかなければならない。

　刑事司法の改革を考える上で重要なことは，日本の刑事司法の現実を，憲法，国際人権法そして刑事訴訟法の理念を尺度として，リアルに認識することである。

　日本国憲法は，旧憲法下の刑事司法における人権侵害の深刻な実態に対する反省に基づき，31条から40条に至る世界にも類例をみないほどに詳細な刑事人権保障規定をおいた。刑事手続における憲法的原則は，適正手続・強制処分法定主義（31条），令状主義（33条，35条），弁護人の援助を受ける権利（34条，37条），証人審問権・伝聞証拠排除（37条），黙秘権（38条），自白排除（38条）などとして示されている。

　この憲法制定とともに，刑事訴訟法は全面的に改正され，被疑者・被告人は，厳格な要件の下ではじめて身体を拘束され，弁護人による援助の下で，検察官と対等の当事者として，公開の法廷における活発な訴訟活動を通じて，裁判所によって有罪・無罪を決せられることとなった。要するに，現行刑訴法は，憲法上の刑事人権保障規定を具体化して，捜査・公判を通じて適正手続を重視し，被疑者・被告人の人権保障を強化したのであって，「無実の1人が苦しむよりも，有罪の10人が逃れるほうがよい」との格言があるが，そのためのシステムを構築しようとしたのである。

　ところが，その後の刑訴法の運用の実態は，憲法や刑訴法の理念から著しく乖離し，大きく歪められてきた。すなわち，被疑者は原則的に身体拘束されて，強大な捜査権限を有する捜査機関による取調べの対象とされ，密室での自白の獲得を中心とする捜査が行われて，調書の名の下に多数の書類が作成されたうえ（自白中心主義），検察官の訴追裁量によって起訴・不起訴の選別がなされる。公判段階でも犯罪事実を争えば，長期にわたって身体拘束をされ続け，事実を認めないと身体の自由は回復されない（人質司法）。そして，有罪・無罪はすでに起訴前に決していて，公判は単に捜査書類の追認ないしは引き継ぎの

場と化し，公判審理は著しく形骸化してしまった（調書裁判）。まさに，検察官の立場の圧倒的な強大さは，旧刑訴法下の手続と同様の「糾問主義的検察官司法」となって現出した。

2）出発点としての死刑再審無罪4事件

かような事実を端的に示すのが，死刑が確定していた4事件について，1983（昭和58）年から1989（昭和64）年にかけて，再審無罪判決が相次いで言い渡されるという，50数年にわたる戦後刑事司法の汚点ともいうべき衝撃的な事実である。死刑が確定していた4事件について，相次いで何れもが誤判であることが明らかになるという事態は，事件に携わった警察官，検察官，裁判官の個別的な資質や能力にのみ原因を求めるわけにはいかないことを示している。刑事司法のシステムそのものに誤判・冤罪を生み出す構造が存在していたことを示唆するものである。それゆえに，平野龍一博士は，1985（昭和60）年，このような刑事手続の状態を，「わが国の刑事裁判はかなり絶望的である」と診断された。弁護士会としては，この間，当番弁護士制度を創設するなど，かような事態の打開のために努力してきたが，以上に述べたような事態は，その後も何ら改善されていないばかりかむしろ悪化している。

3）改革の方向

このようなわが国刑事司法の改革の方向については，国際人権（自由権）規約委員会の度重なる勧告が極めて的確に指摘しているところである。すなわち，この勧告は，被疑者・被告人の身体拘束の適正化をはかること（人質司法の改革），密室における自白中心の捜査を改善して手続の公正化・透明化をはかること（自白中心主義の改善，捜査過程の可視化，弁護人の取調立会権），証拠開示を実現して公判の活性化をはかること（公判審理の形骸化の改善）等の勧告をしている。

新たな時代の捜査・公判手続の第一の課題は，20世紀の負の遺産ともいうべき，身体拘束を利用して自白を採取することを目的とした捜査システムとこれに依存した公判システム（自白中心主義）の克服であり，冤罪を生まないシステムを確立することである。

4）司法制度改革審議会意見書について

司法制度改革審議会意見書には，死刑再審無罪4事件から出発しようなどという視点はなく，意見書の「今後，我が国の刑事司法を，国民の期待に応えその信頼を確保しうるものとする」にいう「国民」とは，「被疑者・被告人たる国民」よりも，刑事事件を第三者

として見聞きする「一般国民」という意味合いが強く，そのため，意見書の刑事司法制度改革の基調は，全体として，被疑者・被告人の権利・利益を擁護し，弁護権を強化するという方向よりも，社会秩序を維持し国民生活の安全をはかるといった面が強調されているとの印象をぬぐい難い。

　このように，意見書の刑事司法改革の視点については問題があることを指摘せざるをえないが，その提起する制度内容をみると，今後解決されなければならない多くの問題は残されているものの，「裁判員制度」の導入によって，公判のみならず捜査に及ぶ自白中心主義や調書裁判の克服の可能性をもたらし，また，国費による被疑者弁護制度についても，被疑者・被告人を通じた公的弁護制度の枠組みを示すことによって制度実現への大きな前進を遂げたと評価することができる。

　ただ，例えば，導入が決まった裁判員制度も，意見書はその大枠を定めたにすぎず，裁判員制度の具体的制度設計については，今後の協議に委ねられている。刑事法制の改革問題については，現在，司法制度改革推進本部内に設けられた「裁判員制度・刑事検討会」，および，「公的弁護制度検討会」において検討が続けられている。われわれは，これらの検討会における検討状況に注意を払いつつ，検討会において弁護士会の意見が反映されるようなフォローアップ体制を整えると共に，国民を巻き込んだ運動を起こすなどして，よりよい刑事司法改革を実現できるように全力を傾注する必要がある。

2　裁判員制度の導入

1）日弁連の基本方針について

　裁判員制度は，一般の国民が，1つの事件ごとに，選挙人名簿から無作為に選ばれ，裁判官とともに責任を分担しつつ協働し，裁判内容の決定に主体的，実質的に関与することができる新たな制度である。

　国民の司法参加を実現し，司法の国民的基盤を確立することは，今次の司法改革の目玉とでもいうべき重要な柱である。日弁連は，下記のとおり『「裁判員制度」の具体的制度設計にあたっての日弁連の基本方針』を示した。同基本指針において，裁判員制度を導入するにあたり，同制度を広く一般国民が，主体的，実質的に関与することができる制度とすることが肝要であり，同時に，適正・充実した審理を実現するため，刑事手続きを抜本的に改革することが不可欠であると主張した。

　日弁連によって示された『「裁判員制度」の具体的制度設計にあたっての日弁連の基本方針』は，次の5点に集約できる。

① 裁判員の数は裁判官の3倍以上とすること。
② 直接主義，口頭主義を徹底すること。
③ 評議，評決におけるルールを確立すること。
④ 完全な証拠開示と十分な準備期間を確保すること。
⑤ 身体拘束制度を抜本的に改革すること。

　法友会は，「裁判員制度」の問題が今次の司法改革の重要な問題であると考え，政策委員会内に「裁判員制度部会」を設置し，村岡啓一・一橋大学大学院教授をアドバイサーとしてお招きし，合計9回にわたり，テーマを定めて裁判員制度研究会を実施した。以下，同研究会において検討した結果や議論を踏まえ，主な論点につき，記述することとする。

2）裁判員制度の基本的構造
(1) 裁判官と裁判員との役割分担の在り方について
　① 司法制度改革審議会意見書（以下「意見書」という）は，「裁判官と裁判員は，共に評議し，有罪無罪の決定及び刑の量定を行うこととすべきである。裁判員は，評議において，裁判官と基本的に対等の権限を有し，審理の過程においては，証人等に対する質問権など適当な権限を有することとすべきである」（103頁枠囲み）と提言している。

　② 意見書が有罪無罪の決定のみならず，刑の量定にも裁判員が関与すべきとした理由は，「裁判官と裁判員が責任を分担しつつ，法律専門家である裁判官と非法律家である裁判員とが相互のコミュニケーションを通じてそれぞれの知識・経験を共有し，その成果を裁判内容に反映させる点にあ」り，「このような意義は，犯罪事実の認定ないし有罪・無罪の判定の場面にとどまらず，それと同様に国民の関心が高い刑の量定の場面にも妥当するので，いずれにも，裁判員が関与し，健全な社会常識を反映させることとすべきである。」（103頁本文）と判断したからである。

　なお，諸外国の制度をみると，フランス・ドイツなど参審制度（フランスについては判決の方式から陪審とも呼ばれる。）を導入している国では参審員が量刑判断や自白事件に関与している例が多い。また，陪審制度を導入しているアメリカ合衆国のうち，テキサス州ほか5州では陪審員が量刑判断にも関与しており，死刑事件においては陪審員が死刑の適否について判断する州が数多くある（最高裁事務総局「陪審・参審制度　米国編」375頁）。

　③ 次に，意見書は「ただし，法律問題，訴訟手続上の問題等専門性・技術性が高いと思われる事項に裁判員が関与するか否かについては，更なる検討が必要である。」（103頁

本文）と提言している。

　この点につき，第4回検討会では，訴訟手続上の問題のうち証拠の採否については，裁判員も関与すべきとの意見も出されたが，裁判官のみで判断すべきという意見が多数であった。日弁連司法改革実現本部が作成した「裁判員制度の具体的制度設計要綱」（以下「日弁連要綱」という）も，裁判員を完全無作為抽出とすること，裁判員の数を多くすること等を条件として，裁判官のみが判断すべきとしている。

　証拠の採否の在り方については公判準備手続の制度設計とも関連するものであるが，公判手続の充実・迅速化の観点や裁判員に対する予断排除の原則の観点からは，証拠の採否は公判準備手続において決定されるべきであり，裁判官のみで判断することが妥当と考える。ただし，公判開始後に証拠の採否が問題となるような場合には，必要に応じて裁判官が裁判員の意見を聴取し，これを参考にして，裁判官が判断すべきとの制度設計を考えるべきである。

(2) 裁判体の構成・評決の方法について

　①　意見書は，「一つの裁判体を構成する裁判官と裁判員の数及び評決の方法については，裁判員の主体的・実質的関与を確保するという要請，評議の実効性を確保するという要請等を踏まえ，この制度の対象となる事件の重大性の程度や国民にとっての意義・負担等をも考慮の上，適切な在り方を定めるべきである。ただし，少なくとも裁判官又は裁判員のみによる多数で被告人に不利な決定をすることはできないようにすべきである」（103頁枠囲み）と提言している。

　②　裁判体の構成について，内閣府の司法制度改革推進本部に設けられた裁判員制度・刑事検討会の第4回検討会では，裁判員の主体的，実質的関与の確保・評議の実効性，現在と同様な詳細な理由を付した判決書作成のためには，裁判体の構成はコンパクトなものとすべきであるとの意見が多数であった。第7回検討会で開かれたヒアリングにおいても，最高裁・法務省は同様にコンパクト論を主張した。

　しかしながら，裁判員は一般国民から無作為抽出により選任され，しかも1件限りで事件を担当するのであるから，法律専門家で経験もある裁判官と対等に議論するなど，裁判員の主体的，実質的関与を担保するためには，裁判員の数は裁判官の数よりも相当多くする必要がある。

　諸外国の制度をみると，アメリカ合衆国の多くの州では，陪審員の数は12人であり，連邦最高裁は「陪審員の数を5人にすることは，陪審の目的と機能を著しく阻害するので違憲である」と判断している。また，参審制度を導入するフランスでは裁判官は3人・参審員9人であり，イタリアは裁判官2人・参審員6人である。

また，国民の司法参加が実現している検察審査会では，審査員は裁判員制度と同様に無作為抽出により選任されているところ，その人数は11人である。
　以上によれば，裁判内容に国民の多様な意見を反映させるためには，裁判員の数は，裁判官の数の3倍以上とすべきであり，少なくとも9人以上必要と考える。
　なお，意見書は，裁判員制度の対象事件を「法定刑の重い重大犯罪」として，具体的に法定合議事件，あるいは死刑又は無期刑にあたる事件を例示していることから，裁判官の数は3人とする見解もある。しかしながら，裁判員と裁判官が1つの裁判体を構成して合議すること，事実認定については裁判員と裁判官の能力は同等であることなどによれば，裁判官の数は必ずしも3人を必要とするものではなく，1人又は2人で足りると考える。
　③　評決の方法について，第4回検討会では会議の終了時刻が迫っていためか，単純多数決との意見が出されたものの，それ以上議論が深まることはなかった。
　しかし，評議を深める，判断の慎重を期すという観点からは全員一致を原則とすべきである。
　なお，裁判員の主体的・実質的関与を確保するとの要請によれば，評議の際にも，裁判員が意見を述べやすくするための手当が必要となる。そのためにも，評議のルールを明確化するなどの方策が不可欠である。

(3)　裁判員の選任方法
　①　意見書は，「裁判員の選任については，選挙人名簿から無作為抽出した者を母体とし，更に公平な裁判所による公正な裁判を確保できるような適切な仕組みを設けるべきである。裁判員は，具体的事件ごとに選任され，一つの事件を判決に至るまで担当することとすべきである（105頁枠囲み）」と提言している。
　②　この点，第5回検討会において，「無作為抽出をした上で，資質の高い人を裁判員に選任するため，選任委員会による選考を考えるべきである。」との意見も出された。しかしながら，選任委員会によって，資質の高い人を選任するとの方法は，裁判員は無作為抽出により，広く国民一般の間から選任されるべきであるとの意見書の趣旨にも反する上，選任委員会の構成の透明性や裁判員選任基準の明確性が確保できるのか疑問がある。
　したがって，公平な裁判所による公正な裁判を実現するための選任方法は，無作為抽出を前提に，欠格・除斥事由，忌避制度等の仕組みによるべきである。
　なお，具体的な裁判員及び裁判員候補者の選任方法については，同じく無作為抽出により審査員を選任している検察審査会法を参考とすべきである。
　③　資格要件等
　ⅰ）資格要件

選挙権を有する日本国民。

将来的には，選挙権を外国人にも与えることとなった場合には，定住外国人も含めるべきである。

ii）欠格事由

日本語を理解することができない者

民法上の制限能力者

禁錮以上の刑に処せられた者（刑の執行猶予中の者を含む）

天皇・皇后・太皇太后・皇太后及び皇嗣

なお，検察審査会法第6条及び日弁連要綱は，国会議員，裁判官及び裁判所職員，検察官及び検察庁職員，国家公安委員会委員，都道府県公安委員会委員及び警察職員等を不適格事由または欠格事由としている。しかしながら，広く一般国民が裁判の過程に参加して，裁判内容に国民の健全な社会常識を反映させるとの意見書の趣旨を尊重するならば，これら職業による不適格事由または欠格事由はできるだけ避けて，忌避制度等により対処すべきと考えるとの意見もあり，今後さらに検討をすべき問題である。

iii）除斥事由及び辞退事由

検察審査会法第7条・第8条参照

iv）忌避制度

忌避制度には理由付き忌避と理由なし忌避とがある。

この点，第5回検討会では，「理由を示さない忌避制度は公正な裁判・裁判員の質を確保できるか疑問がある。」との意見が出された。

しかしながら，公正な裁判を実現させるためには，予断・偏見を排除すべきところ，予断・偏見は一般的に隠されることが多く，それを明らかにすることは極めて困難である。また，選任過程において，裁判員が男性ばかり，または高齢者ばかりとなりそうなときに，ある裁判員候補者を理由を示さず忌避して，女性または若年者を選任するとの必要が生じることもあろう。

よって，理由付き忌避及び理由なし忌避の双方を認めるべきである。

なお，裁判員選任過程においては，当事者による裁判員候補者に対する質問権が認められるべきである。

(4) 裁判員の出頭義務等

意見書は「裁判員選任の実効性を確保するためには，裁判所から召喚を受けた裁判員候補者は出頭義務を負うこととすべきである。ただし，健康上の理由などやむを得ないと認

められる事情により出頭できない場合や，過去の一定期間内に裁判員に選任された場合など一定の場合には，その義務を免除されるものとすべきである」（105頁本文）と提言している。

この点，第5回検討会においては，「罰則で出頭を強制することが適切か」との疑問が提示されたものの，出頭義務や守秘義務違反に対しては，罰則または何らかの制裁措置をもって臨むべきとの意見が複数の委員から出された。なお，検察審査会法は出頭義務違反及び秘密漏示について罰則規定を設けている（同法43条第1項第1号・44条）。

ただし，裁判員の出頭義務を定めるのであれば，裁判員及び裁判員候補者が出頭しやすい環境作りが不可欠である。具体的には，相当な額の日当・交通費の支給，職業をもつ者が出頭により経済的・労務的な不利益を受けない仕組み，裁判員及び裁判員候補者を雇用する企業（特に中小企業）に対する手当等の整備が不可欠である。

(5) 対象となる事件

① 意見書は，「対象事件は，法定刑の重い重大犯罪とすべきである。公訴事実に対する被告人の認否による区別は設けないこととすべきである。被告人が裁判官と裁判員で構成される裁判体による裁判を辞退することは，認めないこととすべきである」（106頁枠囲み）と提言している。

② 対象事件の範囲について，意見書は，「法定合議事件あるいは死刑または無期刑に当たる事件」を例示しているところ，最高裁判所資料に基づけば2000（平成12）年度の終局人員は，法定合議事件は4569名，死刑又は無期刑に当たる罪は2348名である。

したがって，対象事件は形式的基準により区別することが簡明であることや広く国民が裁判員として刑事裁判に参加すべきことからすれば，対象事件は事件数のより多い法定合議事件とすべきである。

③ なお，意見書は，「例えば，裁判員に対する危害や脅迫的な働きかけのおそれが考えられるような組織的犯罪やテロ事件など，特殊な事件について，例外的に対象事件から除外できるような仕組みを設けることも検討の余地がある」（106頁本文）と提言している。

この点，第5回検討会においては，組織犯罪等の除外事由は設けざるを得ないとの意見も出されたが，除外事由の基準を設けることは実際上難しい，これらの事件についても主権者である国民が裁判に関与することが相応しいとの意見も出された。

したがって，安易に対象事件の除外事由を認めるべきではなく，裁判員に対する危害や脅迫的な働きかけのおそれに対しては，別途裁判員に対する保護策により手当すべきと考える。

(6) 公判手続の在り方

① 意見書は,「裁判員の主体的・実質的関与を確保するため,公判手続等について,運用上様々な工夫をするとともに,必要に応じ,関係法令の整備を行うべきである（107頁枠囲み）」として,連日的開廷,争点整理,証拠開示,口頭主義・直接主義の実質化,取調べ過程・状況の書面による記録義務付け等を具体的に提言している。
② 公判手続の改革
ⅰ）直接主義・口頭主義の実質化

裁判員制度においては,無作為に選任された法律専門家ではない一般の国民が刑事裁判に参加するのであるから,これまでの刑事裁判のように調書を法廷外で読んで心証をとるという方法は不可能となる。この点,意見書においても,「書証の取調が裁判の中心を占めるようなことがあれば,公判審理における直接主義・口頭主義を後退させ,伝聞法則の形骸化を招くこととなりかねない」,「非法律家である裁判員が公判での証拠調べを通じて十分に心証を形成できるようにするために,直接主義・口頭主義の実質化を図ることも必要である」とする。裁判員及び裁判官は,法廷で繰り広げられる当事者の尋問や弁論等を直接目で見て,耳で聴くことによって心証を採るほかない。

したがって,熟読し,その内容を理解することが求められる調書の利用は制限されざるを得ず,伝聞法則は厳格化されるべきである。

以上を前提に,刑事訴訟法を以下のとおり見直すべきである。
・人証を原則化する。
・刑事訴訟法321条1項1号のうち,「供述者が国外にいるため公判準備若しくは公判期日において供述することができないとき」並びに「供述者が公判準備若しくは公判期日において前の供述と異なった供述をしたとき」の部分の削除をする。
・同条同項2号を見直す。
・同条同項3号の「前2号に掲げる」を「第1号に掲げる」と改めた上,「供述者が国外にいるため公判準備若しくは公判期日において供述することができないとき」の部分を見直す。
・同条第4項の部分を見直す。
・322条1項の部分を見直す。
・323条3号の部分を見直す。

ⅱ）捜査の可視化

例外的に調書が利用される場合でも,調書の内容は簡潔かつ要領を得たものへと変わらざるを得ない。また,被疑者の取調べの適正さを確保する必要性から,意見書において,

「その取調べの都度，書面による記録を義務付ける制度を導入すべきである」としている。

しかし，上記取調状況観察記録は，取調べ側が作成するものであり，その信用性に乏しいと言わざるを得ない。そこで，自白の任意性立証のための取調べ過程の可視化の方策として，テープ録音・ビデオ録画の実施，ならびに，弁護人の取調べ立会権を確立する必要がある。

ⅲ）新たな準備手続の創設・証拠開示

裁判員制度においては，仕事，学校，家庭，育児・介護等を抱えた一般国民が裁判に参加するのであるから，一回で結審されない裁判は連日的に開廷されなければならない。

そこで，連日的開廷のためには，裁判所及び当事者による十分な事前準備が不可欠となる。意見書においても，「第1回公判前から，十分な争点整理を行い，明確な審理の計画を立てられるよう，裁判所の主宰する新たな準備手続きを創設すべきである。」とし，「充実した争点整理が行われるためには，証拠開示の充実が必要である。そのため，証拠開示の時期・範囲等に関するルールを法令により明確化するとともに，新たな準備手続きの中で，必要に応じて，裁判所が開示の要否につき裁定することが可能となるような仕組みを整備すべきである。」としている。

従前の判例の立場である訴訟指揮権に基づく個別的開示から脱却し，全面的事前開示を認める必要がある。そこで，警察官による捜査報告書も当然に事前開示すべきであり，また，検察官は，起訴後直ちに，弁護人または被告人に対し，検察官が所持する全ての証拠の標目および要旨を記載した書面を交付すべきである。弁護人または被告人は，証拠の標目に記載された全ての証拠の閲覧・謄写を請求できるとすべきでり，検察官が，証拠の閲覧・請求に応じないときには，弁護人または被告人は，裁判所に対し，証拠開示命令を請求できるとすべきである。さらに，未開示証拠があることが後に判明したときには，厳格な制裁規定を設けるべきである。

ⅳ）被告人の身体拘束からの解放

連日的開廷に伴い，被告人の防御権を十分に保障するためには保釈の原則化等勾留制度の改革が必要である。この点，意見書では，「被疑者・被告人の不適正な身柄拘束を防止・是正するため，制度面，運用面の双方において改革，改善のための検討を続けるべきである」とするのみで，具体的な方策については何ら提言していない。

身体拘束からの解放の問題は，裁判員制度を進める上で不可欠の前提であり，重要な問題であること，連日的開廷，集中審理を現実的に可能ならしめる制度を考える上で，身体拘束からの解放問題を議論すべきであること等から，防御の主体性の視点からの見直しを含め，身体拘束の問題は抜本的に見直されなければならないと考える。

(7) 上訴の在り方
① 意見書は,「当事者からの事実誤認又は量刑不当を理由とする上訴（控訴）を認めるべきである（107頁枠囲み）。」と提言している。

② この点，第6回検討会においては，控訴審の構成について，「裁判員が第1審に入った意味を考えるならば，控訴審にも裁判員を入れることを検討すべきである」との意見もあったが，裁判員は控訴審に加わる必要がないとの意見が多数であった。

ただし，裁判員が関与した第1審判決を尊重するという視点からは，控訴理由を制限する，職業裁判官による控訴審が第1審判決を破棄する場合には自判できず，すべて第1審に差し戻すといった工夫が考えられる。

なお，この場合，差戻審においても，裁判員対象事件については，裁判員の関与が必要であるが，直接主義・口頭主義の徹底の観点からは，続審ではなく覆審とすべきである。

(8) いわゆる選択制の問題について
① 意見書では，裁判員制度が，個々の被告人のためというよりは，一般国民にとって，あるいは裁判制度として重要な意義を有するが故に導入するものであるとの視点から，「被告人が裁判官と裁判員で構成される裁判体による裁判を辞退することは，認めないこととすべきである。(106頁)」として，被告人が裁判員裁判を受けることを辞退して裁判官のみによる裁判を選択することは認めないとしている。

② この点，単位会の多くの意見は，選択制を認めるべきであるとするものが多数を占めているとのことである。

しかし，意見書の立場が，選択制を認めないということを明確に打ち出していること，戦前の陪審の運用において選択制の採用により，実質的に年に数件の運用となってしまい，制度として体をなさない状況になったことと同じ轍を踏むべきでないこと，国民の司法参加という国民運動の盛り上がりのためにも，現時点では，日弁連が示した『「裁判員制度」の具体的制度設計にあたっての日弁連の基本方針』の実現に全力を傾注すべきであり，選択制の議論にとらわれるべきでないと考える。仮に，今後の進捗状況により，日弁連の基本方針が実現できないという事態に陥ったときには，再度，選択制の是非を考えるべきである。

3　被疑者国公選弁護制度の導入

国費による被疑者弁護制度の創設はわれわれ法曹に課せられた責務であり，早期に

> 実現すべきである。

１）当番弁護士活動の成果としての国費による被疑者弁護制度

　国費による被疑者弁護制度は，日弁連をはじめ多くの先人が長年にわたってその導入を強く訴えてきた。これを実現することは，われわれ法曹に課せられた責務である。

　弁護士会は，当番弁護士制度を発足させ，10年間に及ぶ努力と献身によって，実績を積み重ねて制度を定着化させてきた。これには，国民世論の大きな支援が寄せられ，それが原動力となって，司法制度改革審議会をして，国費による被疑者弁護制度の導入に踏み切らせたのである。われわれは，このことを，当番弁護士活動を含むこれまでの運動の輝かしい成果として率直に評価すべきである。

２）司法制度改革審議会意見書とその評価

　司法制度改革審議会意見書は，被告人国選弁護制度の改革をも視野に入れ，「被疑者に対する公的弁護制度を導入し，被疑者段階・被告人段階を通じ一貫した弁護体制を整備すべきである」としたが，次の内容をこの制度についての基本的な考え方として示した。

　①　公的弁護制度の運営主体を「公正中立な機関」とする。

　②　弁護人の選任・解任は裁判所が行い，それ以外の運営に関する事務は運営主体が行う。

　③　運営主体は，制度運営について国民に対する責任を有し，全国的に充実した弁護体制，とりわけ裁判員制度の実施を支えうる態勢を整備すべきである。

　④　個々の弁護活動の自主性・独立性が損なわれてはならず，制度の整備・運営に当って十分配慮すべきである。

　⑤　弁護士会は，弁護士制度改革の視点を踏まえて，公的弁護制度の整備・運営に積極的に協力するとともに，弁護活動の質の確保については重大な責務を負うことを自覚し，主体的にその態勢を整備すべきである。

　日弁連が従来検討してきた国費による被疑者弁護制度の構想の内，a「被疑者国選弁護制度試案」では捜査段階の弁護活動に裁判所が関与することが事実上困難であり，他方，b「公的刑事扶助（被疑者弁護）要綱案」では重大事件等について必要的弁護人選任制度を設けることが困難であることなどから，c弁護人の選任・解任は裁判所が行い，運営は扶助団体等が行うという「国費による被疑者（及び被告人）弁護制度の新たな構想」に近い形態とみることができる。

意見書は，弁護活動の自主性・独立性について，中間報告に加えて新たに別項を設け，上記④のとおり「制度の整備・運営に当たっては，このことに十分配慮すべき」であるとした。これは，弁護活動の自主性・独立性の保障が，制度設計に当たっての視点の１つに据えられるべきことを示したものであり，かような視点に立って制度構想を具体化する必要がある。

　また，意見書は，中間報告が「弁護士会は，弁護活動の質の確保について重大な責務を負うことを自覚し，主体的にその態勢を整備すること」としていた点につき，「弁護士制度改革の視点を踏まえ」て行うべきことを付加した。「弁護士制度改革の視点」とは，「弁護士会の自律的権能を実効的かつ厳正に行使し弁護士自治を一層実効あらしめる」ことも含意しており，意見書は，国家刑罰権の発動の対象とされた者の防御にあたるという刑事弁護の役割に照らし，弁護活動には「国家からの独立性」の確保が不可欠であり，弁護活動の質の確保についても弁護士会が担うべきだという日弁連の主張を採り入れたものとみることができる。

　弁護活動の自主性・独立性の保障を制度の仕組みのなかで如何にして具体化していくかという重要な課題が残されているものの，意見書は，公的弁護制度の輪郭を示すことによって，制度実現へ向けて大きなはずみをつけたものであり，積極的に評価されてよい。

３）推進計画の閣議決定

　意見書を受けて，司法改革推進計画が閣議決定され，被疑者に対する公的弁護制度を導入して被疑者段階と被告人段階とを通じ一貫した弁護体制を整備すること等に関して，所要の法案を提出する（2004〔平成16〕年通常国会を予定）こととされ，更に，一歩前進したと評価することができる。

　また，少年審判手続における公的付添人制度について，積極的な検討を行うこととされた。

４）日弁連の動向

　これらに対する日弁連の動向としては，「国費による被疑者弁護制度の具体的制度構想について（答申）」により制度全般について日弁連の構想をまとめたが，未だ抽象論の域を出ていない。更に「国費による弁護制度のもとでの弁護態勢に関するシミュレーション（第１次案）」により，一般弁護士を中心として公的弁護制度を支えつつも，当番弁護士の不足部分や連日的開廷事件（裁判員制度など）に対応するため刑事専門弁護士多数を日弁連主導で配置することを提唱したが，刑事専門弁護士の確保は急務である。

5）制度構想の具体化

(1) 具体化の視点

意見書には「刑事司法の公正さの確保という点からは，被疑者・被告人の権利を適切に保護することが肝要であるが，そのために格別重要な意味を持つのが，弁護人の援助を受ける権利を実効的に担保することである。」とあり，弁護人の援助を受ける権利を実効的に担保するには，弁護活動の自主性・独立性を如何に確保していくかという視点が最も重要である。

また，今まで意識的には議論されてこなかったが，自主性・独立性とは何なのか，自主性と独立性は異なるのか（全く同義であれば，重ねて表現する必要性はない）など，根元的な事項について，これを機会に，弁護士側の認識を深めておく必要性を痛感する。

(2) 具体化の前提条件

充実した弁護活動の提供が確保される仕組みには，報酬制度の改革も不可欠である。日本における国選弁護報酬の実態は，低額であるのみならず，定額であり，いかに熱心な活動が行われても，また，如何に手抜きであろうとも報酬に反映することは少ないのであって，実際には手抜き方向でのコントロールが働いていることをリアルに認識する必要がある。適正な報酬が支払われることなくしては，充実した弁護活動の提供が確保されないのである。

この問題は，国選弁護事件に専従する常勤弁護士を想定して見ることで，一層明確になる。現行制度の被告人国選弁護では，地裁事件について標準報酬額が86,400円とされている。この金額で国選弁護事件に専従した場合，事務所維持，弁護士の生活確保が困難であることは明白であり，根本的な改革が必要である。

逆説的に言えば，公的弁護制度の導入に際して，常勤弁護士を配置することから，現行の国選弁護費用の矛盾が明るみに出て，その改革の端緒となる可能性もある。

(3) 弁護士会の役割

意見書は，裁判所，運営主体のみならず，弁護士会をも公的弁護制度の整備及び運営の不可欠の担い手としている，と理解すべきであり，今後このことを明確にしていく必要がある。これは，弁護士会が自力で当番弁護士制度を創設し，10年にわたって運営してきた実績を有し，国費による被疑者弁護制度を推進してきたことからも，また，今回の改革が弁護体制の整備を目的とするものであることからも，当然のことというべきである。

① 弁護人推薦制度

裁判所は，公的弁護人の選任・解任を行うことになるが，意見書が述べる「個々の事件における弁護活動の自主性・独立性が損なわれてはならず，制度の整備・運営に当たって

はこのことに十分配慮すべき」との視点からすれば，少なくとも，公的弁護人の選任は，弁護士会の推薦に基づいて行うことが不可欠である。

　具体的には，裁判所は，弁護士会の推薦に拘束されるか，選任という裁判行為の独立性との関係をどう考えるか，が検討されるべきである。

　② 弁護活動の質の確保等

　弁護士会は，意見書が述べるように，公的弁護人の指導・監督等その質の確保の役割を担う必要がある。弁護士会が公的弁護人の質を確保する態勢としては，懲戒制度や研修制度，あるいはマニュアルの作成などがあるものの，かような制度や活動だけでは十分とは言い難く，手抜き弁護の問題が指摘されて久しい。弁護士会は，被疑者・被告人が弁護人の援助を受ける権利を実効的に担保していくため，公的弁護の質を確保する役割を担わなければならず，日弁連刑弁センターが策定した「国費による弁護人の推薦等に関する準則」の全国規模での制定など，公的弁護人の指導・監督の態勢を整備する必要がある。

　③ 運営主体との関係

　これら公的弁護人の推薦権限や指導監督権限は，運営主体が如何なるものになろうとも，弁護活動に関する限り，弁護士会のみが担うべきことが確認されねばならない。また，常勤弁護士など，新しい概念が生まれることに伴う運営主体の指揮命令系統との関係にも留意すべきである。

(4) 対象事件と対応能力

　被疑者の弁護を受ける権利を実効的に担保する観点からは，全ての被疑者に，例外なく弁護人が付くのが望ましい。もちろん，私選弁護人を含めてのことであり，私選弁護人を依頼することが可能な被疑者は私選弁護人を選任すべきだし，公的弁護制度は，私選弁護人を依頼できない被疑者に限定される制度とすることは当然の前提である。

　これに対する反対意見としては，例えば，裁判員制度については「対象事件は，法定刑の重い重大犯罪とすべきである」とされており，公的弁護の対象事件もそれに準ずるとか，民事法律扶助では「当面少なくとも国民の所得層の下から5分の1程度までは援助の対象とする方針」とされているが，刑事でも同様とする，というものである。

　「国費による弁護制度のもとでの弁護態勢に関するシミュレーション（第1次案）」では，身柄拘束事件の内（25％には私選弁護人が付くとして，残りの）75％を公的弁護制度で受任していく場合の数値を検討している。全国的に見ると非常に厳しい数字であるが，全ての事件に対応できる態勢の整備が，弁護士会に求められている急務と認識し，実行に移す必要がある。

　2001（平成13）年11月3日の第7回国選シンポで報告された「第2次アンケート」の結

果によると，地方の弁護士は，交通事情が悪い等の条件下でも，一人ひとりが多数の当番弁護を受任して当番弁護士制度を支えていることが明らかにされた。そこには，弁護士数が少ないことから生まれる責任感が現れている。われわれ東京を含む大都市では，人数的には大きな優位にありながら，当番弁護士制度の運営に苦労している実態が報告されているが，ここには弁護士数が多いことからくる「他の誰かがやってくれるだろう」という「甘えの構造」を見て取ることが出来る。甘えの構造からの脱却，意識改革が必須である。各弁護士の自主的活動で実現できないならば，「弁護士の社会的責任（公益性）の実践」の一環として，義務化をも視野に入れるべきである。

(5) 運営主体の政府からの独立性

意見書は，運営主体につき，ⓐ公正中立な機関であること，ⓑ制度運営について国民に責任を有し，全国的に充実した弁護活動を提供しうる態勢，とりわけ訴訟手続への新たな国民参加の制度の実効的実施を支えうる態勢を整備すること，ⓒ組織構成，運営方法が公的資金を導入するにふさわしいものとするため，透明性・説明責任の確保等の要請を十分踏まえることと併せて，ⓓ制度の整備・運営に当たって，個々の事件における弁護活動の自主性・独立性が損なわれないこと，を求めている。

公的資金が導入されるからには，財政民主主義の観点からⓒの要請が働くことになるが，ⓐの要請は，そのことを踏まえつつ，公正中立な機関であることを求めたものであり，政府から独立した組織であることを求める趣旨と解される。

また，ⓓの要請は，個々の弁護活動の自主性・独立性を保障するため，運営主体そのものの政府からの独立性と併せて個々の弁護活動の運営主体からの独立性の保障を求めていると考えられるため，運営主体は，かような保障をなし得る組織でなければならない。

ここでも，公正中立の意味を改めて認識しておく必要があるであろう。

① 各種法人による方式

公の支配に属しつつ，政府からの独立性を有する組織として，認可法人方式，指定法人方式，独立行政法人方式などが考えられる。現存する組織としては，財団法人法律扶助協会があり，これを指定法人として運営主体とすることが選択肢の1つとして検討されるべきである。

法律扶助協会を運営主体として検討するときに問題となるのは，その指定主体が法務省であり，財団法人としての主務官庁も法務省であって，実際に法務大臣の監督を受けていることにある。刑事弁護の役割が国家刑罰権発動の対象とされた者の防御にあることからして，民事弁護以上に，個々の弁護活動の自主性・独立性が保障されなければならないが，法務省は，弁護人にとっての対立当事者である検察官の利益代表機関としての実態を有す

るのであって，監督機関についての見直しをすることが不可欠である。

　法律扶助協会を運営主体とするとすれば，公的弁護制度に関する限り，その指定主体及び主務官庁を，法務省とは別個ないしはこれからの独立性を有する機関とする必要がある。

　また，行政改革の流れの中で，新しく指定法人方式を採ることができるか，という技術論もあるところである。

　②　裁判所に付設する独立機関（検察審査会に類似する機関）

　政府（行政，法務省，検察）からの独立性の最も高い機関としては，裁判所が考えられる。意見書では，弁護人の選任解任は裁判所，それ以外の事務は運営機関と割り振りをしていることから，裁判所以外の機関を予定していると解釈できる。そこで，検討されているものの1つが裁判所に付設する独立機関であり，裁判所に付設して設けられるという点で，検察審査会に類似した独立の機関がイメージされている。

　ただし，検察審査会自体に公的弁護制度の運営を担わせるわけにはいかず，新たな組織を設置することにならざるをえないのであって，その点において，実現可能性に疑問がある。また，非常勤であり，一般市民の会議体にすぎない検察審査会と同種の機関であっては，公的弁護制度の日々の運営を担えないことは明らかであって，検察審査会とは全く異なる組織を構築せざるを得ないが，その組織について具体的な構想は，いまだ存在しない。

　③　独立行政委員会

　行政部内にありながら行政から最も独立性の高い機関としては，国家行政組織法3条の独立行政委員会があり，これを運営主体とすることも選択肢の1つである。

　人権擁護推進審議会が2001（平成13）年5月25日になした「人権救済制度のあり方についての答申」に基づき新たに設置される「新たな人権救済機関」は，独立行政委員会として設置される可能性があり（2002〔平成14〕年秋の臨時国会で成立予定），そうとすれば，この独立行政委員会としての「新たな人権救済機関」を公的弁護制度の運営主体とすることに，実現可能性があるものと考えられる。

　但し，この新しい独立行政委員会に対しては，日弁連が「人権擁護推進審議会の『人権救済制度の在り方について』の答申に対する意見の提出について」と意見表明をしているが，現実に設置される委員会が，日弁連の意見と大きく異なったものとなってしまった場合に，その委員会に，大切な公的弁護の運営を委ねることが出来るか，という問題もある。

　④　まとめ

　以上検討したことをまとめると，運営主体の候補として他に抜きんでた組織があるわけではなく，上記の検討を踏まえ，弁護活動の自主性・独立性を保障するに相応しい構想を追求して行くしかないと思われる。

(6) 財政的基盤の確保

(5)においては，運営主体の政府（とりわけ検察行政）からの独立性の視点から検討したが，これを前提にしつつ，充実した弁護活動提供が確保される制度をどう創るのかという視点からも検討する必要がある。そして，ここでの主要な問題点は，被疑者・被告人の弁護人の援助を受ける権利を実効的に担保するための，財政的基盤が確保されるかどうかにある。

公的弁護制度は，憲法上の保障であることが明らかな被告人の国選弁護請求権にも対応する制度であって，「国が財政確保について直接に全ての責任を負う」ことが明確にされる必要があり，その上で，財源を確保できる制度構想は何なのかについて検討を深めることが急務である。

ところで，弁護人の推薦，刑事専門弁護士の確保，弁護活動の質の確保等について弁護士会が主導するという前提に経つと，運営主体が担うべき役割は，主として財政運営に限定されてくることになる。その内容をさらに具体化すれば，次のような役割が想定されることになろう。

1 a 公的弁護制度運営のための予算措置，財政運営
2 b 公的弁護人報酬基準の決定
3 c 公的弁護人報酬及び費用の決定，支払事務

この内，1ないし2については，指定法人方式により法律扶助協会が担うべきなのか，それとも裁判所に付設する独立機関ないし独立行政委員会が直接担うべきなのかにつき，個々の弁護活動の自主性・独立性の確保，財政基盤の確立の両面から，さらに検討を深めて行く必要があろう。

いずれにしても，国には，憲法及び国際人権法が定める被疑者・被告人が弁護人の援助を受ける権利を実効的に保障する責務があるのであって，これを履行するため，公的弁護制度の運営に要する費用の確保等，必要な財政措置を講じるものとすることは不可欠である。

(7) 公設弁護人事務所の設置主体をどうするか

国選弁護報酬の適正化（増額）が認められ，刑事弁護の専門化を進める条件が整備されれば，事務所に所属する弁護士が個別事件で受ける公的弁護人報酬等での運営を基本とし，日弁連・弁護士会が最低所得保障などの必要な財政補助措置を講ずることによって，公的資金の直接支出を受けない民間型「公設弁護人事務所」を全国に設置することができ，意見書が指摘していた「常勤の弁護士等が刑事事件を専門に取り扱うことができるような体制」の整備も公的資金を直接的に投入することなく可能となる。

公設弁護人事務所につき，従前の弁護士空白地域等での弁護人確保のための方策としての位置づけに加え，国民の司法参加を射程に入れ，集中審理への対応を可能にし，裁判の長期化を回避するための一つの方策として位置づけ，国選刑事弁護に集中的に従事することが可能な常勤弁護士を擁す公設弁護人事務所を全国に設置することを検討すべきである。

　運営主体としての裁判所に付設する独立機関ないし独立行政委員会が直接公設弁護人事務所を設置する場合には，少なくとも常勤弁護士は公務員とならざるをえないと考えられ，弁護士会による「公的弁護人に対する指導・監督」と公務員としての地位との間に問題が生じるおそれがあるし，また，被疑者・被告人との信頼関係の構築にも困難をもたらすことが想定され，適切な制度とは到底考えられない。

　これに対し，公設弁護人事務所の設置・運営については，指定法人方式のスキームが適合するのであって，事業を行う者として法律扶助協会を指定することが考えられてよい。公設弁護人事務所の設置・運営業務は，公的弁護制度の円滑な実施という面で公益性が認められ，国家が，その事業費の一部を補助するとの方式を採用することに合理性があり，また，公設弁護人事務所については，民事法律扶助法と同様のスキームでの対応が可能と考えられるのであって，かような方向での検討を深めるべきである。

4　刑事司法改革の各問題点

1）接見交通権の確立

> 　接見交通権を確立するために，大法廷判決の壁を打ち破るに足る違憲論を再構築し，国際人権法を梃子として刑訴法39条3項そのものの削除を求める運動を推進すべきである。

　憲法34条，37条が保障している被疑者・被告人の弁護人選任権とは，弁護人の援助を受ける権利にほかならない。被疑者・被告人には，まさに援助が必要なその時にこそ，弁護人の実質的な援助が与えられなければならない。

　この弁護人の援助を受ける権利の中核的権利である接見交通権については，いわゆる一般的指定制度によって組織的・継続的な接見妨害がなされてきたが，日弁連は，早くからこの問題に取り組み，国賠訴訟の全国での積極的提起とその勝訴判決を背景として，法務省との直接協議によって，「面会切符制」の廃止など一定の改善を実現した。

　しかし，他方で，最高裁は，浅井・若松の両事件判決において，「取調べ予定」を理由に接見指定ができるとするなど現状追認に終始し，さらに，1999（平成11）年3月24日の

安藤・斎藤事件大法廷判決において，「接見交通権の行使と捜査権の行使との間に合理的な調整を図らなければならない」などの理由で，刑訴法39条3項違憲論を退けるに至っている。

規約人権委員会は，日本政府の第4回定期報告書につき，1998（平成10）年11月，「最終見解」を採択し，「刑事訴訟法39条3項のもとでは弁護人へのアクセスが厳しく制限され」ていることを指摘し，これを直ちに改革するよう勧告したが，大法廷判決はこの勧告に逆行する内容に終始したのである。

被疑者には，取調中であったり，取調べの予定がある場合にこそ，弁護人の援助が必要なのであって，わが国の現状は，未だ憲法，国際人権法の保障する弁護人の援助を受ける権利とはかけ離れた状況にある。

違憲論を再構築するとともに，「捜査の必要」を理由に接見制限を認める刑訴法39条3項自体を削除する法改正を求めて運動を再展開する必要がある。

また，接見交通権の確立のためにその妨害事例である，われわれ法友会の会員が3日間にわたり接見することができなかった事案や取調中でもないにも関わらず接見指定した事案について，法友会の会員が中心となり，約150名の弁護団を組織し，1997（平成9）年4月30日，東京地方裁判所に国を被告として国賠訴訟を提起した（伯母・児玉接見国賠訴訟）。この訴訟で，繰り返し違法な接見指定を行う国側の問題点を指摘し，また，今後国の「やり得」を許さないために懲罰的損害賠償を請求するなどした。

同事件は，2000（平成12）年12月25日，第一審判決の言渡しがあり，原告伯母につき，3日間にわたり接見妨害した点については，間近で確実な捜査の必要があるとしつつも，検察官に接見申出をした弁護人との間で「調整義務」を認め，この調整義務違反があるとして10万円の賠償義務を認めた。しかし，3回目の妨害行為については過失を認めず請求を棄却した。また，原告児玉に関し，取調中でもないにも関わらず接見指定した事案については，3回の妨害行為のいずれにも検察官の過失を認めず，請求を棄却した。また，懲罰的損害賠償も認めなかった。

そこで，弁護団は，この不当な判決に対し控訴を提起し，上記不当性を争った。控訴審では，4回の審理を経て，2001（平成13）年9月19日結審し，2002（平成14）年3月27日に控訴審判決の言渡しがなされた。控訴審判決では，原告伯母につき，10万円の賠償金を金25万円とする旨変更されたが，その余の請求については，いずれも棄却された。

控訴審判決では，「捜査に顕著な支障が生ずる」かどうかを判断するに当たり，「罪証隠滅防止の必要性の観点を含めることはできないと解するのが相当である。」と指摘したこと，また，「弁護人の弁護活動により被疑者が供述を変遷させたり，否認の供述をするこ

とがあり，そのため捜査に支障が生ずることがあっても，……刑訴法39条3項本文にいう『捜査のため必要があるとき』には該当しない。」と明言したこと，「伯母は，19日から23日まで連日被疑者と接見したが，その時間はいずれも10分ないし30分程度の短時間であり，これをもって伯母の弁護活動および被疑者の防御の準備のために十分な時間の接見が行われたとまでは認めがたい。」と認定したこと等，弁護活動に対し一定の正当な評価をしている。

控訴審判決に対し，上告の必要性についても十分検討したが，結果として上告せず，同判決は確定した。

２）違法捜査の撲滅

> 日本の刑事司法は「自白」を中心にしているが，捜査機関が自白を証拠の女王であると考え，被疑者が代用監獄に留置されている現状では，自白中心主義は実体的真実の解明に反する。弁護人が防御権を行使しようとすると保釈が認められない人質司法のもとでは，防御権を行使できず，弁護人制度の否定にも繋がりかねない。そこで権利保釈を活性化し，かつ令状審査を厳格化すべきである。密室での取り調べは，自白強要を引き起こす等違法な捜査が行われる危険性が高い。そこで取り調べを含む捜査の可視性を高めるべきである。

(1) 自白中心主義の克服

わが国の刑事司法が捜査・公判を通じて「自白」を中心に動いていることは紛れもない事実である。まず，被疑者の取調べが重視されるのは，自白を得て真実を発見することにあるとされる。さらに刑事司法の使命として「犯罪者の改善更生」が挙げられ，犯罪者が真摯な態度で反省をすることが「自力更生」への第一歩とされ，そのことが悔い改めた犯罪者を社会が再び受け容れるための必要条件であると考えられることになる。

もとより，自白が真実の発見に資することはそのとおりであるし，実際に犯罪を犯した者が自らの罪を悔い自白することに問題はなく，真摯な反省が「改善更生」への第一歩と言える側面があることも間違いない。

問題は，実際に犯罪を犯したか否かが問われている状況の下で，執拗な被疑者の取調べを行って，「自白」獲得をめざすことの危険性にある。被疑者取調べによって自白をする者が犯人とは限らないし，そもそも，人間は，無実であっても一定の条件の下では虚偽の自白をする存在であることが踏まえられねばならない。

1999（平成11）年９月，事件以来25年目にして大阪高裁で無罪が確定した甲山事件でも，

自白の任意性・信用性が大きな論点の一つとされたし，2000（平成12）年2月7日の草加事件においても，最高裁は少年らの自白を偏重した捜査姿勢を批判して，有罪を認めた原裁判を破棄した。また，最近でも，2000（平成12）年5月26日に松山地方裁判所宇和島支部で，真犯人が現れたことによって無罪判決が言い渡された事案があったが，この事件でも被疑者取調べにより虚偽自白がなされていて，真犯人が現れなければ，虚偽自白によって有罪判決が言い渡されていたであろう。

死刑再審無罪4事件によって誤判の恐しさが白日の下に曝されたが，未だにこのような誤判や冤罪が跡を絶たないのは，死刑再審無罪4事件の教訓が全く生かされていないことを示している。これら4事件を通じて，わが国の自白中心の刑事システムの改革に手がつけられるべきであったにもかかわらず，これらの誤判原因の追求すらされずに終ったために，その教訓を刑事手続の改革に生かすすべがなかったのである。

捜査機関は，自白こそが証拠の女王であり，また被疑者自身の「更生」と「社会復帰」の前提であるといった伝統的観念に縛られており，結局，そのために捜査機関による虚偽自白のチェック機能は全く作動しなくなり，冤罪を引き起こすに至っているのである。とりわけ，わが国では，被疑者は，世界に類例をみない代用監獄に留置され，捜査官の支配下で自白を追求される構造になっていることが虚偽自白を倍加させていることは明らかである。そして，冤罪は，当該被告人のみならず，被害者をはじめ，事件に関与したすべての者を巻き込むのであるから，その代償は極めて大きい。このように，自白の追求と得られた自白への依存は，かえって，捜査の目的である実体的真実の解明に支障をもたらすのである。

このことを肝に銘じて，被疑者取調べのあり方の改革が断行されなければならない。

(2) 人質司法の打破

憲法33条の「逮捕」は，司法機関への遅滞のない引致を伴った概念であり，また，同法34条の勾留理由開示は，英米法の予備審問を意図したものである。これらの条文から，被疑者段階をも含め，保釈の権利性は，当然に導き出される。

現刑訴法が権利保釈の制度を創設したのは，この憲法の要求に基づくものであり，被疑者段階での保釈を認めなかったのは立法上の不備というべきである。

このように，少なくとも被告人には，権利保釈が法律上認められてはいるものの，その実態をみると，権利保釈は死滅したに等しい。旧刑訴法下では，裁量保釈しか存在しなかったが，1943（昭和18）年の保釈率[1]は25.6％であり，それ以前の10年間の保釈率は

---

1) 勾留された被告人数に対する保釈を許可された被告人の割合。

12.1％であった。これに対し，現刑訴法下における保釈率は，当初は50％内外で推移したものの[2]，その後長期低落を続け，2000（平成12）年の地・簡裁合計の保釈率は12.8％という旧刑訴法下にほぼ等しい数値にまで低下している[3]。

　しかも，第１回公判期日前の保釈は，極めて困難な状況になっている。被告人・弁護人が防御権を行使しようとすれば，懲罰として，そしてまた刑罰の先取りとして[4]，勾留が継続され，保釈は認められず，防御権を放棄して初めて保釈という恩恵が与えられるのである。これが，すなわち「人質司法」・「監禁司法」である。

　このような運用は，もっぱら，裁判所による，罪証を隠滅すると「疑うに足りる相当な理由」の「おそれ」の解釈によってもたらされているのであって，裁判官制度そのものを問い直していく必要がある。また，そもそも，当事者主義訴訟構造の下で，事実を争うという防御の主体としての当然の権利行使が保釈の障害となるという実務は明らかに背理であり，「罪証隠滅のおそれ」を身体拘束の正当化理由とすることそのものにも問題があるといわなければならない。

　そこで，日弁連は，今時刑事司法改革において，主要な課題の１つとしてこの人質司法改革の問題に取り組んだが，意見書は，「現状についての評価の相違などに起因して様々な考え方があり得る」として，「人質司法」の現状に対して，具体的な改革・改善の提案をなすには至らなかった。しかし，被疑者・被告人の身体拘束は，弁護側の十全な事前準備の最大の障碍であって，争点整理を実効あらしめ，集中審理を実現するとの意見書の立場を実現するためには，被告人の身体拘束が解かれていることが極めて重要なのである。令状審査の厳格化と権利保釈の復権によって「人質司法」を改革することこそ，意見書のいう刑事司法改革実現の鍵だと言っても過言ではない。日弁連としてはなお，ねばり強く「人質司法」の実状と改革を訴えるとともに，上記の観点からの被疑者・被告人の身体拘束の適正化へのアプローチも試みるべきである。

　また，主として裁判所の姿勢の変化によって保釈率の低下がもたらされているのは紛れもない事実であるが，副次的には弁護人側の保釈請求件数の減少にも関係がある。そして，この保釈請求件数の減少は，国選弁護事件の増加に見合っている[5]。

2）　地裁での最高は，1972（昭和47）年の58.4％である。
3）　2000（平成12）年に地・簡裁で保釈になった者の中で，ほぼ第１回公判期日前の保釈にあたると思われる起訴後の勾留期間が１カ月以内の者の割合は，10.1％であった。
4）　執行猶予相当事案においても，いわば刑罰の先取りとして勾留が継続されている。ちなみに，1998（平成10）年の地裁における勾留失効数（勾留されたまま判決を迎えたが，無罪，刑の執行猶予，罰金等の判決であったため，判決時点で釈放された者の数）は，勾留された者の41.1％にあたる１万8,768人に及んでいる。同年における地裁での執行猶予付の懲役・禁固判決を受けた者の数は３万5,636人，保釈された者の数は7,065人であるから，保釈された者の全てが執行猶予の判決を受けたと仮定しても，１万2,000人にも及ぶ被告人は，執行猶予相当事案であるにもかかわらず，身体を拘束されたまま判決を受けていることになる。

第３　刑事法制の改革

われわれは，身体拘束による肉体的かつ精神的苦痛により敏感にならなければならないのであって，「人質司法」・「監禁司法」にいかにして歯止めをかけ，被告人をいかにして解放するのかを真剣に検討する必要がある。保釈請求や準抗告等の不服申立てをより積極的になすとともに，被疑者段階での保釈制度の確立をめざす立法化の運動などを進めなければならない。

(3) 捜査の可視化

旧刑訴法は捜査密行の原則を明文で定めていたが，現刑訴法にはそのような規定はない。ところが，現刑訴法下における50年の運用のなかで，捜査過程を不可視とすることを，あたかも自明の理であるかのように捉える実務が定着するに至っている。不可視の捜査過程の中核に位置付けられるのが密室での取調べであり，これに基づいて「調書裁判」がなされている。

旧法下においては，「法令ニ依リ作成シタル訊問調書」[6]にのみ証拠能力が付与されており，「聴取書」には，被告人側に異議がある限り，訊問不能の場合を除いては，証拠能力を付与されることはなかった。ところが，現刑訴法322条や321条1項2号等の実務運用によって，旧法時代においてすら存在した証拠能力の制限さえ今や完全に取り払われ，結局のところ，「聴取書」に全面的に証拠能力を付与したと同視しうる状況を招くことになっている。しかも，旧法では，検察官にしか捜査権限がなかったが[7]，現刑訴法では，警察官に対して取調べ権限を付与しており，さらに，「起訴状一本主義」の採用によって，全面証拠開示が消滅する結果となり，捜査過程の不可視性が一層高まることになったのである。捜査過程の不可視性こそは，日本型刑事司法の最大の問題点といわなければならない。

この状況を打開するには，テープ録音やビデオ録画などの方法で，捜査過程の「真実」を全面的に検証可能とすることが必要である。1998（平成10）年11月，国際人権（自由権）規約委員会は，その「最終見解」において，「委員会は，刑事裁判における多数の有罪判決が自白に基づいてなされているという事実に深い懸念を有する．圧迫による自白が引き出される可能性を排除するため，委員会は，警察の留置場すなわち代用監獄における被疑者の取調べが厳格に監視され，また電気的な方法[8]により記録されることを強く勧告する」

---

5) 勾留100人当たりの保釈請求件数は，1972（昭和47）年の94.7件をピークに減少の一途をたどり，1995（平成7）年には37.9件に低下し，国選弁護事件は，1973（昭和48）年の41.3％を底として増加の一途を辿り，2000（平成12）年には74.5％に増加している。
6) 現在の「供述調書」にあたる。
7) 警察は，検察官の「輔佐トシテ其ノ指揮ヲ受テ」捜査することになっていた。
8) テープレコーダーやビデオレコーダーによる録音，録画の趣旨である。

と述べている。

ところが，改革審意見書は，テープ録音・ビデオ録画や弁護人の取調べ立会権は，将来的な検討課題とするにとどまった。ただし，意見書は，記録の正確性，客観性を担保するために必要な措置として，「例えば，記録すべき事項を定めて定式的な形で記録させた上，その記録を後日の変更・修正を防止しうるような適切な管理体制の下で保管させるなどの方法」をあげている。これは，かつて最高裁が示したような，捜査側が後になってまとめて作成する「取調経過一覧表」とは異なって，その都度リアルタイムで記録を義務づけるとともにその管理体制の整備を求めるものである。このことはそれ自体として，取調べ可視化への出発点とみることはできるであろう。取調べ過程・状況の書面化にあたって，記録すべき事項やその記録の管理体制はどうあるべきかを具体的に提起していく必要がある。

また，テープ録音・ビデオ録画や弁護人の取調べ立会権こそが，真の可視化を実現するとともに，裁判の充実・迅速化を現実化していく最良の具体的方策であり，裁判員制度の下で自白の任意性につき延々と証拠調べをするなど到底不可能であることを踏まえ，裁判員制度が適用される事件に限って，取調べ全過程の録音・録画をすべきことを再提言していくべきである。

3) 当番弁護士制度

> 当番弁護士の派遣件数はますます増加する傾向にある。当番弁護士制度を発展させ，国費による被疑者弁護制度の実現に結びつけて行くために，登録率の向上と受任率の増加を図るとともに，当番弁護士活動の質の向上のための取り組みを強化するべきである。

(1) 当番弁護士制度の必要性

当番弁護士とは，弁護士会に当番（単位会により待機型と名簿型がある）を置き，身体拘束を受けた被疑者又はその家族等から弁護士会に接見の依頼があれば，当番弁護士が直ちに無料で接見に赴き，被疑者の相談に応じる制度である。憲法34条は「何人も，理由を直ちに告げられ，且つ，直ちに弁護人に依頼する権利を与へられなければ，抑留又は拘禁されない」と規定している。しかし，現状では，被疑者段階では国選弁護人制度がなく，逮捕・勾留された被疑者の弁護人依頼権が十分に保障されているとは言い難い。そして，法律的知識もない被疑者は，孤立し，捜査機関の取り調べに自白を強要される虞れもある。また，公判に対する準備も十分に出来ない状況に置かれている。

そこで，1990（平成2）年に大分県弁護士会で当番弁護士制度を発足させ，東京弁護士

会（以下「東弁」という）では，1991（平成3）年6月1日から当番弁護士制度を開始した。また，1994（平成6）年1月15日から，委員会派遣制度（被疑者等から当番弁護士の派遣依頼がなくとも一定の要件のもとで当番弁護士制度を派遣する制度）を開始している。この当番弁護士制度は，今まで放置されていた被疑者弁護を実効性あるものとした点で高く評価されている。

(2) 当番弁護士の運用状況

ⓐ 登録人数

2001（平成13）年1月1日現在で実施した日弁連の「当番弁護士制度全国調査集計」によると，東京の各弁護士会における会員数，登録数，登録率等は次のとおりである。

❶東弁の会員数4,162名（本庁3,855名，多摩308名）のうち，当番弁護士名簿に登録している数は1,119名（本庁951名，多摩168名）であり，登録率は約27%（本庁約25%，多摩55%）である。

❷一弁の会員数2,369名（本庁2,208名，多摩161名）のうち，当番弁護士名簿に登録している数は本庁476名（多摩は統計なし）であり，本庁での登録率は約22%である。

❸二弁の会員数2,316名（本庁2,175名，多摩141名）のうち，当番弁護士名簿に登録している数は589名（本庁529名，多摩60名）であり，登録率は約25%（本庁約24%，多摩43%）である。

ⓑ 当番弁護士派遣件数

東京の当番弁護士制度は，東京三会で当番弁護士センターを設置し，三会刑事弁護正副委員長会議（三会正副）の監督の下で運営している。当番弁護士の派遣については，東弁，一弁，二弁が，2：1：1の割合で担当している（したがって，東弁の数は，東京全体の2分の1である）。ちなみに，現在の待機人数は，一日20名である。

東京地裁における1999（平成11）年の1年間の勾留請求人員は，本庁で1万6,772人，八王子支部で2,091人である。そのうち，当番弁護士の派遣は6,092件であった。

2000（平成12）年の派遣件数は7,718件であった。そして，2001（平成13）年は一日平均30件の派遣をしているので，年間で1万件に迫る勢いであり，年々増加の一途をたどっている。

(3) 当番弁護士制度の問題点

① 出動件数の増加と待機人数不足

上記のように，近時，当番弁護士の派遣依頼は増加の一途をたどっており，既に待機人数不足の状態である。そこで，登録人数と待機人数の増加を図る必要がある。

先ず，登録人数の増加の問題は，義務化を検討することであるが，上記のとおり東弁の

登録率が会員の約27％であり，当番弁護士制度が定着した現在でも，当番弁護士を当然と受け止めている弁護士は一部に限られている。したがって，直ちに当番弁護士名簿への登録を義務付けることは出来ないが，将来的には検討すべきである。

また，一日の当番弁護士の待機人数については，1999（平成11）年5月から，一日6名を9名に増加し，また，2000（平成12）年10月からは，更に1名増員し，現在10名で運営している。したがって，現在，1人あたり年間4回程度の回数で当番弁護士を担当しているが，派遣依頼が一日30件を超える現在，待機人数を増加すべきである。

また，東弁では，2000（平成12）年9月に，クレサラ法律相談の実施方法にヒントを得て，❶年間6回のコース，❷年間8回のコース，❸随時出来る会員について，アンケートを実施した。これは，各弁護士の業務の多様性を考慮しつつ，可能な限り待機人数を確保しようとする試みであり評価できる。今後は，一律の当番弁護士の回数が設定されるのではなく多様性をもった運用が望まれる。

② 受任率の低下

当番弁護士として出動し，被疑者から選任の申出があった場合，受任義務があるか否かは各単位会によって扱いが異なる。地方の単位会においては，そもそも弁護士の数が少なく，当番弁護士として出動した場合すべての事件について受任義務を課せられても事実上受任できない（処理できない）ことを理由に受任義務を課してしないところもある。

そもそも当番弁護士制度は，身体を拘束されている被疑者に対して無料で1回接見をしてアドバイスをする制度であり，受任を当然の前提とする制度ではない。しかし，被疑者の中には単なるアドバイスにとどまらず弁護人を必要とする者も多い。そこで，被疑者の権利の確保という点から，東弁は受任義務を課している。しかしながら，受任率は，平均で約45％であり，50％を下回っている。

選任の申出があった場合に問題となるのは，「隠れた受任拒否」である。かつては「隠れた受任拒否」防止のために当番弁護士「1人1件の原則」で対応しようとの意見があった（2000〔平成12〕年度法友会政策要綱167頁参照）。確かに，当番弁護士として出動し，1日に複数件受任するのは負担が大きいであろう。そこで，現在では，当番弁護士「1人1件の原則」が基本的に遵守されている（ただし，八王子においては，待機人数が少ない関係で1人2件の場合がある）。仮に，待機人数を超える依頼があったときは，各単位会事務局において，サポート名簿等を活用し，当日待機していた正規の当番弁護士以外の弁護士に配点を行う取り扱いをしている。したがって，「隠れた受任拒否」をなくすには，個々の弁護士の質の向上を図る以外にない。

また，当番弁護士を私選で受任した場合，着手金は15万円であり（審査を経れば報酬会

規による着手金を受領出来る），この15万円という着手金の額が受任率の低下の原因との指摘もあり，当番弁護士制度が定着した現在，審査を経ずに報酬会規に従った着手金，報酬を受領出来るよう基準を見直す動きも出ているが，三会の合意が得られていない。

③ 広域的当番弁護士制度，弁護士過疎及び離島問題

日弁連では，弁護士過疎問題の解決のために，公設事務所の設置を進めている。この公設事務所では，国選弁護事件，当番弁護士，法律扶助，法律相談等公益活動が義務付けられている。

東京三会に限っても，八丈島等の離島から当番弁護士の派遣要請がなされることも皆無ではない。このような場合，現在の当番弁護士制度では，弁護士は当番日のみを予定として空けているだけであり，直ちに接見にいくことは無理である。そこで特別に弁護士を選任し派遣することになるが，交通費，日当の支給基準も含めて体制作りをする必要がある。

また，広域的当番弁護士制度についても検討する必要がある。関弁連は，1994（平成6）年9月の定期大会において，「刑事当番弁護士制度等の運用に際し，他会登録の弁護士の協力が得られるよう所要の施策を講ずる」ことを含む「弁護士過疎対策に関する決議」をなした。東京の隣接県における当番弁護士は，当番となる頻度も高く，しかも1回の当番で何人もの被疑者を担当せざるを得ない状況が常態化しており，当番としての出動の負担は，東京三会に比べて極めて高く，そのため受任率が低い。東京三会も前述のとおり待機人数に余裕がある訳ではないが，東京三会に登録をしているが隣接県に居住する弁護士もかなり存在する。

そこで，東弁では，隣接県に在住する会員に対するアンケートを実施するなどして，供給側として「広域的当番弁護士制度」に対応可能なことを確認しているが，隣接県単位会には，いわゆる「事件漁り」となりはしないかとの危惧もあり，具体化するには至っていない

④ 当番弁護士を支える財源について

法律扶助協会は，当番弁護士と連動する被疑者弁護援助制度を創設し，弁護人がその申し込みを行った場合，ほとんどの場合に扶助決定をして成果をあげてきた。そのために，受任事件の約6割が扶助事件であり，しかも，その財源は極めて逼迫しており，場合によっては援助の打ち切りや，額の切り下げという問題も出ている。そこで，弁護士会が援助金を支出している（東弁は金1,000万円の予算を計上している）。

そこで，早期に，被疑者国公選弁護人制度を導入すべきである。

4）国選弁護制度

> 　国選弁護事件の増加という事態を踏まえ，国選弁護報酬を適正な額に引き上げるための諸活動を積極的に展開するとともに，国選弁護人の援助を受ける権利を実質的に保障するため，国選弁護制度の抜本的改革に向けた検討を早急に開始すべきである。また国選弁護人の質を向上させるための取り組みを強化すべきである。

(1) 国選弁護の現状

　東弁の国選弁護人の希望者（国選弁護士名簿登録者）は約1,500名であり，このうち約1,000名が実働している。当会の会員は約4,000名であるから，実働しているのは全体の約4分の1の会員である。

　他方，東弁の国選弁護の事件数は，1996（平成8）年が4,252件，1997（平成9）年が4,683件，1998（平成10）年が4,959件，1999（平成11）年が5,596件，2000（平成12）年が5,851件であり，年々増加の傾向にある。しかも，東京三会の国選事件は，東京という場所柄，第一審のみならず，控訴，上告事件まである。第一審は受任者が多く，滞留することは少ないが，控訴審，上告審は受任希望者が少なく，滞留する傾向がある。特に，控訴事件のうち否認事件・重罪事件は滞留傾向にある。他方，上告事件では，控訴審が東京高等裁判所以外の裁判所の場合，被告人が地方の拘置所にいるため，接見が容易でなく（交通費は通常支給されない），被告人との連絡方法が問題となっている。

　東弁は国選事件を希望者のみが受任するという体制であるが，現在国選事件は増加傾向にあるため，一部の会員の負担が増加している現行体制の見直しが迫られている。今後どこまで実働数を増加させられるかが今後の課題である。

(2) 国選弁護報酬の増額問題

　国選弁護人に対する報酬を現在の報酬額からいかに増額するかについては，急務の課題である。特に上告事件のうち，記録の丁数が多い事件，殺人等の重大事件において国選弁護人の選任が困難になっており，報酬の低さが滞留の大きな原因にもなっている。

　東京三会では，2000（平成12）年3月15日付で最高裁判所宛に特別案件（通常の事件より報酬を多くすること）の認定基準を緩和するよう申し入れをしている。この問題は，滞留事件の問題とも密接に関係するため，国選弁護連絡協議会等の機会に協議するだけでなく，現実的な問題として予算措置を講じる必要があり財務省に対する働きかけをする道も開かなければならない。

　また，一般的に，現在のように開廷回数を基準とした報酬基準ではなく，法廷外の弁護活動をも考慮した報酬を請求できる体制作りも急務である。

(3) 弁護人の質の向上について

従来，国選弁護受任件数の上限は設けていなかったが，多数の国選事件を受任した一部の会員の弁護活動に問題があったため，1999（平成11）年1月から，1人当たりの受任件数を月間5件，年間60件に制限する運用を行い，適正な弁護活動を確保するよう努めている。

また，従来不適切弁護として指摘された弁護人の多くが高齢者であったため，弁護活動の質を確保するため，75歳事前承認制を設けて，75歳以上の会員が国選登録を希望する場合は，1年毎に委員会の承認を必要としている。

5）日弁連処遇法案の実現

(1) 拘禁二法案反対運動

刑事被拘禁者の処遇の領域は，物質的にも精神的にも社会の最も遅れた分野に属し，社会の後進性と矛盾を最も典型的な形で示す縮図であって，その改善を図ることは弁護士及び弁護士会の社会的使命である。

このような立場から，日弁連は監獄法改正問題に早くから取り組み，1982（昭和57）年4月，国会に提出された刑事施設法案，留置施設法案（いわゆる拘禁二法案）に対しても，「拘禁二法案対策本部」を設置して全会的な運動を展開し，3度にわたって同法案が廃案となる事態をもたらした。

監獄法改正は，「管理法から処遇法へ」の転換を基本的方向とし，「近代化・法律化・国際化」の実現を目的とするものでなければならない。ところが，拘禁二法案は，この基本的方向や目的に反するばかりか，むしろ，改悪するものであって，冤罪の温床である代用監獄を恒久化させ，「管理運営上の支障」を理由に弁護人との接見交通を制限し，規律秩序と保安の強化を規定していたのである。

(2) 日弁連刑事処遇法案の実現をめざして

日弁連は，1992（平成4）年2月，国連人権原則をはじめとする国際人権法を指針とし，代用監獄の2000（平成12）年までの廃止や第三者機関としての刑務審査会の設置，外国人被拘禁者の権利保護をめぐる諸規定の新設等を特徴とする「刑事被拘禁者の処遇に関する法律案」（刑事処遇法案）を公表した。

改革審意見書においても代用監獄の廃止問題は一顧だにされておらず，21世紀を迎えながら道程はなお遠いと言わざるえないが，その実現をめざして息の長い活動が継続されなければならない。

また，従来の活動は，拘禁二法案の阻止に重点があったが，刑事被拘禁者の人権保障を

現行法の下でも実現していくために，国家賠償請求訴訟を積極的に提起するなど規律秩序と保安優先の運用を改めさせるための活動を積極的に展開すべきである。

6）記録謄写問題

> 記録の謄写権は権利として確立しており，謄写自体を許可しないことは許されない。記録の謄写費用は裁判所が支給する運用にすべきである。

(1) 記録の謄写権

刑事訴訟法299条の文言上は，検察官は，取調べを請求する証拠について弁護人に閲覧の機会を与えることが義務づけられているだけで，謄写については言及がない。しかしながら，現在では記録の謄写も閲覧と変わりなく認められるという実務慣行が確立しており，記録謄写権も法律で保障されていると解することが十分可能である。検察庁は，特殊な事例についてではあるが，今なお謄写は弁護人の権利ではないという前提に立って，謄写を拒んだり，条件をつけたり（謄写記録の第三者への交付を禁じる等）することがある。しかしながら，これは実務上確立している謄写権を不当に制約し，ひいては，記録の謄写を通じて弁護活動に干渉しようとする不当な行為である。謄写記録をどのように利用するかは弁護人が自らの責任で判断すべきことである。

いずれにしても，記録の謄写権は既に権利として確立しており，謄写自体を許可しないという扱いは許されないというべきである。

(2) 被告人の記録謄写費用負担の是非

国選弁護事件では記録の謄写料がなかなか支給されないことは周知の事実である。弁護活動の充実を考えれば記録を謄写した方が良いのは当然であるし，不同意にする書証は検察官が取調べ請求を撤回すると二度と閲覧できなくなるので必ず謄写しておくべきこともよく知られている。しかし，もし裁判所から謄写料が出ないということになると，謄写費用は弁護人がただでさえ乏しい国選弁護報酬を削って負担しなければならない。そのために謄写自体を躊躇するということも少なくない。

この場合，もし被告人に記録謄写費用だけでも負担してもらうことができれば，弁護人が自腹を切って記録を謄写するという不合理だけは回避できる。しかし，弁護人は国選弁護事件の関係者から金品を受け取ることは許されないので，それはできないと言わざるを得ない。国選弁護事件の被告人の中には，本人に全く資力がなく連絡を取れる身内もいない者（いわゆるホームレスはその典型である）が含まれており，そのような被告人は謄写費用を自己負担しようにも本当に資力がないのであるから，貧しいが故に享受できる国選

弁護のレベルが低下するという不利益を受けることになり，憲法14条や32条に違反する疑いが生じる。したがって，被告人に記録謄写費用を負担させられるように制度を改めることも賛成し難い。

　いうまでもなくこの問題は，裁判所が記録の謄写費用を支給するという方向で解決すべきである。検察官は，自ら訴訟を起こして無罪の推定を受ける被告人を訴訟当事者に引き込むのであるから，自分が取調べを求める証拠の写しを相手方当事者に交付する程度のことは行うのが当然であろう。その手間を省いて，しかも弁護人の経済的負担で謄写させること自体が看過しがたい怠慢というべきである。現状では，われわれ弁護人は記録謄写をつい抑制的に考えてしまい勝ちであるが，現在の実務の扱いの方がおかしいという意識改革が不可欠である。

(3) 今後の課題

　民事事件では，書証を提出する際は相手方当事者に交付する副本を添えることが制度として確立している。この当然のことが刑事事件でも行われるようになれば，記録謄写費用に関する諸問題は全て解決する。

7）証拠開示問題

> 起訴後第一回公判期日前に検察官の手持ち証拠を全面的に開示すべきである。証拠開示に伴う弊害は個々の弁護人の判断と責任で除去すべきである。

(1) 証拠開示の必要性

　現行法では，検察官が取調べを請求する予定の証拠についてだけ弁護人に閲覧の機会が与えられるに過ぎない。したがって，検察官の手持ち証拠の中に被告人に有利な証拠があっても，検察官がその取調べを請求しなければ，被告人・弁護人は，その内容はもとより存在そのものを知ることができない。このことの弊害は，検察官が被告人の無実を示す決定的な証拠を隠匿するという事例（松川事件等）において最も顕著に現れるが，必ずしもそのような場合には限られない。例えば，被害者や共犯者の供述調書が複数存在する場合，検察官は，これらの者の供述の変遷過程を隠すために，わざわざ最後の検面調書だけを開示するという場合が多く，証拠隠しの危険性は日常的に存在するのである。

　そもそも検察官は，警察等の強大な物的・人的設備と強制捜査権限を利用して証拠の収集を行うのであり，その一方で知識も情報も強制力もなく，場合によっては身体の自由も外部との交通もない被告人が，たかだか弁護人の助力だけで証拠の収集を行わなければならないことに比べると，その収集能力には天と地の開きがある。そのような事実上の格差

を少しでも埋めるために必要不可欠な制度の一つが証拠開示である。

　上記のような証拠開示の意義からすれば、あるべき証拠開示制度は、遅くとも起訴後には検察官の手持ち証拠を一律に全面的に開示するという制度でなければならない。ところが、現在判例の認める訴訟指揮権に基づく証拠開示命令は、❶証拠調べの段階に入った後に限られていること、❷証拠を特定して具体的必要性を示さなければならないこと、❸罪証隠滅や証人威迫等の弊害を招来するおそれがないことを示さなければならないこと等の大きな制約がある。被告人・弁護人は、そもそもどのような証拠が存在するのか分からないにもかかわらず証拠を特定して請求しなければならず、しかも検察官が罪証隠滅のおそれを誇大に強調して開示を拒否するのを乗り越えて裁判所を説得しなければならない。このようなハードルの高い証拠開示制度を利用できるのは、被告人が極めて優秀な記憶力の持ち主で、関係者から充分に事情聴取ができる等の好条件が整っていて、検察官の手持ち証拠の内容がある程度推測できる場合に限られてしまう。

　したがって、あるべき証拠開示制度は、起訴後第1回公判期日前に検察官の手持ち証拠を全面的に開示するというものでなければならない。

(2) 証拠開示に伴う弁護人の義務

　上記の通り、現在の実務上は極めて不十分な証拠開示制度しかない。このように当然の権利が制約されている状況で、権利が確立しないうちから先立って弁護人の義務を強調するのは疑問もある。したがって、仮に弁護人の義務を論じるとしても、あくまで事前全面証拠開示請求権という権利が制度化されるという前提であることを確認すべきである。

　証拠開示の弊害として指摘されるのは罪証隠滅や証人威迫である。罪証隠滅も証人威迫も（各々の教唆も含め）刑法上の犯罪行為であり、弁護人が自らこのような行為をしてはならないことは当然であって、改めて論じるまでもない。したがって、問題は、開示された証拠を利用して被告人或いは第三者が罪証隠滅や証人威迫を行うのを防止するために、弁護人としていかなる点に留意すべきかということである。

　まず、被告人やその関係者は常に罪証隠滅や証人威迫を行う危険性があると決めつけるのは誤りであることを確認すべきである。検察官は訴訟の場面を問わずそのように主張することが多く、裁判官も安易にそれに同調することが多いが、それは極めて不当である。弁護人としては、罪証隠滅や証人威迫を行う具体的な危険性を何ら論証することのないまま被告人の権利を制限することを許してはならない（それこそが証拠開示に伴う弁護人の最大の義務であると言っても過言ではない）。

　ただ、被告人の中には稀に罪証隠滅や証人威迫に及ぶ者があることも否定できないし、出所後に関係者を逆恨みして報復するという事例も存在する。弁護人としては、結果的に

そのような行為に力を貸すことにならないよう注意すべきである。そのために，例えば被告人に記録を差し入れるときに関係者の住所や勤務先を消してコピーする等の工夫が，各弁護人の判断でなされている。しかし，それはあくまで弁護人がその部分を消してもその事件の防御活動には特段の支障がないと判断したからであり，事案によっては関係者の住所や勤務先を教えなければ十分な防御をなし得ない場合があることはいうまでもない。そして，重要なことは，そのような総合的な判断を的確になし得るのは弁護人だけであり，裁判所や検察官の干渉を受けるべきではない，ということである。要するに，弁護人は，自らの判断と責任で被告人に情報を開示すべきであり，そのあり方を外部から制約するのは弁護人の活動に対する不当な制限であって，被告人の防御権を害するというべきである。

したがって，弁護人は，開示された証拠の取扱いについて，これまでと同じく自らの判断と責任において被告人や関係者に開示するということで充分であり，証拠開示に伴って特段の「義務」を観念する必要はない。

(3) 今後の課題

司法制度改革審議会の最終意見書では，裁判所が主宰する争点整理の手続を導入し，そこで整理された争点に関しては検察官に証拠開示を義務づける，という方向が示されている。しかしながら，何を争点とすべきかという弁護方針を決めるためにこそ証拠開示が必要なのであり，司法制度改革審議会の示した方向は，基本的な発想の順序が逆転している。これでは，検察官の選別した資料だけを元にして争点整理手続に参加することを余儀なくされ，そこで争点とされたもの以外は証拠開示を受けられないこととなりかねず，むしろ現状の問題点を追認するような結果になりかねない。したがって，弁護士及び弁護士会は，今後予想される法改正に対しては，事前全面開示が基本であることを強調して，現状の進展もしくは最低でも現状より更に悪化することの防止に努める必要がある。

5 少年司法制度

1) 少年司法制度の目的

> 少年司法制度の目的は，少年の健全育成であり，非行に陥った少年に対しても，ただ単に厳罰を下せば良いというものではなく。教育・福祉などを含めた総合的な見地から対応を検討していかなければならない。

少年司法制度の理念・目的は，少年法1条に明確に示されているところである。少年の健全育成は，少年が未来に開かれた可能性を秘めており，試行錯誤を繰り返しながら成長

してゆく過程にあることを前提とし，教育的配慮及び対応によって，非行に陥った少年が再び非行に走ることなく，自らの力で立ち直り生きてゆくことを支援することに他ならない。少年は，経験・学習を積み重ねながら日々成長し人格を形成していくが，この過程は，人間存在の根本に連なるものとして，国家・社会などがみだりに干渉すべきでない憲法上の権利（憲法13条，23条，26条など）であるというべきである。

もとより，試行錯誤の過程において非行に走った少年に対しては何らかの対応が必要であるが，その手続及び処分は，人間の尊厳及び価値について少年の意識を促進させるような方法でなければならず，また，他の者の人権及び基本的自由を尊重することを強化するものでなければならない（子どもの権利条約40条参照）。このような視点からすれば，少年に対する保護処分は，刑罰でもなければ社会防衛処分でもないのであり，人間の尊厳を前提とする少年の健全育成という目的を達成するため，少年の成長発達権を援助するものでなければならない（保護主義）。

少年法改正論議の過程においては，少年に対する厳罰の必要性なども主張されたが，現在我が国において問題となっている少年非行問題が，ただ単に少年に厳罰を下すことのみによって解決されるとは考えられない。そもそも，少年法は教育基本法や児童福祉法などと共通する思想を底流に持つものであり，教育・福祉などを含めた総合的な見地から問題を検討する必要がある。改正少年法においても，少年法の理念・目的は正しく理解されるべきであり，これなしに少年の健全な育成を実現することはできないというべきである。

２）少年法改正の問題

> 改正少年法は，国選付添人制度の導入，被害者への配慮など評価できる部分もあるが，検察官関与・裁定合議制・厳罰化なども導入しており，少年の権利保護の観点からは疑問がないとはいえない。弁護士会は，改正少年法の運用実態を調査し，改正少年法が真に少年の健全育成に資するものか否かを今後も実証的に検証していくべきである。

(1) 改正の背景

今回の少年法改正は，いわゆる山形マット死事件を契機に，事実関係が激しく争われる事件の事実認定を従前の少年法において適切に行うことができるかという問題提起に端を発するものである。その後，神戸連続児童殺傷事件，愛知県主婦殺害事件，高速バス乗っ取り事件などの重大事件が発生し，少年事件の凶悪化や低年齢化，少年刑法犯の増加（第4のピークとも言われた）などの主張を背景として，事実認定手続の適正化，厳罰化など

が声高に叫ばれるようになった。このような「世論」を受けて，当初の事実認定手続問題だけでなく，少年法の各種年齢区分が適当かなども国会で審議されることとなり，2000（平成12）年11月28日，「少年法等の一部を改正する法律案」が成立し（同年12月6日公布），2001（平成13）年4月1日から施行された。

(2) 改正の内容

改正少年法は，①事実認定手続の適正化，②加害少年・保護者の責任強化，③被害者への配慮などを主な骨子とするものである。

① 事実認定手続の適正化に関して

❶一定の少年事件審判への検察官立会を認めた（少年法22条の2，22条の3など）。

❷検察官立会事件について国選付添人制度を導入した（少年法22条の3など）。

❸裁定合議制を導入した（裁判所法31条の4）。

❹観護措置期間を最長8週間に延長した（少年法17条，17条の4など）。

❺検察官による抗告受理申立て制度を導入した（少年法32条の4など）。

② 加害少年・保護者の責任強化に関して

❶刑事処分相当検察官送致年齢（いわゆる逆送年齢）を引き下げた（少年法20条1項など）。

❷16歳以上の逆送要件を変更し，いわゆる原則逆送を新設した（少年法20条2項など）。

❸処断刑に対応する宣告刑の範囲を拡大するなどして，重罰化をはかった（少年法51条1項，2項，56条3項など）。

❹保護者に対する訓戒・指導などの措置を新設した（少年法25条の2）。

③ 被害者への配慮について

❶被害者などの記録閲覧・謄写を認めた（少年法5条の2）。

❷被害者などの申し出による意見聴取を制度化した（少年法9条の2）。

❸被害者などに処分結果を通知することとした（少年法31条の2）。

④ その他

一事不再理効を一定範囲で認めた（少年法46条，27条の2）。

(3) 今後の課題

改正少年法は，保護主義に基づく職権主義構造を残したまま，検察官関与・裁定合議制・厳罰化などを導入したものであり，従前の少年法の理念・目的を貫こうとする立場や少年審判手続に適正手続の理念を導入しようとする立場などから強い反対があった。確かに，国選付添人制度の導入や被害者への配慮など評価し得る部分もあることは否定できない。しかし，前記改正点が，果たして少年司法制度の理念・目的と矛盾しないかには大き

な疑問が残る。例えば，検察官関与は「手続は少年にとって最良の利益に導かれ，少年がそこに加わり，自らを自由に表現し得るような相互理解の雰囲気の中で行われるべきである」とする北京ルールズ14条2と相容れないし，補充捜査とも関連して，付添人が事実関係を争う場合の大きな障害となる。更に，家庭裁判所調査官のケースワーク機能が減殺される虞も指摘されている。また，観護措置期間の延長は，身体拘束に伴う少年の負担を著しく重くするものである。身体拘束の長期化は，退学・免職問題と直結するのみならず，身体拘束期間中の学習権保障の面からも著しく問題である。子どもの権利条約37条は，少年の逮捕・抑留などの身体拘束は，最後の手段として最も短い適当な期間とすべきことを求めるが，改正少年法はこの趣旨に明らかに反している。国選付添人の運用についても，選任の時期及び人数によっては，少年の権利保護に支障をきたす虞もないとはいえない。

　このような問題を抱えながら改正少年法による審判が行われる以上，付添人としては少年の権利保護のため，これまでにも増して努力することが求められるであろうし，弁護士会としても，改正少年法の運用実態の調査，付添人活動に伴う問題点などを組織的に集約し，公にする必要があろう。衆参両法務委員会の附帯決議は，事実認定手続・検察官送致・観護措置期間の上限などのあり方について，実務の運用を見ながら今後も検討を行うとしている。このような中で，改正少年法が真に少年の健全育成に資するものであったのか否かは，実証的に検討が行われる必要がある。

第4　行政に対する司法制度

1　行政に対する司法制度の基本

1）行政手続の民主化

> 　行政手続法の運用を監視し，その手続に積極的に関わることによって，行政の透明性を高め，手続的保障も含めた市民の迅速な権利救済に資するべきである。
> 　政策の決定から実施，評価に至る政策の全過程における行政活動は，市民に対する情報の開示（透明性）と市民参加による意見聴取の適正さが確保されるべき（民主化ルール）であり，行政活動に対する司法審査基準として，民主化ルールが採用されるべきである。

(1) 行政の透明化と市民参加

　行政は一義的には立法府（国会）においてコントロールされる。そして，行政は，立法府のコントロールの下にあることによって，民主的正当性を獲得する。

　しかしながら，国家の統治機能において，行政の定義は，通常，国家統治機能から立法機能と司法機能を除いたもの（控除説）とされるほど，行政の守備範囲は広い。

　したがって，現代福祉国家における行政の役割は必然的に広くなり，必ずしも法律の執行に限定されるわけではなく，積極的な役割を期待されている（行政国家の形成）が，その結果として，行政活動のかなりの部分について，立法府のコントロールが及びにくくなる。

　近年，公共事業における談合，特殊法人問題，政官財の癒着など，行政の役割が過度に大きくなりすぎたことによる矛盾・弊害があらわになっている。「官治」から「民治」へ，「事前調整」から「事後規制」の流れの中で，従来の行政（若しくは国家）の役割の見直しが必要となっている。

　一方，社会福祉，医療衛生，環境問題等，国民の安全・健康や生活の分野で行政の役割の重要性は否定できない。

　現在の行政は，このような現代的課題に適切に対応しているだろうか。薬害エイズ，大蔵省汚職等で失った信頼は，最近に至っても，国際社会や市場から信認の得られない金融検査，外務省の「ムネオ」問題やODAスキャンダル，BSE・輸入牛肉偽装問題，防衛

庁の個人情報漏洩問題の対応における混乱ぶりに鑑みると，ますます，行政機能は機能不全に陥っているのではないかとの危惧を抱かざるを得ない。そして，行政の機能不全は直ちに市民の安全かつ快適な生活に深刻な影響を及ぼす。

　複雑化した現代社会において，行政が機能を回復するためには，「依らしむべし，知らしむべからず」の独善的な行政からの脱却を志向し，民間の知恵を活用した，議論と説得による行政の民主化が必要である。

　具体的に言えば，課題の設定，政策立案，政策実施，政策評価の各段階における民主化が不可欠なのであり，市民が政策の全過程において，充分な情報にアクセスでき，自由かつ公正な機会における意見の表明が不可欠となってくる。

　すなわち，民主化の不可欠の前提として，政策決定・遂行・評価の全過程において，透明化及び市民参加の手段が確保されなければならない。

　行政の透明化及び市民参加は，近年の行政に関する立法におけるキーワードであった。行政手続法，地方分権推進法，中央省庁等改革基本法，情報公開法，政策評価法等，1990年代以降，国際化と規制緩和の流れという外在的要因もあって，相次いで，行政ひいては統治機能に関する立法が公布・施行されている。

　このことは，弁護士及び弁護士会として，これらの法制度の意義と問題点を把握しつつ，十分にその活用を図り，行政の民主化に資するべく，これらの法制度を活用し，更に充実させることが要請される。

(2)　行政手続法の施行状況

　行政手続法は，行政運営における公正の確保と透明性の向上を図り，国民の権利・利益の保護に資することを目的とし，1994（平成6）年10月1日，施行された。

　その内容は，行政活動のうち，申請に対する処分（許認可等），不利益処分，行政指導，届出を対象とするものである。具体的には，

❶「申請に対する処分」における「審査基準」や「標準処理基準」の公表，申請に対する「応答義務」，申請拒否の場合の「理由付記」

❷「不利益処分」における事前の「聴聞手続」や「弁明の機会付与」

❸「行政指導」における「任意性」の明記，複数の者に対する指針の公表，行政指導の趣旨・内容等を記載した書面の交付義務

❸「届出」における「受理の拒否の禁止」

が定められ，行政処分に関する一般法の性質を有する。

　もっとも，上記の行政活動以外の，例えば行政計画，行政立法等は対象外とされているし，行政処分の相手方（名宛人）以外の一般市民に対する透明性や手続的保障は基本的に

は枠外であることに留意しなければならない。なお，審査基準，処分基準，指針の策定に当っては，後記(3)のパブリック・コメント手続きが導入されている。

　このように行政手続法は，一定の限界はあるが，従来の行政法学や裁判実務によって積み重ねられた理論を基礎に，行政手続における市民の権利を明らかにしたものであり，その法の精神はあらゆる行政活動の指針とならなければならない。

　政府（総務省行政管理局）において，2000（平成12）年3月31日現在の申請に対する処分に係る審査基準及び標準処理期間の設定，不利益処分に係る処分基準の設定，1997（平成9）年度から1999（平成11）年度の行政指導における書面の交付状況及び行政指導の公表実績が調査した結果は次のとおりである（本調査の概要は昨年度の政策要綱において引用したものと同じであるが，今回は，地方公共団体調査〔都道府県，政令市，中核市対象〕の結果も記載した）。なお，下記のうち（　）の数値は，前回調査の数値である。

《申請に対する処分》
　〈国〉
　　審査基準の設定　　　　　対象処分6277件中，5498件，87.6%
　　　　　　　　　　　　　　　　（4935件中，4319件，87.5%）
　　標準処理日数の設定　　　対象処分6277件中，4964件，79.1%
　　　　　　　　　　　　　　　　（4935件中，3796件，76.91%）

　〈都道府県〉
　　審査基準の設定　　　　　対象処分1453件中，1185件，81.6%
　　標準処理日数の設定　　　対象処分1453件中，985件，67.8%

　〈政令市・中核市〉
　　審査基準の設定　　　　　対象処分251件中，175件，69.8%
　　標準処理日数の設定　　　対象処分251件中，114件，45.4%

《不利益処分》
　〈国〉
　　処分基準の設定　　　　　対象処分4659件中，3411件，73.2%
　〈都道府県〉
　　処分基準の設定　　　　　対象処分1237件中，911件，73.6%
　〈政令市・中核市〉
　　処分基準の設定　　　　　対象処分297件中，114件，45.4%

《行政指導》
　　書面の交付状況　　　　　　4件（6件）
　　指針の策定・公表　　　　　12件（33件）

　以上のとおり，各省庁においては，行政手続法に基づく体制について，表面的には一応の整備は図られ，安定的な運用がなされているとも見られなくはない。
　しかしながら，一方で，
❶手続法の趣旨について国民への周知のための広報活動の不足
❷審査基準や処分基準について，法令の規定のみとなっているものや通達集の名称を列挙するにとどまり具体的な個所の指摘がないもの
❸公表している処分基準は法令等の規定のみでありながら，地方公共団体に対しては具体的指針を提示しているもの
❹拒否処分をする場合に法令上の根拠のみを示し，該当事実の摘示がないもの
❺行政指導において申請受付拒否や取下げ指導が行われているもの
などの問題点も指摘されているところである。

(3) 政策評価制度等の実施状況

　中央省庁等改革基本法には，理念として，「総合性，機動性及び透明性の向上を図」（2条）ることが規定され，政策調整の過程（28条4号），審議会の会議・議事録の公開（30条5号），パブリック・コメント手続の導入（50条2号）が定められ，政策課題，政策決定において，透明性の向上，ひいては民主的要素が重視されている。
　さらに，2001（平成13）年4月，情報公開法施行とともに，電子政府窓口が開設され，容易に政府の情報が入手できるとともに，双方向の意見交換が可能となった。
　更に，政策実施，評価についても，透明性の確保及び市民参加の手続として，2001（平成13）年1月，「政策評価に関する標準的ガイドライン」が策定され，同年6月，「行政機関が行なう政策の評価に関する法律」（政策評価法）が成立し，2002（平成14）年3月に施行される。
　この政策評価制度の目的は，政策の評価に関する情報を公表し，国民に対する行政の説明責任（アカウンタビリティ）を徹底させることであり，行政の民主的統制に資するものであるといえる。
　すなわち，パブリック・コメント等は，政策の立案・決定に際し，その過程を透明化するとともに，市民参加の機会を提供し，政策評価制度は，政策の遂行・評価を公表することにより，透明化を超えて，説明責任を明記した意味が大きいと考える。また，行政手続

法において捨象された行政計画・行政立法に，市民が直接参加の機会を与えられたことは意義深いものと考える。

以上のとおり，制度的には，政策・決定・遂行の全ての過程において行政の透明性と市民参加が確保されたように見えるが，当然ながら，これらの制度は，行政への行為規範としての側面は有しても，透明性や市民参加を法的権利として当然に認めたものではない。そして，パブリック・コメントや政策評価を最終的にどのように取り入れるか（又は無視するか）は，行政主体に委ねられている。

ということは，単に「拝聴いたしました」「お伝え申し上げました」というセレモニー的な制度に堕する危険性があり，単に行政機関の政策決定や遂行に大義名分を与えるに過ぎない危険性を内包している（予算の公聴会のごとし）。

したがって，これらの制度が真に行政の透明性確保と市民参加の基礎となり得るかは，その運用自体に関ってくるとともに，司法手続においても，政策決定・遂行の不可欠の要素として認識されなければならない。

(4) 司法制度改革推進本部における議論等

司法制度改革推進本部・行政訴訟検討会においては，司法制度改革審議会最終意見書において明記された「司法の行政に対するチェック機能の強化」との方針に沿って，主に行政訴訟事件法の改正の適否，すなわち，取消訴訟中心主義の見直し（公定力概念の再検討や義務付け訴訟の法定化），訴えの利益，原告適格，出訴期間の拡大等を中心に議論されているところである。

こうした中で，2002（平成14）年7月11日開催の検討会において，芝原委員から，

❶「司法の行政に対するチェック機能の強化」の視点からは，行政立法や行政計画の段階では救済せず，行政処分の段階で初めて救済する現行の仕組みは，社会経済活動に大きなコストを発生させているのではないか

❷したがって，行政立法や行政計画について，行政訴訟が使えるような仕組みを検討すべきではないか

❸裁量の大きな行政活動において，手続き審査の仕組みを強化し整備することが必要ではないか

❹裁判所は，裁量行政についても，上記❸の手続きが踏まれているかどうか審査することによって，行政に対するチェックを強化することができるのではないか

❺行政の裁量の誤りをチェックするためにも，行政手続法による判断基準の定立と公表の徹底が必要ではないか

との，問題提起がなされ，更に，

「行政手続法の対象を現在の行政処分・行政指導に限ることなく，行政立法や行政計画まで含んだ包括的な行政手続の整備にするべきである」との意見が表明され，この論点についても検討テーマとすることについて，概ね賛意が得られたところである。

(5) 提言

昨年度の政策要綱において，行政活動の国民生活や経済活動に及ぼす影響の大きさや国民の社会経済活動の高度化専門化から，行政活動の正当性は伝統的な侵害留保原則のスキームのみで考えるべきではなく，行政主体がその遂行過程において，市民の意見を聴取しそれに基づいて判断を行うことにより初めて獲得されるものであるから，行政の全過程における透明・適正の確保（行政手続法の目的である）を図るため，パブリック・コメント手続きや政策評価を通じて，民主化ルール（情報の透明化と公正適切な意見聴取等市民参加手続きの保障）が司法審査基準となるべき旨，提言したところである。

この提言は，現行制度を前提にひとつの解釈論を提示したものであるが，上記芝原委員の意見は，同じ問題意識のうえで，行政活動全般を行政手続法の対象にすることによって，政策決定の段階での行政活動や裁量的行政活動に対する司法審査を立法的に措置しようとの試みである。

もっとも，芝原委員の意見は行政立法や行政計画及び裁量行政に対する司法審査について，専ら手続き的違法を審査するとの立場であるが，更に進めて，その実体的側面（市民・専門家から聴取した意見に基づいた政策選択の合理性判断）をも司法審査の対象になりうると考えるというのが，昨年の提言であった。

以上の観点から，弁護士及び弁護士会は，引き続き，現行行政手続法の運用に十分に意を払い積極的に関与しつつ，政策の決定から実施，評価に至る全行政活動について，民主化ルールを徹底させるべく，司法改革と連動しながら，立法措置を要求し，一方で法解釈を含む実践的活動を行うべきである。

2 公務員制度の適正化

1）実態と問題点

実際の行政を担うのは，キャリア，ノンキャリアを含めた公務員という生身の人間である。近年，古くはリクルート事件の労働省や文部省，ここ1年に限っても，法務検察の調査と問題，外務省の「ムネオ」問題やODAスキャンダル，防衛庁の個人情報漏洩問題，地方公共団体でも青森県土地開発公社における巨額横領事件等，公務員のスキャンダル・疑惑に枚挙の暇がない。そしてこれらのスキャンダルは，単に一個人の資質の問題と退け

るわけにはいかず，構造的・組織的な問題であると認識されている（これらのスキャンダルは，一個人が単独でできる種類のものではなく，積極的あるいは消極的に組織が加担しているのである）。

　そのような認識に立てば，単に個人としての公務員に対し処罰や賠償を求め，更に「公務員倫理法」の制定をもって，終局的な問題の解決とするとの認識は当を得ていないことになる。

　このような問題に対する，行政当局の動きは極めて緩慢であるといわざるを得ない。新たに制定された公務員倫理法は利害関係者からの利益供与を禁止し，私的な付き合い以外の一定額以上の飲食等を届出制にし，更に各省庁・局に倫理監督官を設置した。また，公務員制度改革の基本方向に関する答申（1999〔平成11〕年3月16日）においても，的確な服務規律の確立の手法として，「倫理研修の効果的実施」「信用失墜行為の明確化」「服務規律違反に対する厳正な対処と懲戒基準の明確化」「幹部職員の服務規律の徹底（幹部登用時の宣誓）」等を挙げ更に2001（平成13）年12月には「公務員制度改革大綱」を閣議決定した上で，2003（平成15）年には法案を国会に提出，2005（平成17）年に実施を目指している。

　その先駆けとも考えうる一連のスキャンダルを受けて外務省及び外務大臣の私的諮問機関「外務省を変える会」が策定した改革要綱をみても，国会議員との接触について文書作成義務を課するほか，ハイレベルの監察査察官の設置，能力主義の導入や外部との積極的な人事交流などが盛り込まれたが，その具体的内容は，将来の検討又は外務省側の裁量に委ねられたものが多く，実効性に疑問がつく。

　また，個々の行政官として求められる「職務命令忠実義務」との関連も考えなければならない。確かに，違法行為を求める職務命令に対してはこれに従う必要はなく，むしろ告発義務がある。しかしながら，現実の組織ぐるみの違法行為には，本来予算の流用の手続きを怠った等の不作為や幹部の交際費等，一行政官としてそれが違法か適法か判断しにくいものもある。したがって，このような境界線沿いの行為について，一行政官が（明示的にしろ黙示的にしろ）組織の方針慣例に異を唱えることは困難であるし，仮に一行政官に命令の適法性の判断権があるとすれば，行政の一体的な活動は不可能であり，更に企業・市民の予測可能性を奪うことになるであろう。

2）提　言

　組織ぐるみの違法行為については，個人の倫理観に訴える制度は，困難である。むしろ，生身の人間により構成される組織体として，一定の違法行為は，不可避的な病理現象とし

て発生するという認識の下，その対策を講じるべきである。

　その対策としては，内部監査制度の充実，外部監査制度の充実，入札制度などの改善，官民の人事交流等により，日常的に，かつ制度的に監督体制を構築し，行政過程を透明化することによって，違法行為をリアルタイムで発見し即時に対応できる体制を構築するとともに，そのような体制による抑止力を機能させることである。

　もっとも，組織ぐるみの違法行為の温床になりやすいのは，予算の執行等いわゆる行政内の組織的行為である。すなわち，会計法，会計規則，各種補助金交付規則等，いわば市民の権利利益に直接関係のない，いわば外部的効力も有しない組織法の問題であり，そもそも（原告適格，訴えの利益等の問題で）司法審査が困難なものがある（法律留保の原則の適用外の行為である）。

　したがって，組織ぐるみの違法行為については，市民参加により，市民が主体的にその責任を追及できる体制を構築すべきであり，法的実効性を伴ったオンブズマン制度，納税者訴訟等の制度を創設すべきである。

　また，公務員制度改革法について，行政庁の裁量を極力なくし，その違反にはサンクションが発動されるような内容となるよう，積極的に意見を表明する等の活動が求められる。司法の行政に対するチェック機能の強化，市民の迅速な権利救済，行政の適正化の確保のために，政策の決定から実施，評価に至る全行政活動について，民主化ルール（情報の透明化と公正適切な意見聴取等市民参加手続きの保障）を徹底させるべく，弁護士会及び弁護士は，司法制度改革と連携しながらの立法措置を要求し，かつ法解釈を含む実践的活動を行うべきである。

　公務員の汚職その他不適切な行為の防止のためには，個々の公務員の自覚や行政内部の監督体制の強化等のみでは，特に組織ぐるみの違法行為に対しては無力である。したがって，市民が主体的にその責任を追及でき，司法審査を及ぼすため，実効性のあるオンブズマン制度や納税者訴訟等を創設すべきである。また，公務員制度改革法について，行政庁の裁量的運用を極力排除し，かつ違反行為に対してはサンクションが発動されるようなスキームが構築されるよう内容となるよう活動すべきである。

3　行政訴訟改革

> わが国の行政事件訴訟法を市民の権利を実効的に保障する制度へと改革すべきであり，行政訴訟の担い手である法曹の資質・容量の改善を図るべきである。

1）行政訴訟改革の必要性

表1

	新受件数	人口 (単位：千人)	100万人あたりの新受件数
日本	2,099件	120,000人	17件
ドイツ	215,000件	82,000人	2,622件
フランス	132,500件	60,000人	2,208件

表2

	地裁	高裁	合計
総数	1,415件	515件	1,930件
判決	1,032件	399件	1,431件
認容	173件	136件	309件
棄却	634件	257件	891件
却下	225件	6件	231件
その他	0件	0件	0件
決定	9件	2件	11件
命令	31件	2件	33件
和解	44件	4件	48件
放棄	3件	1件	4件
認諾	0件	0件	0件
取下げ	286件	104件	390件
その他	10件	3件	13件
勝訴率	12%	26%	16%

　2001（平成13）年中の日本の行政訴訟の新受件数は，2,099件であり[1]，これは，表1のとおり，ドイツ・フランスの行政訴訟の新受件数に比べ，圧倒的に数が少ない[2][3]。

　また，勝訴率も異常に低い。1998（平成10）年のハンブルグ地裁では，25％もの勝訴率

---

[1] 2001（平成13）年度の司法統計年表による。地方裁判所と高等裁判所の一審としての受件数の合計。内訳は地方裁判所1,484件，高等裁判所第一審615件（特許訴訟）。

[2] ドイツ，フランスの新受件数は，「市民のための行政訴訟制度改革」（信山社出版株式会社）71頁に掲載されている「ドイツ・フランス行政訴訟統計表（1998年）」による。

[3] ドイツ・フランスの人口は，国連のWeb（http://www.un.org/Depts/unsd/social/population.htm）による。

があるが，表2のとおり，日本の勝訴率は全地裁レベルで12％に過ぎない[4]。

これでは，憲法が想定している，司法による行政のチェック機能が全く果たされていないと断ぜざるを得ない。中央省庁の許認可権限だけでも1万件を越えると言われてきた規制権限の数々は，規制緩和の進展により幾分減ったかもしれないが，許認可などの行政処分の件数は毎年膨大な数に及ぶはずである。そのような処分のうち，当事者が不満を持ったものがわずか2,100件弱しかないとは到底考えられない。行政による市民の人権侵害を救済し切れていないのが実状である。

そして，このような司法の機能不全が，官民の依存関係を生み出してきたという指摘もある。行政庁が企業に対して不当な行政指導等を行った際に，裁判所が行政の裁量権行使に適切な枠をはめて迅速に救済するという制度が正しく機能していれば，企業は不当な要求に対して常に行政の言いなりになる必要はなく，場合によっては毅然とした態度を取ることが出来ただろう。しかし，司法の救済が得られないのであれば，企業の取るべき対応は一つしかない。企業としては行政に自己に不利な決定を下されないよう，行政の意思を尊重した態度を取らざるを得ないのである。

かかる官民の依存体質が，大蔵省と銀行・証券業界の癒着，厚生省と製薬業界の癒着，公共事業を巡る建設省と建設業界との癒着などの様々な社会問題を生みだしたことは記憶に新しい。

2）改革の具体的方策

そこで，このような行政に対する司法的抑制機能の不全を解消するためには，次のような改革が必要である。

(1) 行政事件訴訟法の改革

まず，行政事件訴訟法を改革することが挙げられる。

少なくとも(ｱ)裁判管轄につき，原告の住所地で訴訟を提起することが出来るようにすること，(ｲ)処分性・原告適格・行政訴訟の類型等につき訴訟の間口を拡大すること，(ｳ)原告の証拠収集権限を拡大すること，(ｴ)原処分庁が，裁量の依拠した具体的審査基準並びに調査審議及びその判断の過程等裁量判断に合理性のあることを主張立証しなければならない等の改正が必要である。

(2) 法曹の資質・容量の改善

加えて，制度を担う法曹の資質の改善が望まれる。

---

4) 2001（平成13）年度の司法統計年表の全地裁の既済事件中，認容判決数を既済総数で除したもの。

いかに法律を変更して間口や証拠収集権限を広げたところで，行政裁量という最大の難関について，裁判所・裁判官が従前どおり消極的な判断に終始するのであれば，事態は何ら改善されず，結局は機能不全に陥ることが予想される。

現在の行政訴訟をめぐる問題の根元は，裁判所が行政と企業を含めた国民との中間に位置せず，著しく行政寄りのポジションを取っているところにある。このような指向は，任官後の最高裁の人事統制，市民生活から距離を置いた日常生活，最高裁判例に沿った事件処理，判検交流による訟務検事または行政庁への出向などの経験によって強まっていくものと思われる。これは，日本におけるキャリア裁判官制の弊害である。行政訴訟の真の改革には，法曹一元，陪参審制の導入などによる，裁判体の質的な変革が必要不可欠である。この点は，司法制度改革審議会の意見書では言及されていないが，行政訴訟本来の機能を取り戻すためには，最も重要な改革すべき点である。

さらに，当該裁判体に，行政に対する司法的抑制を積極化することが，憲法上求められたあるべき姿であるという意識を高めさせるには，訴訟活動を通じて，当事者の立場から裁判体を監視し，意見を述べていくことが必要である。そのため，行政訴訟を担うことが出来る弁護士を育成することも，行政訴訟改革のためには不可欠な要素である。

4　情報公開法

> 1999（平成11）年5月，「行政機関の保有する情報の公開に関する法律」（情報公開法）が制定され，2001（平成13）年4月1日から施行されている。また，2001（平成13）年11月，特殊法人，独立行政機関等を対象機関として定めた「独立行政法人等の保有する情報の公開に関する法律」が可決成立し，2002（平成14）年10月1日から施行されている。弁護士会は情報公開法の制定に大きな影響を与えたが，今後の施行状況を踏まえ，より良い情報公開法に改めていくための提言を外部へ向けて発信していく必要がある。

1）情報公開法の成立[1]

1999（平成11）年5月，「行政機関の保有する情報の公開に関する法律」（情報公開法）が制定され，2001（平成13）年4月1日から施行されている[2]。同法は国民に行政機関が

1）情報公開法成立に至るまでの経緯については，法友会政策要綱1997（平成9）年度版205頁以下，同1999（平成11）年度版214頁以下参照。

保有する情報について開示を請求する権利を認めたもので，これからの行政運営の民主化に大いに貢献するものと期待される。

２）関係法令の整備

情報公開法の施行に必要な次のような法令が既に制定，整備されている。

(1) 行政機関の保有する情報の公開に関する法律の施行に伴う関係法律の整備等に関する法律

1999（平成11）年5月，情報公開法とともに可決成立した。その骨子は次のとおりである。

　ⓐ　情報公開法の施行に伴い必要となる規定の整備等（会計検査院に会計検査院情報公開審査会を置くこと，著作権法に基づく公表権，複製権等の権利との関係について必要な調整措置を講ずること等）

　ⓑ　登記簿，特許原簿，訴訟に関する書類等の行政機関の保有する情報の公開に関する法律の規定の適用除外措置

　ⓒ　その他関係規定の整備

(2) 行政機関の保有する情報の公開に関する法律施行令

情報公開法が政令に委任している事項について定めたもので，主なものを列記すると次のとおりである。

　ⓐ　対象機関には警察庁，国立大学等が含まれる。

　ⓑ　開示実施方法としては閲覧，視聴のみならず，文書・図画についてはコピー，写真フィルム・スライドについては印画したもの，マイクロフィルムについては印刷したもの，電磁的記録についてはディスク等にコピーしたものの交付を受けることができる。

　ⓒ　開示請求手数料は行政文書1件につき300円，開示実施手数料は行政文書の種別（文書・図画，写真フィルム等の種別）ごとに開示実施方法（閲覧，コピー等の交付）に応じた一定額とする（例えば，文書を複写機によりコピーしたものの交付を受けるときは1枚につき20円）。

　ⓓ　行政文書の管理に関する事項につき，

・当該行政機関は系統的な行政文書の分類の基準を定めていること

・当該行政機関の意思決定にあたっては文書を作成して行うこと並びに当該行政機関の

2）　情報公開法の問題点と今後の課題については，法友会政策要綱2000（平成12）年度版196頁以下参照。

事務・実績については文書を作成することを原則とすること
　・行政文書を専用の場所において適切に保存すること
　・当該行政機関は保存期間の基準を定めるに当たり，行政文書の区分に応じてこの政令が定めた最低保存期間を下回ってはならないこと
　・行政文書の管理台帳を作成すること
等を明記した。

　(3) 2000（平成12）年2月25日付各省庁事務連絡会議申合せ「行政文書の管理方策に関するガイドラインについて」
　　各行政機関における行政文書の管理は，情報公開法37条，同施行令16条の規定に従った行政文書の管理に関する定めにより行うこととなるが，可能な限り統一性が確保される必要があり，各行政機関が行政文書の管理に関する定めを制定し，これを運用するに当たっての基準を定めた。

3）特殊法人等の情報公開について

　　情報公開法は，特殊法人を対象機関に含めなかったが[3]，同法42条及び附則において，政府は，特殊法人（法律により直接に設立された法人又は特別の法律により特別の設立行為をもって設立された法人であって，総務省設置法第4条第15号の規定の適用を受けるものをいう）及び独立行政法人（独立行政法人通則法第2条第1項に規定する独立行政法人をいう）について，その性格及び業務内容に応じた情報公開に関する法制上の措置を，情報公開法の公布後2年を目途として講ずるものとされた。これを受けて，1999（平成11）年7月，行政改革推進本部長決定により「特殊法人情報公開検討委員会」が設置され，同委員会は，2000（平成12）年7月27日付で「特殊法人等の情報公開制度の整備充実に関する意見」を公表し，政府に同意見に沿って速やかに法案立案作業を進めるよう要請した。
　　同委員会は，情報公開法制の目的，即ち，政府の説明責任を全うするとの観点から，特殊法人及び独立行政法人のみならず，これらに準じて検討することが必要と考えられる認可法人等についても検討を加えた。その結果，対象法人について，国民に対する説明責任を自ら有する法人を対象法人とし，これに該当するかどうかの判断は，法人の設立法の趣旨によることとし，その判断に当たっては，以下によるものとしたうえに，対象法人の名称は法律の別表に掲げる，との意見を取りまとめた。
　(ｱ) 特殊法人，独立行政機関又は認可法人であって，設立法において，その理事長等を

---

　3) 特殊法人はその性格及び業務内容が多種多様であり，更に検討が必要であるとして，対象機関から除外された。

大臣等が任命することとされているもの又は法人に対し政府が出資できることとされているものについては，対象法人とする。

(イ) ただし，(ア)にかかわらず，次に掲げる特殊法人等については，その設立法の趣旨から次のとおり取り扱う。

　a) 公営競技関係法人は，対象法人とする。
　b) 特殊会社は，原則として対象外とする。ただし，関西国際空港株式会社は，対象法人とする。
　c) 共済組合等の専ら組合員等の相互の扶助・救済を行う法人は，対象外とする。
　d) 日本放送協会は，対象外とする。
　e) 日本銀行は，対象法人とする。

上記意見では，対象文書，不開示情報等その他の事項については，原則として，情報公開法に準じた規定とする，とした。

上記意見を受けて，2001（平成13）年3月，「独立行政法人等の保有する情報の公開に関する法律」案が国会に上程され，同法案は同年11月，可決成立した。対象法人は上記意見の基準に従って一覧表に掲げられているが，2002（平成14）年10月1日施行時の対象法人は

❶独立行政法人　上記(ア)により全て（59法人）
❷特殊法人　上記(ア)によるもの（55法人），上記(イ)a）によるもの（5法人），(イ)b）により特殊会社は関西国際空港株式会社のみ
❸認可法人　上記(ア)によるもの（23法人），上記(イ)e）により日本銀行

の合計144法人となっている。

4）情報公開の実施状況

(1) インターネットでのアクセスの可否

各省庁や独立行政機関等の情報公開手続や窓口，行政文書ファイル管理簿等はインターネットでアクセスすることができ，行政文書をインターネットで検索できる。

　　各省庁　　http://www.e-gov.go.jp/link/disclosure.html
　　独立行政機関等　http://www.e-gov.go.jp/link/iais.html

(2) 開示請求の受付状況

法施行の初年度となった2001（平成13）年度において，各行政機関の情報公開窓口で受け付けられた開示請求（郵送によるものを含む）は48,636件となっている。

開示請求は，本省庁の情報公開窓口以外でも受け付けており，31,825件（65.4％）が地

方支分部局や施設等機関の情報公開窓口での受付となっている。

(3) 開示請求の処理状況

各行政機関は，情報公開窓口で受け付けた開示請求事案のほか，他の行政機関から法第12条の規定に基づき移送を受けた事案について，開示（部分開示を含む）又は不開示の決定（以下「開示決定等」という。）を行うこととされている。情報公開窓口で受け付けた開示請求事案と他の行政機関から移送を受けた事案を合わせた要処理事案49,248件の処理状況をみると，他の行政機関に事案を移送したものや途中で取り下げられたものを含め，46,064件（93.5％）が処理済となっている。残る3,184件は2002（平成14）年度に処理が持ち越されている。

(4) 開示決定等の状況

2001（平成13）年度に受け付けた開示請求に対し，同年度中に44,734件の開示決定等が行われている。このうち，開示請求に係る行政文書の全部又は一部が開示されたものは，39,653件（88.6％）となっており，不開示決定とされたものは5,081件（11.4％）となっている。

なお，開示決定又は部分開示決定されたものの中には，不開示情報に該当する情報ではあるが，公にすることに，当該保護すべき利益を上回る公益上の必要性があるとして，行政機関の長の裁量により開示したもの（法第7条）が16件となっている。

(5) 不服申立ての受付・処理状況

行政機関の長が行った開示決定等について不服がある者は，行政不服審査法に基づき不服申立てができることとされており，同法に基づき，2002（平成14）年3月31日までに，1,354件の不服申立てが行われている。

その内容区分を見ると，大半は，不開示決定（部分開示決定における不開示部分を含む）に対して当該決定を受けた開示請求者からの不服申立てとなっている（1,342件）。一方，開示決定（部分開示決定における開示部分を含む）に対しても，その対象となる行政文書に自己の情報が記載されている第三者からの不服申立てが8件みられるほか，開示決定を受けた開示請求者自身から，当該決定された行政文書のほかにも対象文書があるはずで，それを開示すべきとする不服申立てが17件となっている。

不服申立てを受けた行政機関の長は，行政不服審査法に基づき，途中で取り下げられた事案を除き，当該不服申立てに対する裁決又は決定を行わなければならない。2001（平成13）年度に受け付けた1,354件の不服申立ての処理状況をみると，途中で取り下げられた43件を除く1,311件のうち裁決又は決定が行われたものは180件（13.3％）となっており，残りは，情報公開審査会に諮問中の324件を含めて処理中となっている。

開示決定等について行政不服審査法による不服申立てを受けた行政機関の長（諮問庁）は，当該不服申立てに対する裁決又は決定を行う場合には，❶不服申立てが不適法で却下するとき，❷裁決又は決定で，不服申立てに係る開示決定等を取消し又は変更し，当該不服申立てに係る行政文書の全部を開示するときを除き，内閣府に置かれる情報公開審査会（会計検査院にあっては，会計検査院情報公開審査会）に諮問しなければならないこととされ（法第18条），情報公開審査会の答申を受けて，裁決又は決定をすべきこととされている。情報公開審査会では，2002（平成14）年3月31日までに384件の諮問を受け，うち178件について答申を行っている。このうち，23件について諮問庁の判断は妥当でない，48件について一部妥当でないとの答申を行っている。

(6) 情報公開に関連する訴訟の状況

情報公開法に基づく開示決定等に関連して，その取消しを求める訴訟などが14件提起され，3件の判決が出されている（うち，1件は控訴されている）。

5）情報公開法と弁護士会

弁護士会の情報公開法の制定に向けての諸活動は今般の情報公開法の制定に大きな影響を与えた[4]。今後は，施行状況を踏まえたうえ，より良い情報公開法に改めていくための運動を更に継続的に展開していく必要がある。

5 個人情報保護（自己情報コントロール権の確立）

> 憲法13条が定める個人の尊厳の確保，幸福追求権の保障の中に自己情報コントロール権を情報主権として確立すべきことを提言し，これを実現させるために，あらゆる努力を尽くすべきである。

1）自己情報コントロール権とは

情報化社会の進展にともない，憲法13条の定める個人の尊厳の確保・幸福追求権の保障としては，「ひとりで放っておいてもらう権利」というプライバシーの権利の自由権的側面の保障のみならず，自己情報コントロール権（情報プライバシー権）の保障も重要である。

---

4) 情報公開法の制定に向けての弁護士会の取り組みについては前記政策要綱1999（平成11）年度版218頁以下参照。

自己情報コントロール権とは，自己の情報が予期しない形で，あるいは無限定に収集・管理・利用・提供されることを防止し，自己の情報がどこにどのような内容で管理され，誰に利用・提供されているかを知り，これら管理された情報について誤りがあれば，これの訂正を，また不当に収集された情報については，その抹消を求めることができる権利を意味する。

　コンピュータの機能の進展とインターネットの発達により，個人に関する情報（個人情報）が行政機関などによって集中的に管理されつつある今日においては，この自己情報コントロール権を権利として保障する意義はひときわ大きいと言わざるを得ない。

２）住民基本台帳ネットワークシステム（住基ネット）の問題点

　1999（平成11）年8月，住民基本台帳法が改正され，全国の市町村（東京都特別区を含む），全都道府県，国の各機関等をコンピュータネットワークでつなぐ住民基本台帳ネットワークシステム（以下「住基ネット」という）が構築されることが決定された。

　住基ネットは，国民すべてに11桁の番号を付し，しかも全国的なコンピュータネットワークによって「本人確認情報」（氏名・生年月日・性別・住所・住民票コードなど）を流通させるもので，行政効率の観点からは有益であるかもしれないが，確実なセキュリティを全国一律に確保することがほとんど不可能な現状において，個人情報が十分保護されず，プライバシー侵害の危険性が極めて高いものである。

　しかも，行政機関に蓄積された個人情報を住基ネットで流通する本人確認情報と結合させることによって，国民ひとりひとりの情報を住民票コードで分類整理する意味を持ち，技術的に容易に「名寄せ」することが可能となる。十分な個人情報保護の法制が整備されることなく，住基ネットが稼働されることは，まさに「番号による人間の管理」の危険性が現実のものとなると言わざるをえない。そして，政府の推進する日本型ＩＴ社会を目指したe-Japan構想が具体化し，「電子政府」「電子自治体」の構想が現実化するにつれ，この危険性はより高まってくるといえる。

　したがって，住民基本台帳法の改正にあたっては，審議の過程でも個人情報保護の観点から懸念が示され，かかる懸念に配慮して，政府も個人情報保護法を制定することを公約した。また，改正住民基本台帳法を直ちに施行するのではなく，付則に「公布の日から3年を超えない範囲内において政令で定める日から施行する（政令では2002〔平成14〕年8月5日と定められた）」と定めるとともに，「施行に当たっては個人情報保護に万全を期すため所要の措置を講ずる」と加えられた。

　しかしながら，個人情報を保護するために，政府が策定して国会に提出した「個人情

の保護に関する法律（案）」（以下，「個人情報保護法案」という），「行政機関の保有する個人情報の保護に関する法律（案）」（以下，「行政機関個人情報保護法案」という）には，いずれも，次に述べるとおり，重大な欠陥がある。

3）個人情報保護法案の問題点

まず，2001（平成13）年3月に政府が国会に提出した個人情報保護法案には，次に述べるような欠陥があり，日弁連は，同法案に対し，抜本的な修正がなされない限り反対する旨表明している（2001（平成13）年5月9日の日弁連の「個人情報の保護に関する法律（案）に対する意見書」等）。

すなわち，本来，公的部門を対象とした個人情報保護に関する整備を優先的に行い，民間を対象にしたものについては，個人信用情報，医療，電気通信事業，教育等の各分野において，早急に個別法の制定で対応すべきであるにもかかわらず，この法案は，（弁護士，弁護士会も含むとも解しうる）民間事業者一般に対し具体的義務を課した上，個人情報保護のための独立した機関をおかずに主務大臣が助言，勧告，命令等の権限を持ち，命令違反には罰則を設けていることから，事業者に対する広範な介入を招くおそれがあるなど，個人情報保護の名の下に民間の情報を国家がコントロールする民間規制法ともいうべき極めて危険性の高い法案である。

また，法案審議の過程でも，広範囲にメディアの取材活動を規制し，国民の「知る権利」に重大な支障を与えるものであることが厳しく指摘されている。

4）行政機関個人情報保護法案の問題点

また，2002（平成14）年3月には，行政機関個人情報保護法案が国会に提出され，個人情報保護法案と並行して審議されることとなったが，この法案も，思想，信条，病歴などのセンシティブ情報の原則収集禁止や機関相互の情報を結合し新たな個人情報を作るデータマッチングの禁止の規定がなく，収集制限や目的外利用などに対する規制が著しく弱い上，安全確保義務違反に対する罰則が定められていない，第三者機関の設置など個人情報保護を担保する制度の設置が定められていない等，重大な欠陥を有するものである（日弁連の2002（平成14）年4月20日の「行政機関の保有する個人情報の保護に関する法律（案）」に対する意見書等）。

5）住基ネットの施行

高度情報化社会が進展する中で，個人情報保護法制は必要であるが，両法案には上記の

ような重大な欠陥が認められるので，日弁連は，両法案に反対するとともに，両法案が成立しない以上，住基ネットを施行すべきではないと主張していた（2002〔平成14〕年4月20日の「住民基本台帳ネットワークシステムの稼働の延期を求める意見書」，2002〔平成14〕年5月24日の「個人情報保護法案に反対し，住民基本台帳ネットワークシステム施行の延期を求める日弁連会長声明）。

　しかしながら，日弁連その他の団体等からの反対にもかかわらず，政府は「所要の措置とは法案の提出を意味する」との見解を示し，個人情報保護法案などが成立していないにもかかわらず，政令で定めた2002（平成14）年8月5日に改正住民基本台帳法を施行し，住基ネットの稼働を開始した。

6）自己情報コントロール権の確立に向けて

　個人情報保護法案，行政機関個人情報保護法案等には，上記のような重大な欠陥があるうえ，いずれの法案も成立していないのみならず，住基ネットの稼働が強行されるという事態に対し，日弁連は，2002（平成14）年10月11日の人権大会において，次の内容を骨子とする「自己情報コントロール権を情報主権として確立するための宣言」を採択した。

　すなわち，「改正住民基本台帳法により構築された住民基本台帳ネットワークシステムにより，『行政効率』の名の下において，全国の市町村が個人情報の収集機関とされ，国家によって私たち国民の個人情報が統一的に管理されようとしている。さらに，e-Japan構想の下，『電子政府』『電子自治体』としてコンピュータの利便性と普及の必要性のみが強調され，個人の尊厳が奪われる危険性が看過されている。」とし，また，「このような現代社会だからこそ，憲法13条が定める個人の尊厳の確保，幸福追求権の保障の中に自己情報コントロール権が含まれることをあらためて銘記し，自己の情報が無限定に収集・利用・提供されることを防止するとともに，他人によって収集・管理・利用・提供されている自己の情報について開示・訂正・抹消を求めることが出来ることを再確認する必要がある。」とし，今こそ，以下の内容を柱として，自己情報コントロール権を情報主権として確立すべきことを提言し，これらを実現させるために，あらゆる努力を尽くすことを宣言する。

1　個人の統一的管理システムの構築を認めない。
2　住民基本台帳ネットワークシステムの稼動を停止する。
3　思想，信条，病歴などのセンシティブ情報の収集禁止や名寄せの禁止を含め，個人情報の収集・利用・提供に対する厳しい規制を設け，これを監視するための第三者機関を設置する等，実効性を伴った個人情報保護法制を確立する。

4 コンピュータネットワーク社会において人びとが安心して暮らせるように，国及び地方自治体が収集・管理する個人情報の分散管理を意識的に進めるとともに，統一的なセキュリティ基本法を定める。

われわれは，この日弁連の宣言に賛同するとともに，われわれ自ら，自己情報コントロール権を情報主権として確立するための努力を尽くすべきである。

6 市民オンブズマン活動の展開

> 私たちは，市民オンブズマン活動に積極的に参加し，行政・大企業の行為の適正を厳しく監視すべきである。

1）全国市民オンブズマン連絡会議[1]

1994（平成6）年7月29日，全国13地区から自治体に対する不正監視や大企業の不法行為・横暴監視などにかかわる者達，約130名の人々が仙台市に集まったのが，全国市民オンブズマン連絡会議の始まりであり，現在では全国で約50団体が，同会議に加入している。

2）官官接待・カラ出張の追及

同会議の存在が社会に認識されるようになったのは，食糧費の情報公開請求・官官接待の追及を始めてからである。1995（平成7）年4月，全国市民オンブズマン連絡会議は，全国一斉に食糧費の公開請求を行い，これにより，自治体の中央官僚に対する接待の実態は，明確に浮かび上がってきた。

このような官官接待に対しては，報道に加え，全国紙各紙の社説が筆を揃えて市民オンブズマンの活動に触れ，官官接待を批判し，情報公開の必要性などを説いた。

これに端を発して，公費支出の在り方を見直そうとする市民やマスコミの目が，北海道でカラ出張・カラ接待を摘発した情報公開の結果，カラ・無駄出張の額を，年間200億円と推計した。

こうした運動を契機に，各地の市民団体やマスコミなどが自治体に情報公開請求を行い，次々に不正経理が摘発されたのである。

また，自治体の監査役・監査委員や同事務局も知事部局と同じように，不適正経理やカ

---

[1] 全国の市民オンブズマンの活動記録として，「日本を洗濯する――自治体を市民の手にとりもどす方法」（全国市民オンブズマン連絡会議編・教育資料出版会・1998年版）がある。

ラ出張・観光旅行を繰り返している事実が明らかになった。

3）活動の成果

このような活動により，官官接待の「必要悪論」は完全に消滅し，各自治体の内部調査によって認めた不正経理支出総額約170億円は，幹部職員らによって弁済された。

また，公務員倫理規定が制定され，中央官僚は宴席への出席が禁止された。

さらに都道府県の「食糧費」・「出張旅費」の予算は大幅に削減された。

そして，各地で行われた文書開示拒否処分に対する取消訴訟においては，画期的な判決が次々と出されている。

4）大企業への監視

上記オンブズマンの活動の矛先は，行政のみならず，国家に比肩すべき強大な勢力を持つ大企業にも向けられており，数々の株主代表訴訟や，上下水道談合事件に関し，11の地方裁判所で住民訴訟を展開している。

5）その他の活動

上記オンブズマンでは，1996（平成8）年から毎年，一定の基準を用いて各都道府県の情報公開度をランク付けし，「全国情報公開度ランキング」を発表したり，条例上情報公開の対象外となっている機関（議会，警察など）の文書についても開示請求を行ったり，情報公開法制定に向けて数回に亘り，行政改革委員会行政情報公開部会に意見書を提出するなど，その活動はますます範囲を広げている。

そして，2001（平成13）年4月の情報公開法施行に向けて，膨大な情報が集中する東京に，全国各地の利用者の情報請求をサポートする「情報公開市民センター」を設立し，2001（平成13）年7月には，早速「中央省庁情報公開度調査と結果（情報公開度ランキング）」をホームページで発表するなど，活発な活動を繰り広げている[2]。

6）今後の方針

しかし，行政の情報隠しの体質は根深い。2002（平成14）年5月には防衛庁が情報公開請求者の独自リストを作成していたことが発覚し，社会問題となった。その後，総務省の調査により，各省庁が保有している1296件のリストのうち，開示請求書に記載された事項

---

2) 詳細は，http//www.jkcc.gr.jp/ 参照。

以外の肩書や勤務先などを記載したリストを作成した課や室が39あったことが判明した。情報公開制度の持つ意味を全く理解していないばかりか，逆利用してしまおうとする行政の体質は絶望的とすら言える。このような体質を抜本的に改善して，行政庁の透明化・公正化を市民によって不断に監視していくことが不可欠である。そのためには，私たちは，市民オンブズマン活動に積極的に参加し，行政・大企業の行為の適正を厳しく監視すべきである[3]。

---

3) 全国市民オンブズマン会議は1999（平成11）年度の東京弁護士会人権賞を受賞したことを付記しておく。

第4 行政に対する司法制度

第5　労働法制に対する改革

労働法制の改革

- わが国では欧米諸国に比べ長時間労働が常態化している。労働者が人間らしく働けるよう，家庭生活と職業生活が両立するよう，労働法制が整備されるべきである。
- 週40時間労働時間制が実現した現在，次なる目標は時間外労働，深夜労働の短縮であり，家庭的責任との両立である。しかるに近時の労働基準法改正，労働者派遣法改正などは，これと逆行する動きを示すものであり，その見直しなど再検討をすべきである。
- 近時，雇用環境が著しく悪化し，今後も解雇等の労働事件が頻発することが予想され，弁護士会も相談体制の整備等を検討する必要がある。

1）基本的視点

　1998（平成10）年9月に労働基準法が，1999（平成11）年7月に「労働者派遣事業の適正な運営の確保および派遣労働者の就業条件の整備等に関する法律」（労働者派遣法）がそれぞれ一部改正された。これに対し日弁連は，労働基準法改正法案が国会で可決される以前の同年5月，「労働法制の規制緩和に反対し，人間らしく働ける労働条件の整備を求める決議」を採択した。同決議は，労働基準法改正法案について，長時間過密労働を助長し，女性の家庭生活との調和と職業生活の両立を困難ならしめるものだとして，また，派遣業法改正法案については，派遣労働者の権利保護をないがしろにしたまま派遣事業の自由化を図るものだとして，いずれも反対した。しかし，その後労働基準法は野党の要求を入れて一部修正され可決されるにいたった。

　ところで両改正案とも，規制緩和の名の下，国民間の議論が十分尽くされないまま，労働省ペースで進められてきた観がある。しかし，そもそも規制緩和とは「国民の自由な選択を第一に尊重し，それに合致したものが評価されるという考え方」[1]に基づくものであるから，そもそも対等な力関係にない使用者，被用者の間の関係を律する労働法制に規制

1）　1997（平成9）年12月12日行政改革委員会最終意見。

緩和の議論が入り込む余地はないはずである。

2）労働基準法の改正問題
(1) 労働契約期間の上限の延長

従来労基法では，労働契約の上限は1年間と定められていた。しかし今回の改正では，新商品開発・新規事業展開等のプロジェクトに必要な高度の専門知識[2]を有する労働者（ただし当該労働者が現に不足していることが必要）及び60歳以上の労働者に限って，労働契約の上限が3年間に定められた。

労働契約の上限の延長が，雇用の不安定化を招くことは前記日弁連決議でも指摘のあったところである。上記の「有資格者」については労働基準局長の指定が広範になり過ぎないよう，注視していく必要がある。

(2) 変形労働時間制

変形労働時間制について改正法では，❶就業規則だけでなく，労使協定でも定められることとなり，❷中途採用者，中途退職予定者にも適用が広がり，❸対象期間が3ヶ月超の場合の1日，1週当りの限度時間が延長され，❹生活リズムの混乱を防ぐために要求される各日，各週の労働時間の特定方法が簡略化される等の改正があった。

連続労働日数を6日以内としたり，対象期間が3ヵ月超の場合の年間労働日数を280日以内とするなどの改正点もあるが，全般的には長時間労働，不規則労働を助長する恐れのある改正となっている。また時間外労働の限度についても他の労働者に比べ優遇してはいるものの，年320時間というように，従来から日弁連が要求してきた150時間にも到底及ばず，不充分である。

(3) 裁量労働制

改正前の裁量労働制では業務の範囲が限定されていたが，改正により適用となる業務について法律上は制限がなくなった。この改正の結果裁量労働制がホワイトカラー全般に拡大されるおそれがある。裁量労働制を採用する限りは時間外労働というものを考えずにすみ，割増賃金は一切不要となる。すなわちその限りでは法定労働時間の適用が除外されることになるのである。年功賃金から能力主義，成果主義に賃金体系が移行しつつある現在，裁量労働制は年俸制等と結びつき急速に普及する可能性を秘めている。

改正法は，労使を代表する労使委員会がその採用を決めるとすることで歯止めをかけよ

---

2) 「専門知識」は労働大臣がその基準を定めるものとされ，告示によれば一定の国家資格者（弁護士等のいわゆる士業がほとんど），博士，修士のほか，公益法人等が優秀技術者等と認めた有資格者（労働基準局長の指定が必要）であることが必要である。

うとしているが，わが国の労働組合の組織率は22.6％に過ぎず，ことに労働者の半数が就業している従業員数100人以下の事業所では，組合組織率はわずか1.6％に過ぎない。現在においてもサービス残業が横行する中，さらにこのような制度を導入するとすれば，長時間労働が常態化しかねない。ようやく週40時間労働制が完全実施されようというときに，今回の法改正はそれを無意味にしかねない危険性を持つものである。

　国会での審議の結果，❶裁量労働制を導入するに当たって対象労働者の同意を得ることとされ，また不同意を理由とする不利益取扱いをしてはならない，❷労使委員会の労働者側委員は任期制とし，かつ労働者の過半数の信任が必要とされる，❸対象となる業務等労使委員会が決議する事項について指針を定めるにあたっては中基審の意見を聞く，❹裁量労働制を採用した使用者に労働者の健康，福祉を確保するための措置の実施状況等の労働基準局への報告義務，❺施行期日の1年間の延長，❻政府は3年ごとに制度の見直しを行う，との点が新たに修正として加わっている。改正案からは一歩前進したとは言えるであろうが，この修正の結果長時間労働の常態化への危惧が払拭されたとは到底言えない。弁護士会としては3年後の制度の見直しの際に，裁量労働制の是非，改善点について提言を行っていくべきであるし，その前提として今回の裁量労働制の拡大が労働者の健康，福祉，家庭責任へ及ぼす影響を不断に注視していく必要がある。

　また裁量労働制の採用される労働者群については，労働者の健康の自己管理が強調され，過労死等の場合における安全配慮義務の内容が後退する萌芽も見られるので，その点も注視していく必要がある。

(4) 時間外労働

　1997（平成9）年6月の労働基準法改正により，時間外労働等の女性保護規定が廃止された際，時間外労働を規制するための実効性ある方策を実現することが付帯決議されている。また，ＩＬＯ第1号条約は時間外労働の上限を定めることを求め，諸外国ではほとんどが男女共通の時間外規制を行っている。1995（平成7）年に発表されたＩＬＯの調査では151カ国中96カ国が1日単位の規制を行い，その中でも1日2時間を上限とする国が最も多い。早急に時間外労働の上限を法的に規制すべきである。なお，改正案では36協定につき，労働大臣が協定で定める時間の限度等について基準を定めるとし，労使は時間外労働の協定をこの基準に適合させなければならないとしている。しかし，これまで国は目安時間を定め労使協定を目安時間内に誘導してきたが，わが国では長時間労働が常態化してきた。この規定には罰則規定が伴っておらず，その実効性については目安時間と大して変わりないようにも思われる。労働大臣が定める基準も上限規制になるのかどうかも不明である。今回の国会審議で労働大臣はこの基準を従来の目安時間どおり年360時間と定める

旨答弁しているが，政府が閣議決定した年間労働1,800時間を実現するには年間の時間外労働時間を147時間以内にする必要があり，360時間という時間はあまりに長すぎる。弁護士会としては，時間外労働の具体的数値を法律上定め（少なくとも147時間内にすべき）強行法規化するよう，提言していく必要がある。

改正前も目安規制により同様の規制が行われていたが，有名無実化していた以上，かかる改正も実効性に疑問なしとしない。

また，当初の政府案では，この基準に「適合したものとなるよう留意しなければならない」とあったのが，与党内協議の結果「基準に適合したものとなるようにしなければならない」となった。これによって私法的効果が導かれるとの見解もあり（基準時間360時間を超える勤務命令に違反した労働者に対する不利益処分の問題），これに沿った労働大臣答弁も存在するが，今後の実務の運用いかんでは私法的効果が否定される可能性もあり，注視していく必要がある。

さらに，労働省告示第154号は，特別の事情が生じた場合には限度時間を超えられるという「特別条項」を36協定中で予め定めておくことを認めているが，これが限度時間規制の脱法に利用される恐れが大きい。

(5) 深夜労働

深夜労働についても，法は何らこれを制限する規定を置いていない。この点も労働者に家庭生活と職業生活の両立を困難ならしめるもので，極めて問題である。

もっとも労使間に深夜労働についてのガイドラインが適切に作成・運用されるよう，国はその自主的努力を促進するとの修正が衆議院段階でなされたが，実効性は疑問である。弁護士会としては，深夜労働の制限を強行法規化するよう提言していくべきである。

3）労働者派遣法の改正問題

1999（平成11）年7月，派遣事業の自由化を骨子とする改正労働者派遣法が成立した。これにより，❶これまで派遣労働は26の専門分野に限られていたのが，港湾運送・建設など一部を除き営業や一般事務も含めて自由化され（ネガティブ・リスト方式の採用），❷許可，届出等の簡素化，❸原則として派遣期間は1年を超えてはならないものとし，1年以上経過した派遣労働者の派遣先による雇い入れの努力規定などが定められた[3]。

労働者派遣法では派遣労働は一時的，補充的なものであり，常用的な派遣は許されないとの立場に立ち，与野党共同修正の第5項目（脚注3）の⑤）もかかる立場に立つ。しかし，氏名公表制度は以前からあったが実効性も乏しく，はたしてこのような規定で常用的派遣を排除できるか，はなはだ疑問である。1998（平成11）年10月の日弁連意見書は，端

的に派遣労働者を同一業務に1年間従事させた場合には，当該労働者の雇用を派遣先事業主に義務付けるべきとしている。ドイツ，フランスの労働法制でも同様の規定が置かれている。派遣先にどの程度の負担を負わせるかは法政策の問題であるが，今後，氏名公表制度の実効性を検証し，実効性なしと判断された場合には3年後の見直し時期に再度派遣先の雇用責任を提言していくべきであろう。

　なお参議院は労働者派遣法改正にあたって，派遣元は社会・労働保険加入の必要ある労働者については加入させてから派遣を行うべき旨，派遣先も社会・労働保険に加入している派遣労働者を受け入れるべき旨を指針に明記し，その履行確保を図ることを付帯決議している。

4）労働問題に対する相談体制の整備

　現在，雇用環境は極めて厳しい状況が続いている。総務庁の2000（平成12）年8月の労働力調査によると，完全失業率は4.6％であり，1953（昭和28）年の調査開始以来最悪を記録した前年度（1999年度）より低下したものの，依然高水準にある。労働省が発表した同月の有効求人倍率も0.62倍にとどまっており，非自発的離職者も97万人という高水準にある。1999（平成11）年7月産業活力再生特別措置法いわゆる産業再生法が成立し，連結決算の導入によって，赤字子会社の整理も進むことになろう。今後リストラの加速が心配され，衆議院の商工委員会も，失業の予防など雇用の安定に万全を期す旨の付帯決議を行っている。かかる中，不当解雇や派遣子会社を設立し従業員を同社に転籍させるインハウス派遣等の労働問題が頻発することが予想される。労働問題と聞くと尻込みしたり，安易に労働基準局に相談するよう指示するだけの弁護士も多く，弁護士側の相談体制などの整備も検討されるべきである。

5）審議会意見書後の問題点

　司法制度改革審議会意見書においては，❶「労働関係訴訟事件の審理期間をおおむね半減することを目標とし，民事裁判の充実，法曹の専門性を強化するための方策等を実施す

3）　なお国会審議の結果，政府案に加えられた与野党共同修正として次のものがある。
　① 労働者派遣業の許可条件として個人情報保護に必要な措置が取られていることを求める。
　② 派遣元は派遣先に，派遣労働者の各種社会保険の資格の取得の確認の有無に関する事項を通知しなければならない。
　③ 派遣元責任者の職責として，個人情報の管理を加える。
　④ 派遣先は雇用主ではないが，これと同様均等法第3章の規制（性的言動からの保護，妊娠中・出産後の健康管理）に服する。
　⑤ 派遣先が派遣労働者を1年以上，同一業務につけるときは，労働者の希望があれば，この者を雇い入れるよう労働大臣は勧告することができ，違反者の氏名を公表することができる。

べきである」❷「労働関係事件に関し，民事調停の特別な類型として，雇用・労使関係に関する専門的な知識経験を有する者の関与する労働調停を導入すべきである」❸「労働委員会の救済命令に対する司法審査の在り方，雇用・労使関係に関する専門的な知識経験を有する者の関与する裁判制度の導入の当否，労働関係事件固有の訴訟手続の整備の要否について，早急に検討を開始すべきである」との方針が示された（22頁）。

しかし，上記❶については，労働関係事件に固有の方策ではなく，❷については，労働委員会の救済命令に関するいわゆる「5審制」の問題，「労働参審制」の導入の是非等の問題点について，明確な方向性は示されず，将来の検討課題とされたにとどまっている。今後，弁護士会としては，さらに継続して検討・意見集約を進めていく必要がある。

6）女性の労働権

- 女性の基本的人権としての労働権を確保すべく，あらゆる差別的取扱いを禁止し，差別を受けた女性を迅速かつ具体的に救済するための必要な措置を講じうる有効な法律を制定すべきである。
  現在の世帯単位の賃金や福利厚生，税制，社会保障は，性別役割分業の選択を促進する規定となっており，問題である。
- 男女が職業生活と家庭生活を調和させ，平等で人間らしく生きていくために，1日の労働時間，時間外労働，深夜労働の短縮をはかるため，時間外・休日・深夜労働の規制を撤廃した近時の労働基準法改正，労働者派遣法改正などについて，その見直しなどを再検討すべきである。
- 家族的責任をもつ男女がともに，差別されずに家族的責任と職業上の責任を調和させて働けるように，育児休業や看護・介護休業に関する実効性のある法制度・施策を完備すべきである。
- 「パート労働者と通常の労働者との均等待遇確保を目的とする法実現のため時間労働者の雇用管理の改善等に関する法律」（パート労働法）を改正すべきである。

(1) 基本的視点

第1回世界女性会議の決議に基づき，国連は1979（昭和54）年国連総会で，社会に根強く残る性別役割分業意識の変革を中心理念とする女子差別撤廃条約を採択し，1985（昭和60）年に日本も批准した。条約は，女性に対する全ての差別を禁止する立法その他の措置をとることなどを締約国に義務づけ，また，雇用の分野における差別の撤廃について規定しているため，日本は批准のための条件整備として男女雇用機会均等法を制定した。

ＩＬＯも，男女労働者の職業生活と家庭生活の両立が真の男女平等のために必要であるとの認識の下に，1981（昭和56）年6月，家族的責任条約（156号）を採択し，1995（平成7）年6月にわが国も批准した。同年に北京で開催された第4回世界女性会議では，あらゆる政策や計画にジェンダー（社会的，文化的に作られた性差）の視点を反映することを明確に打ち出した行動綱領が採択された。

　わが国はこれを受けて，1996（平成8）年12月，「男女参画2000年プラン（2000年までの行動計画）」を策定し，1999（平成11）年6月，女子差別撤廃条約の要請する包括的な男女平等の実現に向けた基本となる法律として，男女共同参画社会基本法を成立させ，これを施行した。

　北京宣言と行動綱領実施状況の検討と評価を行うために，2000（平成12）年にニューヨークで開催された第5回世界女性会議で，政治宣言と成果文書が採択され，この中で，グローバリゼーションが女性の生活にマイナスの影響を与え，男女の不平等が拡大されたことが指摘された。特に，女性の労働力率が上昇しているものの，多くの女性は不安定で安全衛生上の危険を抱える低賃金労働・パートタイム労働・契約労働に従事していると述べられている。このような障害を克服するため，北京行動綱領の完全，かつさらなる実施の確保のための行動を取ることが誓約された。パートタイム労働者・臨時労働者とフルタイム労働者・常用労働者との均等待遇を実現するための法制化が実現されなければ，雇用の分野における真の差別の撤廃は実現されない。

(2)　**男女雇用機会均等法の改正**

　男女雇用機会均等法（以下，均等法という）も成立当時は，募集・採用，配置・昇進などの差別について，事業主の努力規定を定めていたに過ぎなかった。

　そのため，1997（平成9）年に法改正があり，上記努力義務規定が禁止規定に改められ，制度上のみならず実質的な均等の実現を図るため，ポジティブアクションの規定が新設され，これらの実効性を確保するための措置として，禁止規定に違反する事業主が勧告に従わない場合の企業名の公表制度の創設，調停制度の改善等が図られた。しかし，男女別ではなく，性に中立的な基準であっても，多くが男性である世帯主に賃金を高く支払う基準や，転勤することについての応諾の有無によって配置・昇進を異にするといった，間接差別も禁止しなければ差別はなくならない。こうした間接差別の禁止が今後の課題となってこよう。また，賃金体系が年功賃金制から能力給制に移行しつつある現在，性差別による賃金格差の証明はますます困難化しており，挙証責任の軽減も課題となる。前記法改正で企業名公表制度が禁止規定の中核をなしているが，その実効性を今後厳しく検証していく必要がある。

また，事業主は，女性の労働権・人格権侵害となる職場におけるセクシュアル・ハラスメントを防止すべく雇用管理上必要な配慮をしなければならない旨の規定が新設された。

　さらに，均等法は，均等の実現を図るべく各都道府県女性少年室に，機会均等調停委員会をおき，同委員会が調停案を作成し，その応諾を勧告できるとされているが，実効性には疑問がある。調停委員会制度に代えて，救済命令などの実効性ある救済措置をとりうる独立の行政委員会を設けるべきである。そして，女性室長には資料提出命令権，調査権，質問権を与えるなどの権限強化を図るべきである。

　均等法の改正と併せてなされた労働基準法の一部改正として，女性の時間外及び休日労働並びに深夜業の規制が解消される一方，育児・介護休業法が一部改正され，育児又は家族介護を行う者に深夜業免除請求権が認められた。しかし，この請求権を行使したことにより，配置や昇進面で異なる扱いを受けることもあり得るし，昼間勤務への転換請求権もないうえ，所得保障も得られない。この点，無料健康診断の権利，健康上の理由からの同種業務への配転請求権，母性保護のための昼間労働への転換請求権，所得保障等を労働者に認めるＩＬＯ第171号条約（日本は未批准）とはかなりの差がある。

　現実に家族的責任の多くを女性が負担してる現状での，深夜業，時間外労働規制の廃止は，女性に「家族的責任を取るか，深夜業，時間外労働を取るか」の選択を課すことになり，かえって雇用機会の均等を奪うことになる。過労死が社会問題化しているわが国の現状をふまえれば，男女共通の深夜業規制・労働時間規制がなされる必要がある。

　1998（平成10）年の労働基準法改正では，深夜労働に関する法的規制が実現されず，同法附則において労使間の自主的努力を行政が促進するといった，極めて微温的な規定がなされるにとどまった。使用者に対し義務付けをする旨の法改正を実現していく必要がある。また，同法改正では，時間外労働に関し3年間の激変緩和措置が定められ，家族的責任を有する女性労働者の時間外労働を年間150時間を超えないものとし，一定期間後は家族的責任を負担する労働者が時間外労働の免除を請求できる制度に関し検討を重ねることになった。しかし，年間1800時間労働を実現するためには，全労働者の時間外労働を150時間以内にするよう使用者に義務づける法的規制を行うことが不可欠であり，上記改正では不足である。

(3) パートタイム労働法の問題

　1994（平成6）年6月，ＩＬＯは，パート労働者の基本的人権を国際的に認める「パートタイム労働に関する条約」を採択し，パート労働を労働時間がフルタイムより短い労働と定め，パート労働者とフルタイム労働者の均等処遇の原則を明示し，パート労働者であることを理由に賃金を低く押さえることを禁止した。

これに対し，1993（平成5）年12月に施行されたわが国の「短時間労働者の雇用管理の改善等に関する法律」（パート労働法）では，均等処遇の原則が明示されておらず，「均等」概念の基準も明確にされていない。したがって，女性が約7割を占めるパート労働者の不安定な地位は，いまだに解消されていない。

　また，パートタイム労働には，短時間労働型とフルタイム型（疑似パート）があり，後者が全体の2割を占めている。同法は短時間労働型についてのみ規定し，フルタイム型については特段の規定を設けることなく，短時間労働型の規定をそのまま適用する扱いとなっている。これでは，フルタイム型パートタイム労働の温存，固定化を許すことになる。むしろ法制のあり方としてはフルタイム型パートタイム労働を解消する方策がとられるべきである。

　さらに，同法は10条において，労働大臣は雇用管理改善のため助言，指導，勧告を行うとしている。しかし，労働基準監督署は，6条の労働条件を記載した書面の交付，7条の就業規則の作成に関しての指導は行うが，それ以上の雇用管理改善についての助言，指導，勧告は法律上の権限がないので行わない，という見解をとっており，自らの権限を不当に狭めているものである。

　2002（平成14）年7月，厚生労働省均等・児童家庭局長の私的研究会であるパートタイム労働研究会は，「パート労働の課題と対応の方向性」と題する最終報告を発表し，厚生労働省はこの最終報告等を踏まえて大臣の諮問機関である「労働政策審議会雇用均等分科会」で，今後のパートタイム労働対策について調査・審議がなされている。

　東京弁護士会は，この最終報告に対して，同年11月にパートタイム労働改革の方向性を示す6項にわたる提言を行い，直ちに法制化することを求める意見書を厚生労働省に提出した。

　パート労働者の現状は，最終報告も指摘するとおり，パート労働者の急増，正規労働者からパートなど非正規労働者への代替化の加速，パート労働者の基幹的役割の増大にもかかわらず，1993（平成15）年のパート労働法制定以降むしろ賃金格差は拡大傾向にあり，処遇や雇用保障が働きに見合ったものになっていない。従って，東京弁護士会の提言は，改革の方向として妥当であり，上記分科会における調査・審議において十分検討し，採用されるべき内容である。以下に提言の骨子を掲げる。

　　1　パート労働者と通常の労働者との均等待遇確保を目的とする法制化の方向として，実効性ある「均等処遇原則タイプ」を取るべきであり，具体的には「短時間労働者の雇用管理の改善等に関する法律」（以下，「パート労働法」という）第3条1項を「事業主は，その雇用する短時間労働者について，通常の労働者と均等に取り扱わ

なければならない」と改正すべきである。
2　上記1の禁止規定につき，パート労働法に罰則規定を設け，救済制度を整備すべきである。
3　パート労働者の処遇にあたり，通常の労働者とその職務・職種等が同じ場合には時間外労働・転勤などのいわゆる拘束性の違いを高く評価して格差の合理的理由としてはならない旨を厚生労働省の指針で明記すべきである。
4　職務評価については，同一価値労働同一賃金の実現のため，ＩＬＯ100号同一価値労働同一報酬条約・国連女性差別撤廃条約に基づき客観的な職務評価の基準を厚生労働省の指針で定めるべきである。
5　パートタイム雇用への配置を決定した状況が無くなった場合又は通常の労働者に欠員がある場合はパート労働者から通常の労働者への，並びに，通常の労働者からパート労働者への相互転換権を労働者の権利としてパート労働法に定めるべきである。
6　恒常的な業務に短時間労働者を雇用する場合には，合理的な理由のない期間の定めを設けてはならないとの規定をパート労働法に定めるべきである。

(4)　男女共同参画社会への法制度等の整備充実

現状では女性が育児・看護・介護を担っており，女性労働者のみに「職業生活と家庭生活の両立」という負担が負わされている。この解消のためには育児・看護・介護に関する法制度を完備させ，男女が平等に家族的責任を分かち合えるようにしなければならない。

1992（平成4）年4月1日，「育児休業等に関する法律」が施行され，また，1995（平成7）年6月5日，同法を拡大改正する形で「育児休業，介護休業等育児又は家族介護を行う労働者の福祉に関する法律」（以下，育児・介護休業法という）が成立した。しかし，「1996年度女子雇用管理基本調査」によれば，1995（平成7）年度に配偶者が出産した男性のうち，育児休業をとったのは0.16％（ただし，前回1993（平成5）年度調査時より0.14ポイント上昇）にすぎない。育児・介護休業がとりやすくなるような法改正が必要であろう。育児休業中の賃金については，育児・介護休業法では特に規定されておらず，労使の話し合いに委ねられているが，雇用保険法の改正によって，2001（平成13）年1月から休業前賃金の40％の育児休業給付金が支給されることになった。これは最低基準であるので，労使交渉でこれに賃金を上乗せし，日弁連が1996（平成8）年9月19日「男女共同参画社会の形成促進に関する国内行動計画の策定についての意見書」で述べているように，育児・介護休業中の所得保障を賃金の6割とするなどの改善を図る必要がある。

1997（平成9）年12月，「介護保険法」が成立した。同法が有効に機能すれば，家族の

介護負担が軽減でき，介護負担の男女間の均等な分担を促すことにもなろう。しかし，同法では，65歳未満の者は「加齢に伴って生ずる心身の変化に起因する疾病等による要介護状態」になければ介護サービスは受けられない。したがって，交通事故や，年齢と関係のない疾病により要介護状態になっている者の家族にとっては介護負担は解消されず，この点は同法の大きな欠陥である。また介護保険制度ができ，そのための財源が整っても，これを実現するだけの人的物的設備が整っていない。これらの態勢が不備であれば同法も絵に描いた餅となる。

われわれは，以上の諸問題に迅速かつ適切に対処し，社会のあらゆる分野に男女が平等に参画しうるよう，積極的な活動を展開していかなければならない。

(5) 法曹界における性差別

司法の分野においても，性別役割分業意識や性に基づく固定観念の存在は例外ではない。裁判官・検察官・弁護士・調停委員・調査官・書記官，そして警察官等の司法に携わる者が，ジェンダー・バイアス（性に基づく差別・偏見）を持っていることで，現実の裁判や調停の場でさまざまな性差別が起きていることが，日弁連の両性の平等に関する委員会の調査で明らかになった。司法の場におけるジェンダー・バイアスが特に深刻なのは，司法が人権の最後の砦であり，個々の人権に重大な影響をもたらす結果となる点である。

女性の権利などの人権に関する法曹関係者の研修の必要性については，国際的にも何度も指摘されているが，司法制度改革におけるジェンダーの視点は欠如している。1998（平成10）年11月の日弁連の「司法改革のビジョン」，1999（平成11）年11月の「司法改革実現に向けての基本的提言」にも，司法制度の中に内在する性差別意識改革のためのプログラムや，裁判官・検察官・弁護士等の法曹関係者に対する教育プログラムの必要性については全く触れられていない。さらに，2000（平成12）年6月に公表された「司法制度改革審議会意見書」にも，性差別を温存させるような法制度や法曹の意識改革の必要性の視点は全く欠けている。法曹養成制度のカリキュラムの中で，ジェンダー・バイアスを正す視点から，ジェンダー問題を憲法の一部として全学生に必修とすべきである。

日弁連の両性の平等委員会は，2002（平成14）年3月，「司法における性差別――司法改革にジェンダーの視点を――」のシンポジウムを開催し，その基調報告書を刊行したが，その中で，法曹会に存在する性差別として，次の事実を明らかにしている。

① 研修所教官の差別発言

1976（昭和51）年4月から7月にかけて，将来の裁判官，検察官，弁護士を養成する司法研修所で，現職の裁判官である教官及び事務局長が，女性修習生に対し「君が司法試験に合格してご両親はさぞ嘆いたでしょう」「研修所を出ても裁判官や弁護士になることは

考えないで，研修所にいる間はおとなしくしていて，家庭に入って良い妻になるほうがよい」「勉強好きの女性は議論好きで，理屈を言うのできらいだ」等と発言し，さらに男性修習生に対し「男が命をかける司法界に女が進出するのは許せない」「女が裁判をするのは適さない」等と発言した。

② 検察官任官者に対する女性枠による採用差別

検察官任官希望者に対する「女性枠」による採用差別も，女性に対する差別的な取り扱いである。2000（平成12）年に，「検察任官における『女性枠』を考える53期修習生の会」から日弁連へ調査と是正措置についての申立があり，調査の結果，「司法研修所における検察官任用者を選考する課程において，女性修習生の任用を，原則として各クラス1名，例外的に2名とする」という「枠」があり，その枠に基づき，女性の任用希望者に対し，クラスの教官等が「枠外である」と言って任官を諦めさせたり，あるいは「枠」の存在ゆえに志望を変更せざるを得ない修習生が出るなど，女性の任用希望者の数を抑える結果になっていることが明らかになった。

③女性弁護士就職差別

1994（平成6）年，日弁連の両性の平等委員会が登録6年以内の女性弁護士を対象に就職・処遇に関するアンケートを実施した結果，就職活動中に性差別があると感じたとの回答が半数以上あり（回答総数86件中46件），採用後の条件や処遇でも性差別があると感じたとの回答が6件あった。

また，日弁連が2000（平成12）年10月に弁護士登録をした者608名（男女とも）に対して行った就職問題に関するアンケート（回答率19.2％）でも，回答者の約3分の1が「女性は採用しないと言う方針の弁護士事務所があった」と回答している。

第5 労働法制に対する改革

第３部　人権保障のための制度改革

第1　各種権利保護の改革

> 　犯罪被害者の権利を確立するために，犯罪被害者に関する基本法の成立を目指し，努力するべきである。
> 　また，犯罪被害者の法律相談は，被害者としての特別の配慮を要することを意識し，そのための研修に力を注ぐべきである。
> 　反対に，被害者の意見陳述権，ビデオリンク方式による証人尋問は，被告人の反対尋問権を侵害する可能性が強く，その侵害がないような改正又は運用をするよう，注視して行かなくてはならない。

1　犯罪被害者の保護

(1) 犯罪被害者に対する基本保護法制の必要性

　刑事事件は，基本的には犯罪を犯したことを理由に，捜査，公判という手続きがなされ，犯罪者に刑罰を与える制度である。この犯罪者とされた者は無罪の可能性があり，その保護をはかることが，刑事手続において重要視されてきたことは間違いがない。しかし，反面，被害者は「忘れられた存在」であり，何の保護も支援も受けることなく，告訴権が認められているほかは，捜査段階で事情聴取を受けたり，公判で証言する証人としてしか存在をみとめられていなかった。このような現状の中，被害者保護の必要性が強く認識されるにいたり，最近，犯罪被害者保護法等が成立した。しかし，これらの法律のみでは，被害者の保護は不十分であることは明らかであり，被害者保護制度を確立するためには，被害者の権利について正面から規定する犯罪被害者保護基本法の制定が不可欠である。

　国際的には，1985（昭和60）年国連犯罪防止会議において，犯罪及びパワー濫用の被害者に関する司法の基本原則宣言が採択され，各国政府に犯罪被害者の権利保障についての必要な施策を検討することを求めている[1]。

(2) 犯罪被害者に関する法制度

　犯罪被害者に関する法制度又はその扱いに関する制度は，社会の批判もあり，少しずつ

---

[1] そこでの必要な施策として，諸外国での犯罪被害者の権利が参考となるが，その権利とは，次のようなものである。
①個人として尊重されること，②加害者の刑事手続き等に一定の範囲で関与し，知る権利，③被害回復を求める権利，物質的・精神的・心理的・社会的支援を受ける権利などが挙げられている。

ではあるが，整備されている。警察や検察による通知制度も実施されているし，2000（平成12）年5月に「刑事訴訟法及び検察審査の一部を改正する法律」が成立し（2000〔平成12〕年11月1日施行），告訴期間及び検察審査申立権者の改正並びに被害者証人尋問の際の付添人，遮蔽，ビデオリンク利用についての配慮がなされ，同日成立した「犯罪被害者等の保護を図るための刑事手続きに付随する措置に関する法律」（2000〔平成12〕年11月1日施行）では，刑事手続き内においての民事的解決の方策と公判記録の取り寄せに関する内容が規定された。また，2001（平成13）年には「犯罪被害者等給付金支給法の一部を改正する法律」が成立し，犯罪被害給付金制度が拡大された。このような前進は見られるものの，被害者の司法参加という視点からの制度はほとんど存在しない状態である。諸外国には，私人訴追や訴訟参加，付帯私訴などの制度を設けているところも多く，わが国においても今後検討の必要性があろう。特に付帯私訴は，わが国の旧刑事訴訟法においても規定されていた制度で，刑事と民事の二度手間を省き，刑事手続の中で民事の損害賠償請求を認めるもので，被害者の利益のみでなく，訴訟経済の面からもメリットが大きいと思われる。その他，検察審査会の起訴相当・不起訴不相当の決定に拘束力を認めたり，検察審査会で被害者の意見陳述の機会を設けたり，不起訴記録の開示を求める制度を作るなどの改革も必要である。更に，被害者からの事情聴取の回数を可及的に減らすための事情聴取方法の検討なども今後の課題である。

(3) 弁護士会の対応

民間では，1992（平成4）年被害者学会において，日本として初めて犯罪被害者実態調査が行われ，その後，東京医科歯科大学犯罪被害者相談室，水戸被害者援助センターなどによる被害者支援活動がなされるようになってきている。

また，外国においても，民間の犯罪被害者団体[5]が発達しており，国の法整備とは別に，民間の支援団体の必要性をも考えていくべきであろう。

このような流れの中で，日弁連においても，1997（平成9）年4月，犯罪被害者回復制度等検討協議会が設置され，被害者の実態調査，支援活動，外国制度の検討を行ってきている（現在は，日弁連犯罪被害者支援委員会）。この影響から，各単位会においても，支援のための組織が作られつつある[6]。

弁護士会としては，今後も，基本的な被害者の権利の確立が最重要であることを認識し，

---

5) アメリカ：NOVA（National Organization For Victim Assistance），イギリス：VS（Victim Support），ドイツ：WESSER RING
6) 2000（平成12）年段階では，支援組織を持つ単位会は，23単位会となっている。
東弁では，1999（平成11）年12月から常設の法律相談事業を開始している。2000（平成12）年11月からは，東京三会・東京地検犯罪被害者支援ホットラインを提携により実現している。

被害者保護に関する基本法の制定を目指すとともに，被害者の司法参加制度やいわゆる修復的司法などについての検討を重ね，新たな制度に向けての提言を行っていく必要があろう。

さらに現在行われている犯罪被害者への法律相談は，被害者であるための特別の配慮を要する場合もあり，このための相談者としての研修等についても努力すべきである。

2 犯罪被害者保護と被疑者・被告人の権利保障

(1) 2000（平成12）年の改正における被疑者・被告人の権利の保護

その改正においては，①性犯罪の告訴期間の撤廃，②ビデオリンク方式による証人尋問の導入，③証人尋問の際の証人の遮蔽物，④証人尋問の際の付添人，⑤被害者等の傍聴に対する配慮，⑥被害者等による公判記録の閲覧謄写，⑦公判手続における被害者による意見の陳述，⑧民事上の和解を記載した公判調書の執行力付与が，主とした改正点であるが，基本的な被疑者・被告人の権利までが，ないがしろにされてはならないことを認識しなければならない。

その運用のあり方によれば，弁護権の不当な制限ともなりやすく，また，被告人の反対尋問権の侵害の可能性も秘めている。反対尋問権の保障は，憲法上の権利であり，その侵害は，憲法問題となりやすい。その意味でも，これらの改正事項については，運用上の十分なる配慮と，将来の調和をとった改正を目指した行動をすべきである。

(2) 被害者の意見陳述の問題点

刑訴法292条の2において被害者に認められる意見陳述における「意見」とは，被害に関する心情その他の被告事件に関する意見である。この意見陳述は，犯罪事実の認定のための証拠にはできないこととなっているが（同条9項），証拠に基づかない意見陳述自体を認める点は証拠裁判主義の大原則に反する。しかも，この意見陳述は，量刑に影響を与えると考えることが常識的な判断であるにもかかわらず，被告人の反対尋問権が保障されていない。被告人に規定上できるとされているのは，意見の趣旨を明確にするための質問だけである（同条5項）。

被害者といっても様々であることは，実務上明らかであり，例として交通事故に関しては，被害者の過大賠償請求が，加害者をして被害者的地位にさせている現実もあり，これらの実務を考えたときには，被害者の意見陳述に対しては，少なくとも，禁止規定がないとして反対尋問を求めるか，量刑に影響ありとして証人尋問手続を求めるなどの運用と改正を目指すべきである。

(3) ビデオリンク方式による証人尋問の問題点

　この証人尋問の方式は，例えば性犯罪被害者や年少者等の証言に当たり，被告人と法廷で会って直接顔を合わせることの精神的な負担が二次的な被害とならないよう配慮したものであるが，被告人の反対尋問権の保障との関係で重大な問題があるといわざるを得ない。直接審理の原則からは証人尋問も当事者の面前で行われるべきは当然である。これは，証人尋問自体は，単にその証言した内容だけではなく，証言の際の証人の表情や態度・動作など全ての表現を併せて証言内容を評価すべきであることは，経験上明らかだからである。

　したがって，被害者の上記の精神的な負担問題と被告人の反対尋問権の保障との関係については，調和をとった解釈・運用がなされなくてはならない。少なくとも，弁護人は，被害者であっても，その面前での反対尋問を行えるような運用をすべきである。

　今後弁護士としては，被告人の反対尋問権が無視ないし軽視されないよう，被害者の利益も考慮しつつ，運用を注視し，調和ある法改正も念頭におくべきである。

3　外国人の人権

　弁護士会は，外国人の人権に関する諸問題を解決するため，次の取り組みをすべきである。
・外国人のための相談，救済活動の一層の拡充を行うこと
・わが国の入管制度，難民認定制度について法制度上及び運用上の問題点を見直すための調査，研究活動を行うと共に，その成果に基づき日弁連として法改正や行政各省庁の取扱いの是正を求めるための活動をより積極的に行うこと
・国際人権規約の選択議定書をはじめとする外国人の権利保障に関連する諸条約の批准促進運動を展開すること

1）入管行政の問題

　日本に在留している外国人の人権状況には大きな問題があることは，法友会の政策として繰り返し指摘したところである[1]。従来指摘した問題点については，なお改善されないままのものが多いが，近時，次のような新たな問題点が生じてきている。

(1) 上陸を拒否された外国人をめぐる問題

　上陸を拒否された外国人が警備会社職員から暴行を受けて警備料の徴収を受けたという事件が，2000（平成12）年8月4日付朝日新聞で報道されて以来，新聞・テレビなどで問

題とされている。

　この上陸を拒否された外国人に対する取扱いについては、極めて重大な問題がある。

　① 「上陸防止施設」等への身体拘束をめぐる問題

　上陸を拒否された外国人が、空港内の「上陸防止施設」という窓もない施設や近隣のホテルに、送還されるまでの間、留め置かれるということが日常的に生じている。

　しかしながら、この身体拘束には、明確な法による授権がなされていない。

　すなわち、出入国管理及び難民認定法（以下「入管法」という）59条は、上陸を拒否された者については、その者が乗ってきた船舶等の長又はその船舶等を運航する運送業者が、その責任と費用で、速やかに本邦外の地域に送還しなければならない旨定めている。

　そして、航空機により本邦に到着した外国人が上陸を拒否された場合には、航空機の運航の性質上、同一の航空機により本邦外に送還することが不可能な場合がほとんどであり、そのため、送還までの一定期間を陸地に留まらざるをえないことになり、運航スケジュールの都合で宿泊を伴う必要が生ずることも、ままある。

　このような場合には、入管法13条の2第1項により、指定された期間内に限り、出入国管理及び難民認定法施行規則52条の2、同別表第5により指定された施設に当該外国人を留め置くのを許すことになる。

　そして、送還が可能になるまでの間、当該外国人は外出を許されず、身体を拘束され続けることになる。そこで、ある見解は、「運送業者等の送還を確実に実施するまでの間、身柄を確保する必要があること」を根拠に、上記の身体拘束を正当化しようとしている[1]。

　しかしながら、人身の自由を奪い去る重大な人権制約の根拠を、このような不明確な形で、しかも運送業者等という私人に付与することは、明確性の原則に反する。

　また、期限も法定されていないため、無期限の拘束が可能になる。手続としても、告知・聴聞や不服申立の手段もない。これは、「何人も、法律で定める理由及び手続によらない限り、その自由を奪われない。」と定める市民的及び政治的権利に関する国際人権規約（以下、「自由権規約」という）9条1項に明確に反する。

　② 上陸防止施設内での人権を無視した処遇

　さらに、上陸防止施設への身体拘束は、あくまで私人の私人に対するものという建前だから、入管の収容所における「被収容者処遇規則」のような、身体拘束下における処遇のルールなども当然存在しない。そのため、大量の上陸拒否者が出たときには対応しきれず、5名が定員の部屋に十数名を押し込んだこともある。

---

1) 2000（平成12）年度法友会政策要綱259頁以下。

男女の分離も徹底されていないし，医療へのアクセスも整備されていない。

外部へ電話連絡をさせるかどうかも，全くケース・バイ・ケースとなる。搭乗拒否をした外国人に対して，警備会社職員が暴行を加えたというケースも報告されている

③ 警備料徴収の問題

さらに，上陸を拒否された外国人に所持金があるときは，警備会社が直接警備費用を当該外国人から取り立てており，その際に暴力を用いたり，全裸にして身体検査をする等という，人権無視の手段が用いられているとのことである。

運送約款では，運送業者が負担した費用を当該外国人に求償するよう定められているようであるが，それは当該外国人と運送業者との法律関係であり，警備会社が直接警備費用として当該外国人から徴収をすることには何ら合理的な根拠は見出せない。

(2) 収容手続及び被収容者の取扱い

在留資格を有しない外国人が摘発を受けた場合，刑事手続をとらずに入管法の手続により収容され強制送還されることがあるが，この収容手続は，そもそも法制度として重大な欠陥を抱えている。

すなわち，入管法上の収容の根拠としては収容令書に基づく場合と退去強制令書に基づく場合がある。

このうち前者は入国警備官の請求によりその所属官署の主任審査官が発付するものであり（入管法39条2項），身体の拘束という重大な人権制限を課すものであるにも関わらず，ここで司法の関与は一切排除されている。

さらに，後者の場合には，このような内部審査すらなく，入国警備官が「退去強制令書を受ける者を直ちに本邦外に送還することが出来ないとき」と判断した場合には，収容をすることができる（入管法52条5項）。

しかも，これに対する独自の不服申立の手続はない。身体を一時的に解放するよう求める仮放免制度も，その許否及び保証金を決定するのは入国者収容所長又は主任審査官である（入管法54条2項）。

これを刑事手続に引き直せば，検察官が上司の決裁を得れば被疑者を逮捕・勾留することができ，保釈するかどうか，保釈保証金の額も検察庁で決定し，準抗告は制度上認められないというようなものであり，収容手続においては独裁制度が採られているかのごとくである。

しかも，収容令書による身体の拘束期間は原則として30日間で，延長がなされた場合には60日間にも及ぶことになり（入管法41条第1項），退去強制令書の執行としての収容においては期間の限定はなく，「送還が可能となるとき」まで収容を継続することができる

（入管法52条第5項）。そして，送還ができないことが明らかになった場合にも，直ちに身体の拘束が解かれるのではなく，入国者収容所長もしくは主任審査官の裁量によって放免することが許される場合があるのみである（同条6項）。

　逮捕状による身体の拘束が最長でも72時間であること（刑事訴訟法205条2項）に比べて，人権の制限の程度ははるかに重大なのである。

　そして，入管側は，日本では退去強制手続を進めるにあたっては，当該外国人を収容すべき必要性があるか否かにかかわりなく，全ての者に対して収容令書を発付する，いわゆる「収容前置主義（又は全件収容主義）」を採用していることを，訴訟の場においても平然と公言している。その結果，収容すべき必要性・相当性が認められない幼児や高齢者までを収容したという事例が数多く報告・報道されている。1997（平成9）年12月に報道された例では，生まれてから一度も外界に接することなく，1年7ヵ月になるまで入管に収容され続けた幼児がおり，その子どもは収容が長引くにつれ，感情表現が出来なくなり，倒れたポットのお湯でやけどをしたときですら泣くことも出来ないようになったとのことである。

　上記手続は，抑留によって自由を奪われた者につき，裁判所がその抑留が合法的であるかどうかを遅滞なく決定すること及びその抑留が合法的でない場合にはその釈放を命ずることが出来るように，裁判所において手続をとる権利を認めた自由権規約9条4項に反することは明白である。

　また，収容場内における被収容者に対する取扱いも極めて劣悪であり，入管の元職員から被収容者への暴行が日常的に行われているとの証言がなされたり，レイプやわいせつ行為が行われているとの報告が数多くなされている（現代人文社刊・入管問題調査会編『密室の人権侵害』参照）。このような劣悪な収容の状況は，1998（平成10）年10月に行われた規約人権委員会における日本政府による報告書の審査で議論の対象とされ，同年11月に日本政府に対してなされた勧告においても，独立の項目を設けて，改善を求められている。

　これは上記のとおり収容手続が司法の関与が排除された密室の手続で行われていること，被害者たる被収容者が強制送還された後には非難の声すら届かないことも大きな要因であると考えられる。前記の規約人権委員会も日本政府に対し，「警察や入国管理局職員による虐待に対する申立てを，調査や救済のために行うことのできる独立の機関の設置を強く勧告する」と述べているとおり，適切な処遇を実現するには，第三者による監視が不可欠なのである。

　さらに，年齢に関係なく，子どもまでを様々な国籍・習慣を有する成人の外国人と一緒の房に収容するという取扱いもなされており，これは成人と共に拘禁生活を送ることによ

り子どもの人格形成に悪影響を及ぼすことを可及的に排除しようとした子どもの権利条約37条 c ，自由権規約10条 2 項 b 及び少年法49条 2 項の趣旨にも明確に反する。

　弁護士会としては，被収容者の処遇に関して入管側に情報の公開を求めると共に，収容手続の公正さを担保するための司法の関与を認めるための法改正に向けて，積極的な運動をすることが急務である。

(3) 難民問題

　2001（平成13）年10月にアフガニスタン人難民申請者が一斉に収容された事件や，2002（平成14）年 5 月に中国瀋陽の日本総領事館で起きた事件をきっかけに，わが国の難民認定制度の在り方が問題となっている。主な問題点は，下記のとおりである。

　① 組織上の問題

　現行法では，難民認定権者は法務大臣とされ（入管法61条の 2 第 1 項），法務大臣は必要な場合には難民調査官に事実の調査をさせることができるものとされている（入管法61条の 2 の 3 第 2 項）。実際の認定実務は法務省入国管理局総務課内にある難民認定室が取り扱うものとされている（法務省組織規則17条 2 項）。実際には，難民認定申請が行われると，難民調査官が事実の調査として申請者に会い，インタビューを行っている。

　しかしながら，入国管理局は，その名のとおり，本来的に出入国管理という秩序維持の業務を行う機関であり，一方では超過滞在者の退去強制をその職務としている。警察作用を本質としているのである。

　他方，難民認定は，様々な原因で自らの国を離れ，他国に逃れなくてはならなかった人々を保護するための手続である。外国人を対象とするとはいえ，その基本的姿勢は180度異なる。

　この，相反する性質の業務を，同じ組織内で行っていることに重大な問題がある。難民調査官は，入国管理局内の他のセクションから異動してその職に就く場合が多い。昨日まで，外国人を退去強制の対象として見ていた職員が，職種が変更した途端に庇護の対象として扱うということには，明らかな歪みがある。

　その結果として，本来であれば，自らが迫害を受けるおそれがあることを客観的に証明する資料を持たないことがほとんどの申請者の後見的な役割を期待されている難民調査官が，実際には，申請者の供述のあら探しに腐心し極力認定を避けようとする傾向に陥ってしまっている。

　適正な認定を行うためには，認定部門を出入国管理とは切り離し，かつ，難民法等に関する特別な知識を習得した者が認定作業に携わることが不可欠である。

　② 60日ルールの撤廃（入管法61条の 2 第 2 項）

入管法61条の2第2項は，「前項（難民認定）の申請は，その者が本邦に上陸した日（本邦にある間に難民となる事由が生じた場合にあっては，その事実を知った日）から60日以内に行わなければならない。ただし，やむを得ない事情があるときは，この限りでない。」と定めて難民認定申請に期間制限を設け，多くの難民申請者に対し，この「60日ルール」に遅れたことを理由として形式的に難民不認定処分を行っている。

　その上，法務省は，「やむを得ない事情」を「病気，交通の途絶等の客観的な事情により物理的に入国管理官署に出向くことができなかった場合のほか，本邦において難民認定の申請をするか否かの意思を決定するのが客観的にも困難と認められる特段の事情がある場合」と限定的に解している。

　その結果，多数の難民申請者が，「日本に入国後（又は難民となる事由を知った日）から60日以内に難民申請をしなかった」という形式的要件によって，難民不認定とされている。

　難民不認定の処分を受けた者のうち，60日ルールゆえに形式的に不認定となった者は総不認定者の4分の1にのぼると言われている。

　その一方で，空港や港では，難民申請へのアクセスが全く保障されておらず，難民申請の不受理，難民申請希望表明者の送還等の例が報告されており，迅速な難民申請と逆行する運用がなされているおそれが高い。

　難民にとって，自らが難民であることを表明することは，故国との絶縁という重大な行為である。また，それ自体危険を伴う行為であるから，日本が信頼するに足りるか否か不安を抱くのが通常である。さらに，平穏に日本で在留できているならば，さしあたり迫害を受ける危険から逃れていられるので，そのような状態を維持できなくなって初めていわば最後の手段として難民申請することは無理からぬところである（以上，東京地方裁判所2002〔平成14〕年1月17日判決同旨）。

　そして，真正な難民が，身辺の安全を確信するまで申請を行わないことはよくあることである。たとえば，本国での公権力による迫害を逃れてわが国に上陸した難民申請者にとっては，日本の公権力に身を委ねて保護を求め得るものであるか否か，慎重になることは当然である。

　また，難民認定を求める者の多くは「短期滞在」の在留資格でわが国に上陸しているが，上陸時の在留目的と異なる目的（難民認定申請）を申し立てれば虚偽申告を問われるおそれがある。他方，入国時に難民認定申請の目的を告げると上陸防止施設に収容され，代理人との自由な連絡も許されず密室で処理され，本国に送還される危険がある。

　このような日本の制度的現状下において，難民と認められなければ本国に送還される危

険のある難民認定申請を，60日以内に行うとすることには全く期待可能性がないと言うべきである。

③ 難民認定申請者の地位

世界人権宣言第14条によると，庇護を求め享受する権利は，基本的人権であると認識されている。この権利を行使する際，庇護申請者はしばしばある領域に非正規に到着するかもしくは入ることを余儀なくされる。しかしながら，庇護希望者の立場は，入国に際し合法的な手続きに従うことができる立場にないかもしれないという点で通常の移民の立場と根本的に異なる。この点は，庇護希望者がしばしば深く傷ついた経験を持っている事実と同様，非正規入国や非正規滞在を根拠とする移動の自由の制限を決定する際，考慮に入れられるべきである。

このことを受けて，難民条約31条1項本文は，「締約国は，……許可なく当該締約国の領域に入国し又は許可なく当該締約国の領域内にいるものに対し，不法に入国し又は不法にいることを理由として刑罰を課してはならない。」と規定し，同条2項第1文は，「締約国は，1の規定に該当する難民の移動に対し，必要な制限以外の制限を課してはなら（ない）」と規定する。

また，1999（平成11）年2月の庇護希望者の収容に関する適用可能な基準と規範に関するUNHCRガイドライン（修正版）2「（一般原則）」は，「一般的原則として，庇護希望者を収容すべきではない。」とされている。

ところが，2001（平成13）年10月にアフガニスタン人難民申請者9名は，自ら出頭し難民としての庇護を求めていたにも拘わらず，収容されてしまった。彼らの収容に対しては，各方面から大きな非難の声が挙げられた。朝日新聞は，2001（平成13）年10月27日の「この収容はおかしい」という題の社説でこの問題を取り上げ，入国管理局の対応を厳しく批判した。およそ22年ぶりに収容令書の執行停止を命じた2001（平成13）年11月6日東京地方裁判所決定（公刊物未登載）でも，「難民条約31条においては，難民が正規の手続・方法で入国することが困難である場合が多いことにかんがみ，対象者が不法入国や不法滞在であることを前提としてなお，刑罰及び移動の制限を原則として禁じているのであるから，難民に該当する可能性があるものについて，不法入国や不法滞在に該当すると疑うに足る相当の理由があることのみをもって収容令書を発付し，収容を行うことは，難民条約31条2項に違反すると言わざるを得ない。」「相手方（国）の採る態度は法の運用に当たって，その上位の規範である難民条約の存在を無視しているに等しく，国際秩序に反するもの」と厳しく批判がなされた。

ルベルス国連難民高等弁務官も，日本で収容されているアフガニスタン難民申請者に言

及し，「全くだめだ。これは一番の悲劇だ。彼らは2度，被害者になった。1度は自分の祖国で迫害され，そして保護を求めた国（日本）でまた迫害される。これは公正ではない。本国に帰れない人をなぜさらなる恐怖にさらすのか。もっと人間的で文化的にならなくてはならない。」などと述べている（サンデー毎日2002〔平成14〕年2月10日号）。

このように，難民申請者の収容は避けられなくてはならないのに，その制度的な保障が全くなされていない。

さらに，収容を解かれたとしても，難民申請手続中，申請者は生活の糧を得るための手段を確保する必要がある。自ら生計を維持する能力がない者については，生活保護などの福祉の対象としなくてはならない。

これらの要請を充たすため，難民申請者に対しては，審査期間中の在留資格を付与すべきである。

④ このほか，難民認定手続には適正手続が担保されていないことや，アクセスのための制度が不備であること，さらに認定後の保護も，先進諸国に比べ著しく劣っていることなど，問題は山積している。

(4) 弁護士会の取組み

以上身体拘束に関連した問題と難民問題について詳しく述べたが，外国人の人権に関連しては，このほかにも多くの課題がある。

弁護士会としては，これら外国人の人権に関する諸問題の解決に向けて，次のような取り組みをすべきである。

第1は，外国人のための相談，救済活動の拡充である。この点について，1995（平成7）年8月以降，東京三会及び法律扶助協会が，平日は毎日交替で外国人のための法律相談を実施し，また1996（平成8）年には東弁の外国人人権救済センター運営委員会において，各国の在日大使館に上記法律相談案内のパンフレットを提供する等した結果，相談件数も増加するなど充実の方向にある。

しかし，外国人相談や救済窓口を担っている弁護士の数はまだまだ限られており，現在の取り組みをさらに進めるために，弁護士会は外国人事件に取り組む弁護士の増加と組織化をする必要がある。

第2に，わが国の入管制度，難民認定制度について法制度上及び運用上の問題点を見直すための調査，研究活動を行うと共に，その成果に基づき，法改正や行政各省庁の取扱いの是正を求めるための窓口となるべき組織作りを進めるべきである。

この点，難民問題に関しては，1997（平成9）年7月18日に，全国の難民事件を取り扱っている弁護士により，「全国難民弁護団連絡会議」の第一回会議が開催されて以来，メ

ーリングリストを中心にして活発な情報交換が行われており，2002（平成14）年9月には同連絡会議名による難民法改正の提言が発表なされた。

また，しばらく活動を休止していた日本弁護士連合会人権擁護委員会内の難民問題調査研究委員会が，2002（平成14）年7月から活動を再開している。しかし，分野は難民問題に限定されている。外国人の人権全般については，1999（平成11）年から日弁連人権擁護委員会の国際人権部会において，調査・研究が再開され，2000（平成12）年から2002（平成14）年まで毎年法務省入管局との懇談会が実施されるなど一定の成果は見られるが，未だその活動は十分とは言い難い。いっそうの努力が求められている。

第3は，外国人の権利保障に関連する諸条約の批准促進運動を展開することである。

特に，規約人権委員会への個人による救済申立の途を開く，自由権規約や拷問等禁止条約の選択議定書の批准は，わが国の人権状況を国際的監視下に置き，特に遅れている外国人の人権問題について救済の途を拡大するために極めて重要である。1993（平成5）年の規約人権委員会は，わが国に対して同議定書の批准をするよう正式に勧告をしているにもかかわらず，国は批准については消極的なままである。前述した，1998（平成10）年の規約人権委員会においては，この点を含め，「委員会は第3回報告書の審査後に出された勧告の大部分が履行されていないことを遺憾に思う」と非難し，繰り返し第一選択議定書の批准を勧告した[2]。日弁連は，1996（平成8）年10月25日，大分県別府市で開催された第39回人権擁護大会において，「国際人権規約の活用と個人申立制度の実現を求める宣言」を行ったが，今後もなお，その批准に向けた積極的な運動が求められている。

２）外国人の刑事手続上の問題

> 外国人の被疑者・被告人の増加に伴い，刑事手続上の問題が多数顕在化している。保釈や公判への出頭などをめぐり，入管法上の収容手続との関係で権利保障がされていない現状の改革や，司法通訳人制度の整備などの課題に，弁護士会は積極的に取り組まなければならない。

(1) はじめに

大野正男裁判官は，1995（平成7）年6月20日最判の補足意見で，「今日のように外国

---

[2] 1998（平成10）年に日本政府が規約人権委員会に提出した第4回報告書においても，この批准問題については，「締結に関し，特に司法権の独立を侵すおそれがないかとの点も含めわが国司法制度との関係等慎重に検討すべき問題があるところ，引き続き関係省庁間で検討を行っているところである」とするのみであり，これは第3回報告書から何ら前進がない。

人の出入国が日常化し，これに伴って外国人の関係する刑事裁判が増加することを刑訴法は予定しておらず，刑訴法と出入国管理及び難民認定法には，これらの問題について調整を図るような規定は置かれていない。このような法の不備は，基本的には速やかに立法により解決されるべきである」と述べた。

この意見に現れているように，現在の刑事訴訟手続は，今日のような外国人被疑者・被告人の増加を全く予定しておらず，そこかしこにおいて，不備を露呈している。

(2) 身体拘束をめぐる問題点

その中でも，近時大きな問題となっているのが，在留資格の無い外国人の身体拘束をめぐる問題である。

2000（平成12）年5月8日，東京高等裁判所第4刑事部は同年4月14日に無罪判決の言い渡しを受け，東京入国管理局収容場に収容されていた外国人被告人を職権により勾留する決定を行い，同月19日には東京高等裁判所第5刑事部が右勾留決定に対する異議申立を棄却した。そして，6月28日，最高裁判所は右棄却決定に対する特別抗告も棄却し，上記被告人は無罪判決を受けながら，引き続き身体拘束を余儀なくされる事態となった。

しかし，これら一連の収容・勾留による同被告人の身体拘束の継続は，出国の自由（憲法22条，市民的及び政治的権利に関する国際規約〔以下，「自由権規約」という〕12条2項）及び人身の自由（憲法18条，自由権規約9条1項）を不当に奪い去るものであり，重大な人権侵害である。

すなわち，まず第一に，本件では東京入国管理局による退去強制手続が，通常の例より遙かに長い時間をかけて行われた。これにより，同被告人の出国の自由を不当に侵害し，東京高等裁判所による勾留決定までの「身柄確保」に与したとの感は否めない。

同被告人は，4月14日（金）に無罪判決を言い渡されたことにより，勾留の効力は失効したものの，出入国管理及び難民認定法（以下「入管法」という）39条の収容令書によって東京入国管理局第2庁舎内収容場に収容された。その後，同被告人は4月17日（月）には帰国のための航空券を，4月18日（火）には母国大使館発行の渡航証明書をそれぞれ準備した。このような準備が整った場合には，遅くともそれから10日後までには出国できるのが通例である。ところが，東京入国管理局は「世間の耳目を集めた事案であり，慎重な審査が必要である」などとして，入管法違反調査・違反審査の手続を遅々として進めなかった。退去強制手続は，退去強制事由の存否のみを確定する手続であり，しかも同被告人は1997（平成9）年5月20日に入管法違反（オーバーステイ）で有罪判決を受けているのであって，入管法違反の事実には何ら争いが無く，「慎重な審査」を必要とする理由は全く見出せなかった。

また，第二に東京高等裁判所が勾留を決定したことが，極めて異常である。東京高等裁判所第4刑事部は，5月1日（月）に原審記録を受け取り，翌2日（火）には連休明け直後の8日（月）に勾留質問をする旨を表明している。そして，8日に勾留質問を実施した後，「罪を犯したと疑うに足りる相当の理由」を認め，さらには刑事訴訟法60条1項1号ないし3号の全てに該当する事由があるものとして，勾留決定をしたものである。原審の記録は，約2年に及んで審理がされた膨大なもので，勾留決定までの間，記録の精査が十分に出来る時間があったとは考えられない。また，本国において定まった居住地がある本件被告人を「住居不定」であるとしたこと，本国へ退去強制されることで適正な審理ができない可能性があることを捉えて「逃亡すると疑うに足りる相当の理由」があるとしたこと，既に無罪判決を受けているのに，関係者に働きかけをする危険があることを理由に「罪証を隠滅すると疑うに足りる相当の理由」があるとしたこと，そのいずれも根拠薄弱というほかない。ことに，刑事訴訟法390条は，控訴審においては被告人に公判出頭義務がないことを定めており，被告人の出頭を前提として「逃亡すると疑うに足りる相当の理由」があることを認めたことは，明白な矛盾である。

　同被告人が日本人であれば，無罪判決によって勾留の効力が失われたまま控訴の審理を行うのが通例であり，上記のような事態は本件被告人が在留資格を有しない外国人だったことに起因する。この点は，上記最高裁判所決定における遠藤光男裁判官が反対意見で指摘しているとおりである。しかしながら，これは，「裁判所その他の全ての裁判及び審判を行う機関の前での平等な取扱いについての権利」を保障した，あらゆる形態の人種差別の撤廃に関する国際条約5条(a)に明白に違反する。

　この件では，「刑の執行確保」「控訴審審理における被告人の出頭確保」という観点から，入管法と刑事訴訟法との狭間における法の不備が指摘されている。

　しかし，「法の不備」という問題は，これだけに留まらない。たとえば，外国人被告人に在留資格が無い場合には，裁判所によって保釈を許可されて，拘置所もしくは警察署の代用監獄から解放されたとしても，その後直ちに入管法による収容がされ，入管の収容場に移され，身体拘束は継続することになる。現実の身体解放を得るためには，あらためて，入管からの仮放免の許可を得た上で，保証金を別途供託しなくてはならない。つまり，日本人の被告人が解放される場合よりも，入管への保証金の分，割高になるという不平等な現象が生じることになるのである[1]。

(3)　通訳人をめぐる問題点

---

1) 詳細は，2000（平成12）年度法友会政策要綱187頁参照。

また，外国人被疑者・被告人に対する刑事手続のあらゆる段階において，公正かつ正確な通訳人を確保すべきことは，手続の適正を担保するための最低条件であるし，自由権規約14条3(f)も，かかる権利を保障している。

　しかし，裁判所，弁護士会とも，通訳人名簿を作成して適宜通訳を依頼しているが，通訳人の採用にあたっての試験などは無く，継続的な研修を施すシステムも存在しない。このような通訳人の地位の不安定さは，法廷通訳人の通訳料を裁判所が一方的に引き下げるという不当な取扱いの大きな要因となっている[2]。アメリカ，カナダ，オーストラリアなどでは，「法廷通訳人」という資格制度を設け，能力に応じた報酬を与えて公正な裁判を確保するための制度的な裏付けを与えているのであり，同様の制度の導入が急務である。

(4) 取調過程の可視化の必要性

　近時議論が活発な取調べ過程の可視化という要請は，外国人被疑者の場合にはより高まる。

　外国人被疑者の供述調書の作成方法は，捜査官が作成した日本語の供述調書を読み上げ，それを通訳人が口頭で訳し，被疑者に内容を確認させた上で，日本語の供述調書に署名・指印をさせるというものである。

　しかし，被疑者が，通訳人の口頭で述べたことには間違いが無いと理解したとしても，供述調書に記載されている内容と通訳人が読み上げた内容とが一致しているということを客観的に担保するものは実務上全く存在しない。通訳人の公正さに対する信頼という，極めて空疎なものが，唯一の同一性担保の拠り所なのである。

　そのため，後日，被疑者が適切に通訳されなかったために，誤信して調書に署名・押印したと主張しようとしても，その事実を浮き彫りにすることは不可能に近い。法廷で調書作成時の通訳人が「適切に，忠実に通訳した」と証言すれば，これを覆すことは至難の業である。

　このような事態を解決する手段として，取調べ過程のテープ録音等は非常に有効であり，1990（平成2）年10月12日浦和地裁判決（判時743号69頁）もその必要性を指摘している[3]。

　なお，この点に関し，長崎地検佐世保支部が1996（平成8）年，強盗殺人未遂事件の米兵被疑者に対する取調べの全過程を約30時間にわたって録音していたという事実が新聞報

---

[2] 2000（平成12）年1月27日付朝日新聞朝刊記事参照。
[3] 「本件のような外国人がらみの犯罪は，国際化の時代を迎えた今日，ますます増加することはあっても，減少することはないと思われる。我が国の法律制度に疎く，日本語をも理解しない外国人被疑者に対し，本件におけるような取調べをしてこれを自白に追い込むようなことは人道上，国際信義上からも重大な問題であって，早ól急に改められなければならない。最後に，外国人被疑者に対する取調べにおいては，近時その必要性が強調されている『捜査の可視化』の要請が特に強く，最小限度，供述調書の読み聞けと署名・指印に関する応答及び取調べの冒頭における権利告知の各状況については，これを確実に録音テープに収め，後日の紛争に備えることが不可欠であることを付言する」。

道された（1999〔平成11〕年1月4日付毎日新聞朝刊）。同記事によれば，このような取扱いがされたのは，「殺意の立証が微妙だったため，裁判で取り調べの適切性や通訳の正確性が問題になったときに備え」てのことだという。

このほか，米軍関係者に関しては，容疑者が外国語調書にしか署名しない場合には，外国語の調書を作成し，訳文を添付するという取扱いがなされ（1999〔平成11〕年1月1日付毎日新聞朝刊），さらに公判段階ではチェックインタープリターの同席を認めているという（1999〔平成11〕年1月11日付毎日新聞朝刊）。

これらは，日米地位協定等の法的な根拠に基づくものではなく，法務省が独自に，特別の取扱いをしているものである。このことは，法務省としても，米軍関係の被疑者・被告人の防御権保障のために，いかなる措置が必要であるかを十分認識していることの証左であるし，法的に問題がないことを自認していることの現れでもある。

このような米軍関係者の防御権行使に有効な措置が，それ以外の外国人被疑者・被告人にも同等の効果を有することは論を俟たない。よって，すべての外国人被疑者についても同様の取扱いを及ぼすべきであるし，また弁護人としても，そのような取扱いをするように要求すべきである。

(5) 今後の方針

外国人の刑事事件は，我が国の刑事司法の問題点や不備な点が象徴的に現れるところであり，(2)の事例などその典型的なものであろう。今後は，東弁のみならず日弁連全体の問題ととらえて，改善のための法改正・運用の改善や，制度の設立を早急に検討していくことが必要である。

4 死刑の存廃問題

> 弁護士・弁護士会は，「生命権」及び「個人の尊厳」を保障するため，死刑制度の存廃問題について早急に検討を深め，国民に対して，的確な判断材料を提供していくとともに，国会に対して，死刑執行停止法の制定を，また，法務大臣に対して，死刑制度の運用状況に関する情報の公開，死刑制度の存廃問題について議論の深化を図るための施策，死刑の執行を差し控えることなどを，それぞれ強く求めていくべきである。

1）死刑をめぐる内外の状況

わが国では，1983（昭和58）年から1989（平成元）年にかけて，4つの死刑確定事件（免田・財田川・松山・島田各事件）について再審無罪判決が確定し，死刑判決にも誤判がありうることが明らかになった。

また，国際的には，いわゆる「死刑廃止条約」が1989（平成元）年12月15日の国連総会で採択され，1991（平成3）年7月11日に発効し，アムネステイ・インターナショナルの調べによると，2002（平成14）年1月現在，死刑の存置国・地域が84なのに対し，廃止国・地域はヨーロッパを中心に111と大きく上回り，死刑廃止国・地域が増えている状況のもとで，死刑廃止が，世界の潮流となっている。

そのような内外の状況のもとで，わが国の死刑執行は，1989（平成元）年以降，3年4ヵ月にわたって事実上停止されていた。

ところが，1993（平成5）年3月26日に執行が再開され，それ以降毎年複数の死刑確定囚が執行されるようになり，現在までに合計43名に達している[1]。

これらの死刑執行に対して，日弁連・関弁連・東弁・二弁・横浜弁・千葉県弁・埼玉弁・静岡県弁・仙台弁・名古屋弁・福岡県弁が法務大臣に対し，死刑制度の存廃の国民的議論が尽くされるまでは死刑の執行を差し控えるなど慎重な対応を求める会長（理事長）談話ないし声明を発表している。

その間，国内では，1993（平成5）年9月21日，最高裁判決において，大野正男判事が補足意見で「死刑の廃止に向かいつつある国際的動向と，その存続を支持する我が国民の意識とが，このまま大きな隔たりを持ちつづけることは好ましいことではない」，「死刑が残虐な刑罰にあたると評価される余地は著しく増大した」と述べ，死刑執行停止法や重無期刑の導入という立法的施策を提案した。また，同年12月22日，279名の刑事法学者が「死刑廃止を求める刑事法学者のアピール」を発表した。さらに，1994（平成6）年4月6日，衆議院議員64名，参議院議員39名の合わせて103名の国会議員が「死刑廃止を推進する議員連盟」を設立し，同年6月14日，朝日新聞社が全衆議院議員を対象に実施した面接調査では，現行死刑制度について何らかの形で見直しを求める意見が224人（47.2％）を占め，「現状のまま」との意見は191人（40.2％）であった[2]。

そして，国外では，1993（平成5）年11月5日及び1998（平成10）年11月6日に，国連

---

[1] 1993（平成5）年3月26日に3名，同年11月26日に4名，1994（平成6）年12月1日に2名，1995（平成7）年5月26日に3名，同年12月21日に3名，1996（平成8）年7月11日に3名，同年12月20日に3名，1997（平成9）年8月1日に4名，1998（平成10）年6月25日に3名，同年11月19日に3名，1999（平成11）年9月10日に3名，同年12月17日に2名，2000（平成12）年11月30日に3名，2001（平成13）年12月27日に2名，2002（平成14）年9月18日に2名の合計43名。

[2] 何らかの形で見直しを求める意見の内訳は，「無条件死刑廃止」40人（8.4％），「仮釈放を認めない終身刑などを創設して死刑は廃止する」93人（19.6％），「執行を停止し議論を深める」91人（19.2％）。

人権(自由権)規約委員会が,日本政府に対して,「死刑を法定刑とする犯罪を減少させるなど死刑廃止に向けた措置を講ずること」,「死刑確定者の処遇が規約に反するとしてその改善」を求める勧告をした。また,1997(平成9)年から2002(平成14)年まで毎年,国連人権委員会は,死刑存置国に対し,死刑適用の制限,死刑に直面する者に対する権利保障の遵守,死刑を完全に廃止する見通しのもとでの死刑の執行の一時停止などを呼び掛ける決議を可決している。

さらに,2001(平成13)年6月26日,欧州評議会は,アメリカと日本に対して,死刑執行の一時停止を行い,早急に死刑制度を廃止するように促す旨の決議を採択し,2003(平成15)年1月1日までに明らかな進展がない場合,アメリカと日本のオブザーバー資格を維持することについて異議を唱えることとした。上記決議の実効性を確保するため,2002(平成14)年5月,欧州評議会議員会議の法務人権委員会から議員団が来日し,同委員会と死刑廃止を推進する議員連盟との共催による「司法人権セミナー 欧州評議会オブザーバー国における司法と人権:死刑廃止」が開催された。このセミナーの結果を受けて,2002(平成14)年6月13日には,欧州評議会において,「日本・韓国・台湾における死刑廃止に関する決議」が採択され,これらの国が早急に死刑を廃止するか,もしくは死刑の執行停止を実現することを要請した。

ところで,アメリカでは,50州のうち12州が死刑を廃止しているものの連邦および38州において死刑が存置されている。しかし,1997(平成9)年2月3日,アメリカ法曹協会(ABA)は,死刑に関して存置,廃止のいずれの立場をとるものではないことを確認しつつ,同協会の諸政策および諸手続を履行するまでは,死刑の執行停止を勧告する旨の理事会決議をした。その後,アメリカでも死刑制度の存廃をめぐる議論が高まり,2001(平成13)年には,連邦議会(上・下院とも)に死刑執行停止法案が上程され,現在も審議中である。

また,アジア地域でも,韓国では,1998(平成10)年の金大中大統領就任以後,死刑は執行されておらず,事実上のモラトリアム(執行停止)が実施されているうえ,2001(平成13)年10月には,国会議員の過半数の賛同を得て,死刑廃止法案が上程され,現在審議が継続されている。また,台湾では,2001(平成13)年5月,法務大臣が2004(平成16)年までに死刑を廃止する計画を発表し,死刑廃止の方向性を打ち出している。

このように死刑制度に関して,国内ばかりか国際社会の注目が集まっている現在,日弁連は,いわゆる「死刑廃止条約」に賛成するのか反対するのか,あるいは再開された死刑執行に対してどう対処するのかなどについて,弁護士会としての態度表明を迫られている。

２）弁護士会の対応

　日弁連は，1953（昭和28）年7月，「死刑廃止の立法措置の可否」について，全会員の意見を各弁護士会ごとに調査し，その集計結果に基づき，1954（昭和29）年4月，「我が国の現状においては，死刑制度は存置すべきである」との意見書を理事会で承認し，法務大臣に提出した。その後，日弁連は，1974（昭和49）年3月の「『改正刑法草案』に対する意見書」と1993（平成5）年2月の「現行刑法現代用語化・日弁連試案」において，政治犯と結果的加重犯につき死刑を削除し，殺人罪と強盗殺人罪だけに死刑を存続させる試案を公表した。殺人罪・強盗殺人罪に対する死刑をも速やかに廃止することが，今日における死刑廃止論であるとすれば，日弁連は依然として死刑存置論の立場をとっていることになる。

　1994（平成6）年2月，東弁が実施したアンケート調査によれば，これまでの弁護士を対象とするアンケート調査ではじめて条件付廃止を含め死刑廃止論が過半数を越え，無条件存置の現状維持派が12.5％であるのに対して，無条件廃止も含め現状の改革が必要との意見が80.9％と圧倒的多数を占めた[3]。

　1994（平成6）年9月，関弁連は，「死刑問題に関する決議」をなし，「今こそ，死刑問題に関する全国民的な論議を展開すべきである」とし，「そうした論議をより深めて実りあるものとするため，法務大臣に対し，死刑の執行を当面差し控えるべきこと」などを要望した。そして，1995（平成7）年9月の定期総会において，シンポジウム「死刑を考える」を開催し，海外視察の結果等に基づいた報告を受けて，「政府及び国会は，死刑に関する情報を積極的に国民に提供した上で，死刑制度のあり方について，速やかに検討し，その間死刑執行は停止すべきである」との宣言を採択した。

　1995（平成7）年8月21日，日弁連の死刑制度問題対策連絡協議会（以下，「協議会」という）は，中間答申書をとりまとめ，次のような3項目の検討課題を各単位弁護士会で討議することとした。

死刑制度問題に関する検討課題

1　（死刑廃止の条件）

　　死刑制度を廃止するための条件は何か。

　❶死刑廃止後の最高刑のあり方（代替刑）はどのようにあるべきか。

3）　回答者総数が1,264名（回答総数は重複回答を含め1,329件），回収率が37.33％と高率のところ，無条件廃止245名（18.4％），条件付廃止567名（42.7％）であって，死刑廃止論が812名（61.1％）であるのに対し，条件付存置263名（19.8％），無条件存置167名（12.5％）であって，死刑存置論は，430名（32.3％）であった。

❷犯罪被害者・遺族補償（経済的・精神的）のあり方はどのようにあるべきか。
2　（現行制度の改善点）
　現行死刑制度について改善すべき点は何か。
❶誤判防止のためどのような改善が必要か。
3　（国際情勢への対応）
❶国連の死刑廃止条約採択について，どのように考え，どのような対応をすべきか。
❷国連経済社会理事会決議（「死刑に直面している者の権利の保護の保障に関する決議」・日本を含む国連総会出席加盟国全会一致で承認）について，どのように考え，どのような対応をすべきか。
❸国際人権（自由権）規約委員会が行った死刑廃止及び死刑確定者等の処遇改善に関する日本政府への勧告について，どのように考え，どのような対応をすべきか。

　1996（平成8）年3月18日，協議会は，死刑廃止並びに仮釈放を認めない「終身懲役刑」，仮釈放の制限刑期を20年とする「重無期懲役刑」の新設及び犯罪被害者・遺族に対する手当という具体的な提言試案を日弁連執行部に提出したが，関連委員会の全体としての賛同を得られず，事実上一般会員に公表できずに終わった。

　1997（平成9）年11月19日，日弁連は，内閣総理大臣及び法務大臣に対して，死刑の存廃問題に関していずれの立場に与するものではないが，わが国の死刑執行は，❶「国際人権（自由権）規約」，❷「死刑に直面する者の権利の保護の保障に関する国連経済社会理事会決議」，❸「死刑に直面している者の権利の保護の保障の履行に関する国連総会決議」などの国際規約に違反しているので，その違反状態をなくす立法の整備や死刑情報の公開を図るなど死刑に直面する者の権利の保障のための対策が講じられるまでの間は，死刑の執行を差し控えるべきである旨，要望した。

　2001（平成13）年10月18日，協議会は，死刑制度に関する諸問題に対する取組みの推進と死刑執行停止法の制定の提唱を内容とする「死刑制度問題に関する提言」を会長に提出し，理事会に報告するとともに，死刑制度問題についての会内論議の活性化のための討議資料として「自由と正義」2002（平成14）年3月号に掲載した。

　2002（平成14）年11月22日，日弁連は，理事会決議を経て，日弁連として初めて，以下のような死刑制度問題に関する提言を発表した。

〈死刑制度問題に関する提言〉
1　日本弁護士連合会は，死刑制度の存廃につき国民的議論を尽くし，また死刑制度に関する改善を行うまでの一定期間，死刑確定者に対する死刑の執行を停止する旨の時限立法（死刑執行停止法）の制定を提唱する。

2 日本弁護士連合会は，死刑制度に関して，下記の取り組みを推進する。
(1) 死刑に関する刑事司法制度の改善
(2) 死刑存廃論議についての会内論議の活性化と国民的論議の提起
(3) 死刑に関する情報開示の実現
(4) 死刑に代わる最高刑についての提言
(5) 犯罪被害者・遺族に対する支援・被害回復・権利の確立等

３）今後の取組み

　これまで死刑問題に対する日弁連の全会的な取組みを困難にしてきた原因は，死刑存廃について会員間で意見が分かれていたこと及び「存廃」問題に議論が集中したため，制度改革への具体的な検討が進まなかったことにあった。

　しかし，上記東弁のアンケート結果でも明らかなように，今後はこれを克服し，日弁連が発表した「死刑制度問題に関する提言」を実現すべて，死刑執行停止法の制定の提唱と死刑制度の現状改革を目指した日弁連の全会的な取組みを開始することが必要であり，次のような会内合意形成に向けたアクション・プログラムを策定すべきである。

1　会内合意形成の方法について
(イ)　会内合意形成の視点
次の３つの視点から検討課題を整理して，全会的な取組みを行うべきである。
①死刑執行停止法案を策定し，その制定の実現を推進する。
②現行の死刑制度及びその運用について，改革・改善すべき課題を検討し，改革案を策定する。
③死刑制度を廃止するための諸条件を検討し，死刑制度廃止案を策定する。
(ロ)　会内合意形成のプログラム
❶可及的速やかに，しかるべき機関・方法によって，後記2の検討課題に取り組み，その成果を「研究報告書」としてまとめる。
❷この「研究報告書」を全会員に提示した後，全会員を対象とした統一的な設問によるアンケート調査を実施する。
❸「研究報告書」及び「アンケート結果」を基礎資料として，各単位弁護士会で検討を深め，その結果を「意見書」の形にまとめる。
❹日弁連は，「研究報告書」，「アンケート結果」，「各単位弁護士会の意見書」に基づいて，死刑制度に関する提案をまとめる。
2　具体的な検討課題について

上記1，(イ)の各視点から，日弁連が取り組むべき主な検討課題を整理すると次のとおりである。

〈1〉(イ)，①の視点から

❶法定刑に死刑を含む罪を犯したとされる被疑者の弁護制度のあり方について検討すること。

❷死刑判決の要件として精神鑑定を必要的とすること並びに事実認定及び量刑を裁判官全員一致制とすることの可否について検討すること。

❸死刑判決に対する上訴及び上告制度のあり方（例えば，死刑求刑のための検察官上訴を禁止すること，死刑判決を絶対的上告理由とすること，必要的口頭弁論とすることなど）について検討すること。

❹死刑の宣告猶予，執行猶予，執行前の観察期間設置等の制度改革の可否を検討すること。

❺死刑相当犯罪の削減（例えば，殺人罪，強盗殺人罪に限定することなど）について検討すること。

❻現行の無期懲役刑のあり方について検討すること。

❼死刑判決確定者の処遇に関する改善措置について検討すること。

〈2〉(イ)，②の視点から

❶死刑に代わる最高刑のあり方を研究し，仮釈放制度，恩赦制度，遺族補償制度などにつき，死刑廃止にともなって必要となる諸措置を検討すること。

❷期間を定めた死刑制度の試験的廃止及び死刑執行の停止の可否について検討すること。

❸死刑制度に関する国際的諸規定を整理し，わが国が負っている国際条約上の義務について検討すること。

❹死刑廃止諸国における死刑廃止に至る経過，死刑に代わる最高刑の運用の実態，犯罪の動向などについて調査・研究すること。

4）おわりに

基本的人権の擁護を使命とする弁護士ないし弁護士会は，基本的人権の中で一番尊重されるべき『生命権』及び『個人の尊厳』を保障するため，死刑制度の存廃問題を重要な課題として受けとめ，早急に検討を深め，国民に対して，死刑執行停止法案，死刑制度廃止法案並びに死刑制度改革法案を含めた的確な判断材料を提供していくべきである。そして，国会に対して，死刑執行停止法の制定を，また，法務大臣に対して，❶死刑制度の運用状

況に関する情報の公開，❷死刑廃止条約の批准の是非を含む死刑制度の存廃問題について国会をはじめ国民の間で議論の深化を図るための施策，❸それまでの間，死刑の執行を差し控えるべきことなどを，それぞれ強く求めていくべきである。

5　その他の犯罪関連問題

1）オウム真理教関連事件をめぐって

> 戦後刑事司法は，オウム真理教事件という未曾有の事件をめぐって，重大な試練を経験した。事件の真相を解明することはわれわれ共通の願いであるが，それは適正な捜査と公正な裁判によってのみなし得るのである。弁護士・弁護士会は，被疑者・被告人に弁護人の援助を受ける権利を実質的に保障するとの視点から，事件の特殊性に目を奪われることなく，適切に対応していかなければならない。

(1)　当番弁護士と微罪逮捕，別件逮捕の問題

オウム真理教事件での被逮捕者は，東京だけでも200名近くに及び，量的にも質的にも当番弁護士制度の真価が問われることになった。東京三会は，通常のルールでの対応に努め，派遣した被疑者の累計は150名を超え，派遣した弁護士の累計は三会合計で200名近くに及んだ。

これらの事件中には，軽犯罪法違反被疑事件など軽微な事件による逮捕・勾留，別件逮捕による取調べなどの事例も少なくなく，当番弁護士の活動により，早期釈放や不起訴処分に至ったケースも多いが，他方，このような捜査のあり方は，憲法・刑訴法が定める適正手続に反する疑いがあり，今後とも動向を注視し，同様の捜査手法が刑事手続全般に及ぼされることがないよう監視していく必要がある。

(2)　弁護活動をめぐる問題

東京地検は，ミランダの会所属の当番弁護士がオウム真理教関連被疑者に対し，黙秘を勧め，被疑者と弁護人との連名で，「弁護人の立会いのない限り，取調べに応じない」などの内容の書面を提出したことを捉え，捜査妨害であるなどとの見解を表明した。

しかし，弁護人は被疑者に対し，一般の事件と同様に，黙秘権があることを告げ，被疑者が黙秘したいとの意向を表明したので，この被疑者の意思を実効性あるものとするため，書面で申し入れたに過ぎない。非難されるべきなのは，むしろ東京地検の発言であって，弁護権に介入するものだというべきである。

先進的な弁護活動は常に迫害にさらされてきたのであって，弁護士会として，これを擁

護していくことが是非とも必要である。オウム真理教関連事件の特殊性に惑わされることなく，毅然とした態度を採ることが必要である。

(3) 弁護士会の活動

国選弁護人を推薦することは，弁護士会の責務である。これをなしえないとすれば，弁護士と弁護士会は，法律事務の独占を返上しなければならない。その面でも，弁護士会は試練に立たされた。

この難局を救ったのは，多大な経済的，精神的負担にもかかわらず，敢えてこれを引き受けた会員各位の侠気と度量である。このことは永くわれわれの記憶にとどめておく必要がある。東京三会に対しオウム真理教関連特別案件につき国選弁護人の推薦依頼のあった被告人は合計52名であり，一審において選任された弁護人数は，三会合計で109名である。

会として，今後とも弁護人をバックアップするための最大限の努力がなされなければならない。そのため，2度にわたって基金の募金を行い，特別案件国選弁護人への貸付等に使用されているが，この貸付は，実質的には，受任の条件というべきであり，事件終了に至るまで継続されなければならない。

(4) 近時の動向

① 1999（平成11）年5月27日，オウム真理教の在家信者が，マンションのドアポストにビラを投函していたことで，現住建造物侵入罪で逮捕され，これに引き続き，オウム真理教の道場や印刷工場等の捜索が行われ，パソコンやビラ55万枚等が押収された。

② 茨城県三和町，栃木県大田原市はオウム真理教関係者の転入届の不受理処分を行い，茨木県旭村など20の地方公共団体がオウム真理教関係者の転入届を受理しないことを決定した。

③ 国会は1999（平成11）年12月に「無差別大量殺人行為を行った団体の規制に関する法」を制定し，オウム真理教を規制しようとしている。

④ 2000（平成12）年12月22日，世田谷区では，オウム真理教信者達の転入届を不受理とした。これに対して，オウム側は住民票消除処分の取り消し及び損害賠償を求め提訴した。東京地裁，東京高裁の判断を経て，2001（平成13）年6月14日，最高裁はオウム側の主張を認め，世田谷区はこれに基づき信者の住民票を回復した。

⑤ 団体規制法に基づくオウム真理教（「アレフ」に改称）に対する観察処分が2003（平成15）年1月末で期限切れとなる。ところで，公安調査庁は，2000（平成12）年1月の最初の観察処分に基づき，これまで全国16都府県，延べ85ヶ所の教団施設に立ち入り検査したが，その結果，公判中の教団元代表・松本智津夫（麻原彰晃）被告をいまだ神聖視するなど，教団の危険性は変わってないとして，観察処分を3年間更新するよう公安審査

委員会に請求する方針を固めた。

　公安調査庁の方針について，教団側はマスコミの取材に対し，松本被告は東京拘置所にいて，信徒らが直接の指示・命令を受けることは不可能だと主張，「松本被告の影響力はなくなっており，再び無差別大量殺人に及ぶ危険性は皆無」，さらに「いまも公安警察の監視下にあるので，公安調査庁による観察処分の更新は不要」と反論している。

　団体規制法は，立法段階から信教の自由の侵害などの面で憲法違反の虞れが指摘され，教団側が観察処分取り消しを求めて東京地裁に提訴したが，東京地裁は，2001（平成13）年6月，処分を合憲と判断したうえで，「観察処分には無差別大量殺人行為の準備を始める具体的危険」が必要と指摘し，合憲と認められる範囲を限定的に解釈した。公安審側の「現実的危険そのものは要求されない」との主張いついては「法解釈を誤っている」と退けた（判決は一審で確定）。

　⑥　国家が主権の発動の一環として，治安維持のための対策を講ずること自体は何ら責められるべきものではないが，上記のようなオウム真理教及びその信者の人権への制約や侵害は，治安維持という目的達成の手段としては，明らかに行き過ぎである。

　また，このような手法での国家による統制は，およそ国民一般に及ぶ危険性を常に孕んでいる。

　私たちは，世論に流されることなく，人権保障の担い手として，上げるべき声を上げる勇気を持たなくてはならない。

2）犯罪報道と人権

> 　犯罪報道により，刑事被疑者・被告人やその親族関係者さらには被害者までもが名誉やプライバシーを侵害される深刻な被害を受けている。マスメディアは，報道の自由を守る意味でも，人権意識に裏打ちされた客観的かつ公正な報道を行うよう自主的努力を重ねるほか，適切な救済制度を早急に確立すべきである。弁護士会は，積極的に報道関係者との懇談協議の場を設け，この点について共通の認識を深め，基本的なルール作りをめざすべきである。

(1) 犯罪報道上の問題点

　報道の自由は，民主主義の根幹をなす市民の知る権利に奉仕するものとして最大限尊重されるべきであるが，報道が市民の人権侵害に及ぶ場合には，報道の自由に対する制限が正当化されることも当然である。

　近時，マスメディアの商業化・報道競争の激化から，報道により市民の名誉・プライバ

シー等が侵害され，深刻な被害を被る例が多くみられるようになった。

　日弁連は第30回人権擁護大会において，報道による人権侵害の防止と被害の救済のために全力を尽くすことを宣言したが，その後の取組みにもかかわらず依然報道被害は跡を断たず，新たに犯罪被害者とその家族の人権侵害という問題が生じているにもかかわらず，未だに適切な被害救済制度も確立されていないのが現状である。

　このような現状を踏まえ，日弁連は1999（平成11）年の第42回人権擁護大会において，知る権利の確立と報道被害の防止・救済に向けた取組みを今後より一層強化し，基本的人権の擁護と民主主義の確立のために努力することを誓う旨の決議をした。

　この決議を受けて，日弁連は，2001（平成13）年6月，報道被害全国一斉相談を実施した。

　われわれは，今後も，かかる決議の趣旨を踏まえ，早急に報道被害の防止と救済に向けた適切な方策を検討する努力を継続しなければならない。

(2) **犯罪報道被害の現状**

　犯罪報道による被害は，被疑者・被告人・弁護人などの言い分を取材せず，安易に捜査情報に依存した実名の犯人視報道，営利目的に流された興味本位のプライバシー侵害報道等によって生じている。これらの報道により，一旦犯人扱いされ，あるいはプライバシーを暴かれた被疑者・被告人・親族関係者らが被る被害の深刻さは計り知れず，完全な被害回復は不可能に近い。

　また，過熱報道による被害は，被疑者・被告人ばかりか犯罪被害者の側にも及んでおり，事件と直接関係のない被害者の私生活を暴き立て，死者に鞭打つ上に被害者の死亡によって悲嘆にくれる親族関係者らに耐え難い苦痛を与えるという事件も起きている。

(3) **マスメディアの自主的努力の必要性**

　情報の流通が自由であることは，民主主義社会の大前提であると言えるが，営利目的に流されたおよそ公共性のない個人の人格を傷つけるだけの興味本位の報道も，無罪の推定を受けるべき被疑者・被告人を犯人と極め付ける報道も，民主主義社会において尊重されるべき報道であるとは到底言えないであろう。

　他者の人権を顧みないこのような報道が続けば，権力による干渉を排除すべき報道に権力の介入を許す格好の理由を与えることにもなりかねない。

　報道と人権の調和は，外部からの強制によるのではなく，マスメディア自身の自主的努力によって図られるべきものである。

　マスメディアは，権力の監視という報道に課せられた重要な役割を自覚し，捜査情報への安易な依存をやめ，個々の事件についての報道の要否を慎重に検討し，人権意識に裏打

ちされた客観的かつ公正な報道を行うとともに，原則匿名報道の実現へ向けて匿名の範囲をより一層拡大するなどの努力をすべきである。

　また，第三者も交えた報道評議会等の審査救済機関の導入なども積極的に検討されるべきである。

(4)　弁護士・弁護士会の取組み

　われわれ弁護士・弁護士会は，マスメディアの報道姿勢を批判するだけではなく，報道の自由を守り，報道被害の防止・救済を実現するため，あるべき犯罪報道をマスメディアとともに考えていく必要がある。

　われわれは，報道に対する権力の介入や干渉の実例を調査し，権力の干渉を排除するための方策を検討するとともに，報道被害の実態を調査し，積極的に報道関係者との協議・懇談の場を設け，被害実態および犯罪報道改善の必要性についてメディアと認識を共通にしたうえで，適切な報道被害の防止・救済制度の実現ひいては両者の間で取材・報道に関する基本的なルール作りをめざして努力すべきである。

3）警察活動と人権

> 　近時，警察の活動は，市民生活の隅々にまで広く浸透している。それだけに警察活動の行き過ぎや不祥事，人権侵害に対し，人権救済申立事件の調査勧告活動を強化するなど，市民の立場から監視を行い，また警察に対する民主的コントロールを確立するため，警察情報の公開，公安委員会の改革，市民による監視システムの創設に向けて努力しなければならない。

(1)　拡大する警察活動について

　警察は，公共の安全と秩序の維持が本来の職務であるが，戦前の警察がこの本来の任務を逸脱して，政治・経済・文化面にわたって国民生活に干渉した反省に立って，戦後は，その任務の範囲を厳格に規制していた。ところが1970年代以降，警察庁は，地域警察を，地域住民が安心でき，安全で快適な住環境づくりの一翼を担うものと位置づけ，個人の生命・身体・財産の保護，犯罪捜査といった本来の警察活動の範囲を越えて，市民生活の広い範囲にわたってその活動領域を拡大させている。

　1994（平成6）年の警察法改正では，市民生活の安全と平穏を確保するとの理由で生活安全局が新設されたが，市民生活へ警察活動を一層浸透させることをめざしているとされる。

　他方で，警察組織・警察官の業界団体や暴力団との癒着，特定の政党や団体に対する違

情報収集活動や違法捜索，違法検問，警察官による犯罪の続発，絶えることのない取調べにおける暴行，調書のねつ造等の違法な取調べ，誤りの自供公表による名誉毀損，身ごと相談処理の行き過ぎや刑余者の仕事先に出向き，更生中の者の職を失わせる等の人権侵害，サミットやワールドカップなどの過剰警備による住民被害の発生など，多くの病理現象が発生している。1995（平成7）年3月20日の地下鉄サリン事件発生後のオウム真理教関係者に対する微罪逮捕，別件逮捕による捜査のあり方については，適正手続違反の疑いがあり，このような捜査が，刑事手続全般に拡大することを阻止しなければならない[1]。

(2) 警察活動に必要な監視是正

1999（平成11）年に発覚した神奈川県警での一連の不祥事では，市民・国民よりも身内をかばう警察の体質が明らかにされた[2]。このように警察活動に対する監視，是正について，内部組織や公安委員会に多くを期待することができない現実のもとでは，弁護士会，マスコミ，市民グループによる監視，是正の活動が不可欠である。特に，日弁連・関弁連・弁護士会による「警察活動に対する民主的コントロール」をテーマとしたシンポジウムの開催による取組みや人権救済申立事件の調査・勧告の活動等による不断の監視，是正の活動が重要である。また，接見交通権の確立に効果のあった国賠訴訟の提起などの活動も引き続き積極的に推進すべきである。

今後の課題としては，警察権限の無限定な拡大の動きに対し，警察権限の限界とその規制について検討することや，弁護士会が市民とともに警察活動を市民の側から監視し，チェックしていく活動を確立し，拡大していくことが必要である。

6 消費者の人権

消費者問題は，現代社会における巨大企業と弱小な消費者間の不平等な力関係の下で生じる。弁護士会は，社会的弱者の立場にある消費者サイドに立ち，次のような活

---

[1] 2001（平成13）年9月11日にアメリカにおいて発生したテロ事件により，全世界的に，テロ対策の名目で捜査権限の拡大や従来の厳格な刑事手続を軽減化するなどの傾向が強まっており，我が国においても，今後，このような方向で国内法が整備されることが予測されるので，行き過ぎた捜査権限の拡大を阻止しなければならない。

[2] 国家公安委員会は，2000（平成12）年に警察刷新会議を発足させ，同年7月13日には，「警察刷新に関する緊急提言」が出されている。国家公安委員会と警察庁は，その提言を受けて，同年8月に「警察改革要綱」を発表している。そこでは，「警察行政の透明性の確保・自浄機能の強化」と「国民のための警察」の確立が2本柱として掲げられている。その後，全国の地方警察組織において，それを実現するための具体的方策が検討されている。しかしながら，まだまだ警察改革の実現は不十分であり，いまだに全国各地において，警察官による犯罪の発生や，告訴事件の放置等が相次いでいる状況にある。

> 動をすべきである。
> ・消費者保護のための立法措置及び行政措置が適切に実現されるよう，監視・研究・提言の活動を積極的に行う。
> ・消費者救済窓口の拡充をはかり，全国的情報を集約提供できるネットワークの構築を検討する。
> ・消費者被害予防のために，「消費者教育」の実施及び充実をはかる。

1）消費者の権利の重要性

　消費者問題は，今日の大量生産，大量販売による大衆消費社会の中で，巨大企業と弱小な消費者という不平等な力関係の下で生じる。現代社会において，市民生活と生存を基本的に保障するためには，この生産，流通，消費の構造が健全に機能することが必要である。ここに，消費者保護の必要が生じ，「消費者の権利」確立の必要が生じる。

　アメリカでは，1963（昭和38）年にケネディ大統領が議会に送付した消費者保護に関する教書（いわゆるケネディ教書）において，❶安全であることの権利（健康，生命に有害な物質の販売，流通から保護される権利），❷知らされる権利（詐欺的，著しく誤認を与える情報，宣伝，表示から守られ，賢明な選択に必要な情報が知らされる権利），❸選択できる権利（競争的価格で多様な製品，サービスを選択できる権利），❹意思を反映させる権利（政府の施策に消費者の利益が完全かつ思いやりをもって配慮され，行政機関には公正・迅速な取扱いが保障されるよう消費者の意見が聞き入れられる権利）の4つの権利が消費者の権利として宣言された。

　このような視点は，今日においても，また，我が国における消費者の権利を考えるうえにも非常に重要である。

2）消費者問題の現状

　上記のとおり，消費者の権利の重要性が認識されているにもかかわらず，消費者被害は後を絶たない。最近は，大型消費者事件が続出し，弁護士がその対応に追われている。また，不景気やリストラを背景として個人破産事件は増加の一途を辿り，商工ローンによる高利の貸し出し，過酷な取立，保証人への責任追及，さらには違法な高利貸しの横行などの問題が深刻化している。

⑴　多重債務問題は一層深刻化しており，2001（平成13）年度の裁判所への自己破産申立件数は約16万件にものぼり，増加の一途をたどっている。信販会社，銀行，サラ金など

の安易な与信を行う体質は改善されておらず，一方，長引く不況の中，リストラなどが影響して，問題はますます深刻化している。整理屋や紹介屋と提携する弁護士の存在も問題視されていて，弁護士広告の解禁とともに活動を拡大しており，弁護士会もその根絶に向けて一層の努力が必要である。

　商工ローンの高金利や根保証契約等については一時社会問題化した時ほど目立たなくはなっているが，相変わらず強引な回収方法を図る業者も見られ，引き続き監視が必要である。

　一方，最近は，10日で3割を超えるような異常な高金利で貸し付けを行なう短期の高利貸業者や小切手を振り出させて事業者に貸し出すシステム金融業者の横行が甚しい。多重債務者のもとにダイレクトメールを送りつけて貸し付ける手法なども見られ，支払が滞ると脅迫的な取立を行ない，中には債務者を監禁して他から借りさせるなどという悪質なものも珍しくない。これらの高利貸は明らかに出資法違反で刑事罰の対象になるのであり，警察等の捜査当局も少しずつではあるが，最近ようやく取り組むようになってきた。今後も積極的な捜査・摘発を求めて行くべきである。

(2)　悪質商法は相変わらず形を変えて，消費者被害をもたらしている。

　「モニター商法」や「内職商法」等の被害が増えている。マルチ商法・マルチまがい商法，絵画のアポイントメント商法，電話勧誘による資格商法なども相変わらず多くの被害を生みだしている。

　これらの被害救済のために特定商取引法（旧称・訪問販売法）が改正されたりしているが，抜本的解決には至っていない。後述の消費者契約法は制定されてその効果が期待されるが，更に一層の消費者の保護を図られるべきである。

　また，「八葉物流事件」や「ジーオーグループ事件」という大型の出資法違反事件が摘発されている。いずれも高配当が得られるという勧誘により多額の出資金を集めたうえで破綻したもので，低金利時代の市民の心理につけ込む巧みなシステムで多額の資金を集め，甚大な被害を与えたものである。

　同様の事件は繰り返し起き，被害者は絶えない。早期の被害救済の重要性が認識されるべきである。

(3)　パソコン及びインターネットの急激な普及により，パソコンを通じての取引（いわゆる「電子商取引」）が特定の企業間から一般消費者を含めた不特定多数の者の間の取引へと急激な拡大を見せている。それに伴って，電子商取引における消費者被害も急増しており，従来の法制度では保護できない場面も多く見られる。十分な消費者保護が行える法制度の整備が急がれる。

(4) 金融商品への投資や先物取引での失敗などの被害も相変わらず後を絶たない。金融ビッグバンにより金融商品に対する規制緩和が進んでいるが，一方の消費者保護法制は極めて不十分であり，自己責任の名の下に大きな消費者被害が生まれている状況である。

3）消費者保護のための諸立法

このように消費者被害は後を絶たないが，最近になって，消費者の利益擁護について極めて重要な法律が相次いで制定・改正され，さらに消費者保護基本法改正の動きが出てきている。

(1) 消費者契約法

2001（平成13）年4月に，消費者と事業者間のあらゆる契約（消費者契約）について消費者の利益擁護の視点から包括的なルールを定めた消費者契約法が施行されたことが，最も特筆される。同法は消費者と事業者との間の情報量および交渉力の格差に鑑み，民法の大原則に対するいくつもの例外を設けたものであって，消費者の権利確保という視点から極めて重要な立法である。

同法は，立法がなされる過程で，消費者保護の見地からは大幅に後退した内容となり，解釈や運用の仕方によってはこれまでに積み上げてきた民法適用事例の判例を無にしてしまう危険もあるため，同法が真に消費者の権利擁護に資する法律になるよう，今後も監視し意見を述べていく必要がある。

施行から1年を経て，ようやく同法の適用を巡る判決が出てきているが，今後も消費者保護の見地からの判決が下されるよう監視すべきである。

(2) 金融商品販売法

日本版ビッグバンに対応するため，金融商品販売業者の説明義務等を定めた金融商品販売法が2001（平成13）年4月1日から施行されている。この法律の制定自体に，もちろん重要な意味があるが，商品先物取引が対象外とされるなど問題もある。日本版ビッグバンによって複雑でわかりにくくリスクの高い金融商品が一般消費者にも普及することとなり，投資家や消費者の保護を図るためには更に充実した「金融サービス法」の制定が必要である。

(3) 特定商取引法・割賦販売法

「内職・モニター商法」についての規制の新設や「マルチ商法」の規制の強化，電子商取引における消費者保護の強化などを盛り込んで旧訪問販売法が改正され，「特定商取引法」という新しい名称になって2001（平成13）年6月1日から施行されている。また，それに伴って割賦販売法の改正も行なわれている。

今後も，被害実態に応じた改正が望まれるところである。

(4) 消費者保護基本法改正の動き

ところで，2002（平成14）年6月に内閣府国民生活局から「21世紀型の消費者政策の在り方に関する検討について」というペーパーが配布され，消費者保護基本法改正に向けて国民生活審議会消費者政策部会が議論することとなった。同部会では2003（平成15）年5月ころまでに最終報告を取りまとめる予定となっている。

同法は1968（昭和43）年に制定されて以来の改正ということであり，消費者保護政策の大幅な前進が期待される。上記ペーパーでは，(1)消費者政策の基本方針，(2)契約の適正化，(3)安全の確保，(4)事後チェック強化の在り方，(5)紛争解決機能，(6)消費者組織の役割，(7)消費者教育・啓発，(8)環境対応，(9)消費者行政の枠組み，という各論の項目が立てられており，消費者の権利の明記，団体訴権制度の設立，ＡＤＲ制度の役割，公益通報者保護制度の在り方など，多方面に渡る論点が検討課題となっている。

消費者の権利を確立し，真の消費者保護のためにどのような制度・法律が必要であるかを真剣に議論したうえで，消費者保護に資する最終報告書がまとめられるよう働きかけて行くべきである。

４）消費者被害救済の方策

(1) 行政による救済

上記のとおり，内閣府では消費者行政全体について見直しを図る方向にある。しかし，規制緩和・自己責任の名の下に行政が消費者の権利確保のために必要な規制までも行なわない方向に見直されてしまう危険もあり，消費者のための行政が維持されるよう常に監視する必要がある。

なお，最近，都道府県が緊縮財政の下で，従来設置してきた消費生活センターを統廃合する動きが見られる。この動きは市区町村における消費生活センターの充実も根拠としているが，都道府県が消費者被害の実態を直接把握できる窓口を持つことの意味は大きく，消費者の権利が今後ますます重要視される中では，むしろ更なる拡張・充実が求められべきである。

(2) 情報公開の制度の確立

消費者の自己責任を問うには，自己責任を問われてもやむを得ないという前提が必要である。企業と消費者では，情報の量，質とも格段の差があることは明らかである。このような状況の中で，対企業の問題において消費者に自己責任を問うことは公平ではない。消費者に自己責任を問う以上，「消費者に知らされる権利」，すなわち情報公開は必須の条件

である。知らされる情報は，安全情報などの行政情報はもちろん，企業情報，商品情報等にも及ばなければならない。

これに関連して企業問題の内部告発者の保護制度の確立も急務である。近時の相次ぐ企業の不祥事は内部告発者からの指摘がなければ発覚しなかった。これらが発覚することが広く消費者の利益につながるのである。

(3) 消費者教育の実施，充実

消費者被害は業者が不誠実なことが多いため一度被害を受けるとその回復は困難であり，また前記のとおり少額な場合が多いため泣き寝入りしてしまう場合も多い。そして，今後，規制緩和が進み消費者の自己責任が強調されるようになってくると，消費者各人の権利意識と自覚が必要となってくる。従って，そもそも被害を受けないという被害予防のために，「消費者教育」の実施，充実が急務である。

東弁の消費者問題特別委員会は，1994（平成6）年度より，消費者教育部会を設置しているが，高校生や市民を対象に弁護士を講師として派遣したり，消費者教育関係者との交流を深めたりして，消費者教育の充実に努めている。

(4) 集団訴訟手続の法制化

消費者事件には，個々の事件としては少額であるが，被害者が多数いて社会的には大問題という事件が多く見られる。このような事件が泣き寝入りで終わらないように集団訴訟手続の法制化が望まれる。

また，不公正な契約条項に対する差止請求訴訟を消費者団体に与えるという団体訴権制度の導入については，消費者契約法の付帯決議や司法制度改革審議会の意見書にも触れられているものであり，弁護士会として積極的に取り組むべきである。

(5) 被害情報管理センター等のネットワーク作り

消費者被害は，同一または同種被害が多発する傾向が顕著である。このため，被害情報やその解決結果を集約し，必要な都度集約された情報の提供を受けられる情報管理センターのようなネットワーク組織の構築が有用と思われる。

7 民事介入暴力の根絶と被害者の救済

> 民事介入暴力は，市民生活や企業活動の根幹を脅かす脅威であり，基本的人権の擁護と社会正義の実現の観点から，その根絶を図らなければならない。民事介入暴力の根絶と被害の予防・被害者の救済のために，民暴事件を受任する弁護士への弁護士会

の協力体制の確立，関係諸機関との連携強化などに努めなければならない。

1）民事介入暴力対策の意義

民事介入暴力対策特別委員会は，暴力団等の反社会的勢力による人権侵害を予防し，人権侵害に対して迅速な法的救済を行うことを提言し，実務委員会として実際に権利救済を実践してきた。

この点において，民事介入暴力対策は，市民に最も近い法律家の活動であり，司法の根幹をなす基本的人権の擁護と社会正義の実現のために重要な役割を果たす活動である。

2）民事介入暴力の現状

1992（平成4）年の「暴力団員による不当な行為の防止等に関する法律」（いわゆる暴対法）の施行以来，暴力団はマフィア化した。暴力団構成員ではないが，暴力団の活動を援助助長する暴力団関係者（準構成員）が増加し，警察が捕捉できなくなっている。また，政治活動や社会運動を標榜する団体を組織して，暴力団であることを隠蔽しようとしている。そして，暴力団関係者が表社会の企業と全く見分けのつかないフロント企業を営み，更に，残念なことながら，弁護士等が法的アドバイスを行ったり，契約書を作成する等して，民事介入暴力を援助助長している。

また，バブル経済の終焉後，暴力団の資金が暴利金融業者（ヤミ金融業者，暴力金融業者）に流れ込み，暴利金融業者による被害が増大し，深刻な社会問題となっている。

3）民事介入暴力対策の整備

東京弁護士会は，民事介入暴力対策として次のような方策を講じている。

① 民事介入暴力被害者救済センターの設置

東京弁護士会は被害者の救済及び被害の予防を目的として「民事介入暴力被害者救済センター」を設置し，民事介入暴力対策特別委員会の委員を中心とした民暴事件受任者名簿に基づいて，弁護士会，暴追都民センター，特防連，法務局人権擁護部を通じて相談のあった民暴被害者の救済にあたるとともに，東弁会員からの共同受任要請に対応している。

② 他の諸機関との連携

民暴事件への対応において，警察，暴追都民センター，特防連，法務局人権擁護部等との連携は不可欠である。委員会は民暴相談等で協力するとともに，民暴研究会を開催して民暴事件の手口の分析や意見交換を行っている。

③　民暴研修会の実施

　民事介入暴力対策特別委員会では会員に向けて研修会を実施し，民暴事件の手口やそれに対する対応方法に関する研修を行っている。

④　不当関与弁護士の調査

　民事介入暴力対策特別委員会では，暴力団等に協力し民暴を援助助長していると思われる弁護士（不当関与弁護士）に関する情報を集積し，必要に応じて東弁に報告することとしている。

４）今後の課題

　民暴事件においては，所轄警察との連携が不可欠の場合が多いが，現場レベルでは，依然として「民事不介入の原則」に対する誤解により，対応に消極的なケースが多い（「借りる方も悪い」という論法）。市民の人権が，警察にも弁護士にも救済されない「狭間」に落ちることのないように，弁護士と警察がスクラムを組み，反社会的勢力に立ち向かう必要がある。

8　患者の人権（医療と人権）

> 　われわれは，患者中心の医療を確立するとともに，医療事故の再発防止と医療被害の早期救済に努める責務がある。そのため，「患者の権利に関する法律」の制定，「医療被害防止・被害救済機構」構想の実現を目指すとともに，迅速かつ公正中立な医療過誤訴訟の実現に向けて提言を行っていかなければならない。
>
> 　会員研修を強化するなどして医療過誤訴訟の専門弁護士の育成に努めるとともに，人権擁護委員会の一部会から医療部会を独立の委員会活動に昇格させ，山積した医療問題に弁護士会として対応できる基盤を作らなければならない。

１）患者中心の医療の確立

　医療と人権の問題を考えるにあたっては，患者中心の医療という視点が重要である。これまで患者は医療現場において，ややもすれば医療行為の単なる対象物として扱われてきた。しかし，患者こそが医療の主体であり，患者の主体的意思を尊重した医療を確立することが重要である。

2）患者の権利法制定に向けて

(1) インフォームド・コンセント

　患者は，医療を受ける際に，自己の病状，医療行為の目的・方法・危険性，代替的治療法などについて，正しい説明を受け理解した上で自主的に選択・同意・拒否できる。これがインフォームド・コンセントの原則[1]である。インフォームド・コンセントは，自己決定権[2]の一貫として保障されるものであり，適切な医療を受ける権利と並んで，医療において必要不可欠なものである。インフォームド・コンセントが果たされることで，患者と医療従事者との間の真の信頼関係を築いていくことが可能となる。また，医療の科学性・安全性・公開性が高まる[3]。

　わが国では，1999（平成11）年12月の第3次医療法改正において，「医師，歯科医師，薬剤師，看護婦その他の医療の担い手は適切な説明を行い，医療を受ける者の理解を得るように努めなければならない」（医療法1条の4第2項）という条文が設けられた。

　しかし，上記規定は，患者の「同意」が必要であることまでは定めていないこと，努力規定の体裁を取っていることから，一定の限界がある。正しいインフォームド・コンセントを実現するためには，患者の権利として保障する法整備を行う必要がある。

(2) 診療記録開示請求権

　医療における患者の自己決定権を確立するためには，その前提として患者に診療記録が開示されることが欠かせない。診療記録は患者個人の情報が記載されたものであるから，当然に自己情報コントロール権の対象となる。

　「カルテ等の診療情報の活用に関する検討会報告書」（1998〔平成10〕年，厚生省）は，診療記録開示の法制化を提言していた。しかし，1999（平成11）年7月，医療審議会の中間報告において診療記録開示の法制化は先送りされた。

　しかし，診療記録開示に向けての動きは，徐々に広がりつつある。1997（平成9）年6月には診療報酬明細書を開示する旨の厚生省通知が出された。日本医師会は，極めて不充分な内容ながらも「診療情報の提供に関する指針」（1999〔平成11〕年）を定め，患者の診療記録開示請求には応ずることが原則であるとした[4]。国立病院・国立大学附属病院・都立病院においても診療情報の提供に関する指針が定められ[5]，その他個別の医療機関に

1）インフォームド・コンセントの理念は，米国病院協会「患者の権利章典に関する宣言」（1972〔昭和47〕年），世界医師会「患者の権利に関するリスボン宣言」（1981〔昭和56〕年採択，1995〔平成7〕年改訂），国際連合「精神病者の保護及び精神保健ケア改善のための原則」（1991〔平成4〕年）などにおいて，確認されている。
2）日本国憲法13条，世界人権宣言3条，国際人権B規約6条，同A規約12条など。
3）日本弁護士連合会第35回人権擁護大会シンポジウム第1分科会実行委員会「患者の人権——インフォームド・コンセントを中心として——」1992（平成4）年11月。

おいてもカルテ開示に関する指針が相次いで発表され，実施されている。

　医療機関が自主的に診療記録を開示していこうとする動きは評価すべきである。ただ，診療記録の開示は，医療機関による単なるサービスではなく，患者の権利に基づいて行われるものである。診療記録開示請求権の権利性を曖昧にしないためには，これを法制化することが必要である。

(3)　患者の権利法制定に向けて

　インフォームド・コンセント及び診療記録開示請求権を法制化するにあたっては，医療法などの既存の法律を改正するのでは充分ではない。患者の権利の保障を医療現場の隅々にまで行き渡らせ，患者の人権を真に確立するために，インフォームド・コンセントの原則，診療記録開示請求権のほか，適切な医療を受ける権利，医療におけるプライバシー権などの患者の諸権利を保障し，患者の権利擁護システムをも含む「患者の権利に関する法律（仮称）」（以下「患者の権利法」）を制定することが要請される[6]。

　われわれは，「患者の権利法」制定に向けて努力していかなければならない。

３）医療事故の防止と医療被害救済のために

(1)　医療事故防止対策と医療被害救済の現状

　1999（平成11）年以降，患者の取り違え・点滴薬剤の間違い・薬剤の過剰投与など医療事故に関する報道が相次いでいる。医療事故が多発する背景としては，日本の医療制度に構造的欠陥があることが指摘されている[7]。

　このような事態を受けて，医療界においても漸く医療事故防止・安全対策が重視されるようになった。厚生省・日本医師会・国立大学附属病院長会議・東京都衛生局などは，リスクマネジメントに関する指針や報告書を発表している[8]。また，2001（平成13）年５月に厚生労働省に設置された医療安全対策検討会議は，2002（平成14）年４月，今後の医療安全対策の目指すべき方向性と緊急に取り組むべき課題を取りまとめた報告書を発表した[9]。

4）　日本医師会は，2002（平成14）年９月の常任理事会で，遺族に対するカルテ開示を認める方針に変更することを盛り込んだ診療情報の提供に関する新指針案を了承した。同年10月に正式に指針として決定し，2003（平成15）年１月から実施される方針である。

5）　国立大学附属病院長会議「国立大学附属病院における診療情報に関する指針（ガイドライン）」（1999〔平成11〕年），国立病院等診療情報提供推進検討会議「国立病院等における診療情報の提供に関する指針」（2000〔平成12〕年），東京都衛生局「都立病院における診療情報の提供に関する指針（ガイドライン）」（1999〔平成11〕年）。

6）　日弁連は，第35回人権擁護大会（1992〔平成４〕年）において「患者の権利の確立に関する宣言」を採択し，患者の権利の確立のために「患者の権利法」の制定が必要であるとしている。また，厚生省から委託を受けた総合研究開発機構ＮＩＲＡは，「薬害等再発防止システムに関する研究」報告書において，薬害防止策の一つとして患者の権利の法制化を提言している。

7）　日弁連人権擁護委員会「医療事故被害者の人権と救済」（2001〔平成13〕年３月）24頁。

本報告書に基づいて，厚生労働省は，2003（平成15）年度から総合的な安全対策を展開するものとしている。

これらの取組みは，医療事故の防止に向けての前進として評価できるが，真に実効性があるものとなるよう，今後もこれらの事故防止・安全対策を監視し，研究・提言活動を行っていく必要がある。

他方，発生した医療事故による被害救済については，民事訴訟を基本としている。医療事故が日本の医療制度の構造的欠陥から生じているにも関わらず，抜本的救済制度は設けられていない。医療被害救済策は，極めて不充分であるといわざるを得ない。

(2) 医療被害防止・被害救済制度の確立

日弁連人権擁護委員会は，2001（平成13）年3月に裁判制度とは別個の新しい医療被害防止・救済システムとして「医療被害防止・救済機構」構想を提言した[10]。この機構は，医療機関の帰責原因の有無を問わず医療被害の救済を図るとともに，発生した医療事故から教訓を引き出して医療現場に再発防止策をフィードバックし，診療レベルの向上・医療制度の改善・患者の権利の確立等に役立つ活動を目的としている。

既存の救済システムには限界があることから，新しい医療被害防止・被害救済システムを確立するための法整備に向けて，努力していかなければならない。

4) 医療過誤訴訟改革

(1) 医療過誤訴訟改革の現状

司法制度改革審議会意見書（2001〔平成13〕年6月）は，医事関係訴訟の充実・迅速化を図ることを求めており，そのために専門委員制度の導入，鑑定制度の改善，法曹の専門化の強化を提言した。最高裁は，2001（平成13）年7月に医事関係訴訟委員会を設置し，医学界の協力を得て鑑定人候補者の選定を行っている。東京地裁・大阪地裁においては，2001（平成13）年4月以降，医療訴訟は集中部で審理されることとなった。

医療被害の早期解決のためには，迅速な裁判が必要とされることは当然である。しかし，医療被害者は拙速な裁判を望んでいるわけではない。訴訟の迅速化を求める余り，手続の公正中立が軽視されるようなことがあってはならない。

---

8) 厚生省（リスクマネージメントスタンダードマニュアル作成委員会）「リスクマネージメントマニュアル作成指針」（2000〔平成12〕年8月），日本医師会（医療安全対策委員会）「医療におけるリスクマネジメント」（1998〔平成10〕年3月），国立大学附属病院長会議（医療事故防止方策の策定に関する作業部会）「医療事故防止のための安全管理体制の確立に向けて（提言）」（2001〔平成13〕年3月），東京都衛生局病院事業部「都立病院におけるリスクマネジメント」（2001〔平成13〕年8月）。
9) 医療安全対策検討会議「医療安全推進総合対策～医療事故を未然に防止するために～」（2002〔平成14〕年4月）
10) 注6・137頁。

(2) 当事者主義の徹底

現在，集中部では，争点整理段階において事件を調停に付し医師の調停委員により争点整理を行おうする試みが行われている。

しかし，日本の医療界は医師同士が相互批判することを避ける傾向にあることに鑑みると，医師である調停委員が公正中立な意見を述べるという保障はない。争点整理のための付調停であるにもかかわらず，調停委員が争点に対する自らの判断を述べるために，実質的には医師の口頭鑑定となり，証拠調べによらない手続によって裁判所の心証形成が行われるという危険性もある。

争点整理に必要な事実関係や基本的な医学的知識は，当事者双方が主張・提出するべきものであり，当事者が適切な主張立証活動を行えば，裁判所に専門的知識がなくとも争点整理を行うことは可能である。争点整理手続を安易に医師の手に委ねるべきではなく，当事者主導の下で争点整理を進めていくよう求めていく必要がある。

もとより，当事者主義により医療過誤訴訟を行うためには，弁護士自身が医師の協力を得て，医学的知識と訴訟技術の研鑽に努めるべきことは言うまでもない。

(3) 公正中立な鑑定のために

医療過誤訴訟が遅延する一つの要因として，鑑定人選任までに時間がかかることが指摘されていた[11]。最高裁の医事関係訴訟委員会の設置により鑑定人確保のシステムができること自体は，評価できる。

しかし，鑑定人の確保ができれば，公正中立な鑑定が行われるわけではない。前記のとおり日本の医療界は医師同士が相互批判することを避ける傾向にある。鑑定書の中には，同業者を庇ったとしか思えないような内容のものも少なくない。

適正な鑑定が行われるためには，①鑑定には医学的根拠の明示を求める，②鑑定書を公開し内容を事後的に評価できるような仕組みを作る，③問題のある鑑定を行う医師は鑑定人に選任しない等，鑑定の「質」を確保するための施策が必要である。最高裁の医事関係訴訟委員会は，鑑定人の「数」確保には一定の役割を果たしている。しかし，鑑定の質の問題についてどのように考えているのか，現段階では未知数である。今後も同委員会の動向を注視していく必要がある。

また，鑑定結果が出されたとしても，その内容が明確・公正であるとは限らない。当事者には弾劾の機会を与えるべきであるし，当事者が納得の行く裁判を保障するためにも，鑑定人の証人尋問は，当然認められるべきである。

---

11) 注6・58頁。

(4) 専門委員制度について

2002（平成14）年9月現在，法制審議会民事・人事訴訟法部会において，専門訴訟における専門的知見の活用のために，専門委員制度の導入が検討されている。

しかし，日本の医療界の現状に鑑みると，専門委員となる医師が公平中立であるという保障はない。専門家の質を確保するためにどのような仕組みを整えるかという問題については，最高裁の医事関係訴訟委員会でも，その方向性すら決まっていない。このような現状に鑑みると，現段階で医療過誤訴訟に専門委員制度を導入し，訴訟手続に医師を関与させることは，時期尚早であり，容認できるものではない。専門委員制度が導入されるとしても，専門委員の利用には当事者の同意を得ることを要件とすべきであるし，専門委員に関与させる場面はできる限り限定すべきである。

医療過誤訴訟に安易に専門委員を関与させることは，裁判所の職責放棄，医療界による裁判支配につながりかねない。

5）弁護士・弁護士会としての取組み

(1) 専門弁護士の要請

前記のとおり，東京地裁は，医療過誤訴訟の集中部を設けており，医療過誤訴訟の専門裁判官を養成していく方向で改革を進めている。弁護士会としても，医療過誤訴訟に関する会員研修を強化するなどして，専門弁護士の育成に努めていくべきである。

(2) 医療部会の委員会化

医療と人権に関わる問題としては，以上のほか，薬害ヤコブ・医原性肝炎・薬原性スティーブンス＝ジョンソン症候群等の新たな医療被害，ハンセン病問題，触法精神障害者問題，障害新生児の治療中止，遺伝子治療など，広範な問題が山積している。これらの問題に弁護士会は対応できていないのが現状である。これらの問題を検討し，提言・集会・法整備に向けての運動などを行うためには，日弁連や東京弁護士会において，医療部会を人権擁護委員会の一部会ではなく独立の委員会活動に昇格させることを考える必要がある。

6）その他の問題

(1) 脳死・臓器移植

1997（平成9）年，臓器移植法が制定され，1997（平成9）年10月16日から施行されている。

1999（平成11）年2月28日高知赤十字病院における40歳台の女性が脳死判定され，同人の心臓・腎臓・角膜がそれぞれ移植を待つ患者に移植されたのを第1例として，今日まで

すでに20例の脳死・臓器移植が実施されている。

臓器移植法は施行後3年目に見直しをすることとなっており，現在改正案の策定が厚生労働省等において進められている。

最大の問題点は，15歳未満児からの臓器摘出を容認するかどうかである。

自民党の「脳死・生命倫理及び臓器移植調査会」は，15歳未満児からの臓器摘出を容認する方向で意見集約するとのことである。

これは，現行法が15歳未満児からの臓器摘出を禁止しているために，小児の臓器移植が国内では実施できず，移植法施行後18歳未満の患者が救命の道を閉ざされているという現状を打開するためのものである。

現在，18歳未満の移植待機患者は260名いるとされているが，うち91名の患者が移植の機会のないまま死を迎えたと言われる。

海外で移植を受けるには莫大な費用がかかり，一般の人にとっては事実上不可能の状態にある。

しかし，15歳未満の脳死臓器提供を認める方向での見直しについては強い疑念を表明せざるを得ない。

提供意思が明確に表示されるということは，臓器移植を合法化させる最大の要因である。そのためには，成熟した一定の年齢に達していることが不可欠である。

15歳未満の未成年者が「臓器提供の意思がない」ということを明確に表示していない時には，親権者の書面による承諾（同意）で臓器摘出を許諾するという考えには賛成できない。

(2) 人工生殖と法律問題

結婚しても子に恵まれない夫婦は10組に1組の割合で存在する。その原因が夫にある場合，第三者の精子提供によって子を得る方法（ＡＩＤ・Artificial Insemination by Donor・非配偶者間人工授精）によってすでに1万人以上の子が出生していると言われる。

この方法は，1996（平成8）年に日本産婦人科学会において不妊治療の一つとして承認されているが，父子関係についてどう考えるかということについての特別法は存在せず，従来の民法の解釈に委ねざるをえない現状にある。ＡＩＤ児の法的地位が極めて不安定であり，深刻な人権問題を生じかねない状況が放置されたままとなっている。夫の承諾を得て人工授精児を出生した母は，父子関係の不存在を主張できないとする判決（東京高裁平成10年9月16日・家月51巻3号）や，夫の承諾のないＡＩＤ児は，父から嫡出否認の訴えを提起でき，否認期間経過後であっても父子関係不存在確認の訴を提起できるとの判決（大阪地裁平成10年12月28日・判時1969号）があるが，ＡＩＤ児にとっての問題は何ら解

決されていない。

　現在，厚生労働省において，体外受精など先端生殖医療のガイドライン策定が審議されているが（生殖補助医療技術に関する専門委員会，委員長・中谷謹子），不妊の原因が妻にある場合，第三者の卵子提供も容認する方向と報道されている。そうだとすれば，父子関係ばかりか母子関係についても法的対応が必要となる。こうした技術によって出生する子の将来の人権保障（幸福）のためにも，早急に国民的合意を得た上で，しっかりとした法律を制定する必要がある。

(3) 性同一性障害者の人権

① 障害の内容と診断・治療の基準

　生物学的には男（女）性でありながら，自分の心理としては女（男）性であると信じ，その性の同一性障害に悩んで医学的・法律的救済を求めている人がいる。

　こうした人は，「性同一性障害者」と言われ，近時の研究の進歩によって診断と治療の基準が明確になり，必要な医学的支援を受けられるようになってきた。例えば，日本精神学会の「性同一性障害に関する答申と提言（1999〔平成9〕年5月28日）」や，埼玉医大のジェンダー・クリニックが知られている。現在は医学的・心理学的なバックアップと，最終的な選択の結果として，外性器を女（男）性に転換する手術を受け，社会的存在としては，どこでも女（男）性としての処遇を受けることができる。しかし，戸籍上で性や名の変更を受けられないとすれば，就職や結婚，パスポート，健康保険証，入学等法的に性別が記載される場所では男（女）性と男（女）子名を表示する以外になく，外形との不一致から様々な不利益を受ける。つまり，社会的には女（男）性になっても法的に女（男）性にならなければ本当の女（男）性としての処遇を受けることにはならない。

　現行法制下では，家事審判法，戸籍法により家庭裁判所に対して，❶性の訂正の申立（戸籍法113条により，長男という届出が錯誤であり，正しくは長女であるから，そのように訂正する旨の申立）と，❷名の変更の申立（普通は，男の子らしい名前〔例えば太郎〕が届出られているはずだから，女性として使用している名〔例えば花子〕に変更する旨の申立〔戸籍法107条の2〕）の二つの審判申立をすることになる。

② 戸籍法の改正

　家庭裁判所がどのような審判をするかが問題となるが，日本精神神経学会の答申に従い，しかるべき医療機関での診断を受け，それによってしかるべき医療機関でプロセスに従った治療を受けた後に，真実女（男）性として日常生活や社会生活を送るのがふさわしいと判断される証拠が提出されるならば，性の変更や名の変更が認められる余地はある。しかし，現在，性同一性障害が脳の性差に由来するものであることが医学的にも証明されつつ

あり，国民のコンセンサスとしても性同一性障害者の性別変更を認めるべきであるとの流れがあり，家庭裁判所も性別訂正申立について慎重な審理の上で認容すべき時期にあると考える。

われわれは，性同一性障害の正しい知識を得て，このようなケースについて，法的救済を求めている人々に対して，訂正（変更）申立を認めるような戸籍法の改正を行うよう提言すべきである。

(4) 医療保険・年金制度の改革

① 現下の底の見えない経済低迷のなか，予想を超える急速な少子化と高齢化は，医療制度・医療保険制度・年金制度の「改革」を不可避なものとしている。

154回国会において健康保険法等の一部改正法と健康増進法が成立し，健康保険給付の自己負担が2割から3割に「改正」された。

これによって組合健保・政府管掌健保・国保で本人給付7割に統一されることになった。高齢化による医療費増大を保険料増額でなく，給付率の引き下げで当面乗り切ろうという政策である。

我々は，今後とも国民の健康を担保する保険制度のあり方について十分な研究を行い，必要な提言をする必要がある。

② 年金問題も急激な少子化（年金を支える若年層の減少）と高齢人口の急上昇（年金受給者の増大）という構造的歪みによって危機的状況にある。

国は，確定給付企業年金法（2001〔平成13〕年6月15日公布）と確定拠出年金法（同年6月29日公布）を制定し，年金制度の改革に取り組んでいるが，厚生年金の受給年齢の引上げ等，我々国民の老後の生活を直撃する重要な問題が必ずしも法律家の共通の問題認識となっていないのが実状である。

低迷する経済のもとリストラされる人々にとって，年金のあり方は，極めて重大な問題である。

我々は，あるべき年金制度について研究を深め，必要な提言をするべきである。

9 子どもの人権

・子どもをめぐる立法・法改正に際しては，子どもの権利条約の趣旨に立ち返り，子どもは人権の主体であることを再確認して，子どもの人権が真に保障される制度を作るべきである。

- 「改正」少年法の見直し，児童虐待防止法の見直し，教育基本法の見直し等について，弁護士会としても，積極的な提言を行なうべきである。
- 子どもの人権保障をまっとうするには，児童福祉行政の分野で人的・物的設備を拡充することが不可欠であり，そのための十分な予算措置を講じるべきである。

１）子どもの人権保障の重要性

　子どもは，未来の社会の担い手である。成長の過程で人間としての尊厳と成長発達する権利を十分に保障されてこなかった子どもは，子ども時代に非行などの問題行動という形でＳＯＳを発することもあれば，大人になってから，犯罪に走ることもあり，また，心の病に罹って長期間苦しむ者も多い。子どもの人権が保障され，成長発達することができて初めて，将来，子どもが大人になった時に，他者の人権を尊重することのできる人間になれるのである。

　また，子どもは大人社会の鏡でもある。したがって，子どもの人権保障は，大人の人権保障達成度の尺度でもある。

　ところが，日本においては，子どもの権利条約が批准されて発効（1994〔平成６〕年５月22日）した後においても，子どもは「保護の客体」であるという意識が根強く，１人の「人権主体」として扱うという視点が欠けている。子どもは，１人１人が人権の享有主体であり，とくに「子ども期」特有の人権として「成長発達権」（憲法13条等）が保障されなければならないということを再確認する必要があろう。

２）子どもの人権保障の現状と課題

(1) 「改正」少年法など少年司法をめぐる問題

　2000（平成12）年11月に「改正」された少年法は，2001（平成13）年４月１日から施行され，２年近くが経過した。この改正は，少年審判手続における事実認定の困難さ，被害者への配慮不足など，改正前少年法の不都合な点を正すという要請もあった。しかし，同時に，たまたま世間の耳目を集めた神戸須磨事件，「17歳の少年」による犯行などに対する社会のヒステリックな感情を背景に，あたかも，少年非行が急増・凶悪化しているという誤った情報が垂れ流され，「少年非行が急増・凶悪化しているのは，少年法が甘いせいだ」という，実証的な研究を欠く議論が展開されて，少年法は改正された。

　しかし，付添人活動を日々続けている弁護士の実感としては，少年非行の要因はさまざまであって，厳罰化・刑罰化では少年犯罪を予防することはできないという改正法に対す

る抵抗感が強い。

　日弁連では，2001（平成13）年11月に行われた第44回人権擁護大会シンポジウムにおいて，「少年犯罪の背景・要因と教育改革を考える——とどいていますか，子どもの声が——」と題する分科会を開催した。これに先立ち，全国の弁護士に依頼して，罪を犯した少年（487人）とその保護者（425人）から聴き取りアンケートを行い，担当した付添人弁護士（555人）の見解を併せて回収し，分析を行った。その結果，非行を犯した少年の約6割に，被虐待体験があったことが明らかになった。

　弁護士会としては，この調査結果を改正少年法の5年後見直しに生かすべく，世論への働きかけや国会議員への働きかけ等，積極的に活動しなければならない。

　また，改正論議の中で危惧されていたことであるが，家庭裁判所の運用が，保護主義の理念を捨て，刑事裁判化していくのではないかという点については，未だ評価が定まらない点もあるが，事実認定の適正という改正法の趣旨に反する安易な検察官関与がなされたという事例の報告もされているところであり，弁護士・弁護士会としては，今後も適正な運用を担保するために，眼を光らせていかねばならない。

　なお，改正法施行後1年間の運用状況は，裁定合議事件は27件，検察官関与事件は27件，原則逆送事件は65件（そのうち，原則どおり逆送されたのは44件）となっている（数字は，2001〔平成13〕年4月1日から2002年3月までに全国の家庭裁判所において終局決定のあった人員の合計）。

　このような中，福岡県弁護士会は，2001（平成13）年2月より，身柄全件付添人制度を発足させ，目覚しい成果を上げている。これは，いわば当番弁護士制度の少年版というもので，弁護士・弁護士会が「身銭を切って」，法律扶助制度を利用し，家庭裁判所の協力も得て作り上げた制度である。ところが，2年近く経った今も，後に続く弁護士会は未だ存在しない。

　現在進行中の司法制度改革論議の中では，被疑者国公選弁護制度は実現の方向だが，（身柄）全件国選付添人制度については，その実現が危ぶまれる状況にあるという情報も伝わってきている。そのような中で，弁護士・弁護士会としては，豊富な付添人経験をもとに「なぜ，（身柄）全件に弁護士付添人を付ける必要があるのか」という点を，説得力をもって，司法制度改革推進本部にもアピールしていかなければならない。そうでなければ，被疑者段階で国公選弁護人が選任された少年について，その弁護人が，家裁送致後には少年から去って行ってしまうという奇妙な事態になりかねない。司法制度改革の中で，（身柄）全件国選付添人制度を法制化させるためにも，今，各弁護士会が，独自に身柄全件付添人制度を発足させ，人的対応能力を示すとともに，少年が付添人の援助を受けるこ

第1　各種権利保護の改革

とが，少年の権利保障の観点はもちろん，少年の更生にも不可欠の役割を果たすという実績を示すことが必要になってきている。

(2) いじめ，体罰などの学校における問題

ⅰ) いじめ

相変わらず，いじめを苦にした自殺事件が発生するなど，いじめ問題は後を絶たない。いじめを発見した場合に，教師は，その場限りの叱責に終わることなく，いじめる側，傍観者を含むクラス全体で，いじめが人権侵害であることを理解させるように，地道な取組を続けなければならない。そして，保護者，校長・教頭を巻き込んだ取組も必要になる。いじめる側を叱っただけでは，「チクッた」ということで被害者が逆恨みされ，いじめはかえって陰湿化し，教師の目の届かないところで執拗に繰り返され，被害者が，二度と声を上げることができなくなってしまう。なお，いじめ問題に対応するときには，いじめる側が，実は家庭で虐待を受けていたり，過去のいじめの被害者であったり，教師から体罰を受けていたり，その子自身が深刻な問題を抱えている可能性が高いことを頭に置きつつ対応することが必要となる。そして，いじめる側にも適切な援助をするのでなければ，問題の根本的な解決にならないことが多い。

したがって，相談を受けた弁護士としては，場当たり的な対応ではなく，いじめの背景をも視野に入れて対応する必要がある一方，いじめられている子どもを非難するようなこと（「あなたも悪いところがあったんじゃないの」など）は決して言ってはならない。このように，いじめ相談については，弁護士の側でも特殊な知識・素養が必要なので，弁護士会としても継続的な研修制度の充実に努めるべきである。

ⅱ) 体罰

体罰は，学校教育法11条で厳に禁止されているにもかかわらず，各地の弁護士会が実施している子どもの人権相談などでは，依然として，体罰に関する相談が多数ある。これは，学校・教師・保護者・地域に依然として体罰容認の意識が残っていることが原因であると思われる。

体罰ではないが，男性教師が女子生徒の下着検査をするという不適切な指導を行っているという相談例などもあり，学校教育の現場での人権感覚はいまだ乏しいと言わざるを得ない。

ⅲ) 教育基本法改正の動き

現在，中央教育審議会では，教育基本法の見直しを含む答申を行なう方向で審議中である。その背景には，学校教育において，子どもたちが学ぶことへの意欲を減退させ，いじめ・校内暴力・学級崩壊などの現象が見られ，不登校の子どもや中途退学者の人数が増加

するなどの，いわゆる「問題状況」が生じていることがある。そして，この「問題状況」が，憲法や教育基本法に基づく教育理念や教育実践によるものであるという議論がされて，教育基本法の見直しを志向する結論が導かれようとしている。

　しかし，教育の現場におけるさまざまな子どもの人権侵害を見聞きしてきた弁護士の実感からすれば，「問題状況」の改善のためには，まず，教育現場において，子どもたちの権利を真に保障し，その尊厳を確保することこそが必要なのであって，中央教育審議会の目指す方向は誤っていると言うべきである。日弁連は，2002（平成14）年9月，「教育基本法の在り方に関する中教審への諮問及び中教審での議論に対する意見書」を中央教育審議会と文部科学省に提出したが，今後も，正しい教育改革へ向けて，積極的な意見・提言を行っていかなければならない。

　ⅳ）スクール・ローヤーの導入

　東京弁護士会・子どもの人権と少年法に関する特別委員会では，学校における「校医」のように，弁護士が日常的に学校の中に入って，子どもからも教師からも気軽に相談を受けられる体制を作るべきであると考え，1999（平成11）年4月から，4つの私立高等学校との間で，試行的な交流を行った。残念ながら，いまだ本格実施に至っていないが，前述のような学校現場における人権侵害状況に対応するためには，子どもたちに身近なスクール・ローヤー制度の実現が必要であると考えられる。

（3）児童虐待

　2000（平成12）年5月，児童虐待防止法が与野党一致の議員立法として成立した。児童虐待の定義を明確に定め，虐待の禁止を法定して，国及び地方公共団体に児童虐待の早期発見及び被虐待児の迅速かつ適切な保護を義務づけ，守秘義務を負う医者や弁護士などが児童相談所に虐待通告した場合は守秘義務違反を問われないと定められるとともに（もっとも，虐待親から「子どもを殴ってしまうがどうしたらよいか」などの相談を受けた弁護士については，守秘義務が優先するのではないかとの議論がある），虐待を行った者は，たとえ親権者であっても刑法上の責任を免れないこと，児童相談所長等は，児童を保護した後，保護者の面会又は通信を制限することができることなどを明文で定めた。

　この内容そのものは，とくに新しい制度や権限を創設したものではなく，従来，通達により，児童福祉法や民法，刑法の解釈・運用の中で実施してきた児童虐待に関わる制度について，明文で定めて明確な法的根拠を与えたというにすぎない。したがって，例えば，子どもがいる建物への立入調査をするに際して，鍵を破壊する権限を認める規定は置かれなかったことなど，議論が分かれる問題について，解決が先送りされた感が強い。

　しかし，児童虐待の防止そのものを目的として児童虐待防止法が成立したことは，社会

に虐待問題を周知させ，その防止に向けて社会全体で取り組む原動力になるという意味で，喜ぶべき第一歩であった。実際，児童相談所の虐待受理件数は急増し，2000（平成12）年度に全国の児童相談所が受付けた相談は約1万9000件，2001（平成13）年度は約2万5000件である（厚生労働省調べ）。

ところが，児童虐待の通告先である児童相談所は，人的・物的手当てがほとんどできておらず，十分な対応ができていないという現状である。児童相談所の人的・物的設備の充実が望まれるとともに，被虐待児救出のためには，民間の専門機関とも協力する必要があると言える。

また，弁護士の積極的な関与も期待される。例えば，被虐待児を児童福祉施設に措置するに際して，児童福祉法は，保護者の同意によることを原則としており（27条4項），同意が得られない場合（保護者の「意に反（する）」場合）は，家庭裁判所の承認を要することとなっている（28条）。児童相談所が家庭裁判所に施設入所承認審判の申立をするに際しては，弁護士の助力なくしては難しい事例も多い。ところが，従前，児童相談所は児童相談所長が本人訴訟で行っており，司法的知識に欠けるため，不十分な申立しかできない場合もあったし，却下をおそれて，なかなか申立に踏み切れないという状況もあったと言われる。そのため，各地の弁護士が，児童相談所の代理人として活動するようになってきている。近年，大阪や横浜では，各児童相談所と弁護士が連携するシステムができている。しかし，東京では，児童相談所は弁護士費用を賄うだけの予算を確保しておらず，法律扶助協会の「子どもの人権救済基金」（東京都支部の基金）に頼らざるをえない状況である。

弁護士会としては，児童福祉行政の分野への弁護士が積極的に関与できるように，予算措置等も含めて積極的な提言を行っていくべきである。

そして，虐待防止法は，成立から3年後の2003（平成15）年に見直されることになっているので，弁護士会としても，各地の弁護士の経験に根ざした事例を集積して，法律改正に間に合うように積極的な提言を行っていくべきである。

(4) 児童福祉施設

被虐待児の受け皿である児童養護施設等の児童福祉施設は，現在，危機に瀕していると言っても過言ではない。なぜならば，処遇が困難な被虐待児の入所が増加しているにもかかわらず，政府の定める「児童福祉施設最低基準」による人的・物的水準はあまりに低位であり，しかも，従来，最低基準を上回る基準を定めていた東京都では，逆に職員の定員が削減されているのが現状である。とくに，心理職員の配置が不十分なため，心に深い傷を負った子どもたちに対して，適切なケアを行うことができないことは大きな問題である。

また，児童養護施設等における体罰・虐待等は後を絶たない。もっとも児童養護施設等の閉鎖性と，中にいる子どもたちが声を上げる術を持たないことから，問題が公になることは少ない。しかし，千葉県の恩寵園における虐待は，園長らの刑事事件にまで発展したし，2002（平成14）年には，岡山県と茨城県内の各児童養護施設を相手に，弁護士会に人権救済申立がされた。その他にも損害賠償請求訴訟が係属中のものもあり，複数の施設での体罰・虐待の事実が明らかになっている。

　家庭の中で虐待を受けてきた子どもたちが，施設でも虐待を受けるというのは悲劇である。これを防止するための1つの方策として，外部の目が入ることが不可欠であるところ，一部施設の中には，オンブズパーソンを受け容れているところもあるが，問題のある施設ほど，外部の人間を入れたがらないという傾向がある。東京都では，社会福祉事業団が運営する旧都立の児童養護施設において，2000（平成12）年10月から半年の試行期間を経て，2001（平成13）年4月からオンブズパーソン（正式名称は「サービス点検調整委員」）制度が導入されたものの，東京都の児童福祉行政の現状から，この制度の継続さえ危ぶまれている状況である。

　弁護士が社会の隅々にまで入っていくべしという司法制度改革の流れからしても，児童福祉施設のオンブズパーソンも弁護士が担うことが必要になってくるというべきであり，弁護士会としては，適切な人材を責任をもって送り込んで行くべく，人材の養成が望まれる。

3）子どもの権利条約

　子どもの権利条約44条1項に基づき，各国政府は，国連子どもの権利委員会に対して，同条約の実現状況を定期的に報告すべき義務を負っている。1998（平成10）年5月に行なわれた第1回政府報告書審査に基づき，同年6月，国連子どもの権利委員会は，日本政府に対して22項目にわたる懸念を表明して，これに対する課題を勧告する最終見解を採択した。その中には，裁判所がその判決の中で子どもの権利条約を直接適用しないのが通例であること，子どもの権利の実施を監視するための権限をもった独立機関が存在しないこと，権利の完全な主体としての子どもという概念について広く普及し促進するためにとられた措置が不十分であること，ＮＧＯなど市民社会の知識と専門性が適切に活用されていないことなどがある。

　ところが，2001（平成13）年11月，日本政府が国連子どもの権利委員会に提出した第2回政府報告書は，子どもの権利委員会の最終見解を極めて軽視した内容となっている。また，政府報告書は，各省庁の報告の寄せ集めに過ぎず，統一的視点を欠いており，その作

成方法は，日弁連をはじめとする国内のＮＧＯの関与が極めて不十分であった。

この政府報告書を踏まえ，日弁連は，カウンターレポートを作成し，2003（平成15）年6月頃までに国連子どもの権利委員会に提出する予定である。弁護士会としては，子どもの権利条約を社会の隅々にまで浸透させるための地道な活動を行なっていかなければならない。

4）子どもの権利に関する自治体の取組みと条例の制定

子どもの人権救済に関わるオンブズパーソンは，全国的な制度としては整備されていないが，自治体レベルではいくつか実現している。

兵庫県川西市では，1999（平成11）年4月，市長の付属機関として，子どもの人権オンブズパーソンが設置された。

神奈川県川崎市では，2000（平成12）年12月，「川崎市子どもの権利に関する条例」が制定された。同条例は，子どもの権利保障を総合的にとらえ，権利保障を実効あるものにするための具体的制度や仕組みを盛り込んだものとなっており，子どもの権利保障の状況を検証するために，子どもの権利委員会を設置している。

埼玉県では，2002（平成14）年3月，県レベルで，子どもの権利救済機関としてのオンブズマンを設置するという埼玉県子どもの権利擁護委員会条例が成立し，同年8月，子どもの権利擁護委員会が設置された。

しかし，東京都では，子どもの権利擁護に関する権限を有する第三者機関の設置に向けて，1998（平成10）年11月から，子どもの権利擁護システムが試行的にスタートしたものの，財政難や子どもの権利に対する反発等さまざまな障害が発生して，条例化・正式設置に至っていない状況である。

弁護士・弁護士会としては，全国の自治体で子どもの権利条例が制定され，子どもの人権の特殊性に配慮した，独立し，かつ十分な権限を有する人権救済機関が作られるよう，試行段階にあるものについては本格実施へ向け，制度の検討さえ始まっていない場合には，その検討を働き掛け，条例制定段階から積極的に提言を行う必要があろう。

10　高齢者の人権

・高齢者の尊厳と基本的人権を保障し，高齢者の権利主体性を確立する「高齢者基本法」を制定する必要がある。

> ・介護や能力補完を必要とする高齢者の人権と福祉を考えるにあたっては，ノーマライゼーションの理念を基礎として，高齢者の自己決定権を十分に尊重し，その残された能力を最大限に活用して，生き生きとした生活を送ることができるようにすることが必要である。
> ・成年後見制度を活用して，高齢者の自己決定権を尊重した契約締結による，充実した介護サービスを受けられる介護保険制度を確立させ，これを保障する情報開示システムを整備しなければならない。
> ・広報活動により「オアシス」の存在を広く知らしめ，高齢者援助の潜在的な需要を掘り起こす必要がある。

1）高齢者の視点での権利の見直しの必要性

(1) 高齢者問題の現状

わが国は，医学の進歩による平均寿命の伸びと少子化により，諸外国に例を見ないほど急激な早さで高齢化社会を迎えている。65歳以上の高齢者の全人口に占める割合は，1970（昭和45）年に7.1％であったが，2000（平成12）年には17.3％となり（国勢調査による），更に2025（平成37）年には，27.4％に達するものと推計されている（「介護保険の手引」〔ぎょうせい〕による）。また，痴呆化率，要介護率が急速に増加する75歳以上の後期高齢者の全人口に占める割合も，1997（平成9）年で6.2％に達している。

高齢者世帯についてみると，1990（平成2）年には，高齢者単独世帯が115万世帯，高齢者夫婦のみの世帯が212万世帯であったが，2000（平成12）年には，高齢者単独世帯が303万世帯，高齢者夫婦のみの世帯が366万世帯となり（国勢調査による），核家族化，少子化による高齢者と子供の同居率の低下を原因として高齢者世帯が著しく増加している。

平均寿命の伸びによる高齢者絶対数の増加によって，単に「高齢者」という，一括りにできない様々な人々が含まれることになり，高齢者問題も多岐にわたることになった。

比較的若年の高齢者の中には，就労を希望している者も多数存在するが，近年の雇用情勢の悪化は，高齢者により厳しい結果をもたらしている。介護期間の長期化で，在宅介護において，親族等の介護者の負担加重等から高齢者に対する虐待等の人権侵害が行われたり，他方，介護施設においても，プライバシーに対する配慮がなされていなかったり，老人病院において，痴呆のある老人に対し，薬剤を使って「寝たきり」状態にしたり，ベッドや車椅子に縛っておく等の人権侵害が行われている事例が数多く見られる。また，判断能力が劣る高齢者を狙った財産侵害や悪徳商法による被害も多発している。

(2) 高齢者基本法の必要性

　こうした状況のもとで，高齢者の福祉サービスのあり方について，現在，大きな改革が行われようとしている。1998（平成10）年6月，厚生省（当時）中央社会審議会社会福祉構造改革分科会が取りまとめた「社会福祉基礎構造改革について（中間まとめ）」は，「従来の措置制度が行政処分として貧困者の保護救済に大きな役割を果たしたが，行政からの恩恵的なものという意識や運用実態を生み出した」という認識のもと，契約制度に移行することによって，「利用者の権利意識の高まりや選択や自己決定の確保が可能になり，これは現在の福祉サービスに対する多様化し，かつ普遍化したニーズに応じるにはふさわしい」とした。この「中間まとめ」に基づき，2000（平成12）年6月，「社会福祉事業法」が「社会福祉法」と改称して大幅に改正された。また，1997（平成9）年12月，介護保険法が公布され，2000（平成12）年4月から施行された。

　こうした流れの中で，高齢者を支える身近な人の不在とも相俟って，高齢者自身が各場面において自己に関する問題を解決しなければならない場面が増えることとなった。このような各場面において，高齢者が健常者と同じように生活し，社会生活上の不利益を受けないようにすること，すなわち高齢者のノーマライゼーションを確立することが肝要である。そのためには，「個人の尊厳が重んぜられ，その尊厳にふさわしい処遇を保障される権利を有する」旨を明確にした「高齢者基本法」を制定すべきである。同法の制定は個人の尊厳の尊重，幸福追求権，生存権の保障を定めた憲法第13条，25条を実質化するものである。

2）介護保険制度の改革

(1) 介護保険制度の内容と現状

　2000（平成12）年4月から施行された介護保険制度は，介護サービスを，行政主導による措置制度から利用者とサービス提供業者との契約関係に転換した。介護保険制度は健康保険等と同様の社会保険制度である。保険者である市町村は，保険料を徴収し，要介護・要支援を認定し，保険給付を行う。これに対し，被保険者である高齢者は，保険料を支払い，要介護認定及び要介護度，または要支援認定を受け，自らの意思に基づき認められる範囲内で，サービス提供業者と契約を締結して介護サービスを受ける。

　介護サービスには，在宅介護サービス及び施設介護サービスがあり，在宅介護サービスには，訪問介護，通所介護（デイサービス），短期入所生活介護（ショートステイ）等がある。訪問介護は，さらに，身体介護，家事援助，これら両者の折衷型に分かれる。施設介護サービスは，特別養護老人ホーム，介護老人保健施設，療養型病床群等への入所があ

る。

　高齢者がサービスの選択を決定する際には，介護支援専門員（ケアマネジャー）が高齢者の依頼に基づきサービス計画（ケアプラン）を作成し，サービス提供事業者との連絡調整を行う。サービス利用者は，費用の1割を支払い，残りの費用は保険者である市町村が支払う。

　厚生労働白書（平成13年版）によると，介護保険制度施行1年後の2001（平成13）年3月末現在，要介護（支援）認定を受けた高齢者は，約256万人で，このうち，約76％の高齢者が何らかのサービスを利用している。在宅サービス利用者は約133万人，施設サービス利用者は約63万人で，おおまかに2対1の割合である。在宅サービス利用率（要介護度別に定められたサービス利用限度額に対する利用実績の割合）は，約4割であり（厚生労働省のサンプル調査による），在宅サービスの利用が低迷していると言われている。

(2)　介護保険制度の改善

　介護保険制度に関する一般的な問題点としては，全国的水準に基づく質の高いサービスが供給されていないこと，ケアマネジャーが期待される役割を果たしていないこと，コンピューターによる要介護認定の一次判定システムが痴呆性高齢者の実態を反映していないこと等があげられる。また，介護保険制度は，社会保険の基本理念により，全ての高齢者から保険料を徴収することを原則とする[1]が，高齢者には低所得者層も多いことから，今後，保険料の減免の是非の問題が検討されなければならない。

　介護保険制度に関する法的な問題としては，契約を締結する立場となった高齢者が，サービス提供業者と対等な立場で，真に自ら意図する内容の契約を締結することができるかという点があげられる。特に痴呆が進んだ高齢者や一人暮らしの高齢者に問題が多い。成年後見制度や地域福祉権利擁護事業[2]がこれらを補うものとして考えられているが，このうち，成年後見制度についてみると，2000（平成12）年4月から1年間の成年後見関係事件の既済事件のうち，介護保険契約の締結を主な動機とするものは約2％にすぎない。これは，家族による契約の代行が行われていること等に原因があると思われるが，契約の主体はあくまでも高齢者自身であるという意識を高め，成年後見制度を利用しやすいものとすることが必要である。

　また，高齢者の自己決定権による選択を保障するため，要介護認定申請に対する審査基準など，介護保険の実施・運用にあたっての諸基準[3]，あるいは提供サービスの内容やサ

---

[1]　高齢者に対する介護保険料の全額徴収を開始したのは2001（平成13）年10月からである。
[2]　痴呆性高齢者等に対して，都道府県の社会福祉協議会が主体となって，生活支援員を通じ，福祉サービスの利用援助等を行う仕組み。1999（平成11）年10月から実施されている。

ービス提供施設の具体的内容等について不断に見直していく必要がある。そして，これらについての情報開示，さらには不服審査請求において必要とされる資料や請求を容易にするための要介護認定申請段階の判断資料の開示など，情報開示システムを整備することが必要である。

3）高齢者の権利擁護に関する弁護士会の取組み
(1) 日弁連の取組み

日弁連は，1995（平成7）年10月，高知の人権擁護大会で，「高齢者の人権と福祉」というテーマでシンポジウムを開催し，高齢者の法的主体性を明確にするべく「高齢者基本法」を制定すべきであるとの提言を行った。同提言の精神は，その後の関弁連，中弁連シンポジウム等に継承されて，日弁連においても高齢者・障害者の権利に関する委員会発足へと繋がり（1998〔平成10〕年1月の理事会決議により設置），同委員会は発足当初より同基本法の制定を目指して活動してきた。

更に，日弁連は，2001（平成13）年11月，奈良の人権擁護大会で，その第2分科会が「高齢者・障害者主権の確立を！契約型福祉社会と権利擁護のあり方を考える─介護・財産管理・生活支援の充実を─」というテーマで，高齢者・障害者の問題を採り上げた。この企画は，介護保険制度やこれらの利用者の介護・財産管理・生活支援における権利擁護のための諸制度や市町村の役割の現状を検証し，利用者により質の高いサービスが提供されることを目指したものであるが，同分科会は，このシンポジウムにおいて，諸制度のあるべき姿を探索しながら，高齢者・障害者の主権の確立を目指して，福祉・保険・医療・法律の提携した総合的な高齢者・障害者支援センターの設立を提言した。

(2) 東京弁護士会の「オアシス」
(ｱ)事業の内容

高齢者・障害者総合支援センターである東京弁護士会の「オアシス」は，高齢者及び障害者に対し，財産管理・身上監護に関する支援，並びに財産管理等に関する法律相談，その他迅速かつ適切な法的支援を行うことを目的とするものである。

「オアシス」の事業内容は，以下のとおりである。

---

3) 2001（平成13）年10月21日付朝日新聞朝刊に，秋田県鷹巣町が「高齢者安心条例」の制定を目指している（同年12月町議会に提案し翌年4月施行の予定）との記事が掲載された。条例案によれば，同町内にある介護保険施設における介護は，本人の意思を最大限に尊重し，縛る，たたくなどの行為は「権力の行使」として原則的に禁止することとされている。これまで多くの老人病院や介護保険施設において安全の確保のため止むを得ないとされてきた現状を，人間の尊厳を最大限に尊重しなければならないとする立場から，条例制定により，これを改善しようする鷹巣町の姿勢は高く評価されてよく，注目に値する。

❶高齢者・障害者専門法律相談
　　来館者法律相談，出張法律相談，電話法律相談等を行なう。
❷財産管理・身上監護支援業務
　　専門法律相談の結果，財産管理・身上監護について弁護士の斡旋が必要となった場合，弁護士を斡旋する。
❸介護・福祉に関する手続についての弁護士の紹介
　　介護・福祉サービス及び社会保障給付の受給等に関し行政機関やサービス供給主体との交渉，異議申立，審査請求などの不服申立手続などを行う弁護士を紹介する。
❹精神福祉法に関する手続についての弁護士の紹介
　　精神保健及び精神障害者福祉に関する法律に基づく退院，処遇改善の請求などを行う弁護士を紹介する。
❺その他

「オアシス」では，受任弁護士の不祥事を防止するために，受任弁護士の業務を監督する担当委員を選任，定期的な報告書の提出を義務づけ，登録弁護士の研修，弁護士賠償保険への加入等の慎重を期したシステムを設けている。

「オアシス」では，成年後見人等や後見監督人等の候補者を家庭裁判所に推薦することも行っているが，「オアシス」の財産管理等の制度は，任意後見制度と同様の安全性を備えたものであり，さらに，公正証書による必要がなく簡便であり，本人の判断能力が減退していなくとも利用することができるという利点を有するものである。したがって，「オアシス」の財産管理制度は，任意後見に代わる手軽なものとして利用できる。また，将来的には任意後見による財産管理を予定しながら，判断能力が減退する以前は「オアシス」の財産管理等を利用して，その後に任意後見に移行するのも一つの方法である。

(イ)「オアシス」の現状

「オアシス」発足後，2001（平成13）年8月までの相談件数は1ヶ月約50件（うち面接相談は10件以下，その他は電話相談）で，ほぼ横ばい状態である。相談後に契約締結に至った件数は18件であり，うち，財産管理に関するものは10件である（「オアシス」事務局による）。

現時点では，財産管理を家族以外の第三者に委任することに対する高齢者・障害者の抵抗感があるものと予想されるが，広報活動により，裁判所を介さない身近な「オアシス」の存在を広く知らしめ，高齢者・障害者援助の潜在的な需要を掘り起こす必要がある。

11　障害者の人権

　　障害者のノーマライゼーションを確立するため，❶雇用，教育，情報，公共施設の利用，参政権の行使，司法の利用などについて障害者の権利を保障し，その差別を禁止する障害者差別禁止法を制定し，❷障害者福祉法を制定し，❸免許・資格における障害を理由とする欠格条項を撤廃し，❹介護保険制度，支援費制度の利用料を応能負担とし，保険給付限度額，支給量，障害程度区分を適切に定めるなど，障害者が必要なサービスを受けられるような配慮をするとともに，❺弁護士，医療職，福祉職などが協同して相談，支援を行う障害者総合相談・支援センターを設置するなど，障害者に対する権利擁護システムを確立し，❻介護サービス・福祉サービスの適切な運営を確保するため，オンブズマンを導入し，事業者がコンプライアンスルールを確立するように努め，❼介護サービス，福祉サービスや地域福祉権利擁護事業の利用料の減免措置や成年後見人等の報酬に対する国庫補助を実現しなければならない。

1）障害者の視点での用語問題

　障害者とは，心身の障害により社会生活上のハンディキャップを有する人を総称する言葉であり，身体障害，知的障害，精神障害をもつ人のみならず，てんかん患者や自閉症児者，その他の難病患者をも含む概念である。なお，従来，「障害者」という用語が用いられてきたが，「障害者」に相当する英語である"Disabled Persons"という用語を"Persons with Disabilities"という用語に置き換える国際的潮流に鑑み，また，「障害」という用語が「差し障り」という意味を含むことから，「障害者」を「障碍者」又は「障害のある人」と標記するべきか否かの議論があり，日弁連として統一的見解に集約できていない状況にある。

　障害をもつ人も，障害のない人と同じ「人間」であり，人権享有主体であることは改めて指摘するまでもない。しかし，障害者は，その障害のゆえに，社会の中で障害のない人と同じように生活することにさまざまな困難を伴ない，また種々の人権侵害を受けやすい状況にある。したがって，障害者の人権を擁護し，そのノーマライゼーションを確立することは，われわれ弁護士・弁護士会の責務である。

2）障害者差別禁止法の制定

2001（平成13）年11月に奈良市で開催された日弁連第44回人権擁護大会では，以下の内容を有する障害者差別禁止法の制定を求める宣言がなされた。われわれは，このような内容を有する差別禁止法の制定に向けた具体的な運動に直ちに着手しなければならない。
　❶障害者は，差別なく採用され働く権利を有すること。
　❷障害者は，統合された環境の中で，特別のニーズにもとづいた教育を受け，教育の場を選択する権利を有すること。
　❸障害者は，地域で自立した生活を営む権利を有し，交通機関・情報・公共的施設などをバリアなく利用する権利を有すること。
　❹障害者は，参政権の行使を実質的に保障され，手話通訳など司法手続における適正手続のために必要な援助を受ける権利を有すること。

３）障害者福祉法の制定

　現在の障害者施策は，障害者基本法を基礎とし，身体障害者福祉法，知的障害者福祉法，精神保健及び精神障害者福祉に関する法律に基づいてなされている。しかしながら，このような身体，知的，精神という，いわゆる三大カテゴリーによる障害者施策は，てんかん，自閉症，希少難病などの「谷間障害者」を造りだすという欠陥を有する。すべての障害者が，必要な福祉サービスを受けられるよう「障害者福祉法」を制定すべきである。

４）欠格条項の撤廃

　各種免許・資格における障害を理由とする欠格条項は，障害者の職業選択の自由を侵害し，違憲である疑いが強いものである。政府の障害者施策推進本部は「障害者に係る欠格条項の見直しについて」を策定し，2002（平成14）年度をめどに関係省庁による見直しの方針を打ち出し，これを受けて政府は，医療関係の免許や自動車運転免許などについて，障害を理由とする欠格条項の見直しや廃止をする法改正を行ってきている。
　しかしながら，政府の見直し作業は政省令や条例等による欠格条項が見直しの対象となっていないなど，未だ不十分である。のみならず，道路交通法など見直しがなされたとされる法律においても，法律に委任された省令等において，実質的に，障害者の免許取得を改正前よりも制限する方向が打ち出されるなど，障害者の社会参加を阻むことがより強化される傾向も窺える。
　政府は，障害を理由とする欠格条項を，直ちに全面的に廃止するとともに，免許・資格を取得する際に障害者に配慮した試験を行う（点字受験や振り仮名を付した試験問題など），あるいは免許・資格の拒否に対する簡易な不服申立制度の創設などをすべきである。

第１　各種権利保護の改革

5）介護保険制度・支援費制度と障害者

　40歳以上の特定疾患罹患者は，障害者であっても介護保険の第2号被保険者として介護保険給付を受けることとなる。介護保険においては，要介護度によって保険給付額の上限が定められ，また介護サービス利用者に一律1割の自己負担を求められる。その結果，その経済的負担のために，必要な介護サービスを受けられない障害者が現に存在している。

　また，2003（平成15）年4月から支援費制度の導入が予定されている。厚生労働省は，支援費制度の具体的内容を明らかにしていないが，支給量や障害程度区分の定め方によっては，介護保険制度の場合と同様の問題が発生することが十分に予想される。さらに，支援費制度における利用者負担は応能負担とされているが，介護保険の第2号被保険者で介護保険給付が支給される特定疾患罹患者が1割負担であることを考えると，将来の支援費制度にも利用料負担のために必要なサービスを利用できない障害者が多く生じることとなる。

　国は，障害者のサービス利用料の負担を，介護保険制度，支援費制度のいずれにおいても応能負担とするとともに，介護保険給付の支給限度額を見直し，支援費制度における支給量や障害程度区分を定めるに当たっては，障害者が必要なサービスを十分に受けられるような配慮をすべきである。

6）権利擁護システムの確立

　2000（平成12）年4月より新しい成年後見制度が施行され，1999（平成11）年10月から地域福祉権利擁護事業（社会福祉法上は福祉サービス利用援助事業）が実施され，さらには，2000（平成12）年6月の社会福祉法等の改正により，福祉サービスに関して事業者段階における苦情解決制度，都道府県段階における苦情解決事業としての運営適正化委員会制度が導入されている。また，東京弁護士会における高齢者・障害者総合支援センター「オアシス」をはじめとして，各単位弁護士会において障害者を対象とする専門相談窓口が次々と設置されるなど，障害者の権利擁護システムは，確立されつつあると言うことができる。

　しかしながら，成年後見制度については，成年後見人等の候補者の確保やその質をどのように確保するかなどの課題が残されている。地域福祉権利擁護事業においても，専門員や生活支援員の質をどのように確保するかという課題が残されている。苦情解決事業においても，事業そのものが周知されておらず，第三者委員の選任が進まない，運営適正化委員会の権限が曖昧で十分な事情調査，苦情の解決を行い得ないといった問題がある。「オアシス」についても，相談担当者の質の確保や受任弁護士に対する支援体制の整備，予算

の問題など，課題は山積している。われわれは，障害者に対する権利擁護システムを確立するために，これらの課題の解決に積極的に取り組む必要がある。同時に，弁護士と福祉職，医療職などの他の専門職が協同して障害者に対する総合的な相談，支援を行うセンターの設立に向けた努力をしていかなければならない。

7）オンブズマン制度・コンプライアンスルールの確立

　事業者段階における苦情解決制度においては，厚生労働省の定める要綱上，事業者（事業所）ごとに「第三者委員」を選任し，苦情解決に当たるものとされている。しかしながら，この第三者委員は利用者と事業者との間の中立的な存在とされており，いわゆるオンブズマンとしての位置付けではない。第三者委員制度を，単に苦情を受け付け，中立的立場で苦情解決に当たるのみならず，広く利用者の声を汲み上げ，利用者に代わって事業者にサービス改善などを申し入れることまでをも行うオンブズマン制度に再構築する必要がある。

　また，社会福祉法上，事業者はサービスの自己評価を行う努力義務が課せられ，厚生労働省はサービスの第三者評価事業を実施しようとしている。しかしながら，サービスを提供すべき基準が策定されておらず，自己評価，第三者評価のいずれにおいても，その十分な成果は期待できるものではない。事業者がサービス提供のコンプライアンスルールを確立するようにしなければならない。われわれは，オンブズマン制度の確立，コンプライアンスルールの導入に向けた努力をしていかなければならない。

8）低所得者に対する支援

　新しい成年後見制度が導入され，地域福祉権利擁護事業が実施されても，低所得のため成年後見人等の報酬が支払えず，地域福祉権利擁護事業の利用料が支払えないために，これらを利用できない障害者が多く存在している。国は，成年後見制度利用支援事業を実施しているが，十分なものではない。また，介護保険制度においても，一律1割の自己負担が支払えないために，十分なサービスを受けられない障害者がいる。国は，これらの利用料の応能負担化や減免措置，成年後見人等の報酬に対する国庫補助の措置などを行うべきである。

12　両性の平等

> ・女性であるがゆえのあらゆる差別的取り扱いを禁止し，また，性別に基づく差別の可能性を包含する法律は改正していくべきであり，両性の実質的平等を実現させなくてはならない。
> ・選択的夫婦別姓等の婚姻制度の改正を実現し，養育費等の確保に関する法的整備を図るべきである。
> ・ドメスティック・バイオレンス（ＤＶ）対策を国，公共団体に呼びかけるとともに，弁護士会側も相談・事件受任体制を整備し，ＤＶ被害への対応をしなければならない。

1）基本的視点

　わが国の憲法は，性別に基づく差別を禁止し（同14条1項），家族生活における個人の尊厳と両性の平等を定めている（同24条1，2項）。しかし，現実には，社会生活上さまざまな場面で，女性であるという理由で，多くの女性が男性と異なる差別を受け，被害を被っている。女性であるが故のあらゆる差別的取り扱いを禁止し，また，性別に基づく差別の可能性を包含する法律は改正していくべきであり，両性の実質的平等を実現させなくてはならない[1]。

2）婚姻制度等の改正

　法制審議会民事法部会は，1994（平成6）年7月にまとめた「婚姻制度等に関する民法改正要綱試案」をもとに，1995（平成7）年9月，「婚姻・離婚制度の見直しに関する中間報告」を発表した。その内容は，①夫婦の姓については，婚姻時に夫婦同姓か別姓かを選び，子の姓については婚姻時に予め決めさせる形の「選択的夫婦別姓」を認める，②婚姻適齢を男女とも18歳に統一する，③女性の再婚禁止期間を100日に短縮する，④非嫡出子の法定相続分を嫡出子と同等とする，⑤「5年以上の別居」を離婚原因とする等である。法制審議会は，1996（平成8）年2月，上記中間報告におおむね沿う形で法律改正案要綱を法務大臣に提出したが，法務大臣は，社会の情勢上国会への提出を断念した。なお，1998（平成10）年6月に衆議院の有志議員が議員立法で夫婦別姓等を柱とする民法一部改

　1）　基本的視点については，「女性の労働権」の項も併せて参照。

正案を提案し，その後継続審議となったが，結局は1999（平成11）年8月審議未了で廃案となり，現在に至っている。

(1) 選択的夫婦別姓

選択的夫婦別姓についていえば，氏名は個の表象であり，個人の人格の重要な一部であって，個人の人格権の一内容を構成する[2]。しかし，現行民法750条の夫婦同姓の規定は，婚姻に際して姓を変更したくない者に対しても姓の変更を強いることになり，氏名権を侵害している，との議論が強く主張されている。わが国において，改姓する者のほとんどは女性であり，改姓によって多くの女性が社会生活上さまざまな不利益を受けている。夫婦の姓を同等に尊重し，両性の実質的平等を実現するためには，同姓・別姓の選択の自由を認める選択的夫婦別姓の導入が必要である。なお，国際人権（自由権）規約委員会による日本政府に対する1998（平成10）年11月「最終見解」は，婚外子差別の撤廃を勧告し，女性の再婚禁止期間，婚姻年齢における差別について懸念を表している。このような国際的潮流に鑑み，個人の尊厳と両性の実質的平等を実現すべく，婚姻制度の改正を積極的に提言していくべきである[3]。なお，2001（平成13）年8月の選択的夫婦別姓についての世論調査によれば，賛成42.12％，反対29.9％となり，国民の意識は大きく変化してきている。

(2) 養育費等の確保

離婚または別居中の養育費や扶養を請求するのは，自力で十分な収入を確保できない女性，子どもを引き取っている女性がほとんどである。このような実態を考えると，養育費等の確保は女性や子どもの生活に直結する重大な問題である。しかし，現状では，養育費等の支払いに関する法的制度は，通常の債権と変わりがなく，強制執行制度の不備も加わり，その実効性は乏しい。このような現状に対し国が何らの法的整備をしないことは，離婚や別居中の女性や子どもの権利が侵害されている状態を放置していると言わざるを得ない。

従って，このような女性や子どもを保護するには，離婚の際の非親権者の未成年子に対する養育費負担義務を明示した規定をし，養育費・扶養料支払命令制度を新設するなど，離婚の際には養育費の取り決めがきちんとなされ，かつその支払いが十分確保されるための法整備が必要である。離婚の際の金銭的保障が十分になされることは，女性や子どもにとって単に金銭的保障以上の権利の保護になることを認識し，上記改革がなされるよう努力すべきである。

---

2) 最判1988（昭和63）年2月16日判決。
3) 1996（平成8）年10月25日，日弁連「選択的夫婦別姓導入並びに非嫡出子差別撤廃の民法改正に関する決議」，2002（平成14）年4月20日，日弁連「選択的夫婦別姓制度を導入する民法改正案の今国会上程を求める会長声明」

(3) ドメスティック・バイオレンス（ＤＶ）

　夫や恋人など親しい関係の男性から女性に対する暴力（ドメスティック・バイオレンス，略して「ＤＶ」）について，国連は，ＤＶが女性に対する人権侵害ないし性差別であり，かつ全世界に共通する看過し得ない問題であるとの認識から，1993（平成5）年12月に「女性に対する暴力撤廃宣言」を採択し，1995（平成7）年の北京宣言では「女性及び少女に対するあらゆる形態の暴力を阻止し，撤廃する」と表明した。このような国際的なＤＶへの取り組みの中で，国際人権（自由権）規約委員会による日本政府に対する1998（平成10）年11月「最終見解」は，日本におけるＤＶに関して，重大な懸念がある旨の表明を行った[4]。これを受けて，1999（平成11）年，男女共同参画社会基本法の成立にあたり，衆議院の附帯決議において「あらゆる形態の女性に対する暴力の根絶」に対する積極的な取り組みを求めている。

　2001（平成13）年4月，「配偶者からの暴力の防止及び被害者の保護に関する法律」が成立し，同年10月13日施行された（配偶者暴力相談支援センター等に関する規定については2002〔平成14〕年4月1日施行）。同法は，前文において，配偶者からの暴力は，犯罪となる行為であることを明記するとともに，個人の尊厳を害し，両性の平等の実現の妨げになっているとの基本的理念を示しており，刑事罰を付加した保護命令制度の創設，事実上被害女性の保護を行ってきた婦人相談所等に被害者受け入れの法的根拠を与えるなどの点において，同法制定の意義は小さくない。しかし，同法制定早々，学者や実務家から数多くの問題点も指摘されている[5]。

　保護されるべき被害女性の立場から考えると，同法にはさまざまな問題点がある。なお，同法成立3年後の見直しが予定されており，その際に，前記批判ないし問題点を克服して

---

4) 日本においては，特に，家庭内暴力，強姦の頻発とこのような行為を撲滅するための救済措置がないことについて重大な懸念を有するとし，かつ，日本の裁判所が性行為の強要を含む家庭内暴力を結婚生活における通常の出来事と考えているように思われることについて懸念を有する，としている。

5) 2001（平成13）年4月5日付読売新聞朝刊，長谷川京子弁護士「ＤＶ法案4つの問題点」，法律のひろば2001（平成13）年9月号，戒能民江「配偶者暴力防止法と諸外国のドメスティック・バイオレンス防止立法の現状」など。
　その批判の内容は，①同法は「暴力」の主体を事実婚を含む「配偶者」に限定しており，それ以外の男女関係が含まれていないこと，②「暴力」を身体的暴力に限定するのは，ＤＶが身体的暴力に限らず，性的暴力，精神的暴力，経済的暴力など複合的な形態に及んでいるという事実を把握していない，③立法上の最大の焦点となった保護命令制度についても，申立ての要件として，配偶者からすでに身体的暴力を受け，さらに身体的暴力によって「生命又は身体に重大な危害を受けるおそれが大きい」こと，事前に配偶者暴力相談支援センターか警察に相談していることが必要であり，事前に相談した事実がない場合は公証人の認証を受けた宣誓供述書を添付しなければならない，としている点，④要件上の解釈として，何をもって「生命又は身体に重大な危害を受けるおそれが大きいとき」と判断するのかが必ずしも明らかでない，⑤この要件を遵守する限り，一刻も早く安全な生活を確保しようとする被害女性に対し，公証役場に行って宣誓供述書を作成することを強いる結果になり，役に立たない，⑥保護命令の内容として「接近禁止命令」（6ヶ月有効）と「退去命令」（2週間有効）があるが，前者で禁止される行為は「つきまとい」と「はいかい」に限定され，電話や訪問までは禁止していないこと，後者については2週間の効力しかないことからすれば，同法にいう保護命令によって真に被害女性の安全を確保できるかどうか甚だ疑問であること，等である。

いくべきである。

　われわれとしては，DVに関する法律には前述のような問題点があるとはいえ，同法が制定された以上，DV事案については積極的に同法を活用し，警察等関係諸機関は厳正に対処してもらうよう協議していくべきである。また，DVに対する社会における意識の徹底のため，関係諸機関に対してDVに関する研修を徹底し，DVの早期発見に努め，被害女性の保護をはかるべく努力すべきである。

　そのため，DVに対する弁護士側の対応，姿勢が十分であるかを見直し，DVの本質，実態について十分に認識し，被害女性の心情に配慮して，弁護士による二次被害を与えないようにしなければならない。そのためにも，弁護士に対するDVに関する研修，ガイドラインも今後検討していくべきである[6]。

　なお，2000（平成12）年5月，「ストーカー行為等の規制等に関する法律」が成立した。同法による規制の対象は，「つきまとい等」「ストーカー行為」に対し一定の要件の下での警察本部長等による警告，公安委員会による禁止命令，罰則等が規定されている。DVの被害女性は，夫や恋人によるストーカー被害を受けやすい立場にあるため，「配偶者からの暴力の防止及び被害者の保護に関する法律」と併せて積極的な適用を考えていくべきである。

3）その他の問題

　従来から論じられている女性の労働権の問題，セクシャル・ハラスメント，DVだけでなく，ポルノなどの性表現とメディア，女性と税金（配偶者控除・配偶者特別控除廃止等[7]），女性と健康・生殖の権利（リプロダクティブ・ヘルス／ライツ），従軍慰安婦の問題等，女性の権利と両性の平等に関する問題は山積している。われわれは，このような多種多様な問題提起がなされていることを認識し，両性の実質的平等が実現されるよう努めなければならない。

13　自然災害被災者の権利保障と法制

　わが国では，相次ぐ地震・噴火などの自然災害に対し，被災者の支援や災害対策に関する法制は不充分である。われわれは，大規模な自然災害に対する弁護士・弁護士

6）　1999（平成11）年8月より，法律扶助協会東京都支部において，DV・セクハラ法律相談が開始されている。
7）　2002（平成14）年6月14日，政府税制調査会が答申した税制改革の基本方針には，配偶者特別控除の廃止が明記された。

> 会の法的支援の体制を確立し，現行の災害対策に関する法制度の改正等を提言していく必要がある。

　近年，雲仙普賢岳噴火，北海道南西沖地震津波災害，阪神淡路大震災，三宅島噴火，名古屋豪雨水害，鳥取地震などの未曾有の自然災害が発生し甚大な被害とともに，市民生活への大きな不安要素を生み出した。これらの事件を通じて，わが国の災害対策に関する法制や被災者の支援のための法制をめぐって多くの議論がされ，立法提案もされてきた。弁護士会では，阪神淡路大震災の際には法律相談など現地で数多くの法的支援の活動を行い，災害対策等に関する研究提言を行なっている。

　われわれは，被災者の救済，自立復興支援のために，❶警戒区域等の設定にともなう住民の損失を填補するための損失補償制度の創設，❷災害被災者に対する既存債務の猶予や公租公課の減免，資金供与，住宅の確保等を初めとする様々な公的支援の制度化，❸災害による被害の迅速適正な救済を実施するための国による恒久的な災害対策基金の設置など，災害対策についての法制整備の具体化を求め，また弁護士会として大規模災害の発生に対する法的支援の体制を確立するよう努めなければならない。

14　憲法と平和

> 　われわれは，憲法問題について，その基本原理である国民主権原理，平和主義，基本的人権の尊重の観点から，ひいてはその根底にある個人の尊厳を尊重する立場から，十分に議論を尽くし，その内容を市民にわかりやすく明らかにしていくべきであるとともに，憲法を市民生活に浸透させていく努力をするべきである。

1）憲法調査会について

(1)　憲法調査会の活動について

　日本国憲法について広範かつ総合的な調査を行うために，2000（平成12）年1月に，衆参両院に憲法調査会が設置された。なお，議院運営委員会理事会では，調査会は議案提出権をもたない，調査期間は5年程度とする等の申し合わせがなされた。

　憲法調査会に対する各政党の立場は，議員によっても異なるが，時間をかけて広範かつ総合的な調査を行い改憲の議論には入らないという立場と，速やかに調査を終えて改憲に向けた議論もするという立場に大別される。また，改憲の是非については，護憲，改憲，

論憲の立場に分かれている。
① 衆議院憲法調査会活動

これまで，衆議院の憲法調査会においては，次のような活動がなされた。
ⓐ 日本国憲法の制定経緯についての10人の参考人からの意見聴取と質疑
ⓑ 戦後の主な違憲判決についての最高裁事務総局からの説明と質疑
ⓒ 21世紀の日本のあるべき姿についての25人の参考人からの意見聴取と質疑
ⓓ 仙台，神戸，名古屋，沖縄，札幌の5箇所における地方公聴会の開催
ⓔ ロシア等欧州各国及びイスラエルに対する調査議員団派遣
ⓕ ❶基本的人権の保障に関する調査小委員会，❷政治の基本機構のあり方に関する調査小委員会，❸国際社会における日本のあり方に関する調査小委員会，❹地方自治に関する調査小委員会の4つの調査小委員会の設置と各調査小委員会におけるそれぞれ5人の参考人からの意見聴取と質疑

この間，議員による自由討議や意見交換も数回に亘りなされた。

② 参議院憲法調査会の活動

また，参議院の憲法調査会においては，次のような活動がなされた。
ⓐ 文明・歴史論などを含めた広い観点から21世紀のあるべき「この国のかたち」をテーマとする8人の参考人からの意見聴取と質疑
ⓑ 学生とともに語る憲法調査会の開催（20人の学生からの意見聴取と質疑）
ⓒ 憲法の制定過程についての元ＧＨＱ担当者からの意見聴取と質疑
ⓓ 国民主権と国の機構についての9人の参考人からの意見聴取と質疑
ⓔ 最高裁判所事務総局からの国民主権と国の機構に関する憲法判例についての説明と質疑
ⓕ 基本的人権についての8人の参考人からの意見聴取と質疑
ⓖ 「国会の在り方と二院制」「私たちにとっての人権」をテーマとする2回の公聴会の開催
ⓗ アメリカにおける憲法事情の調査，ドイツ・フランス・イギリスにおける憲法事情の調査についての調査議員団の派遣

また，衆議院同様，議員による自由討議や意見交換が数回に亘りなされた。

(2) 憲法調査会の活動に対する評価

このような衆参両院の憲法調査会の活動については，これらの調査活動の意義を認める意見がある一方，学者中心の参考人からの意見聴取を主とした調査にとどまり具体的な調査に踏み込んでいないという批判もなされている。

また，調査内容についても，参考人や公聴会における公述人の意見の中には憲法の理念を尊重した有益な意見も多く存することを認めつつも，憲法の果たしてきた役割や国民生活との関わりについて必ずしも広範かつ総合的な調査が十分行われることなく，むしろ，憲法調査会の設置目的や申し合わせにもかかわらず，憲法9条を中心とする改憲に向けたかなり急速な論議がなされていることを危惧する意見も述べられている。

(3) 衆議院憲法調査会中間報告

そして，憲法調査会の調査期間5年の半分にあたる約2年半あまりが経過した2002（平成14）年11月1日，衆議院憲法調査会は中間報告を公表した。

中間報告は，700頁以上にもわたるが，その内容はこれまでの参考人や公述人の意見聴取や質疑・討論における発言をテーマごとにまとめた論点整理が中心で，議論の総括や，今後の運営方針については言及されていない。主な論点についての意見の整理は次のとおりである。

まず，憲法論議に臨む態度及び調査会の進め方については，21世紀の国家及び国民の在り方を語り，憲法と現実の乖離について議論すべきとする意見と，調査会の活動はあくまで憲法の広範かつ総合的な調査に徹すべきで，新しい国家像の検討や憲法見直しの議論は調査会の目的と任務を逸脱しているという意見に分かれている。

安全保障及び国際協力に関しては，自衛隊の合憲性，集団的自衛権行使の可否，日米安保体制について，それぞれ賛否両論が併記された。

憲法改正については，時代の変化や要請に従い改正すべきであるという改憲論と，憲法が古いのではなく，政府が時代に合った政策を講じてこなかったことが問題なのであり，改憲の必要はないとする護憲論が併記された。

また，新しい人権については，憲法に明記すべきであるという積極論と明記する必要はないとする消極論が併記された。

なお，注意を要するのは，調査会を構成する委員の構成，参考人の選任等が議席比率に応じているため，多数派政党の意見，特に改憲に向けた意見が分量的に多くなっていることである。

(4) 今後の対応

衆議院に続き，参議院憲法調査会においても中間報告がなされるのか，今後，両院の憲法調査会においていかなる活動がなされていくのかについて，注視していく必要がある。

議員の中には「憲法調査会での『論憲』は3年を目途として4年目には各党が新憲法の要綱を提案し，憲法改正の準備段階に入るべきである。」との発言もあり，改憲に向けたより急速な論議がすすめられていく可能性も存する。

第3部　人権保障のための制度改革

このような中において，弁護士及び弁護士会は，憲法の諸原則の重要性を再認識し，これら諸原則を中心とする憲法の理念がこれまで活かされてきたのかについての調査を憲法調査会に期待するとともに，自ら国民とともに憲法についての十分な検討，討議を尽くしていかなければならない。

　憲法改正問題については，政治的見解の相違を直ちに反映する側面を有することから，強制加入団体である弁護士会の中で議論することが躊躇されたり，また，議論しないことが護憲の立場であるとの見解もある。しかし，もはや沈黙していることは憲法問題についての推移を憲法調査会に委ねる結果ともなりかねない。

　もとより憲法問題とくに憲法改正問題については，議論が十分尽くされていないが，われわれには，憲法問題について，その基本原理である国民主権原理，平和主義，基本的人権の尊重の観点から，ひいては個人の尊厳を尊重する立場から，これらの諸原則が損なわれないよう十分に議論を尽くし，その内容を市民にわかりやすく明らかにしていくべき責務があり，われわれはその努力をするべきである。

　なお，憲法9条に対しては，憲法の平和主義と現実との乖離が大きくなった現象を捉え，また，国際貢献を理由に，むしろ憲法の方を改正して現実に合わせる方が立憲主義のためにもよいとの見解もある。しかし，われわれは，1999（平成11）年にハーグで開催された「平和市民会議」において，「公正な世界秩序のための基本10原則」の第1に「すべての議会は，日本の（憲法）9条にならい，政府による戦争行為を禁止する決議を行うべきこと」が採択されたことからも明らかなとおり，国際的にもわが国の憲法9条の精神が尊重されていることを再認識するべきである。

2）諸立法の問題点について

(1) 周辺事態法等新ガイドライン関連法について

　1999（平成11）年に公布・施行された周辺事態法（略称），自衛隊法108条の改正，日米物品役務相互協定の改定等いわゆる新ガイドライン関連法は，1997（平成9）年に策定された「日米防衛協力の指針（新ガイドライン）」を国内法上も実施可能とするための立法措置であるが，これらに対しては，憲法上，次のような問題点が指摘されている。

　❶周辺事態法は，「周辺事態」に際して，我が国の米軍に対する「後方地域支援」「後方地域捜索救助活動」を実施するものとしているが，これらは政府が従来違憲としてきた「集団的自衛権」の行使にあたるのではないか。❷武器，弾薬の輸送も含む後方地域支援は，専守防衛の枠を乗り越えるものではないか。❸周辺事態法は，後方地域支援や後方地域捜索救助活動に際して自衛隊員の「武器の使用」を認め，また，自衛隊法108条は，在

外邦人等の輸送に際して自衛隊員の武器使用を認めているが，これらは，憲法9条の禁止する「武力の行使」に該当するのではないか。❹「周辺事態」の概念が不明確であり，周辺事態の認定主体・手続が定められておらず，対応措置を実施するために閣議で定める「基本計画」についても，国会の事前承認が認められているのは自衛隊の部隊等が実施する後方地域支援又は後方地域捜索救助活動についてのみであり，「地方公共団体，国以外の者に対する協力要請等」については国会の承認事項とされておらず，しかも要請しうる協力の具体的内容は，すべて「法令及び基本計画」に委ねられているが，このような白紙委任立法は，憲法41条及び憲法92条に違反し，かつ，事実上の強制力をもって国民の人権をも侵害するおそれがあるのではないか。❺周辺事態法は，安保条約5条，6条で限定されている地域の概念や共同行動の概念を際限なく拡大させるおそれがあり，安保条約にも反するのではないか。

また，周辺事態に対する対応措置としての「船舶検査活動」については，立法が先送りされていたが，2000（平成12）年11月30日に可決成立した「周辺事態に際して実施する船舶検査活動に関する法律」の規定も，臨検にまでわたる可能性を払拭できず，その際の武器使用の容認とも相まって憲法9条の禁止する「武力の行使」に該当する恐れがある。

これらの問題について，安全保障のあり方や国際貢献のあり方についての意見の相違もあり，十分に議論が尽くされてはいないが，われわれは，日本国憲法が宣明した平和主義の今日的意義をこれまで以上に改めて再確認し，法律家としての観点から，新ガイドライン関連法の憲法上の問題点に対して十分な議論を尽くし，それを市民にもわかりやすく明らかにしていく責務があると考える。

このことは，わが国に対する直接の武力攻撃に対する有事法制や，ＰＫＦ（国連平和維持軍）の本体業務への自衛隊の派遣の凍結解除のみならず，ＰＫＯ（国連平和維持活動）参加5原則の見直しや，多国籍軍への自衛隊の派遣についてまで論議の対象となっている今日，より重要性を増しているといえよう。

(2) テロ対策特別措置法等について

① テロ対策特別措置法について

2001（平成13）年9月11日にアメリカで発生した同時多発テロに対し，アメリカ及びイギリスは同年10月8日からアフガニスタンに対する空爆等の軍事行動を開始した。そして，わが国においては，このような情勢を契機として，米軍等の諸外国の軍事行動を支援することを主たる目的とするテロ対策特別措置法（略称）案及び関連する自衛隊法改正案が同年10月5日に国会に提出され，いずれも同月29日に可決成立された。

テロ行為は，憎むべき犯罪行為であり，国際社会が共同で対処し，国連憲章を中核とす

る国際法に基づき，厳正なる法の裁きを行うことが必要である。そして，憲法前文で平和主義の原則を高らかに謳い，憲法9条において，世界に先駆け，国権の発動たる戦争と武力による威嚇または武力行使の放棄，戦力の不保持，交戦権の否認を明定し，徹底した平和主義をとっているわが国は，国連を中心とするテロ対策のための方策に積極的かつ主体的に取り組んでいくべきであるが，諸外国の軍隊等の活動の支援などに際しては，それが憲法9条の武力の行使に該たることがないように充分に留意しなければならない。

　この点，テロ対策特別措置法については，憲法上，次のような問題点が指摘されている。❶アメリカはアフガニスタンに対する軍事行動の根拠を国連憲章51条の自衛権の行使であるとしているが，このようなアメリカ等の軍事行動を日本が支援することは，政府見解においても従来違憲であるとされてきた集団的自衛権の行使になるのではないか。❷自衛隊が公海上のみならず外国の領域においても武器・弾薬の輸送をも含む協力支援活動をすることを認めているが，これは，諸外国の軍隊などの武力行使と一体不可分な兵站活動と考えられ，また，非戦闘地域における戦闘参加者の捜索救助活動をすることを認めているが，これも，戦闘地域と非戦闘地域の区別は事実上困難であることを考えると，やはり諸外国の軍隊などの武力行使と一体不可分な活動と考えられ，憲法9条の禁止する「武力の行使」に該当するのではないか。❸武器使用についても，「自己又は自己と共に現場に所在する他の自衛隊員」のみならず，「その職務を行うに伴い自己の管理の下に入った者」の生命または身体の防護のためにも可能であるとされ，要件が緩和されており，このような武器使用は「武力の行使」に該当する可能性がより高いのではないか。❹基本計画に定められた対応措置について，開始した日から20日以内に国会の承認を求めることとされているが，このような基本計画及び対応措置について国会の事前承認を要しないとするのは，国会の立憲的統制上問題である。このような違憲の疑いのあるテロ対策特別措置法について，日弁連は2001（平成13）年10月16日に，東弁は同月19日に，いずれも憲法上の問題点を明らかにするとともに，国会に慎重な審議を求める旨の声明を出している。

　このテロ対策特別措置法については，われわれは，同法が周辺事態法と比較しても，「周辺事態」という限定もなく，公海上のみならず外国の領域においても対応措置をとることを可能にするものであり，集団的自衛権の領域により踏み込んでいることに鑑み，法律のみでなく，具体的適用場面において，より一層憲法に反する事態を生ずる恐れがあることを十分に認識し，そのことを国民に明らかにしていかなければならない。

　②　自衛隊法改正について

　次に，自衛隊法の改正についても，次のような問題点が指摘されている。❶治安出動下令前の情報収集と自衛隊と米軍の施設等の警護活動に関する規定の新設により，従前より

も緩やかな要件の下で表現の自由や人身の自由等の人権が制限される恐れがある。❷新設された防衛秘密の規定は，防衛秘密は防衛庁長官の専権により指定されるとされ，処罰の対象者も民間人や報道関係者も含まれ，処罰範囲も拡大され，罰則も強化されているのであり，表現の自由や国民の知る権利を制限し，また，罪刑法定主義にも反する恐れがあるものである。日弁連は，基本的人権の尊重を基本原則とする憲法の理念に照らし，慎重な審議を求める趣旨の会長談話を2001（平成13）年10月15日に公表し，さらに同月19日には同趣旨の理事会決議をなしている。

(3) 有事法制3法案について

2002（平成14）年4月17日，政府は「武力攻撃事態における我が国の平和と独立並びに国及び国民の安全の確保に関する法律（案）」，「安全保障会議設置法の一部を改正する法律（案）」，「自衛隊法及び防衛庁の職員の給与等に関する法律の一部を改正する法律（案）」（以下，「有事法制3法案」という）を上程し，現在，国会において継続審議中である。

日弁連は，これら有事法制3法案には，憲法原理に照らし，少なくとも以下に指摘するような重大な問題点と危険性が存することを指摘し，有事法制3法案は，武力又は軍事力の行使を許容するための強大な権限を内閣総理大臣に付与する授権法であり，基本的人権侵害のおそれ，平和原則への抵触のおそれだけでなく，憲法が予定する民主的な統治構造を変容させ，地方公共団体，メディアを含む指定公共機関の責務と内閣総理大臣の指示権，直接実施権及び国民の協力努力義務を定めることにより，国家総動員体制への道を切りひらく重大な危険性を有するものであることを理由として，廃案にすることを強く求めている（2002〔平成14〕年4月20日理事会決議，同年10月11日人権大会決議）。

ⓐ 「武力攻撃のおそれのある事態」や「事態が緊迫し，武力攻撃が予測されるに至った事態」までが「武力攻撃事態」とされており，その範囲・概念は極めて曖昧である。政府の判断によりどのようにも「武力攻撃事態」を認定することが可能であり，しかも国会の承認は「対処措置」実行後になされることから，政府の認定を追認するものとなるおそれが大きい。

ⓑ 内閣により「武力攻撃事態」の認定が行なわれると，陣地構築や軍事物資の確保等のための私有財産の収用・使用，交通・通信・経済等の市民生活の規制などを行なうこととなる。また国民は国等の措置に「必要な協力をするよう努めるものとする」とされる。これは思想・良心の自由を侵害し，憲法規範の中核をなす基本的人権保障原理を変質させる重大な危険性を有する。

ⓒ 「武力攻撃事態」における自衛隊の行動は，憲法の定める平和主義の原理，憲法9条の戦争放棄・軍備及び交戦権の否認に抵触するのではないかとの重大な疑念が存在する。

また周辺事態法と連動して，米軍が行う戦争あるいは紛争に我が国を参加させることにより，日米の共同行動すなわち個別的自衛権の枠を超えた「集団的自衛権の行使」となり，我が国に対する攻撃を招く危険を生じさせる。

ⓓ 武力の行使，情報・経済の統制等を含む幅広い事態対処権限を内閣総理大臣に集中し，その事務を閣内の「対策本部」に所掌させることは，行政権は内閣に属するとの憲法規定と抵触し，また内閣総理大臣の地方公共団体に対する指示権及び代執行権は地方自治の本旨に反し，憲法が定める民主的な統治構造を大きく変容させる危険性を有する。

ⓔ 日本放送協会（ＮＨＫ）などを指定公共機関とし，これらに対し「必要な措置を実施する責務」を負わせ，内閣総理大臣が，対処措置を実施すべきことを指示し，実施されない時は自ら直接対処措置を実施することができるとすることは，政府が放送メディアを統制下に置くものであり，市民の知る権利，メディアの権力監視機能，報道の自由を侵害し，国民主権と民主主義の基盤を崩壊させる危険を有する。

また，東京弁護士会は，日弁連と同じ趣旨に基づき，2002（平成14）年5月10日，有事法制3法案を廃案にすることを求める会長声明をしており，各地の弁護士会において，同様の決議や声明がなされている。

有事法制が必要か否かについては，弁護士の間においても賛否両論があろう。また，このような問題は政治問題であって，強制加入団体である弁護士会は意見を述べるべきでないという意見もある。

しかし，基本的人権を擁護することを使命とする弁護士，弁護士会は，人権侵害を惹起する危険性が高い法案，憲法違反の法案に対しては，その違憲性や問題点を国民に明らかにするとともに，廃案を求める責務があるというべきである。日弁連は，有事法制3法案廃案に向けて，シンポジウム開催や請願パレード等の諸活動をしているが，われわれは，上記のような危険性を有する有事法制3法案に対しては，今後，より一層，廃案を求める運動をしていく必要がある。

(4) **国旗・国家法について**

1999（平成11）年に公布・施行された，国旗・国歌法については，国である以上，国旗や国歌が定められるのは当然であり，日の丸を国旗とし君が代を国歌とすることは国民の間に慣行として定着しているという肯定的意見がある一方，❶政府は君が代の「君」は象徴天皇を指すとしており，これは国民主権原理と相入れないのではないか，❷日の丸や君が代はかっての軍国主義の象徴であり，アジア諸国の反発を招くのではないか，❸日の丸・君が代の法制化は，学習指導要領によって進められている学校における国旗掲揚や国歌斉唱を事実上強制することの法的基盤を与えるものであり，児童，生徒，親，教師らの

思想・良心の自由を侵害するものであるといった批判も述べられている。

　国旗・国歌の法制化の是非については，議論が分かれるところであろうが，少なくとも，基本的人権の擁護を使命とするわれわれとしては，たとえ事実上であれ，それが強制力をともなって国民の思想・良心の自由の侵害するような運用がなされないように注視し提言していくべきである。国旗・国歌法の立法後，危惧されたような教育現場等における事実上の強制が多く問題とされており，さらにそのような強制が教育現場のみならずさらに拡大されているとの指摘がなされているところであり，その必要性はますます高まったといえる。

3) その他の問題点について

(1) 首相の靖国神社参拝について

　小泉首相は2001（平成13）年8月13日に靖国神社に参拝したが，このような現に内閣総理大臣の地位にある者が，宗教法人である靖国神社に参拝することは，憲法上，政教分離の原則に反する疑いがあるとともに，恒久平和主義に反し，戦争への反省を忘れかねない行為である。日弁連においても，同月14日に，このような憲法違反の疑いのある行為を繰り返すことのないように強く求める趣旨の会長談話を公表している。

(2) 各種憲法改正試案について

　読売新聞社は，2000（平成12）年5月3日に，政党に関する規定，自衛のための「軍隊」を認めた規定，国民は自由及び権利を濫用してはならないとの規定，内閣総理大臣による緊急事態宣言及びその宣言がなされた場合の指揮監督権を認める規定などを盛り込んだ「読売新聞憲法改正第2次試案」を公表した。また，これに前後して，学者，政治家，会派等から，さまざまな憲法改正試案が公表されるに至っている。

　憲法改正については，改正試案の作成・公表も含め多くの議論がなされることは否定されるべきではないが，われわれは，これらの議論が，基本的人権の尊重，国民主権，平和主義という憲法の原則を活かそうとしていくものであるのか，これらの原則を歪めようとしているものであるのかを正しく認識し，国民に伝えていくべきである。

(3) 核兵器廃絶に向けて

　核兵器の使用や実験は，人類にとって最大の人権侵害であり，国際法に違反することは明らかである。わが国は，原子爆弾の投下による被害を受けた唯一の被爆国であり，国民の核兵器廃絶に対する希求は大なるものがある。国際社会は，1995（平成7）年5月に核拡散防止条約（NPT）の無期限延長を決め，1996（平成8）年9月に包括的核実験禁止条約（CTBT）を成立させており，核兵器の廃絶とあらゆる核実験の禁止は，世界の潮

流である。

　日弁連は，このような日本国民の核廃絶を求める願いと国際世論を背景として，「核兵器を作らず，持たず，持ち込ませず」の非核三原則を堅持することを政府に求めるとともに，わが国が核兵器の廃絶に向けて世界の先頭に立って指導的役割を果たすことを求め，これまでに，1950（昭和25）年の広島における第1回総会の際の平和宣言をはじめとし，1954（昭和29）年の第5回定期総会における原子爆弾等の凶悪な兵器の製造ならびに使用禁止を求める宣言，1964（昭和39）年における二度目の「平和宣言」，1978（昭和53）年の第29回定期総会における世界の諸国間に核兵器の使用・威嚇・運搬を禁止する国際条約が締結されるよう提言する決議，1992（平成4）年の第41回定期総会の核兵器の廃絶と被爆者援護法の制定を求める宣言など，核兵器の廃絶に向けて宣言や決議を重ねてきた。また，アメリカによる未臨界核実験，中国・フランスの地下核実験，インドの核実験に対しても，その都度強く抗議を行ってきた。

　人権擁護を社会的使命とする弁護士，弁護士会は，最大の人権侵害を引き起こす要因となる核兵器が廃絶される日が早期に実現するよう，今後とも一層の努力をしていかなければならない。

4）憲法に対する理解を広めるために

　東弁憲法問題協議会では，「憲法の出張講座」を設置し，小学校や高校などに担当弁護士を派遣するという試みを実施している。また，同協議会では，憲法について教科書にどのような記述がなされているかを検証したり，高校の教師との意見交換会を開催するなどして，教育現場では憲法がどのように教えられているかも調査している。

　さらに，われわれは，子どもたちにも分かりやすい憲法の副読本の作成であるとか，教育現場にすすんで出ていくといった努力をしていくことによって，児童，青少年に対して憲法の理念を普及していくことにも努力をする必要があろう。

15　戦争被害者の補償

　わが国の戦後処理の問題点は，①戦争とこれに関連する行為・被害についての客観的な調査，資料の蒐集・公表がなされていないこと，②日本国民及び被害国民の民意を問わず，単に戦後の国交回復にあたって政府間の協定によって処理済みとしていることなどにある。戦争被害者の人権回復のためには，侵害の事実を明らかにしたうえ

> で補償がなされなくてはならない。
>
> 　われわれは，戦争に関する事実調査を行う公正な機関の設置を求めるとともに，人権保障の立場から，外国の戦争被害者に対する補償等の処置が早急に実現するよう対処方法を検討していくべきである。

１）日本の戦後処理問題としての補償問題

　戦争被害者の人権については，近時ようやく次の２点を主柱として推進するべきものとの世論が統一されつつあり，国会の審議もこれに沿うものとなってきた。それは，

① 戦争被害の正確な実態を調査して，可及的に日本国と被害国の共通の認識を持てるものを追求する

② 上記調査を基礎として，被害者に対する対策を見なおす

というものであり，これは基本的には法友会政策綱領がつとに提案していたところが実現しつつあるものとして，進展を肯定することができよう。

　しかし，現実のその作業の進捗は，被害の発生以来すでに半世紀以上を経過して，直接の被害者が年々老齢化して死亡している実情に反してはかばかしくないのみならず，上記対策の実施の基本方法についてすら国際的合意に至っていない。

　さらに，従来は戦争被害についてその範囲が明確にされないままに議論されてきたが，戦争被害とする対象を，戦争の開始と終結までの戦争遂行過程で発生した被害と，戦争自体は終結したがその終結と終結後の処理により生じた被害，たとえばシベリア抑留，戦後約１年以上に及ぶ中国山西省における第一方面軍の国民政府軍転用ないし協力戦闘被害問題，日本軍が中国に秘匿残置した毒ガス弾被害問題などを区別して対策を考慮するべきである。

　これらの問題が戦後50年を経過した今日に至っても解決されず，侵害の事実さえ認めないわが国に対しては国際的に強い不信感が生まれているが，一方，国内では未だに政府のとる「解決済み」との見解を鵜呑みにする見解も根強く，世論は混迷している。

　このような状況は，個人的請求が困難な国際的な被害者の人権回復を一層困難にするのみならず，わが国及び現在・将来の国民の国際的な立場を著しく損なうものである。

　国際情勢はソビエト連邦の崩壊以来急速に変化しており，文化・経済・軍事のいずれにおいても活動はグローバル化している。アジアにおいては2000（平成12）年に入り，金大中韓国大統領と金正日朝鮮民主主義人民共和国労働党総書記の首脳会談実現，クリントン前米国大統領の訪朝と米・朝国交樹立を準備するオルブライト同国国務長官（当時）の訪

朝など激変している。また，同年に訪日した朱中国首相は，日本国が侵害の事実を認めていないことに対する同国国民の根強い不満があることを明らかにしている。

かかる国際情勢下にあって，国際的に共通の認識となりうる侵害の事実を明らかにし，その補償等の回復処置をとることは，わが国の国際的信頼回復のために焦眉の課題といえる。

２）国際的な戦争被害者の補償問題とその組織

(1) 日本国の設置する調査機関

立法により，国会内に下記の構成による委員会を設置する。

① 衆議院及び参議院の各国会議員による特別委員会の設置

国政調査権の行使により，戦争時の被害発生の実態及び戦後の賠償の実態を調査する。

② 上記特別委員会の諮問機関としての「戦争被害に関する調査研究委員会」設置。

　ⓐ　構成

　　(イ)国内被害者組織ないし団体推薦者

　　(ロ)人権擁護団体推薦者（日本弁護士連合会，その他ＮＧＯ）

　　(ハ)一般国民ないし学識者

以上構成員は各同比率とする。

　ⓑ　選任及び任命

前記①記載の特別委員会が選任し，衆議院及び参議院の承認を経て上記委員会が任命する。

　ⓒ　任務

　　(イ)国内外における戦争被害の実態及び現在に至るまでの被害者に対する補償などの対応の実態調査

　　(ロ)戦争終結と終結処理に際する被害の実態及び被害者に対する補償などの対応の実態調査

　　(ハ)上記(イ)，(ロ)につき今後の対策

　ⓓ　権限

立法により，

　　(イ)各委員に対して，当該事項につき国政調査と同等の権限を付与する。

　　(ロ)委員会は，当該事項につき証人を喚問する権利，証拠資料を押収する権利を付与され，すべての国家機関，自治体，公務員，国民はこれに応ずる義務を負担するものとする。

ⓔ 主務官庁及び予算
　　前記①記載の特別委員会とする。
(2) **国際機構**
　① 日本国は，日本国とのすべての交戦国及び地域，日本国が戦争遂行の過程で被害を生じさせた国民の所属する国及び地域に戦争被害者人権調査機構の設置を呼びかけ，これに参加する国及び地域と日本国は，それぞれ代表者を選出して国際調査機構を設置する。
　② 上記国際機構の各国及び地域の代表者は，下記の構成をもつものとする。
　ⓐ 国会議員
　ⓑ 各国政府代表者
　ⓒ 戦争被害者ないし被害者組織代表者
　ⓓ 人権擁護団体代表者
　ⓔ 一般国民ないし学識者
　　以上各同比率とする。
　③ 任務
　ⓐ 各国における戦争被害と被害者の人権状況の実態調査の協力
　ⓑ 各国における戦争終結時及び終結処理に際する被害と被害者の人権状況の実態の調査の協力
　ⓒ 上記ⓐ，ⓑに対する対策の研究協力と協議
　ⓓ 上記ⓐ，ⓑ，ⓒの事実を参考とした武力紛争に際して生ずる民間被害者の被害防止対策と被害者の迅速な救済対策に関する研究と国際社会に対する提案

第2　人権保障制度の提言

1　独立人権機関の設置

・人権救済を実行あらしめるために，政府から独立した人権救済制度を設置すべきである。
・2001（平成13）年法務省人権擁護推進審議会が公表した人権救済制度のあり方に関する答申内容は，政府からの独立性もなく，その内容も妥当性にも疑問があるが，その答申を前提に政府は2002（平成14）年3月参議院に人権擁護法案を提出した。
・同法案が設置を予定する人権委員会は懸念されたとおり著しく独立性に欠ける機関であり，これに対して日弁連は理事会決議に基づき末尾記載の意見書を公表するとともに，4月11日には民主・共産・社民・自由の政党代表者や学者・新聞放送メディア代表等を招いてシンポジウムを開催し，6月には人権委員会設置の先進国である韓国に調査団を派遣し実地調査を行う等精力的に反対運動を展開してきた。
・同法案の成立にはなお紆余曲折も予想されるが，政府から独立した人権機関の設置は絶望的な状況になっている。

1）法務省人権擁護推進審議会の答申の公表から人権擁護法案の上程へ

　法務省人権擁護推進審議会は，2001（平成13）年5月25日に人権救済制度のあり方についての答申をした。2002（平成14）年1月末には法務省により大綱が示され，同年3月，ついに人権擁護法案が国会に上程された。法案は可決に至らず継続審議となったが，同年秋の臨時国会でも再度継続審議扱いとされる見込みであり，未だ成立の見通しは立っていない。

　日弁連は，2000（平成12）年11月に公表された審議会の「中間とりまとめ」についてすでに2001（平成13）年1月の時点で❶政府からの独立性が生命線であり，そのためには法務省から切り離し内閣府の所管にする等の制度の整備が必要であるのに具体的提言がないこと，❷個別的人権救済だけでなく，政府に対する政策提言，人権教育も基本的機能とすべきこと，❸公権力による人権侵害の積極的救済対象を差別・虐待に限定すべきでないこと等の会長声明を発表している。

ところが，答申は一部の修正をのぞき中間とりまとめの内容を踏襲したものになった。
日弁連は直ちに会長声明を発表し，このまま答申を受け入れて立法化作業に入るべきではなく，再度市民やＮＧＯの意見を広く聴取し，徹底的な再検討を行うよう呼びかけた。

２）人権擁護法案の問題点
(1) 人権機関の行政からの独立性

① 法案は人権機関（人権委員会）は独立性を確保するために独立行政委員会とし，法務省の所管とした。

しかし，政府は法律を誠実に執行する義務があり（憲法第73条１号），誠実な執行が挫折した場合に政府から独立した人権機関が必要とされると考えられている（駒村圭吾著『権力分立の諸相』）。

人権機関が公権力による人権侵害に対して救済を図る以上，政府が人権機関の任務を誠実に執行できないのは明らかであり，警察・拘置所・入管などをかかえる法務省は執行適格に欠ける可能性が特に高いと言える。2002（平成14）年11月には名古屋刑務所における刑務官の集団暴行事件が発覚し，委員会の執行適格性に更に疑義が高まったところである。

人権機関を執行不適格者である法務省の所管にするのは，独立機関としての本来の機能を損なうものであり，中立公正な職務執行について利用者の信頼を得られない。人権機関は本来的には議会の所属とすべきであり，少なくとも各省庁から切り離し内閣府の所管とする必要がある。

② 法案は機関の独立性についての中間とりまとめにおいて「政府からの一定の独立」というあいまいな表現から「人権委員会の委員長及び委員は，独立してその職務を行う。」（法案７条）と一歩踏み込んだ表現に変更した。これは独立性についての日弁連等の批判がある程度反映された結果と評価できる。

しかし，人権機関を政府から独立した機関とするには独立行政委員会とするだけでは十分ではなく，既存の独立行政委員会の抱える欠陥を補う新たな制度を設ける必要がある。日弁連は事務局職員の横滑り人事による官僚支配の打破，多元性を考慮した委員の選任，選任の公開性と市民参加の保障等の具体的提言をしたが，法案は，これらの提案に応答せず，既存の独立行政委員会と同様の立法案の域を出ていない。

③ 答申は，現在の人権擁護制度が「政府の内部部局である法務省の人権擁護局を中心とした制度であり公権力による人権侵害事案について公正な調査処理が確保される制度的保障に欠ける」と指摘しながら，「人権擁護局の改組により事務局を構成することを視野に入れる」という矛盾した提案をしている。

日弁連は官庁諸団体の影響が及ばないよう裁判所職員と同様に国家公務員法2条の特別職として独自の採用試験を実施することを提言したが，答申は専門性を有する職員採用の必要性を指摘しただけで，法務省人権擁護局の形を変えた生き残り策を容認する姿勢を変えなかった。少なくとも旧人権擁護局職員が過半数を占める事務局体制を阻止する必要があるが，法案においても「事務局の職員のうちには，弁護士となる資格を有する者を加えなければならない」（15条2項）とされるに止まる。民間の人権救済機関の代表である弁護士会としては，短期任用制度などを活用して積極的に人材を送り込む体制を整備すべきである。

(2) 人権機関の基本的機能

　パリ原則は，個別的人権救済，政府に対する立法・政策提言，人権教育を人権機関の基本的機能と位置づけている。しかし答申は人権機関の提言機能を単に助言にとどめ，政府その他の行政機関が尊重すべきものとしなかった。

　また「中間とりまとめ」では，再発防止の手段として加害者に対する人権尊重思想の啓発だけを取り上げたとの日弁連の批判に対し，答申は，一般的な人権啓発機能も併せ持つと修正したものの，法案でも「人権啓発及び民間における人権擁護運動の支援」とされるに止まった（6条2号）。このように一般的な人権啓発についてその内容を明らかにしなかったのは，人権擁護局の従来の路線を踏襲し，日弁連が主張する司法関係者・行政官等の特定職業従事者に対する人権教育等を権限外とする趣旨であると理解される。

　法案は，パリ原則に沿った人権機関の基本的機能を著しく削ぐものである。

(3) 人権機関の組織体制

　人権侵害事件の救済には，人権委員を全国各地に配置し，直接自ら被害者の痛みを聴き，迅速に判断することが不可欠である。

　法案は，実際は委員長のほか中央に1名の常勤の人権委員と3名の非常勤の人権委員を選任するだけで，全国各地に配置せず，人権委員は原則として自ら直接調査を行なわず，事務局（旧法務省職員が大部分を占める）による調査の結果を，最高裁判所の裁判官のように書面によって判断することを想定している（塩野会長談話：多数の人権委員の選任は財政上理解が得られない）。

　答申は，「人権救済を実現するためには，被害者の視点から簡易・迅速・柔軟な救済を行うに適した人権救済制度の整備が必要である」と救済制度の理念を示していた。しかしながら被害者の痛みを理解することなくしては血の通った人権救済は実現できない。法案は人権委員会により委嘱される無給の人権擁護委員を全国に配置し，啓発，相談，情報収集等にあたらせるとするが，本来なら全国各地に人権委員会を設置して，人権委員が直接

被害者の申告を聴くことが出来る体制にすべきである。

(4) 公権力による人権侵害の救済対象の制限

答申は，公権力による人権侵害について原則として差別・虐待に限定して扱うものとし，「人権擁護上看過しえないものについてのみ，個別的に事案に応じた救済を図っていく」とした。しかし行政不服審査や内部監査・監察，各種の苦情処理システムでは人権救済が不十分なのは答申も認めたところである。ところが，法案では公権力による人権侵害については，調停，仲裁，勧告などを行う特別救済手続の対象が，差別と虐待に限定されている。

入管や拘置所などの拘禁施設においての非人間的取扱いや一見合法的なハンセン病患者の強制隔離など全ての公権力による人権侵害を積極的救済の対象にすべきである。

(5) 既存の救済制度と人権機関との位置づけ

答申は，既に個別的な行政上の救済制度が設けられている分野や被害者の救済に関わる専門の機関が置かれている分野については当該機関による救済を優先させ，適正な役割分担を図るとした。

しかし，答申も指摘するとおり，それぞれの機関には設立の趣旨に由来する機能的限界もあり，利用者にとって適切な制度であるとは言い難い。また複数の制度の利用を強いるのは迅速な救済を妨げるおそれがある。救済機関の選択を利用者にゆだねることによって各機関が救済機能の向上を競い合う状況を生み出し，全体として人権状況の改善を図るべきである。

(6) 人権侵害の態様の限定

人権侵害の態様を差別・虐待に限定するのは，人権侵害を過去の現象に固定し人権の概念を狭めるおそれがある。人権の思想は時代とともに進化し，既存の制度を変える場面で大きな役割を果たしてきた。人権思想の進化は日弁連及び各単位会の人権救済事例にも示されるとおりで人権侵害を差別・虐待に限定することは人権機関が人権思想の進化に果たす先駆的役割を狭めるおそれがある。救済すべき人権侵害を差別・虐待に限定せず，新たな人権侵害も取り扱える機関とする必要がある。

(7) 調査手続き・権限の整備について

法案が，人権機関に特別調査の権限を付与しつつも（44条），マスメディアによる人権侵害については表現の自由・報道に配慮し，自主規制の取り組みを進展させることを期待して任意の調査で対処するとしたのは評価できる。

しかし，公権力による人権侵害と私人間の人権侵害とでは調査手続き・権限に何ら差異等が設けられていない。

とりわけ答申が，公権力による人権侵害について調査に対する公的機関の協力義務を確保する必要があるとしたものの，法案は調査に対する公的機関の協力義務を明示しなかったのは公的機関が協力拒否を正当化する余地を残したのではないかとの疑問が残る。

(8) 人権機関と人権調整委員の機能分担

答申は，人権擁護委員が今後とも人権相談業務に関与し，調停・仲裁にも積極的に参加すべきであるとして，人権機関と人権擁護委員の役割分担を提言した。

法案は，人権委員（長）又は人権委員会が任命する非常勤の「人権調整委員」が調停委員会及び仲裁委員会を組織するものとし，委員会の委員のうち最低1人は弁護士となる資格を有する者でなければならないとした。

しかしながら，諸外国の例をみても説得と調停を中心とする人権機関の主たる活動は調停・仲介であり，人権調整委員は調停・仲介手続きの開始に先立って，人権侵害の有無及び解決の方向性について一定の判断を下す必要がある。

人権機関は人権調整委員の判断に基づき活動すべきであり，人権調整委員又は人権擁護委員のなかの優れた人材の機関の一員としての活用が検討される。

3）実体法制定の必要

英米法の国においては人種差別禁止法・男女差別禁止法・障害者差別禁止法・機会均等法等の人権委員会の活動を明確に根拠づける実体法を制定している。

とりわけ私人間の人権侵害の大半を占める差別については，人権侵害とは何かについて一般人の理解を得る必要があり，人権侵害概念を明確にする実体法が必要である。

わが国においては，当面は憲法及び人権関連の諸条約が人権機関の活動の根拠となるが，人権機関による救済事例の集積に加えて実体法の制定をも行う必要がある。

その意味において，2001（平成13）年度の人権大会シンポジウムの第2分科会の「障害者差別禁止法」の制定提案は昨年の人権機関設置提案をさらに前進させ，実体法制定運動の先駆となるものである。

4）日弁連としての今後の課題

日弁連は法案について後掲のとおり理事会決議をし，反対の意見表明をした。

日弁連としては，今後他のＮＧＯや各関連団体とシンポジウムを開催して意見交換をするなどした上で，各政党に働きかけて立法提案するなど，あるべき人権機関の設立に向けて人権擁護法案の廃案ないし修正を視野に入れた粘り強い運動を展開する必要がある。

〈人権擁護法案に対する理事会決議〉

政府が2002（平成14）年3月8日国会に提出した人権擁護法案に対し，日本弁護士連合会は以下のとおり意見を表明する。

　　1　日本弁護士連合会はかねて，政府から独立し，独自の調査権限を有する実効的な国内人権救済機関の設置を求めてきた。しかし，今回政府が提出した人権擁護法案は，新たな人権機関の設置を目的とするものではあるが，人権委員会は独立行政委員会とされるものの，法務省の外局とされ，法務大臣が所轄するうえ，必要十分な数の専任職員を置かず，その事務を地方法務局長に委任する点において，致命的な欠陥を有する。これでは過去に人権侵害を繰り返してきた入国管理局，刑務所及び拘置所，あるいはそれに係わる国賠訴訟の代理を務める訟務部を所管する法務省の強い影響下におかれ，中央にわずかな数の人権委員を置いたとしても，あるべき人権擁護活動が全国で実効的に展開されるとは到底考えられない。

　日本政府は，1998（平成10）年11月，国際人権（自由権）規約委員会から「警察や入管職員による虐待を調査し，救済のため活動できる法務省などから独立した機関を遅滞なく設置する」よう勧告された。今回の法案による人権委員会は，この勧告に明白に違反している。

　　2　また，労働分野での女性差別や退職強要・いじめ等の人権侵害については，厚生労働省の紛争解決機関に委ねてしまい，特別人権侵害調査などの権限は厚生労働大臣（船員は国土交通大臣）にあるものとされ，この分野における救済機関の独立性は全く考慮されていない。今ある都道府県労働局長による指導・助言や紛争調整委員会によるあっせん・調停は，人権侵害被害者の視点に立っておらず，実効ある役割を果たしていないとの批判があり，労働分野を人権委員会から切り離す理由はない。

　　3　独立性の保障されていない人権委員会が，メディアに対し調査を行い，取材行為の停止等を勧告する権限を有することは，民主主義社会において不可欠である市民の知る権利を侵害するおそれが強く，極めて問題である。

　法案は，すべての出発点になる独立性が確保されるよう，仕組みを改めた上，出直すべきである。

　　2002（平成14）年3月15日
　　日本弁護士連合会

なお，本稿は2002（平成14）年11月現在の現状を踏まえてまとめたものである。人権擁護法案の取扱いについては，現在も日々動きがあるところである。

2 国際人権条約の活用と個人申立制度の実現に向けて

・弁護士は，法廷等において，国際人権条約の積極的活用を図り，国内における人権保障の向上に努めるべきである。
・弁護士会は，各弁護士が国際人権条約の積極的活用を図るため，国際人権条約に関する研修会，勉強会等を積極的に行うべきである。また，同様の内容の講義を，司法修習生に対する弁護実務修習の合同講義の一環として行うべきである。
・弁護士会は，自由権規約に付帯する第一選択議定書の批准を促進するため，積極的な運動を展開すべきである。

1) 国際人権条約を積極的に活用することの意義

わが国では，1979（昭和54）年，市民的及び政治的権利に関する国際規約（以下，「自由権規約」という）を批准し，同規約は国内法的効力を有するに至った。その後，自由権規約に定められた権利の保障をより実質化するために，様々な人権条約が制定され，日本もこれに批准している[1]。

これらの国際人権条約は，憲法よりも権利の保障に厚い面がある。また，憲法による保障と重なる人権条項についても，憲法解釈を，国際社会における解釈により補充し，現在の司法による解釈をあるべき憲法解釈や国際水準に近付けるのに役立つものである。

しかしながら，自由権規約批准後20年を経た今日まで，同規約をはじめとする国際人権条約が法規範として，司法・行政等の場で機能しているとは言い難い。そのため，国内の人権状況は，同規約の要請する水準には程遠く，様々な問題をもたらしている。

したがって，弁護士自身が同規約をはじめとした国際人権条約についての理解を深め，法廷をはじめとした様々な場面でこれを活用することにより，同規約等が求める人権水準を実現していく必要がある。

---

1) 難民の地位に関する条約（1982〔昭和57〕年発効），女子に対するあらゆる形態の差別の撤廃に関する条約（1985〔昭和60〕年発効），児童の権利に関する条約（1994〔平成6〕年発効），あらゆる形態の人種差別の撤廃に関する国際条約（人種差別撤廃条約。1996〔平成8〕年発効），拷問及び他の残虐な，非人道的な又は品位を傷つける取扱い又は刑罰に関する条約（拷問等禁止条約。1999〔平成11〕年発効）

2）活用の方法

(1) 国内法的効力

　自由権規約をはじめとする国際人権条約も，日本が批准した条約である以上，日本において国内法的効力を有する。多くの裁判例でも，条約が自力執行力（Self Executing）を有することが確認されており，日本国民は条約に定められた権利を享受し，日本国の行政府，立法府，司法府は同規約に拘束されるのである。

(2) 問題となる場面

　そこで，訴状，準備書面，弁論要旨などで，同規約の条項を直接の根拠とすることにより，主張を法的に根拠付けることが可能となる。

　特に有効なのは，憲法や国内法の解釈論を展開するだけでは，限界があるような事例においてである。具体的には，外国人・少数民族，刑事被疑者・被告人，被拘禁者・精神障害者，死刑囚，女性，子ども等の人権侵害事例が挙げられる。これらの事件に対処するにあたり，憲法や国内法の解釈だけでは行き詰まってしまうような場面でも，自由権規約等の活用により，活路が見出せることもある。

　刑事裁判において外国人に通訳費用を負担させることは，同規約14条3項(f)違反であるとした東京高等裁判所1993（平成5）年2月3日判決（外国人犯罪裁判例集55頁）などは，その典型例であろう。また，1997（平成9）年10月28日に名古屋地方裁判所で言い渡されたアフガニスタン難民の難民不認定処分取消請求訴訟判決では難民条約に言及して，不認定処分を取り消している。1999（平成11）年10月12日に静岡地方裁判所浜松支部で言い渡されたブラジル人の宝石店への入店拒否をめぐる損害賠償請求訴訟の認容判決でも，人種差別撤廃条約に言及がされている。受刑者の刑務所における訴訟代理人との自由な面会を制限した事案につき，徳島地方裁判所及び控訴審の高松高等裁判所は，いずれも自由権規約14条1項に違反するとの判断を示している。特に，高松高等裁判所の判決は，国際人権条約に対する深い理解を示したものとして，高く評価されている[2][3]。

　さらに，2001（平成13）年11月6日の東京地方裁判所決定（公刊物未登載）は，アフガニスタン人難民申請者に対する収容令書発付処分を難民条約31条2項違反であると断じ，2002（平成14）年3月1日東京高等裁判所決定も同様の判断を示している（判例時報1774号25頁）。2002（平成14）年6月20日には広島地方裁判所でも，不法入国の罪に問われたアフガニスタン人難民申請者に対して，難民条約31条1項を国内法化した出入国管理及び

---

[2] 徳島地方裁判所平成8年3月15日　判例時報1597号115頁，高松高等裁判所平成9年11月25日　判例時報1653号117頁。
[3] ただし，その上告審で最高裁第一小法廷（平成12年9月7日　判例時報1728号17頁）は，地裁・高裁の判断を覆し，請求を全て棄却した。最高裁判所の国際人権条約に対する理解はなお低いレベルにあると言わざるを得ない。

難民認定法70条の2によって，刑の免除を言い渡す判決が出されている（季刊刑事弁護32号90頁）。

(3) 法廷以外の場面での活用

また，法廷だけではなく，国会，行政への要請や対話活動の際に，自由権規約を活用したり，弁護士会への人権救済申立や委員会の意見書等で，主張の根拠付けに用いることもできる。日本弁護士連合会が中国瀋陽の総領事館事件に関連して総理大臣と外務省に対して行った勧告でも，上記領事館職員の対応が難民条約や拷問等禁止条約に抵触する虞があった行為であるとの指摘がなされている。

3）第一選択議定書の批准

(1) 第一選択議定書の意義

第一選択議定書は，自由権規約に規定する権利が侵害されたとの個人からの申立を，規約人権委員会が審査するという個人申立制度を定める。同委員会が，審査の結果，申立を相当と判断した場合には，申立に基づいて見解を示すものである[4]。

この第一選択議定書を批准し，個人申立制度を取り入れることにより，国内の法秩序を，自由権規約等の要求する水準に近づけることが，一層期待できる。現にオランダやフランスでは，規約人権委員会が具体的事件において，規約違反である旨の認定をしたことを受け，問題となっていた国内法を改正したという実例も存在する。この点，2000（平成12）年2月，最高裁判所小法廷は，接見妨害の国賠訴訟において，刑事訴訟法39条3項の規定が自由権規約に反するとした上告理由を，「独自の見解」と一蹴したが，同条項が自由権規約に違反する疑いがあることは，規約人権委員会の委員によって指摘がされている[5]。

第一選択議定書が批准されていれば，上記最高裁判所判決の適否を国際的に問うことも可能だったのである。このような，法的拘束力はないにせよ，国際的な批判を浴びる可能性がある状況に置くことで，最高裁判所の人権感覚を国際水準に近づけることが期待できる。

(2) 各国及び日本の批准状況

この第一選択議定書は，自由権規約を批准している133カ国のうち，87カ国が批准している。アジアでは，韓国，フィリピン，ネパール，モンゴル，キプロスの5カ国が両者を批准している国である（1996〔平成8〕年7月28日現在）。

ところが，日本では，1979（昭和54）年に自由権規約を批准するにあたり，国会で「選

---

4) 拷問等禁止条約にも，「個人通報制度」という同様の制度があるが，日本政府はその受諾宣言をしていない。
5) 最高裁判所第三小法廷平成12年2月22日判決（上田国賠），同第一小法廷同月24日判決（第一次内田国賠）。

択議定書の締結については，その運用状況を見守り，積極的に検討すること」等を要望する附帯決議をしながら，現在まで批准されるに至っていない。

　未だ批准がなされていないことの最大の理由は，最高裁判所が司法の独立との関係で個人申立制度の受諾に難色を示しているからだとの指摘が多くなされている。

　しかし，規約人権委員会の意見は，締約国と申立人を法的に拘束するものではないから，これを司法判断と言うことはできず，規約人権委員会が上級裁判所あるいは特別裁判所にあたらないことは明らかである。また，規約人権委員会の意見は裁判官が職務を行うにあたって，その判断を拘束するものではないから，司法権の独立を犯すものではない。

　現に，諸外国のアンケートによれば，第一選択議定書を批准するにあたって，司法権の独立を考慮した国は殆ど無い。日本だけが司法権の独立を名目として第一選択議定書の批准を避けることは出来ない。

　1993（平成5）年に行われた日本政府の自由権規約委員会に対する定期報告書の審査の際にも，日本は同委員会から，第一選択議定書を批准するよう，勧告を受けており，批准に向けた日本の積極的な取り組みは，国際的にも期待されているのである。

　しかし，1998（平成10）年に日本政府が規約人権委員会に提出した第4回報告書においても，この批准問題については，「締結に関し，特に司法権の独立を侵すおそれがないかとの点も含めわが国司法制度との関係等慎重に検討すべき問題があるところ，引き続き関係省庁間で検討を行っているところである」とするのみであり，これは第3回報告書から何ら前進がない。同報告書に対する日弁連のカウンターレポートでは，このような政府の姿勢を強く批判し，直ちに批准するよう求めている。

　この点は，1998（平成10）年10月にジュネーブで開催された自由権規約委員会における日本政府報告書の審査において，ある委員によっても，政府報告書の司法権の独立に関する曖昧な言及は奇妙であると指摘されている。そして，審査後に日本政府に対して出された勧告では，まず，冒頭で，第一選択議定書の批准を含め，「委員会は，第3回報告書の審査後に出された勧告の大部分が履行されていないことを遺憾に思う」と指摘された上，5年前と同様に第一選択議定書の批准を求められているのである。

4）弁護士・弁護士会の取組み

　上記のような状況を踏まえて，日弁連では，1996（平成8）年10月25日，別府市で開催された第39回人権擁護大会において，「国際人権規約の活用と個人申立制度の実現を求める宣言」を行った。

　この宣言は，「われわれは，国際人権（自由権）規約の積極的活用を図るとともに，第

一選択議定書の批准を促進するために積極的な運動を展開していくことを決意するものである」と締められているが，弁護士・弁護士会はかかる決意を実現すべく，積極的な活動を行うべきである。

　また，国際人権規約を活用するために，弁護士会は，国際人権規約に関する研修会・勉強会等を積極的に開催するとともに，司法修習生に対する合同講義においても，同規約の問題を取り上げる等して，同規約に対する各弁護士の理解を深めるような取り組みを行うべきである。

弁護士の営業等自由化のあり方について

平成14年5月20日

日本弁護士連合会副会長
東京弁護士会会長　伊礼勇吉　殿

東京弁護士会法友会
幹事長　　　　　　岩井　重一
事務総長　　　　　福原　　弘
政策委員長　　　　飯野　紀夫
政策担当副幹事長　菅沼　一王
同　　　　　　　　大西　英敏
同　　　　　　　　高須　順一
同　　　　　　　　流矢　大士
同　　　　　　　　伯母　治之
＜幹事長を除き公印省略＞

弁護士の営業等自由化のあり方について
　当会は弁護士制度改革の一つの課題である弁護士の活動領域の拡大に関し，弁護士の営業等の自由化のあり方について政策委員会の審議を踏まえ，次のとおり意見を述べる。
　１．弁護士法30条3項（営業の許可制）の立法趣旨
　従前とられてきた許可制の立法趣旨は弁護士の品位と信用の保持である。
　２．改正の必要性
　(1)司法制度改革審議会意見書　　届け出制へ移行して自由化
　(2)実質的には弁護士の活動領域の拡大による法の支配の実現
　３．諸外国の例
　(1)アメリカ
　規制はないが，現地の弁護士のレポートによれば金貸しや風俗関係の仕事をしている弁護士は知られていない。懲戒事件でも副業の職業で懲戒されることはない。問題があれば二度と弁護士としてやっていくことが困難なほどペナルティーがきついのではないかとのことである。
　(2)フランス
　日弁連法務研究財団の『法と実務vol.2』所収の資料1によれば独立性，中立性に疑問を呈されるような職業との兼務を禁じられている。具体的に禁じられる職種は弁護士職の組織に関する1991年11月27日の政令第91—1197号により，営業的性格を有する全てである。公務員，経営者，給与所得

者との兼務も不可である。
　(3)ドイツ
　ドイツで就業したことのある弁護士のレポート資料2によれば兼職は原則として自由であるが，ここのケースごとにその職が弁護士と両立しない場合は不可とされる。例えば保険の仲介業や商工業団体の長への就任は不可とされ，弁護士登録申請の拒絶又は登録取消原因となるとされる。
　4．検討の視点
　(1)立法趣旨が現時点で保持できるか
　弁護士としての公共性，専門職責任を強調する以上，弁護士の品位と信用の保持の必要は認められる。
　しかし目的達成の手段としての許可制が相当かは規制緩和社会の進展の下では検討の余地がある。
　(2)弁護士の職責との調和
　その手段は弁護士の職責と矛盾してはならない。
　5．当会の現時点での意見
　(1)規制緩和社会が進んでいる現時点において目的達成の手段として許可制をとる必要はない。
　(2)届け出制への移行には賛成するがドイツのように弁護士の職責と矛盾する職種については例外を設けることも検討されるべきである（そもそも弁護士が兼業できないとする）。仮に可とする場合でも弁護士の職務の独立性を担保する方策がとられる必要がある。また弁護士の品位と信用の保持のため弁護士倫理上で配慮する他，兼職に関する弁護士情報の開示も徹底されるべきである。
　参考資料（略）
　1．フランス弁護士職の業務と収入に関する現状（日弁連法務研究財団編集，株式会社商事法務発行，『法と実務』Vol.2」40頁～44頁）
　2．ドイツにおける弁護士の営業制限について（2002／4／2付小澤哲郎弁護士による調査）

平成14年11月27日

日本弁護士連合会副会長
東京弁護士会会長　　伊礼　勇吉　殿

東京弁護士会法友会
幹事長　　　　　　岩井重一
事務総長　　　　　福原　弘
政策委員長　　　　飯野紀夫
政策担当副幹事長　菅沼一王
同　　　　　　　　大西英敏
同　　　　　　　　高須順一
同　　　　　　　　流矢大士
同　　　　　　　　伯母治之

意見書

簡易裁判所判事，副検事経験者への資格付与問題について

　当会は弁護士制度改革の一つの課題である法曹資格のあり方，とりわけ司法試験を経ていない簡易裁判所判事・副検事経験者への資格付与問題について政策委員会の審議を踏まえ，次のとおり述べる。

第1　本意見書の趣旨

　我々は，法の支配を名実ともに実現し，国民にとって分りやすい，民主的基盤を有するものとしてなされようとしている現下の司法制度改革の理念に基づき，本意見書において一元的な法曹資格制度を構想しつつ弁護士制度に関する諸改革を行うため，現在，最高裁判所及び法務省から提案されている司法試験を経ていない簡易裁判所判事・副検事経験者に対する資格付与案については反対する。

第2　新しい時代において弁護士が期待されている役割

1　司法制度改革審議会意見書の求める弁護士が果たすべき役割

　先の司法制度改革審議会意見書は，弁護士が果たすべき役割について，当事者の権利の代理人・弁護人としての活動を通じての「頼もしい権利の護り手」であるとともに，それにとどまらず，社

会的弱者の権利擁護などのプロボノ活動，国民の法的サービスへのアクセスの保障，裁判官その他公務への就任，後継者養成への関与などの公益的活動を通じて社会的責任を果たす「正義の担い手」であると述べている。

そこでは，社会生活上の医師として，社会の隅々にまで法的サービスを行きわたらせるためには弁護士の役割が決定的に重要であること，そして弁護士の大幅増員，その活動領域の抜本的拡充等，そのために必要な制度改革が指摘されている。

ところで，私たちは，これまでの制度のなかで養成され活動してきた弁護士が，限られた存在基盤と力のなかで頑張ってきたという経過はあるものの，法的サービスをあまねく提供できてこなかったこと，このことにより現在の改革論議のなかで国民的な批判に曝されていることを直視し，率直に反省しなければならない。最高裁，法務省の司法行政ないし司法政策に対する批判をも含めて法曹三者が国民的批判の対象となっていることの理由を素直に考えることが必要である。その意味で，私たちは，今時の司法制度改革を契機として，新たな弁護士像を定立し，国民に提示することが求められているというべきである。

2 検討の視点

それでは，そのような改革の理念に立った新しい時代の弁護士とはどのようなものであるのか，また，どのような制度的枠組みのなかで存在するないし存在すべきことになるであろうか。

弁護士の役割を具体的に言えば，まずもって社会の諸々の法的事象（紛争事案に限らず）に当事者の相談相手，代理人ないし弁護人として関与し，一般的な法規範を前提としてこれに事実をあてはめて具体的な場面において解決を図ることにある。言い換えれば，個人ないし企業の活動の個々の場面において，遵守しないしそれにしたがって行動すべき具体的な法規範を定立することにより，社会正義を実現し，当事者の権利利益を実現することにある。そして，そのような職責を担う弁護士が社会にあまねく存在して法的サービスを提供できる体制を整える必要があり，先の審議会意見書でもこの点を特に指摘しているところである。そのなかで，法曹人口の拡大，法科大学院による法曹養成という新たな時代を迎えて，弁護士をめぐる制度的枠組み，また弁護士という存在を中心とする法曹資格の制度的枠組みをどのように考えるべきか，早急に検討を要するところである。

3 法曹資格と弁護士

(1) 法曹資格

司法試験合格者の大幅な増大，弁護士に関する各種規制の撤廃ないし大幅な緩和を受け，現在，前述したような弁護士による法的サービスが社会の隅々にまで行きわたらせるための制度設計が急がれている。そして，そのような職責を担う弁護士は，裁判官及び検察官となるべき人材とともに

法科大学院，司法試験，司法研修所というプロセスにより養成されることが確定している。国は，このような一定の質を有する法曹を必要にして充分な量を供給するための制度設計をし，財政支援も含めて当該制度が適切に機能するよう環境整備をする責務を負っている。司法制度改革推進本部に置かれた検討会においても，このことを充分認識した上で具体的諸課題が論議されるべきである。

(2) 公的制度としての法曹資格制度

(1)で述べたような新制度の下で養成されようとしている人材が，新しい時代の法曹として，国民的立場に立った司法を実現する職責を担うべきであろうことについて，ほぼ異論はないであろう。これまでの行政優位，司法消極の体制から脱却し，セーフティネットとしての司法を抜本的に強化する必要のあることをまずもって銘記すべきである。そして，そのような法曹資格に関する制度は，それ自体高度な公益的性格を有し（たとえば医療行為をなしうる資格が制度として公的に定められていることと同様に），我が国のあり方をかたちづくる国家的制度の一つとして定められていることが重要である。

そしてさらに，新しい制度によって養成され法曹資格をあたえられる者は，第一義的にはすべて弁護士として存在し，そのなかから裁判官，検察官をはじめとして，これまでの枠にとらわれることなく行政や企業の内部で活動することなども含め，各界，各層，各分野及び各地域に進出して活動することが，社会の隅々にまで法的サービスを行きわたらせる所以というべきである。

4 法曹資格の一元化

(1) 前述したように，近い将来施行される法曹養成制度の下で養成された法曹，とりわけ弁護士の果たすべき役割はこれまでと比較し，格段に強化されることとなる。そして，そのような役割を担う人材を供給する制度としての法曹養成制度は，国民にとって分かり易いものでなければならない。その意味で，新たな法曹養成制度の枠外の制度により法曹資格を認める制度（バイパスと呼ばれる）は，特殊例外的なものであり将来的には法曹資格の一元化の中で解消すべきものと位置づける必要がある。

(2) また，我が国にみられる弁護士以外の法律関連業種について，法曹資格を認めるべきか否かという問題がある。これらの職種が，国民に身近な存在として果たしてきた役割も大きく，社会的に有用な存在としてあることはいうまでもない。そして，より一層利用者に対するサービスを提供するという意味においてこれらの有資格者の活用のあり方を探ることも検討するに値するであろう。

しかしながら，これらの職務従事者に，一定の制約を設けた上でとはいえ，法曹資格もしくはこれに準ずる資格を付与することは，今時の司法制度改革の理念からして疑問であると言わざるを得ない。国がその養成の責務を負うべき法曹は，前述したように社会のあらゆる法的事象について具体的な法規範を定立することを職責とするが，そのような法曹は，対立当事者間の互いに異なる利

害の存在を前提として具体的な紛争案件ないし紛争となりうべき案件を扱うことを予想して養成されるもので，最終的には裁判所の終局的判断をバックボーンとして業務を遂行すべきことが予定されている。しかしながら，他の法律関連業種については，そもそも，そのようなことを念頭においた試験制度，養成制度とはなってはないのである。

　今回の改革において，司法書士に簡裁代理権を与えることとなり，事実上準弁護士ともいうべき職責を担うこととなったが，このことは市民に身近な存在としての司法書士の活用という観点からは評価すべき面もある。しかし，このことが我が国の国家的制度としての法曹資格制度に望ましからぬ根本的な変容をもたらす可能性があることも指摘されているところであり，今後，司法書士が裁判の場面において担うべき質的量的な面における実態，弁護士との協働関係につき，検証を重ねていく必要がある。

　(3)　その他の弁理士，税理士等の業種についても，これまでの実績と社会的に果たしてきた役割に鑑み，司法の場における活用について，弁護士との協働関係も含め，早急に検討されるべきであるが，やはり，このこと自体が，我が国の法曹制度をなし崩し的に変容させるようなものであってはならないというべきである。司法の容量が圧倒的に貧弱な我が国において，当面，国民のニーズに応えるという意味において各関連業種を司法の場において活用することが検討され，これが実施されることがあったとしても，それは，新たな法曹資格を創設するということではないことを確認する必要があると思われる。

　前述したように，法曹資格制度はそれ自体高度な公益的性格を有し，国の基本的枠組みに関する制度として一義的に内容が定められるべきものと考えられるからである（たとえば，交通法規に関し，車両の通行帯が地域によって右側であったり左側であったりすれば大混乱を来すことは明らかであり，このような制度が制度として適切に機能しないことは言うまでもないことであろう。)。

　(4)　そして，これらの問題は，中長期的には我が国の法曹人口の拡大という事態を踏まえ，これらの関連業種の業務のうち（その資格固有の職務範囲に属するものは別として)，司法の場において機能すべき分野については，将来的には，すべからく法曹資格を有する者，すなわち本来弁護士が提供すべきサービスとして位置づける必要があると言うべきである。そのことが，法曹資格を有する者，すなわち弁護士による法的サービスを社会の隅々にまで行きわたらせる所以と考えられるのである。

　(5)　また，本年6月，最高裁・法務省は，簡裁判事経験者・副検事経験者に対する資格付与を提案してきた。この問題は，平成15年1月から検討会の議論に付される予定である。提案の詳細は別紙のとおりであるが，これらの経験者の有する専門性の活用を検討するとの司法制度改革審議会意見書に依拠してきたものである。

　しかしながら，これらの経験者が簡裁事件を中心に司法の一翼を担い，これまで一定の役割を果

たしてきたことはあるにしても，法曹資格制度について縷々述べてきたとおり，これらの経験者を直ちに法曹資格制度の中に位置づけることはできないと言うべきである。

また司法制度改革審議会意見書も，これらの者に弁護士資格を付与することまで提言しているのではなく，これらの者の活用の検討を提言しているのである。

簡裁判事，副検事は，最高裁，法務省が，一貫して裁判官，検事の定員を押さえてきたことのひずみの産物であり，便宜的なものとして誕生した経過に思いを致すべきである。また，それらの選考過程それ自体に社会的基盤はなく，制度として客観的に質を担保していると言えるか否かについても不透明であると言わざるを得ない。さらに，副検事については弁護人としての資質についての疑念をぬぐいきれない。

近い将来，新たな法曹養成制度が発足し，また，法曹人口も大幅に拡充されようとしているところ，このような法曹養成制度によらない資格者を認めよとの最高裁・法務省の提案は，司法の利用者に無用の混乱を招くものであるとともに，今時の司法制度改革の流れに理念的に逆行するものと言わざるを得ないものである。

提案では，日弁連に特別会員ないし準会員として登録し，その指導監督を受けることとされている。しかし，（個々の経験者の能力論はひとまず置くとして）退職後の登録の場合において年齢的にいって充分な活動が可能とも思えないこと，また，任期途中の退職者について，退職の理由によっては最高裁・法務省にとって便宜的に利用されるおそれなしとしないこと（そのような受け皿があることで，最高裁・法務省が退職を勧めたい者に対し，より積極的に退職を勧めるという事態が生じるのではないか。），先にも述べたように国民にとって無用の混乱（すなわち，特別会員と言おうが準会員と言おうが，通常の弁護士と区別がつくとは思えず，混乱を与えること）等の問題を有するのである。

以上のような考え方からすれば，簡裁判事，副検事経験者に対し，直ちに法曹資格をあたえるということについてはこれを消極に考えるべきこととなる。

しかし他方，これらの職にあった者が，具体的な裁判の場で一定の役割を果たしてきたことを考慮し，法曹資格（弁護士）制度の枠組みのなかでの位置付けはできないとしても，当面，その専門性を活かす途を検討する余地はあるとも考えられる。

その活動の場面としては，調停委員，司法委員，一定のADR審査員等（簡裁判事・副検事については，司法書士への途もある。司法書士法4条2号）が考えられる。

いずれにしても，近い将来の法曹人口の大幅な増大を踏まえ，簡裁判事・副検事の制度自体近い将来において法曹資格の一元化の中で解消されるべきものであり，制度設計をする場合においては，このことも明確に規定すべきである。

法友会

5 結語

(1) 以上述べてきたとおり，法曹資格制度，弁護士制度は大きく変革されようとしている。弁護士制度は，司法が「公共性の空間」を支える柱として位置付けられているなかにおいて司法制度の基礎としての機能を発揮すべきことが強く求められていると言うべきである。そのためには，制度として国民に分かり易く，透明なものとして制度設計されることが必要である。

(2) また，再三述べるように，今時の司法制度改革は，最高裁・法務省はもとより我々弁護士も含め，法曹三者が等しく国民的批判に曝されているという側面を有するものである。したがって，我々は，弁護士，弁護士会のあり方についても根本的な改革をなす決意をもって臨むものであるが，司法を真に国民のためのものとするためには，併せて最高裁や法務省の改革（裁判官の大幅増員，事務総局の組織・権限の大幅縮小，事件に対する介入の排除，司法消極主義からの脱却等検事の大幅増員，司法予算・扶助事業予算の大幅な増額，被疑者国公選制の実現等）も併せてなされる必要がある。

(3) 我々は，弁護士があまねく人材の供給源として法的サービスを提供する存在となるよう今時の改革において制度設計がなされることを求め，本意見書により提言するものである。

最高裁・法務省の簡裁判事・副検事経験者への資格付与に関する提案の概要

1 職務範囲
 (1) 民事関連
  I 簡裁判事経験者
   ①簡裁における民事訴訟，裁判上の和解，即決和解，支払督促，証拠保全，民事保全および民事調停手続きの代理
   ②民事の紛争に関する法律相談（事物管轄の制約なし）
   ③民事の紛争に係る裁判外の和解の代理（同上）
  II 副検事経験者
   上記①から③のうち，刑罰法令に触れる行為による被害の回復にかかるもの

 (2) 刑事関連
   簡裁判事，副検事共通
   ①簡裁刑事事件の弁護人
   ②公訴提起前の刑事事件（死刑又は無期懲役刑のある罪は除く）の弁護人
   ③弁護人となった事件の示談（裁判外の和解）について，被疑者又は被告人を代理すること

④刑事に関する法律相談

⑤被害者の依頼を受けて，刑事に関する法令に基づく手続きの代行（刑事和解における被害者の代理も含む）

(3) その他

①就任年齢は，簡裁判事48歳位，副検事28歳位

②簡裁判事の定員806名（過去5年間に約320名が退職）

③副検事の現在員は859名（過去5年間に219名が退職）

④簡裁判事，副検事とも比較的全国に分布

2 指導監督等

(1) 日弁連に登録し，弁護士会に入会する（特別会員又は準会員）

(2) 綱紀・懲戒は弁護士と同様

(3) 雇用・共同事業については外弁に準ずる

(4) 弁護士法人の社員は不可

3 資格取得用件

簡裁判事，副検事として10年以上の職務経験

4 能力担保措置

簡裁判事については不要，副検事については，なんらかの担保措置必要

5 法曹人口との関係

法曹人口増員後も存続する制度であり，時限立法としては考えていない

21世紀の弁護士像の構築のための宣言

1．司法制度改革推進計画と弁護士制度改革のスケジュール

　内閣は，昨年6月12日に公表された司法制度改革審議会意見書（以下，「改革審意見書」という。）の内容を具体化するために，本年3月19日，司法制度改革推進計画を閣議決定し，同計画は司法制度改革推進本部の設置期限である2004（平成16）年11月30日までの間に実施されることとなった。

　また，同じ3月19日には日本弁護士連合会が「日本弁護士連合会司法制度改革推進計画」を公表し，3月20日には最高裁判所が「司法制度改革推進計画要綱」を公表して，それぞれ自らが行う司法制度改革推進計画を明らかにして，国民に対し司法改革を推進することを宣言した。

　政府の司法制度改革推進本部には顧問会議と10の検討会が設置され，検討が進められているが，弁護士制度改革を含む法曹制度の改革はまさにコアの部分としてきわめて重要である。

　そして，その内，弁護士制度改革については2003（平成15）年通常国会に弁護士法などの改正案として提出される予定となっている。

2．「改革審意見書」に対する評価と今後の対応

　日本弁護士連合会，東京弁護士会及び当会はいずれも改革審意見書の内容について，不十分な点があることを指摘しつつも，全体的には高く評価している（日弁連の2001〔平成13〕年9月7日理事会において承認された「司法制度改革審議会意見書について」，東弁の2001〔平成13〕年10月9日付「司法制度改革審議会意見書に対する意見書」，当会の2001〔平成13〕年7月14日の旅行総会における「司法制度改革審議会意見書に対する宣言」）。

　しかしながら，弁護士制度の具体的な諸改革について，いかなる視点でどう対応すべきかについては，明確な考えは十分固まっているとはいえない。日弁連執行部は，2002（平成14）年度会務執行方針において，フロンティア精神に基づく21世紀の弁護士像の構築を掲げているが，具体的な作業はこれからである。

3．21世紀の弁護士像の構築の必要性

　(1)　検討にあたっては，弁護士制度のみならず，社会の複雑化・多様化・国際化に対応して，「法の支配」を社会のすみずみにまで行き渡らせるという司法の役割を自覚して，弁護士像を構築していく必要がある。

　(2)　改革審意見書によれば，弁護士の役割として，「基本的人権を擁護し，社会正義を実現する」との使命に基づき，訴訟活動など諸種の職務活動によって国民のための「頼もしい権利の護り手」となるとともに，諸種の職務活動にとどまらず公益的な諸活動により「公共性の空間」において社会的責任を果たす「信頼しうる正義の担い手」となることが求められている。

　(3)　このような弁護士の役割を果たすためには，質と量，すなわち弁護士人口の増加とともに，必要とされる知識や経験に裏付けられた法的能力と高い倫理性・職務の独立性を兼ね備えたプロフ

ェッションとしての弁護士像が構築されることが不可欠である。また，倫理性と職務の独立性を支える制度としての弁護士自治もきわめて重要である。

　そのためには，まず，複雑化・多様化・国際化した社会のニーズに応えるために，十分な法曹教育を受けた弁護士を養成していく必要がある。また，弁護士は，法の支配を貫徹するという使命を果たすために，すすんで社会のさまざまな領域に進出していくべきである。しかし，弁護士資格をもって社会に貢献していく場合においても，能力と倫理性・職務の独立性を兼ね備えていなければ，弁護士としての充分な使命は果たし得ない。

　また，弁護士会の運営は，市民や社会に開かれたものでなければならない。市民の声を十分反映させつつ，弁護士自治は毅然として堅持し，決して権力におもねることなく市民の権利を擁護して正義を実現していくという姿勢を貫くことが重要である。

　4．我々は，これらの視点を踏まえ，21世紀の弁護士像の構築に努力し，改革審意見書が掲げる，国民に身近で利用しやすく，その期待と信頼に応えうる司法制度を実現し，法の支配が貫徹され憲法の理念が実現される社会の実現のため，その中心的な役割を担うべく努めることをここに宣言する。

2002（平成14）年7月13日
法　友　会

公益活動の義務化に関する決議

趣　旨

1　東京弁護士会会員は，均しく，「公益活動等」の活動を担うべきであり，東京弁護士会は，早急に「公益活動等」の活動を会員の会則上の義務とし，かつ会員が均しく義務を履行するよう，金銭負担による履行の方法をも含めた義務履行確保のための制度検討を行い，必要な会則改正等の整備を行うべきである。

2　法友会会員は，会員たる弁護士が自ら「公益活動等」を担い，また会員の雇用する勤務弁護士が「公益活動等」を積極的に担えるよう，会員の意識昂揚・環境整備に努め，また，会員に「公益活動等」についての希望や年間の実践計画の提出を求める等の具体的行動を検討実施する。

理　由

1　（公益活動参加の必要性と現状）

現在，司法制度改革に向けた検討が進行中であるが，あるべき司法制度の中で，弁護士・弁護士会が積極的役割を果たし，また，制度の中核を担い，真の人権保障の実現を図るため，弁護士は公益活動等の一定の活動を等しく負担することが必要になってくると考える。なお，東京弁護士会会則26条の2は「会員は，会員の公益活動等に関する会規の定めるところにより，公益活動等に積極的に参加するものとする。」と規定し，これを具体化する会規として「会員の公益活動等に関する会規」が定められているが，「公益活動等」の履行を会員の「義務」とまで明示したものではなく，強制力を伴わない点で実効性がなく，不十分なものであると言わざるを得ない。

2　（公益活動とは何か）

従来「公益活動」という用語は，厳密に定義されずに使われてきたが，これを「義務」として会員全員が担うべきであるとする以上，改めて「公益活動」の用語を定義する必要がある。ここでは「市民の権利を保障するために弁護士が担うことの必要な仕事でありながら，市民の自己責任原則（費用の自己負担原則を含む）に委ねていたのでは弁護士にアクセスできない人のために，弁護士が担う活動」と定義する。

さらに，市民の権利ないし利益を真に保障するためには，弁護士自治の確保が不可欠であって，そのためには，種々の会務活動が発生する。しかも，委員会活動等の会務の中にも，先の「公益活

動」の定義に該当する活動も存する（例えば，弁護士会として行う人権救済活動等を委員会のメンバーが担う場合）。その意味で，会務は直接または間接に公益活動と結びついている。したがって，本決議においては，純粋な公益活動のみならず，会務活動も含めて「公益活動等」という用語を用いることとする。

　現在この「公益活動等」と言えるものは，①国選弁護，②当番弁護，③扶助事件，④弁護士会や公的機関における法律相談活動，⑤会務活動，が挙げられる。また，社会の隅々まで弁護士が入って法の支配を実現し国民の人権保障を全うする必要があるという観点から，弁護士の担うべき役割は広がっており，行政のオンブズパーソン等の活動や一定の公務就任も「公益活動」に含まれると考えられるので，その認定は，弁護士会において柔軟に行う必要があろう。なお，「現在」と言ったのは，例えば，弁護士会としては，かねてより国選弁護報酬の増額を要求しており，また，起訴前・起訴後を含めた「被疑者・被告人の国費による弁護制度の具体的な制度構想」の検討が進められているところであり，将来的に，国費による弁護報酬が弁護士の労力に見合う正当なものとなって，その担い手が充足されることとなれば，もはや「公益活動」と言うべきではなく，通常の弁護士業務の1つと考えられることになるからである。

3　（会則上の義務化の根拠）

　以上のような定義を前提として，「公益活動等」を担うことが，弁護士の義務として会則上規定することができる理由は以下のとおりである。

　すなわち，憲法は国民の裁判を受ける権利を保障したが，これを実質的に保障するためには，弁護士の活動が不可欠である。しかし，国民の中には，金銭的な理由等により，弁護士に依頼することができない者もいる。また，憲法は刑事事件の被疑者・被告人に対する資格を有する弁護人依頼権を保障したが，これは当然に，弁護士の活動を予定している。

　したがって，資格を有する弁護士である以上，これらの職務活動を担う社会的責務を当然に負っていると言うべきである。

　しかも弁護士法1条は弁護士が「基本的人権を擁護し，社会正義を実現することを使命とする」と定め，同法72条は弁護士の法律事務独占を規定している。そうであれば，弁護士は，あまねく弁護士を依頼したいと考える人に対して，その方途を確保すべく，国選弁護・当番弁護や，法律相談業務，法律扶助事件を担っていくことが社会的な責務である。

　さらに，弁護士の使命からすれば，職務活動にとどまらず，より広く公益的な諸活動を実践していくことにより社会正義を実現していくことが期待されている。

4　（履行を確保する制度の必要性）

　しかし，これを弁護士個人の責務として，個人の履行努力に委ねていたのでは，質・量ともに適切な「公益活動」を提供し続けることは困難な状況が生じている。しかも，適切な公益活動を提供し続けるための会務活動についても，一部会員の過重負担が生じている現状もある。

　そこで，会員が「公益活動等」を担うことを，弁護士会が会員の義務として課すことにより，弁護士個々人の社会的責務の履行を確保することができるようにすることは，強制加入団体としての弁護士会の社会的責務でもあり，会員に義務を課すことの正当化根拠もそこに求められる。

　したがって，弁護士会としては，そのために必要な会則等の整備を行い，公益活動等の義務履行を確実ならしめる制度設計を行う責務があると考える。

5　（金銭負担制度）

　そして，公益活動等の義務履行を確実ならしめる制度の検討に当たっては，公益活動等を自らが実際に担うのではなく，金銭負担によって義務履行に代える制度とすることも含めて，検討すべきである。

　それは，「公益活動」の担当を絶対的な義務とすることによって，かえって万一にも職務の質の低下を招くようなことがあっては，それは本末転倒であり，また，弁護士会が，担当弁護士への援助を含めて「公益活動等」を支える諸活動を担っていくためには，財政上の措置が不可避であるからである。ただし，金銭的負担の導入に際しては，金銭的負担で代替することを例外的な措置と位置づけるのか，自ら公益活動等を担うことと金銭的負担とを二者択一とするのかという問題があり，その検討に当たっては，金銭さえ負担すれば，自ら公益活動等を担わなくてもよいという安易な風潮を招かないようにしなければならない。

6　（法友会として）

　以上のとおり，弁護士会としては，公益活動等の義務化及びその履行の確保のための会則改正など制度検討を早急に行うべきであると考えるが，当面，法友会会員は，自主的に公益活動等を担うべきであると考えるので，法友会は，東京弁護士会に必要な会則改正等の提言をしていくとともに，会員たる弁護士が自ら「公益活動等」を担い，また会員の雇用する勤務弁護士が「公益活動等」を積極的に担えるよう，会員の意識昂揚・環境整備に努め，また，会員に「公益活動等」についての希望や年間の実践計画の提出を求める等の具体的行動を検討実施するものとする。

2002（平成14）年7月13日

法友会・法友全期会

法友会

2002（平成14）年度法友会執行部・政策関係

法友会	幹事長	岩井　重一
	事務総長	福原　　弘
	政策担当副幹事長	菅沼　一王
		大西　英敏
		高須　順一
		伯母　治之
		流矢　大士
	政策担当事務次長	谷原　　誠
		三木　敬裕
		菅谷　公彦
		中川　明子
		小田島　章
		外山　奈央子
		篠原　一廣
政策委員会	委員長	飯野　紀夫
	副委員長	若旅　一夫
		安田　隆彦
		村本　政彦
		矢吹　公敏
		本郷　　亮
		宮岡　孝之
		中島　信一郎
		外立　憲和

2002（平成14）年度法友会政策要綱執筆・見直し担当者

第1部「司法と弁護士改革」
第1「司法制度の改革」
福原　弘　　芳賀　淳　　矢澤昌司　　篠塚　力
法科大学院部会　　裁判官制度部会　　裁判員制度部会

第2「司法改革と弁護士制度の改革」
矢澤昌司　　熊谷光喜　　髙岡信男　　春日秀文　　田口　明　　矢吹公敏
宮岡孝之　　大西英敏
弁護士制度部会

第3「司法改革と弁護士業務」
佐瀬正俊　　上杉昌隆　　児玉晃一　　倉田大介　　小川義龍　　瀧澤秀俊
宮岡孝之　　角田　淳　　小林元治
弁護士制度部会

第4「弁護士会の組織等の改革」
市川　尚　　藤原　浩　　鈴木道夫　　川上俊明　　伊豆隆義　　福原　弘
小川義龍　　西尾則雄　　笹浪雅義　　堀川日出輝　神頭正光　　五月女五郎

第2部「各法制の改革」
第1「法曹養成制度の改革」
法科大学院部会

第2「民事訴訟制度等の改革」
鷹取信哉　　濱口博史　　小林明彦　　古賀政治　　羽成　守　　小林信明
松井秀樹　　矢吹公敏　　山口三惠子　村上重俊　　後藤茂彦　　宮岡孝之

第3「刑事法制の改革」
裁判員制度部会

第4 「行政に対する司法制度」
西中克己　　児玉晃一　　須田　徹　　菅沼一王

第5 「労働法制に対する改革」
中村　博　　堀川末子

第3部 「人権保障のための制度改革」
第1 「各種権利保護の改革」
守屋典子　　荻野明一　　児玉晃一　　中村治郎　　長谷部修　　中村秀一
山下幸夫　　平澤慎一　　小川幸三　　松井菜採　　須田　清　　川村百合
村上重俊　　吉田　勧　　中島美砂子　　伊井和彦　　菅沼一王　　鈴木孝雄

第2 「人権保障制度の提言」
村上重俊　　市川　尚　　児玉晃一

2002（平成14）年度法友会政策委員会内部会員名簿

法科大学院部会
部 会 長：菊地裕太郎
副部会長：矢吹公敏
部 会 員：秋山知文　　荒井洋一　　飯野紀夫
　　　　　今井和男　　大越　徹　　大澤成美
　　　　　大西英敏　　久木野利光　栗林信介
　　　　　笹浪恒弘　　佐瀬正俊　　下谷　収
　　　　　髙井和伸　　田賀秀一　　高橋裕次郎
　　　　　谷原　誠　　田門　浩　　寺崎政男
　　　　　寺島秀昭　　永石一郎　　仁科　豊
　　　　　浜口臣邦　　堀川末子　　本郷　亮
　　　　　宮岡孝之　　安田隆彦　　山田冬樹
　　　　　山本剛嗣　　横山　渡
担当副幹事長：高須順一
担当事務次長：小田島章

裁判官制度部会
部 会 長：大澤成美
副部会長：笹浪雅義
部 会 員：小林元治　　杉本文男　　西尾則雄
　　　　　西中克己　　藤原　浩
担当副幹事長：菅沼一王
担当事務次長：篠原一廣

弁護士制度部会
部 会 長：須田　徹
副部会長：村本政彦
部 会 員：伊藤茂昭　　大越　徹　　小川信明
　　　　　鐘築　優　　倉田大介　　後藤茂彦

　　　　　　　田門　浩　　　　西中克己　　　　浜口臣邦
　　　　　　　平山正剛　　　　矢吹公敏　　　　山田冬樹
　　　　　　　吉岡桂輔
担当副幹事長：大西英敏
担当事務次長：中川明子

裁判員制度部会
部　会　長：望月邦夫
副部会長：安田隆彦
部　会　員：市川　尚　　　　久保内統　　　　後藤茂彦
　　　　　　　小西一郎　　　　小林元治　　　　坂本正幸
　　　　　　　鈴木善和　　　　田賀秀一　　　　中村規代実
　　　　　　　浜口臣邦　　　　福家辰夫　　　　藤ヶ崎隆久
　　　　　　　山内雅哉　　　　横山　渡
担当副幹事長：伯母治之
担当事務次長：外山奈央子

2002（平成14）年度法友会政策委員会委員

青木荘太郎　秋山知治　荒井洋一　飯野紀夫
石井光浩　今井和徹　今出川幸美　伊藤紘伊知郎
伊藤孝成　大越方孝　大澤明　上野敦子
内田正一　大緒金子　小川優　大瀧雅英二
大塚藤一　菊地信　小鐘築光　小亀井士樹
加村百合　栗林保夫　久木野利彦　熊田元郎
川田大介　佐久間平　後藤雅義男　小篠塚力治
倉本正幸　下鈴木仁　笹浪文道　鈴木輝雄
坂谷寛治　平川祐秀　杉本崇憲　鈴木善和介
澁木利徹　砂宗　鈴木立弘明　関井聡伸
鈴田智文　高賀順秀　摺外田明　高取和信
須関信男　高越寿　高田口まみ子　鷹門井昌哉
高岡幸一　塚崎政真豊男昌介　田坪寺永秀浩
高柳睿一辰　寺豊中西　塚本澤治隆　井島石昌造
千葉一弘信一郎　豊崎中克善紀夫　尾芳山田秀昭
寺井坂雄臣　中西濱福戸渡辰実章之　中野辰久太郎則
天中仁浜深藤本源　西本宮村安山　野村吉隆人久子　平藤堀丸雄
島科口沢原郷光　濱福戸家田尻　木崎詩隆川島武　三村矢山淳
藤本郷光重俊　宮村安山湯吉　藤ヶ末俊元月藤邦内望箭　司樹嗣輔浩信輝修三愛昌敏剛桂

2003（平成15）年度版法友会政策要綱策定過程

2003（平成15）年度法友会政策要綱は，以下のとおりの策定過程を経た。

1 政策要綱策定部会構成メンバー

　幹事長：岩井重一，事務総長：福原弘，政策委員長：飯野紀夫

　部会長：安井規雄

　担当副委員長：中島信一郎，澁谷寛，深沢岳久

　担当副幹事長：高須順一，流矢大士

　担当事務次長：谷原誠，菅谷公彦，小田島章

2 主要日程

4月上旬	前年度執行部からの引継ぎ。資料を部会員に配付。
5月15日	第1回策定部会開催。本年度の運営方針，日程を決定。本年度政策要綱の基本方針，目次を検討。
5月24日	政策合宿のホテルを予約（ホテル・ヘリテイジ，宿泊80名）。
5月29日	主要策定部会員による本年度政策要綱の基本方針及び目次の検討会開催。基本方針，目次，改訂を要する点，執筆者の検討。
6月4日	ホテルと政策合宿の打合せ。
6月5日	部会の懇親会開催。
6月6日	出版社（現代人文社）と出版について打合せ。
6月13日	第2回策定部会開催。基本方針，目次及び執筆者を検討し，部会の原案を確定。政策懇談会の進行要領を検討。
6月28日	政策懇談会開催（於：クレオA，出席者23名）。
7月5日	第3回策定部会開催。政策懇談会の結果確認。目次及び執筆者の確定。執筆要領と執筆依頼文の確定。
7月10日	執筆依頼文発送。
7月30日	第4回策定部会開催。政策合宿の案内文，政策合宿のスケジュール，政策要綱の項目の変更，執筆者の変更等について検討。
8月14日	政策合宿案内発送。

8月31日	執筆原稿第1次締切り。
9月13日	第5回策定部会開催。政策合宿のスケジュール，政策要綱の項目の変更，執筆者の変更，原稿回収状況等について検討。
9月26日	第6回策定部会開催。政策合宿のスケジュール，出席回答状況，政策要綱の項目の変更，執筆者の変更，原稿回収状況等について検討。
10月5日〜6日	政策合宿開催。於：森林公園ホテル・ヘリテイジ。出席者約60名。
10月8日	第7回策定部会開催。政策合宿の反省点，政策要綱の項目の変更，執筆者の変更，原稿回収状況，督促方法，原稿内容の検討方法，タイトル・はしがき・編集後記・巻末資料等について検討。
10月8日以降随時	現代人文社へ，回収した原稿を電子メールにて送信。
10月21日	執筆原稿第2次締切り。
10月24日	第8回策定部会開催。政策要綱の項目の変更，執筆者の変更，原稿回収状況，督促方法，タイトル・はしがき・編集後記・巻末資料，原稿内容等について検討。
10月31日	執筆原稿第3次締切り。
11月7日	一斉校正作業実施（第1回）。第9回策定部会開催。政策要綱の項目の変更，執筆者の変更，原稿回収状況，督促方法，タイトル・はしがき・編集後記・巻末資料，原稿内容等について検討。
11月14日	一斉校正作業実施（第2回）。第10回策定部会開催。
11月29日	一斉校正作業実施（第3回）。第11回策定部会開催。政策要綱についての最終検討。原稿確定。
12月6日	現代人文社へ確定原稿を送付。
12月20日	第1版第1刷発行。

2003（平成15）年度版法友会政策要綱策定過程

編集後記

　2001（平成13）年6月12日に司法制度改革審議会の最終意見書が出された。

　これを受けて，司法制度改革推進本部は11の検討会を設け，3年という期限内に多くの課題を議論し，制度化していく。弁護士会は，これに対し適切かつ迅速な対応を迫られている。この対応が不適切であったならば，21世紀の司法制度に対し重大な悪影響を及ぼしかねない。また，短期間における司法制度改革を目指していることから，昨日の議論が今日にはすでに具体化の方向になっていることもあり得る。

　今年の政策要綱策定においは，このようなきわめて動きの早い状況をふまえ，政策委員会内に裁判官制度部会，裁判員制度部会，法科大学院部会，弁護士制度部会の4部会にそれぞれ関連する項目を議論していただき，この政策要綱の中にその成果を盛り込むという方法をとった。また，政策合宿は，政策原稿ついて字句や文脈の訂正を含め議論していたのを変え，各部会に時間を配分し，各部会が主体となり，政策合宿を会員の議論の場とした。

　従来，ともすれば部会が貴重な時間を費し議論しても，議論しただけで成果として残らなかった側面があると思われるが，今回は，実りあるものにできたのではないかと思う。

　法友会が発行する政策要綱は，他に類書をみないと言われる。この意味でも，この要綱の存在意義は，大変大きなものがあり，また将来の司法制度の羅針盤としての役割を少しでも果たすことができればと考えている。

　この政策要綱の策定にあたっては，大変多忙の中，ご執筆いただいた会員の皆様，飯野紀夫政策委員長を筆頭に，執行部においては岩井重一幹事長，福原弘事務総長はもとより，菅沼一王，大西英敏，高須順一，伯母治之，流矢大士の各副幹事長，菅谷公彦，谷原誠，小田島章各事務次長には大変お世話になりました。特に，流矢担当副幹事長のご協力がなければ，本要綱は完成しなかったと思います。この場をお借りして，皆様に心よりお礼申し上げます。

2002（平成14）年　法友会政策要綱策定部会
部会長　安井規雄

〇ご執筆をお願いした先生方は，皆さん御執筆の分野で第一線で御活躍され，多忙を極めていらっしゃる先生方でありますが，当部会から一方的に原稿の御執筆を御依頼したにもかかわらず，ご快諾をいただき，また，原稿提出の催促等に対しましても暖かく応対していただきました。これも法友会の伝統と法友会会員の司法制度改革に対する熱き思いがあればこそと痛感した次第です。御執筆をいただいた先生方に改めて感謝申し上げます。

　小生は，今まで，政策とは全くの無縁の弁護士生活を送っておりましたが，「平成15年度法友会政策要綱」の策定作業に携わり，無事作業を終了し，至上命令である年内発行を守ることができましたのは，岩井幹事長，福

原事務総長，飯野委員長，安井部会長のご指導と政策担当副幹事長，事務次長の先生方のご協力があったからであります。諸先生方に心から感謝申し上げます。

　来年（平成15年）は，家族サービスをしようっと。（流矢大士）

○これまで開いたこともなかった政策要綱に，これだけ多数の執筆者をはじめ，政策合宿や政策委員会，各部会の参加者，そして編集担当の先生方のご苦労があることを初めて知りました。それだけでも編集作業に参加させていただいた価値があると思います。（谷原　誠）

○本年度は，昨年の司法制度改革審議会の意見書作成を受けて，いよいよ司法改革のための諸作業が本格化した年に当たります。このような年に政策要綱の策定作業を担当したことは，たいへん勉強になりましたが，正直言って，たいへんでもありました。ただ，作業チームのチームワークの良さに助けられて，私自身，何とか最後まで職責を全うできたことは，大いなる喜びであります。弁護士登録以来，わずか10数年の間に，弁護士を取り巻く状況がこんなにも変化するとは思いもよらないことでした。しかし，新しい時代には新しい制度が必要なのだと思います。その新しい時代の新しい制度，そして，新しい弁護士の姿の構築について，今年の政策要綱が何らかの形で貢献できれば幸いと考えています。（高須順一）

○政策要綱策定部会に籍を置かせていただいて，現在，司法制度がまさに根幹から改革を求められているのだということ，そして，弁護士自身が制度改革に際し，これに積極的に関与していくべきであるということを改めて実感いたしました。日常の業務を遂行していく中では，ともすれば，深く考えることもせず，身を委ねてしまいがちな私にとって，非常に有り難い経験でした。今後とも，国民主体の司法を実践すべき立場にあることを強く意識しつつ，個々の事件処理に取り組んで参りたいと思います。（菅谷公彦）

○初めて政策要綱の作成に参加しました。要綱の課題一つ一つがいずれも弁護士にとって身近で重要な問題であること，多くの先生方がこれらの課題に真剣に取組み，提言を行っていることなど，要綱の作成に参加して初めて知ることばかりでした。毎日の仕事に追われていては，気が付かないことばかりで，これまでの不勉強を恥じ入るばかりです。今後も，機会があれば，是非参加したいと思います。（小田島章）

編集後記

さらに身近で信頼される司法をめざして
【2003（平成15）年度法友会政策要綱】

2002年12月20日　第1版第1刷発行

著　者：東京弁護士会法友会
発行人：成澤壽信
発行所：株式会社現代人文社
　　　〒160-0016　東京都新宿区信濃町20　佐藤ビル201
　　　電話：03-5379-0307（代表）　FAX：03-5379-5388
　　　Eメール：genjin@genjin.jp
　　　web：www.genjin.jp
　　　振替：00130-3-52366

発売所：株式会社大学図書
印刷所：株式会社ミツワ
装　丁：清水良洋

検印省略　PRINTED IN JAPAN
ISBN4-87798-116-0 C3032
©2002　TOKYO-BENGOSHIKAI HOYUKAI

本書の一部あるいは全部を無断で複写・転載・転訳載などをすること，または磁気媒体等に入力することは，法律で認められた場合を除き，著作者および出版者の権利の侵害となりますので，これらの行為をする場合には，あらかじめ小社また編集者宛に承諾を求めてください。